国家社会科学基金（教育学）重点课题『高校招生制度改革研究』（AFA110008）资助项目

全国教育科学规划课题『我国大学自主招生质量的实证研究』（EIA110367）成果

高考评价研究

李雄鹰／著

高考改革研究丛书

刘海峰／主编

华中师范大学出版社

新出图证（鄂）字 10 号

图书在版编目（CIP）数据

高考评价研究/李雄鹰著. —武汉：华中师范大学出版社，2016.12
（高考改革研究丛书/刘海峰主编）
ISBN 978-7-5622-7634-0

Ⅰ.①高…　Ⅱ.①李…　Ⅲ.①高考—教育评估—研究—中国　Ⅳ.①G632.474

中国版本图书馆 CIP 数据核字（2016）第 315247 号

高考评价研究

责任编辑：沈东山　沈颐晨
责任校对：王　炜
编辑室：学术出版中心
电话：027－67867792
出版发行：华中师范大学出版社
社址：湖北省武汉市洪山区珞喻路 152 号
电话：027－67863426/3280（发行部）
027－67861321（邮购）
传真：027－67863291
邮编：430079
网址：http：//press.ccnu.edu.cn
电子信箱：press@mail.ccnu.edu.cn
印刷：湖北新华印务有限公司
督印：王兴平
封面设计：甘　英
封面制作：胡　灿
开本：710mm×1000mm　1/16
印张：23.5
版次：2016 年 12 月第 1 版
印次：2016 年 12 月第 1 次印刷
字数：381 千字
定价：59.00 元

欢迎上网查询、购书

总　　序

高考是我国各类考试中最重要、影响最大的考试。高考改革不仅关系到国家创新人才的培养、学生的健康成长，而且关系到社会公平的维护、高等教育资源的分配，还涉及宏大的社会利益再分配问题，关系到维护我国改革发展稳定的大局，是一项“牵一发而动全身”的社会系统工程，具有综合性、系统性。高考改革事关教育全局，不仅已成为重大的民生议题，而且是教育领域中最复杂、最敏感的问题，受到民众和国家教育主管部门的高度关注。

2010年7月正式颁布的《国家教育中长期改革和发展规划纲要(2010—2020年)》列有关于招生考试的专门一章，即第十二章“考试招生制度改革”。在中国历次教育改革文件中，这是第一次将招生考试单独列出一章，足见此问题在现阶段的重要性。2012年7月，国家教育考试指导委员会在北京成立，研究制定考试改革方案，指导考试改革试点。国家专门成立一个国家级决策咨询机构来指导高考改革实践，说明考试招生改革意义非常重大。2013年11月，十八届三中全会通过了《中共中央关于全面深化改革若干重大问题的决定》，其中教育方面最主要的就是考试招生改革的内容。2014年9月公布的《国务院关于深化考试招生制度改革的实施意见》，是恢复高考以来最全面、最系统的改革文件。以往也有各种各样的高考改革政策出台，但多数都是单项的或者某一个侧面的改革，而这次改革涉及考试招生的方方面面，是一个顶层设计的系统改革，标志着高考改革进入一个新阶段。

由于高考是一个至为复杂的大规模选拔性考试，是一项“横看成岭侧成峰，远近高低各不同”的制度，从某一特定的角度去观察，站在某一种特定的立场去评说，可能所见都是事实，所言也都有一定道理，但也可能会出现盲人摸象、各说各话的情况。因此，在评价高考时，重要的是全面和客观。

而要理性地、全面地评价高考，提出切实可行的改进意见，就应该对高考进行全面深入的研究。

中国是考试制度的发源地，不仅是一个考试古国，而且是一个考试大国。有些西方国家的大学入学考试只是一种测量手段，只是在小范围内引起关注，只是一个部分人关心的话题。然而，受传统和现实的制约，中国人却将高考变成了文化，变成了经济，变成了政治，变成了盛大的仪式，变成了一种备受关注的社会活动，变成了一种惯例式的全民动员。在有五千年悠久文化传统和千余年科举考试影响的中国，在一个幅员辽阔、人口众多、地域和城乡文化教育水平差异很大的中国，在民众高度重视甚至是过度重视教育的中国，高考既与世界各国的大学入学考试有相同的规律，也有不少独有的现象和问题。

长期以来，高考作为一项影响重大、关注度甚高的重要制度，总体而言是“三多三少”，即新闻报道多，理论研究相对较少；一般议论多，深入分析相对较少；零星探讨多，系统研究相对较少。近年来，情况有了一些改观，特别是2012年前后讨论异地高考政策问题，2014年《国务院关于深化考试招生制度改革的实施意见》出台以后，出现了研究高考改革的热潮，许多相关论文见诸报刊。但是，对于整个高考制度还缺少系统的研究，尤其缺少真正有分量的高考改革研究著作。

高考改革是一个谁都能说得上两句的话题，但又是一个专业性很强的问题。要谈谈自己关于高考改革的观点，发表一两篇文章不难，而要深入阐述自己的观点，发表不重复的系列论文或出版专著却很难。为了将高考研究推向深入，并为现实高考提供决策参考和理论依据，在深入研究的基础上，特组织一套“高考改革研究丛书”。

作为中国高考研究的重镇，厦门大学考试研究中心一直将高考改革作为重点研究方向之一，推出了一系列研究论文和专著，研究成果为全国性的和部分省市的高考改革提供重要的理论支持。本丛书是中国第一套较全面、深入研究高考改革的丛书，对高考从理论、制度、政策、法治、内容、形式，到招生考试的区域公平、民族政策、效度和评价等各方面进行全面的研究，同时对美国、英国、法国、俄罗斯、加拿大、澳大利亚、日本和我国台湾地区的高校招生考试制度等进行了探讨；既有对高考制度的理论剖析，又有对高考改革的一些热点问题的专题论述；是从理论到实践、从宏观到微观、从国内到域外，对高考制度及其改革进行的全面而深入的研究。

“高考改革研究丛书”是对高考的基础性、系统性研究。2015 年，该丛书获得国家出版基金资助，出版社与丛书主编将原来已出版的十多本著作加以修订，并扩充至 22 本，使之成为一个更全面、成气候的书系。本丛书基本上由我自己的著作和历年指导通过答辩的高考研究博士论文、博士后出站报告为基础构成。在我历年指导的众多博士论文或博士后出站报告中，以高考研究为选题的占大多数。要想真正为高考改革提供参考，我们的研究应力求建立在对招生考试历史与现实充分了解的基础之上。为了使这些论文的写作不至于陷入空谈，我总是要求博士生和博士后多了解高考实际。多年来，以高考为选题的博士生和博士后一般都要到部分省市教育招生考试院等考试机构实习，真正深入招生考试第一线，多与考试管理工作者接触交流，这样他们才不会太书生气，所写论文才能脚踏实地。凡是研究别国高校招生考试制度的博士生和博士后，都通晓所在国的语言文字，并尽可能到研究对象国去搜集资料和实地调研，多位博士生和博士后都在研究对象国留学多年或做访问研究一年以上。

丛书中每本著作各有专攻，希望都能切中肯綮，真正做到既有学术价值，也有现实意义；对高考改革的顶层设计，对高考改革的顺利推行，进而对维护教育公平和社会稳定起到一定的作用。恢复高考 40 周年即将到来，相信本丛书的出版能够为高考改革提供理论支撑，为完善中国的考试招生制度贡献绵薄之力，作为一名上世纪的 77 级大学生，我深感欣慰。

刘海峰

2016 年 10 月 6 日

目　录

第一章　绪　论

考试招生制度是国家基本教育制度，而高考则是中国影响最为深远的教育考试制度，“历来是整个教育界甚至全社会关注的一个敏感而重大的理论与实践问题”[①]。考试因人与社会的客观需要而产生，伴随人与社会发展需求的变化而不断改革完善[②]。“60 多年来，尤其是恢复高考 30 多年来，中国社会各方面已经发生了巨大的变化，无论是高中普及程度、高等教育毛入学率，还是经济体制、家庭结构、人均收入、城镇化状况，都与 60 多年前不可同日而语，高考制度面临着变革的空前压力。”[③] 高考作为连接高中教育与高等教育的枢纽，随着基础教育新课改的推行、高校选拔人才的新要求以及人才个性化、多元化成长的新诉求而不断改革。

作为一项考试制度，高考具有测度、甄别、选拔、评价等基本功能。以往的高考，其测度、甄别、选拔功能得到比较充分的发挥，而评价功能则基本处于式微状态，未能发挥其功效。2010 年《国家中长期教育改革和发展规划纲要（2010—2020 年）》（简称《规划纲要》）中提出“分类考试、综合评价、多元录取”的高考改革导向后，如何发挥高考的评价功能，通过高考更加综合全面和科学合理地评价考生成为高考改革的新命题。新的改革导向更加强调高考评价选拔的科学性，指出考试的目标、内容、形式、命题和评价等都应符合教育规律和人才成长与培养规律，科学区分和有效选拔人才，做到考试评价的科学化、标准化、专业化[④]。2014 年，《国务院关于深化考

① 刘海峰：《高校招生考试制度改革研究》，经济科学出版社，2009 年，前言第 1 页。

② 廖平胜：《考试是一门科学》，华中师范大学出版社，2003 年，第 22 页。

③ 刘海峰：《文化国情决定高考模式》，《中国教育报》2013 年 3 月 22 日。

④ 《教育规划纲要》工作小组办公室：《教育规划纲要辅导读本》，教育科学出版社，2010 年，第 132 页。

试招生制度改革的实施意见》(国发〔2014〕35号)出台，进一步细化了高考改革的内容、目标和时间表，指出“2014年启动考试招生制度改革试点，2017年全面推进，到2020年基本建立中国特色现代教育考试招生制度，形成分类考试、综合评价、多元录取的考试招生模式，健全促进公平、科学选才、监督有力的体制机制，构建衔接沟通各级各类教育、认可多种学习成果的终身学习‘立交桥’。”根据前教育部考试中心主任戴家干的观点，则是要引入教育测量和评价的理念，以评价的观念改造高考，实现“从考试到评价的转变”，并认为这是改变当前“考试本位”的教学观和“分数本位”的学生评价观的紧迫需求，也是国际考试评价改革的普遍趋势①。在统一高考框架下的由考试到评价的转变并非不要考试，而是要以统一考试为基础，一方面优化考试本身，一方面完善考试评价体系，发挥高考的评价功能。

在中国，高考评价是在基础教育新课程改革（简称“新课改”）中提出改革学生评价与考试评价，高等教育大众化阶段高校人才选拔的多样化需求，人才成长的个性化发展趋势以及与考试评价相关的教育测量、教育评价和考试理论技术的研究发展等因素的综合作用下而催生的教育考试领域新的理论与实践问题。目前，国内对这一问题的研究尚处于探索和试验阶段。2011年教育部考试中心在云南和海南两省实施的“云海工程”，使高考评价改革问题浮出水面，揭开了高考评价改革的序幕，成为改革的试金石。浙江等省份也提出“三位一体”的高考评价新体系，尝试将高中综合素质评价、学业水平考试纳入高考评价指标体系，探索高考评价新思路。2013年，北京大学也在“中学校长实名推荐制”中启动了“元培综合评价系统”，试图改变高考“以分取人”的模式，建立起了由“初步审核评价、学科基础面试、综合面试、随机抽查笔试、体质测试”五个环节构成的综合评价体系，对学生进行全方位系统深入的考查，并重点考查学生的能力、特点和潜力。试图在学生入校前对他们的理想、抱负、能力、特点、潜力、兴趣有足够的了解，在他们入学之后能给予与他们特点相符的培养，从而促进拔尖创新人才的产生②。由此可见，高考评价已不仅仅是学者、教育行政部门及考试管理者的呐喊和理论探讨，而正逐步付诸实践。因此，在此情此景下的高考评价研究既具有理论价值，也具有现实意义。

---

① 戴家干：《从考试到评价》，高等教育出版社，2009年，序第3页。

② 王庆环：《北大启动“元培综合评价系统”重点考查学生能力、特点和潜力》，《光明日报》2013年1月8日。

第一节 研究背景与意义

在中国，高考是万众瞩目的教育考试制度，其高利害、高风险和盘根错节的特性使其持续成为社会改革及研究的热点话题。新时期中国政府提出由教育大国向教育强国转变、由人力资源大国向人才强国转变的发展战略之后，高考作为衔接基础教育与高等教育的纽带，在国家的强国战略、人才战略和教育战略中扮演重要角色。另外，基础教育新课程改革的深入实施、高校对招生自主权的诉求、高考评价实践的初见端倪、考试测评理论技术的不断发展等都成为高考评价实践与研究面临的新形势。

一、研究背景

（一）基础教育新课程改革重视学生评价

高考是基础教育与高等教育的连接枢纽，基础教育的改革发展一方面适应着高考改革，一方面也反拨于高考，成为改革动力。2001 年，国家为迎接知识经济时代的到来，应对日益激烈的国际竞争，立足于全面提高国民素质，提升综合国力，决定启动新一轮（第 8 次①）基础教育课程改革，先后

① 中华人民共和国成立后，共实施过 8 次基础教育课程改革：第 1 次是在 1949—1952 年，教育部颁发了《中学暂行教学计划（草案）》，设置了门类齐全的学科课程；第 2 次是在 1953—1957 年，期间国家共颁布过 5 个教学计划，削减了教学时数，首次设置了劳动教育技术课程；第 3 次是在 1958—1965 年，此时国家处于经济发展重要时期，也是“左”倾思想萌芽时期，1958 年“大跃进”引发了“教育大革命”，大量缩减学制，精简课程，增加劳动，注重思想教育，进行了多种学制改革试验；第 4 次是在 1966—1976 年，教育受到重大影响，学校课程与教学受到重创；第 5 次是在 1977—1985 年，1978 年颁发了《全日制十年制中小学教学计划试行草案》，统一规定全日制中小学学制十年，小学五年，中学五年，1980 年出版发行了建国以来全国统编第五套中小学教材；第 6 次是在 1986—1991 年，1986 年《中华人民共和国义务教育法》出台，国家教委公布了义务教育教学计划初稿，增加了基础学科的教学时数，在教学计划中留出课外活动时间；第 7 次是在 1992—2000 年，国家教委第一次将“教学计划”改为“课程计划”，突出了德育为首、五育并举的全面发展的教育方针，第一次将活动与学科列为两类课程，1999 年《面向 21 世纪教育振兴行动计划》列出课程管理规范，这次课程改革在全国掀起了国家课程、地方课程、校本课程、活动课程以及研究性学习课程研究的热潮。

颁布了《国务院关于基础教育改革与发展的决定》（国发〔2001〕21号）、《基础教育课程改革纲要（试行）》等一系列政策文件，旨在构建“知识与能力，过程与方法，情感、态度、价值观”三维标准的符合时代要求的具有中国特色的基础教育课程新体系。

高中新课改是基础教育课程改革的组成部分。2003年，教育部颁布了《普通高中新课程方案（实验）》，启动了高中新课程改革。高中新课程改革适应时代发展对教育与人才的新需求，立足高中教育不利于促进学生全面而又个性化发展的实际，借鉴国际课程改革的经验，以推进教育创新，构建有特色、有活力的课程体系，为造就数以亿计的高素质劳动者、数以千万计的专门人才和一大批拔尖创新人才奠定基础为改革动因，从课程目标、课程结构、课程内容、课程实施与评价等角度切入进行改革①。

第8次新课改的一个共同内容是学生评价、课程评价和考试评价改革。这次课程改革的纲领性文件《国务院关于基础教育改革与发展的决定》第25条的标题就是“改革考试评价和招生选拔制度”。其内容主旨是探索更加科学的评价方法，评价应能促进学生潜能开发，帮助树立学生信心，评价应按照“有助于高等学校选拔人才、有助于中学实施素质教育、有助于扩大高等学校办学自主权”的原则实施，评价应加强对学生能力和素质的考查。同时要求改革高等学校招生考试内容，探索多次机会、双向选择、综合评价的考试、选拔方式，推进高等学校招生考试和选拔制度改革。为了突出教育考试评价改革的地位、作用，教育部出台了《关于积极推进中小学评价与考试制度改革的通知》（教基〔2002〕26号），指出中小学评价与考试制度的改革饱受社会各界广泛重视，也是课程改革的关键内容。教育部认为现行的中小学评价和考试制度与素质教育的要求不相适应，表现为强调考试评价的甄别与选拔功能，忽视促进与激励功能；认为现行的考试评价过于注重学习成绩，忽视了学生全面发展和个体差异；考试评价过于关注结果而轻视过程，评价方法单一；尚未形成健全的教师、学校评价制度等，影响考试评价改革推行。为此，强调考试评价改革应遵循多元、综合、开放、动态原则，通过考试评价改革促进学生学习与全面、个性化发展，促进教师的教学改革，提高教学教育质量，促进学校发展。

---

① 《教育部关于印发〈普通高中课程方案（实验）〉和语文等十五个学科课程标准（实验）的通知》，2003年3月31日，http://www.moe.gov.cn/publicfiles/business/ htmlfiles/moe/moe_711/201001/xxgk_78378.html。

2007 年，山东、广东、宁夏和海南率先实行高中新课改的四省区迎来新课改后的首次高考，使基础教育新课改与原有考试评价体系，尤其是与高考的关系成为社会焦点，社会舆论再次将矛盾集中于“高考指挥棒”的负面效应，认为高考是新课改的“绊脚石”，是教育改革的“瓶颈”，高考不改革，素质教育、新课改就难以推行，其改革效应也难以凸显。为协调好高考与基础教育的关系，更好地发挥高考对基础教育的引导功能，教育部于 2008 年制定出台了《关于普通高中新课程省份深化高校招生考试改革的指导意见》(教学〔2008〕4 号)，指导新课改后的高考改革。目前，至 2012 年，已有 23 个省份实施新课改后的高考，2015 年全部省份均实施新课改后的高考。因此，高中新课改与高考的矛盾还将继续显现，新课改与高考的耦合对接还将继续面临考验，但可以确认的事实是高考必将随着基础教育新课改而改革，新课改与高考的联动关系难以剥离。

（二）高校趋向选拔多样化人才

招生权是高校依法享有的办学权利，1998 年颁布的《中华人民共和国高等教育法》明确规定，“高级中等教育毕业或者具有同等学力的，经考试合格，由实施相应学历教育的高等学校录取，取得专科生或者本科生入学资格”；“高等学校根据社会需求、办学条件和国家核定的办学规模，制定招生方案，自主调节系科招生比例”。由此可见，国家以法律形式赋予了高校比较充分的招生自主权利。在计划经济时代，高考由教育行政主管部门全权负责组织实施，适应了时代发展需要。随着市场经济体制的建立与日趋完善，全国一张卷的大一统高考模式不再符合高校选拔人才、基础教育改革发展和人才个性化成长的需要，高考与国内不同地区教育发展不均衡的事实间的矛盾也日益尖锐。2001 年，高校自主招生的试点被认为是高校依法行使办学和招生自主权的重大转折，是改变长期以来我国高校的招生计划、标准、办法等都由政府统一规定，命题、评卷等由政府统一组织，高校不能按照自身的培养目标、培养模式选拔录取学生，严重削弱了高校的办学特色和竞争力，导致“千校一面”的高校趋同化发展局面的全新开始；认为这一举措顺应了高等教育大众化、培养创新人才和市场经济发展对人才的新需求，是高考改革的重要突破口和最终走向①。

---

① 李雄鹰：《自主招生改革的社会期待与大学应对》，《考试研究》2012 年第 2 期，第 21 页。

然而，随着自主招生院校数量的拓展，随着自主招生年复一年的推行，这一曾被寄予厚望的制度却几乎引发社会的口诛笔伐。2010 年自主招生联盟的纷纷涌现引起社会轰动效应，高考的社会关注度登达巅峰。政府被指赋予高校的招生权限不足，边界模糊，高校“戴着镣铐跳舞”。高校也被指曲解自主，自主性发挥不够充分，形成于计划经济时代的依赖教育行政部门招生的惯性依存，慵懒招生。表现为招生目标不明确，招生特色不突出，自主招生演化成了“优质生源战”，偏离了自主招生政策初衷等。甚至还有少数高校并不珍惜拥有的招生权限，招生政策缺乏创新，跟着北大清华“跑堂”。

至此，关于赋予高校办学自主权的戏剧性场面浮现：一方面，社会和高校都在持续呼吁应赋予高校包括招生自主权在内的更加充分的办学自主权；而另一方面，当教育行政部门下放 5%的招生权限给高校时，却激发了不小的制度反弹效应，作为放权方的政府部门和作为受权方的高校都成为众矢之的，似乎并未达到预期目标。究其原因，有研究者认为尽管相关法律条款规定招生权属于高校拥有的七项办学权之一，但权限不够充分，没有说明招生方案是否要报批。而且这一权限是政府给高校的授权，面临随时被收回的风险。但高校无论作为办学主体还是法人主体，都有自主的内在需求，高校应该依法拥有更加充分的自主招生权①。矛头指向了政府部门。有研究认为，高校自主招生权是一种不排除国家权力影响的社会自治公权力。目前，高校在行使这一权力时，出现了以商品化、私权化和官僚化等为形式的滥用倾向，使招生自主权演变成了“招生自由权”，这是一种公权力私权化的行为，危害教育公平，不可避免地引起整个社会的广泛质疑和诟病。建议有必要对高校招生自主权问题进行反思、批判与规约②。也有研究认为，高等学校长期已习惯依赖教育行政主管部门，在招生录取中还只是处于“等待”和“接受”状态，等待省市招办送来上线考生名单，然后基本上照单“接受”，高校的选拔意愿和标准并未体现出来③。还有研究认为，提高高校招生能力是高考改革的突破口。高校从不命题、不组织考试到部分命题、组织部分考试，成为“国家—省—高校”三级考试体系中的一级，需要招生能力来支

① 樊本富：《中国高校自主招生研究》，华中师范大学出版社，2010 年，第 29 页。

② 张维平：《高校招生自主权的滥用与规约》，《现代教育管理》2009 年第 11 期，第 41 页。

③ 方增泉：《试论高考招生改革与高校自主招生权》，《高等教育研究》2002 年第 2 期，第 41 页。

撑。考试招生是专业性极强的教育活动，不仅要有主动招生的自主性观念，还需要命题、面试等专业技术人员队伍储备。面对授予的招生权力，高校需要一个准备与适应过程①。后面三个观点都将矛头指向了高校。

高考是为普通高校选拔人才的面向全社会的大规模考试，高校目前在高考中的角色与地位必将随着高校内外部环境的变化而变化，高校在高考中的作为必将改观。缘由是，高等教育进入大众化发展阶段后，提高高等教育质量、促进高等教育的可持续和科学发展、高等教育国际化成为主要发展趋势，高校面临来自多方的竞争与挑战。在国内，提高高等教育质量，培养创新人才成为建设人力资源强国和创新型国家对高等教育发展的强烈诉求。高考作为高校人才选拔的入口，与人才培养质量休戚相关，必将为各个高校所重视。事实上，各高校对优秀生源的重视与招生竞争早已体现于自主招生和高考结束后的状元争夺战中。高校逐渐重视选拔优秀学生，通过多种改革措施吸引优秀生源，为不同学生创造进入大学学习的机会。国际上，高等教育发展的国际化趋势使生源竞争也趋向国际化。2012 年悉尼大学发布中国高考的研究报告以及认可高考成绩的举动再次警醒中国高校，生源竞争的国际化趋势已愈演愈烈②。虽然目前还未触及国内高校的根本招生利益，构成实质性威胁，但相信有更多国家会竞相模仿此举，以招录优秀学生。加之国内高考人数逐年下降，这些效应的叠加必然产生实质威胁。由此，提高招生能力，创新招生观念，改进考试内容与形式，优化评价手段，科学选拔人才，竞争优秀生源，必然逐渐成为高校发展的重点议题。这不仅是高校发展与应对竞争的内在诉求，也是社会、家庭和考生之于高校的外在期望。

（三）高考改革对高考研究的倚重与诉求

高考改革与高考研究相伴而生，互为动力，相互促进。在改革实践中，高考领域在不断生发新的问题，需要通过研究寻求化解策略，而高考领域不断生发的新问题也促使高考研究的不断深入，二者相辅相成。在中国，高考研究既可划分为国家和地方层面，也可分为力量集中的专业化研究机构和零散的研究人群。国家层面如聘请专家通过研究咨政于高考改革，地方如省级专业化考试机构、高校招生部门开展的高考研究工作。专业化考试研究机构如厦门大学考

① 李雄鹰：《自主招生改革的难点与突破》，《国家教育行政学院学报》2012 年第 5 期，第 56～60 页。

② 《悉尼大学认可中国高考成绩》，2012 年 2 月 22 日，http://edu.sina.com.cn/a/2012-02-22/1433212594.shtml。

试研究中心、国家教育考试评价研究院等考试研究机构云集了一批专家学者，长期、持续、集中精力耕耘于考试研究领域，是国内教育考试研究的核心力量。其他研究人群分布广泛，有中学教师、高校教师、考生家长、领导干部、社会人士等，足以体现出在中国有着广泛的高考研究群众基础。

早在1977年恢复高考制度后，邓小平在全国教育工作会议上的讲话中就曾强调，考试是检查学习情况和教学效果的一种重要方法……要认真研究、试验，改进考试的内容和形式，使它完善起来①。1981年10月25—29日，教育部学生司在山东组织召开高考研究座谈会，总结恢复高考制度后的成绩，重点研讨高考方面的科学研究工作。座谈会达成共识，一致认为高考研究工作具有重要意义，要将理论研究、论文发表与高考实践相结合，指导高考改革方方面面的工作。座谈会还列出了当时应重点研究的三大议题：一是整理历史资料，并进行初步研究，包括中国封建社会取士制度、民国时期高校招生制度和建国以来的高校招生制度。二是研究现实问题，包括德智体的关系，考试分类及各科目计分权重，如何将高校选拔新生与中学输送毕业生相结合，预选的意义与方法，命题、阅卷评分、志愿填报等。三是研究国外招生考试制度与理论，包括收集整理美国、日本、苏联、英国、法国、德国、印度、埃及等国的高校招生制度相关资料，研究国外考试理论等②。2010年《规划纲要》明确指出，考试招生制度改革要强调科学性，做到科学化、标准化、专业化。为此，要完善专业考试机构功能，提高服务能力和水平；成立国家教育考试指导委员会，研究制定考试改革方案，指导考试改革试点③。由此看来，高考研究服务于高考改革向来被高度重视，而且力度不断提升。

国家层面，2010年中华人民共和国国家教育咨询委员会在北京宣告成立。咨询委员会分为10个工作组，其中考试招生制度改革组名列其中，谈松华、刘海峰、王本中、戴家干、杨东平5位考试研究专家学者受聘于考试招生改革组国家级咨询委员。为进一步落实《规划纲要》有关考试招生改革

---

① 杨学为：《高考文献（上）》，高等教育出版社，2003年，第89页。

② 杨学为：《高考文献（上）》，高等教育出版社，2003年，第151～152页。

③ 《教育规划纲要》工作小组办公室：《教育规划纲要辅导读本》，教育科学出版社，2010年，第132～133页。

内容，推动考试招生改革，2012 年 7 月 19 日我国首次成立国家教育考试指导委员会，26 位来自教育、科技、经济、法律、管理等领域的专家组成首届委员。国家教育考试指导委员会的职能在于发挥智库作用，对国家教育考试制度改革进行顶层设计，有效解决教育考试方面的突出问题；积极稳妥地推进教育考试制度的改革创新，研究制定高考改革总体方案；重点改革考试内容和形式，建立健全综合评价体系；指导地方和学校的教育考试改革实践，确保改革的科学、协调、渐进和有序进行①。以上两个国家级咨询委员会的成立足以证明国家对专家学者咨政于国家教育改革发展事业的高度重视。考试议题被作为两个咨询委员会的咨政内容也充分显现国家对当前教育考试改革的关切，对科学解决教育考试难题的倚重。

在地方，省级考试机构的建设也正在由考试管理部门朝专业化、科学化的考试研究评价机构方向迈进，机构的研究功能得以凸显。在国内，多数省份已将省招办更名为省考试院，机构的职能发生变化，规模扩大，业务范围拓展，人员增多，尤其是从事教育考试研究的专业化人员在逐步增多，以满足高考深化改革对高考研究的新诉求。从机构设置看，各个省的考试机构都逐步设立了考试研究、命题研究处（室）。在近年来的人员招聘中，多个省份的考试机构都急需考试研究、教育测量和教育统计方面的专业人才，以加强考试研究的技术力量。考试研究的意识在逐步强化，能力在逐步提升。而随着自主招生以及“国家一省一高校”三级考试招生网络的逐渐形成，高校也成为一级考试招生实体机构，开始承担命题、考试、面试等曾经不承担的职能。但近年来社会对自主招生高校招考环节设计和笔试、面试题目质量的强烈反应甚至批判迫使高校优化制度设计，提高试题质量，高校考试招生部门的考试研究意识逐步被激发，考试招生能力建设被提上议事日程。

再从研究成果视角看，有关高考研究的论文、书籍、课题报告、调查报告等可谓汗牛充栋。截至 2012 年 9 月，在中国知网以“高考”为主题搜索到的论文达 16 万篇之多。有关高考的专著也在逐年增多，系统出版的专著有刘海峰教授主编、华中师范大学出版社出版的“高考改革研究丛书”，廖平胜主编、华中师范大学出版社出版的“新世纪考试科学丛书”等。这些研究成果在国家高考改革中发挥了重要作用，尤其是系统性的高考研究成果，为国家高考制度改革和相关政策制定提供了重要的理论依据和实证支持。

然而即便如此，随着高考改革的不断深化，人们对高考研究提出了更新

① 于静：《国家教育考试指导委员会成立》，《中国青年报》2012 年 7 月 21 日。

和更高要求。面对高考研究“新闻报道多、理论研究少，一般议论多、深入探讨少”、“经验总结多、系统全面研究少”① 的现状，许多高考研究方法，尤其是量化研究方法还远落后于世界先进水平，仍以经验为命题模式，教育测量理论与技术介入高考较少，考试质量得不到显著的提高②。在高考选拔目标、考试内容与形式、高考命题及成绩报告方式成为高考制度改革的核心的时代背景下，如何基于现代教育测量与统计评价理论改造我们的高考，成为当下高考改革的新诉求，高考研究的新内容，高考研究者的新使命。

（四）教育测量与评价理论、技术的新发展

高考是一种教育考试，是为高校选拔人才的教育活动。无论对脑力劳动者还是体力劳动者，对他们的能力，都需要一个科学的测量或评价，以便于交流或交换，这就是考试③。考试在本质上是对个体掌握人类知识与发展相应能力的状态与水平进行测量的社会活动，教育与心理测量、教育评价以及教育统计是考试活动规律性的主要理论表现形态④，考试应以这些理论为基础构建、组织和实施。

世界上最早的教育与心理测量出现于中国西周时期。据《礼记·学记》记载，西周已经建立了具有相当系统性的教育测量制度，不仅规定了学业考试的时间和步骤，而且规定了考试的内容和标准。到了汉代，考试制度、考试类型以及考试功能都有了很大发展，并开始使用“口试”、“策试”、“射试”等考试形式，首开笔试之先河，早于欧洲国家 1 800 多年。自汉代以后，中国古代的选士制度逐步实现了制度化。实际上这种选才方式在诸多方面已经接近于当代教育与心理测量的基本模式雏形。虽然中国是教育与心理测量的故乡，但系统的测量理论和技术却是产生于工业革命后的西方国家⑤。在心理测量方面先后形成了经典测量理论（Classical Test Theory）、概化理论（Generalizability Theory）、项目反应理论（Item Response Theory）和最新出现的认知诊断理论（Cognitive Diagnostic Theory）。在教育评价方面则形

---

① 刘海峰：《高校招生考试制度改革研究》，经济科学出版社，2009 年，前言第 3 页。

② 李金波：《让考试更科学：基于命题视角的研究》，武汉大学出版社，2012 年，前言第 1 页。

③ 刘海峰：《中国考试发展史》，华中师范大学出版社，2002 年，总序第 3 页。

④ 漆书青：《现代测量理论在考试中的应用》，华中师范大学出版社，2003 年，前言第 1 页。

⑤ 戴海琦：《心理测量学》，高等教育出版社，2010 年，第 21～22 页。

成了四代评价理论及模式。第一代（19 世纪中叶起至 20 世纪 30 年代）被称为心理测验时期，在考试的定量化、客观化与标准化方面，取得了重要的进展，强调以量化测评学生学习。第二代（20 世纪 30—50 年代）被称为目标中心时期，泰勒（TYLER R）提出了以教育目标为核心的教育评价原理——泰勒原理，明确提出了“教育评价”概念，把教育评价与教育测量区分开来，奠定了教育评价学的理论基础，泰勒称为“教育评价之父”。第三代（20 世纪 50—60 年代）是标准研制时期，以布卢姆为主的教育家提出了对教育目标进行评价的问题。20 世纪 70 年代以后，教育评价发展到第四代——结果认同时期，关注评价结果的认同，关注评价过程，强调评价过程中给予个体更多被认可的可能，重视评价对个体发展的建构作用。这一时期又被称为个性化评价时期。当前，被认为处于教育评价第四阶段，评价的多元化、个性化、动态化等成为其主要特征。

自高考制度建立以来，考试测量相关理论与技术的引入历经了一个发展演变过程。标志性的举措有 1985 年国家教委首先在广东省进行英语和数学两科的高考标准化考试，开创了高考改革的新时代。标准化考试是依据现代考试理论，借助现代统计方法和电子计算机技术，严格按照科学程序命题和实施考试，有效控制考试中的各种误差，具有统一标准的考试。标准化考试要求有较高的可靠性、有效性和实用性，要求有较高的信度、效度、难度和区分度。标准化考试的优越性体现为考试制定有一套标准化的程序，考试之前要向考生公布考试范围、考试说明、考试方法、样题等，以便于考生复习准备①。高考标准化改革是高考发展史上的里程碑和转折点，这一改革将教育与心理测量、教育评价、考试理论与技术引入高考实践，迎来了高考科学化的大讨论，掀起了高考科学化的实践高潮。继其之后，高考中标准分制度的实施、高考科目与形式改革、命题与阅卷改革（网上阅卷）、标准化考场建设、成绩报告方式改革等举措相继实施，高考的标准化和科学化程度逐步提高。教育测量与评价理论的新发展既给予高考评价改革以动力，也为高考评价改革奠定了理论基础。高考评价科学化、规范化、专业化的改革目标及综合多元、科学合理、公平公正的改革内容也要求必须利用现代测评理论改造高考。

① 蒋超：《中国高考史（改革卷）》，中国言实出版社，2008 年，第 153 页。

（五）国际学生评价项目的推行与境内外大学入学考试经验交流

从制度建立到演变至今，高考改革的国际视野日渐开阔，我国港澳台地区及其他国家高校入学考试制度内容和改革趋势也及时被国内学者和教育考试部门察觉，成为国内高考制度改革的国际参照。而高考制度也为国际上绝大多数国家所知晓，高考的汉语拼音“Gaokao”在英语中已成为专有名词，美国、加拿大、英国、澳大利亚等国的部分大学招录中国留学生时均认可高考成绩。国际著名心理统计与测量学专家、美国伊利诺伊大学香槟分校终身教授张华华在 2012 年 9 月 21—24 日于江西师范大学召开的“第十届海峡两岸心理与教育测验学术研讨会暨全国教育与心理统计测量学术年会”上所作的题为《美国可以从中国的大规模教育考试中学到什么》的报告中讲到，过去都是中国向美国学习教育考试的做法与经验，现在美国也开始关注中国的教育考试，学习中国组织实施大规模教育考试的成功经验。

由此可见，高考在中西学术交流与教育实践中的桥梁纽带作用已经形成。其实，早在 20 世纪 80 年代初，教育考试行政部门就倡导高考研究学者要尽快研究国外招生考试制度与理论，收集整理美国、日本、苏联、英国、法国、印度、埃及等国高校招生制度相关资料①。至此开始，越来越多的研究者开始关注和介绍美国、英国、法国等国家的考试制度。初始阶段较多涉及的如美国的 ACT 考试（American College Testing，美国大学入学考试），SAT 考试（Scholastic Assessment Test，学术能力评估测试）等，英国的普通教育证书制度 GCE（General Certificate of Education），法国的中学毕业会考制度以及苏联、日本等国的招生制度。当时由于资料短缺，信息占有量少，对国外考试制度的介绍多停留于一般概述、宏观制度比较层面。随着改革开放的步步深入，中国与国际社会，尤其是与西方发达国家的交流频次骤然上升，信息渠道日趋畅通，尤其是伴随计算机网络技术的疾速发展，国内学者可以相对容易地获得国外的招生制度资料，国内对国外招生制度的了解日益加深。

近年来，随着 PISA（Programme for International Student Assessment，国际学生评估项目）等国际学生评价项目的实施，再次掀起国内学者介绍国际考试经验、反思国内高考制度和建议学习国际先进经验的高潮。PISA 是 1997 年由经济合作与发展组织（Organization for Economic Co-operation

---

① 杨学为：《高考文献（上）》，高等教育出版社，2003 年，第 151～152 页。

and Development，OECD）组织的学生能力国际评估计划。主要对接近完成基础教育的15岁学生进行评估，测试学生能否掌握参与社会所需要的知识与技能。第一次PISA评估于2000年举办，后来每3年举办一次，以举办年份命名。评估主要分3个领域：阅读素养、数学素养及科学素养。除认知测验外，PISA还包括问卷调查，收集有关社会、文化、经济和教育因素的指标，并将这些指标与学生的成就相联系，从个体学习者、教学、学校及教育体制四个角度进行分析。PISA使用目前可以使测量客观等距的现代教育测量理论建构题目，测量不同层次学生的多维度能力、态度、动机等，进而进行国家或地区间横向和跨年度纵向比较。这是国内普遍依据经典测量理论建立的测评工具所无法实现的①。

为发挥考试评价对促进素质教育发展的积极作用，教育部考试中心于2006年10月引进并启动了学生能力国际评价PISA2006中国试测研究项目，试图通过评估实践，借鉴国际先进的教育评价理念、理论与技术，构建符合中国国情的教育考试评价标准、手段、技术和方法体系②。2010年岁末，OECD在多哈宣布，上海在PISA测试中（PISA2009），阅读、数学和科学三项指标得分均在全球65个国家和地区中名列第一。这则消息令世界一片哗然，成为许多国际著名媒体的头版头条内容。中国的专家、学者、媒体以及教育行政部门纷纷从不同角度对这一测试结果予以解读③。蕴藏于PISA学生评估项目中的先进教育测量与评价理念、严谨规范的评估程序设计、评估内容的可操作性及结果的跨地区可比性、评估维度与内容选择的普遍性以及评估结果对学生发展的指导作用，都值得我们反思与借鉴。

二、研究意义

高考评价无论在高考理论还是实践领域都是新命题。随着更多省份进入高中新课改后的高考，随着高校对招生自主权的诉求与践行，随着越来越多的高考评价项目的实验与推广，尤其是《规划纲要》中提出了“分类考试、综合评价、多元录取”的考试招生制度改革目标，要求“深化高考考试内容

---

① 王蕾：《PISA在中国：教育评价新探索》，《比较教育研究》2008年第2期，第7～10页。

② 王蕾：《PISA对大规模教育质量的评价解读》，《考试研究》2009年第3期，第1～13页。

③ 谢湘：《PISA测试上海夺冠回答了什么》，《中国青年报》2011年3月4日。

和形式改革，着重考查综合素质和能力”后，面对高考在科学选拔人才、促进学生健康发展、维护社会公平方面仍有许多不尽如人意的地方，高考评价必然成为高考实践的核心内容，成为高考研究的焦点议题。在此背景下，本书以高考评价为核心研究内容，就具有重要的时代意义和理论与实践价值。

（一）考试评价改革是国际教育考试改革的大势所趋

教育考试评价是世界各国教育改革发展中所面临的共同理论与实践问题，同时也是教育改革发展的趋势。中国虽是考试的故乡，但世界发达国家探索适合于本国教育发展水平和文化实际的考试制度的实践，一方面给予中国高考制度改革以国际视野和动力；另一方面，它们的成功经验也成为中国高考制度改革的重要参照。进入知识经济时代，世界各国的发展战略由依托自然资源的“硬实力”竞争转向以重视人力资源为核心的“软硬实力”兼顾的战略转变。为此，各国都极其重视教育的战略制高点作用，加紧谋划本国的教育发展战略。如美国推出了《不让一个孩子掉队法》，英国推出了《14～19岁教育与技能白皮书》，日本提出了《教育振兴基本计划》，韩国则公布了《人力资源开发基本法》，等等。

综览这些计划抑或战略的内容主旨，都是要力图加紧本国教育发展步伐，提高学业标准，夯实学生学力，培养高质量人才，增强国际竞争力。配合这些计划与战略的实施，在世界范围内出现了教育考试与评价改革的新趋势。各国都在改革优化本国的大学入学考试制度，采用多样化评价方式，力图更加全面地评价学生的综合素质；力求更加科学、合理地发挥考试的评价功能，考试的评价功能日益受到重视；各国普遍重视用现代教育测评理论与技术改造考试，项目反应理论、认知诊断理论、现代教育评价模式被充分应用于考试实践；而依托现代教育测评理论与技术开发出来的PISA、TIMSS等国际性学生评价项目在世界范围内逐步推广，受到各国政府关注①。教育考试的国际化改革趋势为中国高考制度改革开阔了视野，注入了活力，提供了参照，也成为中国高考制度改革的必然方向。

（二）高考评价研究的实践价值

针对当前高考制度重选拔轻评价、重共性轻个性、重成绩轻能力、重结果轻过程等为社会所诟病的问题，考虑到高考利益相关方对高考改革的新诉求，我国部分省区开始了高考评价改革的新探索。最具代表性的高考评价改

① 韩家勋：《教育考试评价制度比较研究》，人民教育出版社，2010年，第4～5页。

革实验项目当属2011年教育部在云南和海南两省启动的“云海工程”。此项改革秉持“以考生为本，人尽其才”的理念，改革目标和重点内容是改进传统的高考分数报告办法，尝试建立全方位、多层次、发展性、个性化的综合评价体系；试图将教育评价的新理念、新方法和新技术引入高考改革，完善高考分数报告方式，使高考成绩更具评价意义；使新的高考成绩报告单有助于考生充分了解自己，合理填报志愿；有助于中学评价教学；有助于高校更全面地了解考生，优化录取①。另外，浙江省2009年进入新课改高考后，探索实行“分类测试、分批选拔、综合评价、全面考核、择优录取”的选拔模式，提出要逐步建立学业水平测试、综合素质评价和统一选拔考试（高考）“三位一体”的多元化招生考试评价体系②。上海市构建以关注学生健康成长为核心价值追求的“绿色指标”体系，包括学生学业水平指数、学生学习动力指数、学生学业负担指数、教师教学方式指数、校长课程领导力指数、学生社会经济背景对学业成绩的影响指数、学生品德行为指数、身心健康指数等十项指数，实施教学质量综合评价改革试验，从过度注重学科知识成绩转向全面发展的评价，努力形成实施素质教育的导向机制③，等等。

随着《教育部关于普通高中新课程省份深化高校招生考试改革的指导意见》(2008)、《规划纲要》、《教育部关于全面提高高等教育质量的若干意见》(2012）以及《教育部2012年工作要点》等多个政策文件对高考综合评价改革的反复强调，高考评价改革政策的导向作用必然进一步凸显，高考评价改革也必然会成为各省区高考改革的重点内容。然而，对高考评价的研究却较少。在高考评价成为高考改革热点议题的背景下，如何认识高考的功能，如何实现由考试到评价的转变，究竟要建立什么样的高考评价体系，基于什么理念构建高考评价体系，高考综合评价体系中究竟应包括哪些内容，基于高中学业水平考试成绩、高考成绩、综合素质评价的“三位一体”的综合评价体系如何落实操作等，都是关乎高考评价的理论与实践问题，急需研究解

① 《什么是“云海工程”》，2011年7月5日，http://news.163.com/11/0705/07/786BFEAI00014AED.html。

② 张莉贝：《高考评价体系不再单一》，《台州日报》2011年5月27日。

③ 国家教育发展研究中心：《上海构建“绿色指标”评价体系引导学生全面发展》，2012年6月5日，http://www.moe.gov.cn/publicfiles/business/htmlfiles/moe/s5989/201206/137079.html。

决。即是说，高考评价改革实践急需高考评价理论研究的支撑。基于研究可改变考试理论落后于实践的状况，通过研究高考制度环境、制度特征、制度缺陷与制度创新，稳妥推进高考改革，减少改革的盲目性，促进高考制度的完善①。高考的实践完善了高考的理论，高考的理论又促使高考实践更加科学。

（三）高考评价研究的理论意义

回顾历史，中国是考试之故乡，有绵延千年的考试历史；反观现实，中国是毫无疑问的考试大国，考试于国家、社会和个人都具有非同凡响的影响与意义。但中国并不是考试强国，尤其不是考试研究强国。毋庸置疑，中国古代考试曾经对世界考试制度的形成与发展有巨大影响与贡献，但现代考试理论与技术却源自西方，而非中国。现实中，中国的高考等考试制度不断面临新形势，遇到新问题，需要改革、发展和创新。但用于设计考试制度、指导考试实践的理论和技术大都引自西方，教育测量、教育评价等理论与技术无一例外，中国原创的理论与技术十分缺乏。因此，如何借鉴西方的先进经验，立足于中国国情，创建适合中国的考试理论与技术体系就成为考试研究者的神圣使命与时代重任。

高考评价是高考理论和实践领域出现的新问题，研究这一问题不仅具有使高考实践有理有据、更加科学的实践价值，也具有推进和深化考试理论研究的理论意义。高考是谁都可点评一二、见仁见智的话题，但高考领域也有不少似是而非的概念、观点和问题需要廓清②，这是高考改革顺利进行的社会认知基础和舆论基础。理论研究具有寻根探源、使复杂问题清晰化的作用。每当新的高考改革内容和政策浮出水面，往往会引起各方关注与议论。就像 2010 年四大自主招生联盟产生后一样，一度引起社会强烈反响。高考评价正是高考改革中的新内容，它的出现也会像其他高考改革一样，牵一发而动全身，制度的科学性、合理性、公平性等自然会成为被拷问的对象。目前，社会对这一问题还相对陌生，但又有迫切知晓详情的期盼。由此，对这一问题的理论研究会及时消除社会对高考评价改革的种种误解，使一些模糊的概念清晰化，复杂的问题明了化，有拨云见日之功效。另外，高考评价是

① 刘海峰：《研究考试制度推进考试改革》，《湖北招生考试》2002 年第 2 期，第 6 页。

② 刘海峰：《刘海峰演讲录》，华中师范大学出版社，2012 年，第 97 页。

高考理论研究的核心内容，对这一问题的研究和深化有助于揭示大规模教育考试的客观规律，从微观层面探究考试内部诸要素之间的关系及规律，从宏观层面探究考试与社会、学校等的外部关系及规律，从而为建立更加科学合理和公平公正的高考制度奠定理论基础。

第二节 高考评价及相关概念界说

高考评价是高考研究与实践中的新问题和新内容，人们对其概念、本质及内容还比较陌生，存在歧义，因此高考评价研究需要从概念的界说入手。在高考理论与实践领域，高考评价这一词语至少具有两重理解，既可理解为是以高考为对象的价值判断，要去评价高考，论其功过是非，也可理解为如何发挥高考的评价功能，从而更加全面、科学、合理地评价考生的素质与能力。本书取后者之意，即如何发挥高考的评价功能，让高考能够更理想地评价考生。因与高考评价这一概念相关的、容易混淆的概念涉及教育评价、教育测量两个概念序列，在这里还将引入这两个序列的概念予以较为详细的界说与厘清。

一、教育测量、考试与高考

（一）教育测量

美国心理物理学家史蒂文斯（STEVENS S S）曾于1951年给测量下过这样的定义："从广义而言，测量是根据法则给事物分派数字。"[①] 在这一定义中，事物是测量对象，法则是测量必须遵循的规矩与要求，数字则反映了测量活动的本质特征。史蒂文斯关于测量的定义概括了物理测量、社会测量以及教育测量的共性，即用数字描述和反映事物的属性与本质。

教育测量是测量活动的一种，不同学者对其有不同的理解和界定。王汉澜认为，教育测量是对学生的学习能力、学业成绩、兴趣爱好、思想品德以及教育措施上许多问题的数量化测定。它主要用于对学生精神特性的测定[②]。戴海崎将心理与教育测量定义为，依据一定的心理学和教育学理论，

① 王孝玲：《教育测量》，华东师范大学出版社，2004年，第1页。

② 王汉澜：《教育测量学》，河南师范大学出版社，1987年，第1页。

使用测验对人的心理特质和教育成就进行定量描述的过程①。黄光扬认为，教育测量是针对学校教育影响下学生各方面的发展，侧重从量的规定性上予以确定和描述的过程②。尽管不同学者对教育测量的具体描述角度不同，但其共同之处在于强调教育测量是对学生的内在心理特质和素质能力的测度，并用数量化方式反映其程度。

教育测量具有间接性、相对性、稳定性和客观性特征。间接性是指教育测量是间接测试人的素质与能力，科学发展到今天，还无法直接像物理测量中的长度、重量测量那样直接测试人的素质或心理结构。目前是通过测量人的外在行为反应来间接推论其内部心理特质。测量中由于判断个体行为的标准不唯一，使教育测量结果的推论存在相对性。如测得某个体的智商分数，要与其所在团体成员比较才有意义，如果比较对象发生变化，那么测量结果的解释也就跟随发生变化。而由于个体的行为皆由其内部心理特质控制，人的心理特质具有一定的稳定性，因而个体在特定时间内的前后行为也就具有一致性与稳定性。如此，教育测量所得结果也就具有一定的稳定性。由于教育测量具有间接性和相对性特点，容易被质疑其结果的客观性。因此，在教育测量中更要通过设计严格的测验环境条件控制无关变量，设计标准化的测验编制、实施、记分、解释程序等途径实现测量过程和结果的客观性。

（二）考试的概念、本质及功能

当人们需要测度、甄别人的知识和才能的差异以“选贤与能”的时候，便产生了考试，考试是教育测量的一种方式。考试是人类社会特有的现象，在其悠久的历史演变中，形成了众多关于考试本质的认识与概念，体现出考试的多样性及复杂性特征。“考试”一词，最早见于西汉董仲舒《春秋繁露》中，即“考试之法，合其爵禄，并其秩，积其日，陈其实，计功量罪，以多除少，以名定实，先内第之”。在此之前，“考”与“试”是意义相近的两个概念。当“考”与“试”合为一个词后，其含义便具有双重性。一是指对官员的考核和试用；二是指对个体掌握具体知识、能力等效果的一种检验、测度和评定。第二层含义更接近于我们今天所言的考试③。《教育大辞典》认为，考试是根据一定的考核目的，让被试者在规定时间内，按指定的方式、

---

① 戴海崎：《心理与教育测量》，暨南大学出版社，1999 年，第 6～7 页。

② 黄光扬：《教育测量与评价》，华东师范大学出版社，2002 年，第 3 页。

③ 刘海峰：《中国考试发展史》，华中师范大学出版社，2002 年，第 3 页。

要求来解答试题，并对其解答结果评等级、记分。考试具有评定、诊断、反馈、预测和激励的功能。考试是教育测量的工具之一①。贾非认为，考试是测定人的能力、知识、技能、性格等有无和程度的方法②，等等。廖平胜在概述了“考试是工具”、“考试是方法”、“考试是手段”、“考试是测量”、“考试是活动”等五种关于考试的定义之后，认为考试之本质是“鉴别人的素质水平及个别差异”③。综合以上对考试的描述或定义可以看出，测度、甄别和评价是考试的根本属性与本质特征。

考试如同其他社会现象与活动一样，以系统的方式存在。考试是由多个要素组合而成的一个有机的活动系统，并以系统的方式参与社会大系统的运行。作为社会大系统的一个子系统，考试有其内在的结构和独立特性，并以其独特的内在结构在与社会大系统的互动中体现出其独特的功能。凡考试都包括考试主体（主试）、考试客体（考生）以及考试中介（考试内容与形式）三个要素。考试主体即考试活动的组织者和实施者，承担考试的设计、组织、实施、监督等职责。考试客体即考试对象，考试客体的身份具有主客体双重属性，既是考试活动的实施对象，又是参加考试活动的主体。考试中介即考试所使用的工具或方式方法，是考试主体与考试客体之间的交互媒介，是实现考试主客体之间相互影响的纽带。考试系统三要素间存在交互影响与制约的关系，考试主体确定考试客体、选择考试中介，考试中介影响考试客体的考试行为，而考试客体又对考试主体以及考试中介具有反馈作用和影响。参考廖平胜的考试系统图④，笔者将考试系统三要素的关系用图 1-1 表示。

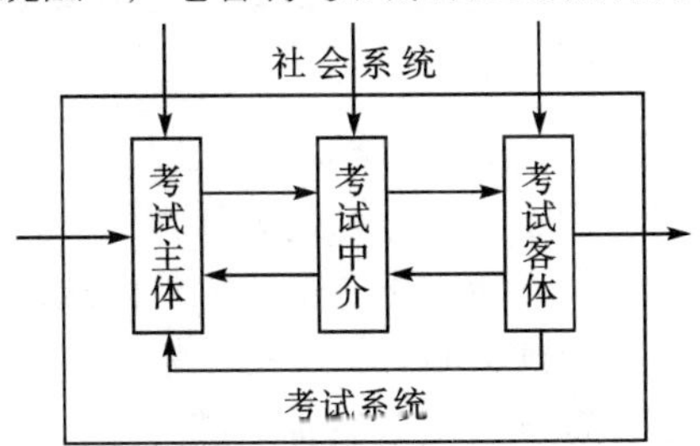

图 1-1　考试系统关系示意图

① 顾明远：《教育大辞典》，上海教育出版社，1990 年，第 215 页。

② 贾非：《考试与教学》，吉林教育出版社，1994 年，第 2 页。

③ 廖平胜：《论考试的本质与功能》，2010 年 12 月 1 日，http://www.zhaokao.net/ksyj/sanji_article.jsp?weizi=zdtj&id=14。

④ 廖平胜：《考试学原理》，华中师范大学出版社，2003 年，第 127 页。

考试系统三大要素的结构关系构成了考试系统功能的内在条件，也构成了制约考试系统效能发挥的因素系统①。考试之所以能成为社会大系统中一个稳定的子系统，就在于它具有其他社会子系统所不具备的独特功能。正如罗伯特·蒙哥马利所言，活的机体，只要具有多种功能，并且善于适应环境的变化，就会蓬勃发展起来。考试之所以蓬勃发展，同样是由于它具有多种功用的性质：考试常常适应多种目的的需要，当某个目的过时了或者与它不相干了，考试仍然能够以其他理由而存在。考试已经这样稳固地站住了脚跟，要废除它似乎比取消篝火节或者圣诞节更无可能②。由此想到，在中国一些人动辄主张取消高考的观点实在是不了解考试之本质的偏见。

从以上分析可以看出，无论是古代考试还是现代考试，都具有评价的功能。功能即“事功和能力，或功效、作用”③，任何系统都具有特定功能。系统内部构成要素之间的结构及交互制约关系构成了系统的本质功能，系统与外部社会的交互活动中呈现出其社会功能。基于考试的独特结构及其要素之间的交互制约关系，考试作为一个完整的系统对考试系统内部和考试系统外部的社会都具有特定功能。其对考试主体、考试客体、考试中介具有评价功能、诊断和反馈功能、预测功能、甄别功能、激励功能和导向功能等。对外在与社会大系统的互动中受社会政治、经济、文化、教育的影响而具有文化功能、教育功能、政治功能、经济功能和控制功能等。考试系统内部要素的关系及结构决定考试的功能，当考试要素的组合关系及结构发生变化时，考试的功能也就发生变化。即是说，考试结构是考试功能的内在依据，考试改革必然以考试结构的重组为前提。

（三）教育考试

考试从其社会运用角度看，可分为两大部类：一是人事考试，二是教育考试。考试运用于人事工作领域，主要是为人员的选录、安置，职业和岗位标准验核以及职业能力倾向预测服务④。教育考试是考试的另一种类型，不同学者从不同侧面描述了教育考试的特征。凯诺尔（CARROLL J B）对教

---

① 廖平胜：《考试学原理》，华中师范大学出版社，2003 年，第 126～128 页。

② 罗伯特·蒙哥马利：《考试的新探索》，黄鸣译，广西人民出版社，1984 年，第 14、76 页。

③ 夏征农：《辞海（缩印本）》，上海辞书出版社，1999 年，第 624 页。

④ 漆书青：《现代测量理论在考试中的应用》，华中师范大学出版社，2003 年，第 24 页。

育考试的定义是，教育考试是一个设计过程，该过程要诱使考生表现出某种行为。根据这些行为，可以对考生的某些个人心理特征做出推测①。王后雄认为，教育考试是根据教育教学及特定的社会要求，对学生的科学文化和相应素质进行有组织、有目的的测度或甄别活动②。周青认为，教育考试是根据教育内容和目标，选择有代表性的内容与问题，按照一定方式，对应试者的知识、技能等进行测量与评价的过程③。

由以上描述与定义可见，教育考试有明确的教育标准与要求，考试的目的在于评判学生对一定教育目标或标准的实现程度，或者鉴定学生已有的知识、技能和能力与特定教育目标、标准或者要求间的距离，并以特定教育目标和标准作为考试结果的评判依据。教育考试还是一个将学生已有知识、技能与能力外显化的过程，根据学生在考试中的表现来评判学生的知识、技能与能力。另外，教育考试是有目的、有组织实施的，有特定的内容与形式。根据不同考试目的，教育考试包括对学生知识与学习能力的考查、实践能力的考查、思维与创新能力的考查、心理素质的考查等大类。教育考试的具体形式有笔试、面试、口试、诊断考试、选拔考试、封闭式/开放式考试、常模参照考试、标准参照考试、主观性考试、客观性考试等。

作为考试的一种类型，教育考试具有其独特的功能，如对学校教育教学的督导功能、对学生的激励功能、对教师教学的反馈功能、对学习与教学的导向功能、对学业水平的鉴定功能、对学习及教学的评价功能、教育行政部门对教育的管理功能、基于特定目标的选拔功能、对人才培养的调节功能以及社会控制功能、文化功能、经济功能等。教育考试之所以具有稳定性，就在于其以上功能的多样性。但教育考试并非万能的工具，随意放大或者附加教育考试的功能与作用，也会导致各种消极危害，不利于教育发展，不利于人才的选拔与健康成长。

（四）高考

高考是“普通高等学校招生全国统一考试”的简称，是教育考试的一种，也是目前中国规模和影响最大的教育考试。笼统而言，中国有两个高

---

① 雷新勇：《大规模教育考试：命题与评价》，华东师范大学出版社，2006 年，第 15 页。

② 王后雄：《教育考试的理论与方法》，北京大学出版社，2011 年，第 4 页。

③ 周青：《化学教育测量与评价》，科学出版社，2006 年，第 10 页。

考，一个是建制于1952年的普通高考，一个是开始于1986年的成人高考。普通高考以普通高中毕业生为主要对象，成人高考以在职在业的成人为主要对象[①]。本书以普通高考为研究对象。自1952年统一高考建制以来，普通高校招生逐渐采用全国统一招生的办法，实行统一的计划、统一的组织领导、统一的报告、统一的录取调配[②]。在统一高考制度中，考试与招生是两个构成环节，考试成绩是招生录取的重要依据，除此之外招生录取还有其他依据。但由于长期以来高校招生录取主要以高考成绩为唯一标准，从而将考试与录取捆绑在了一起[③]。当人们谈及高考或是评价高考时，往往不加区别地混为一谈，容易将高校招生录取中的问题指向考试，因考试中存在的问题而指责招生录取。此次《规划纲要》中明确指出要“探索招生与考试相对分离的办法”，将原来习惯称呼的“招生考试”改为“考试招生”，传递出进一步理顺考试与招生关系的信息，体现出国家将考试与招生区别开来的导向。

从概念隶属关系看，高考是一种教育考试，回归至根本是一种以测量、甄别和评价考生的知识、技能与能力为主要功能的测量活动，其考试结果是高校招生录取的重要依据，是考生了解自己的重要信息参照，是中学改进和优化教育教学质量的“指挥棒”。而以考试成绩作为高校招生录取的重要依据之一也是国际惯用做法。鉴于高考成绩的多重重要作用，如何让高考考试成绩的内涵更加丰富饱满，信息量更加充分全面，更能综合、科学地评价考生的真实素质与水平，这是基础教育新课改对高考评价改革的反作用，是高校人才选拔的新要求，是人才个性化成长的新诉求，是《规划纲要》提出的“分类考试、综合评价、多元录取”的改革方向，是专家学者及社会对高考“从考试到评价”转变的强烈呼吁，是高考改革领域中的实践，也是本书的研究内容。

（五）教育测量、考试与高考的关系

基于前文对测量、教育测量、考试、教育考试概念的层层梳理，从概念归属关系看，高考在其本质上是一种测量活动，高考具备教育考试、考试、教育测量及测量的基本特征与属性。这几个概念之间的隶属关系如图1-2所示。但高考作为一种考试测量活动，除了具备一般考试测量的普遍特征与属

① 刘海峰：《中国考试发展史》，华中师范大学出版社，2002年，第329～330页。

② 杨学为：《高考文献（上）》，高等教育出版社，2003年，第22页。

③ 张耀萍：《高考形式与内容改革研究》，华中师范大学出版社，2008年，第4页。

性之外，作为为高校选拔人才的考试活动，它还具有其独特的属性与特征。高考的独特性是一般考试测量的规律在高考实践中的应用与体现，是在高考实践活动的内在矛盾运动以及与社会大系统的交互作用中形成的。“许多西方国家的大学招生考试只是一种测量手段，只是引起小范围的关注，只是一种少数人关心的话题。然而，受传统和现实的制约，中国人却将高考变成了文化，变成了经济，变成了产业，变成了盛大的仪式，变成了一种各方面都关注的社会活动，变成了一种惯例式的全民动员。它不仅是一种考试，也不仅仅是教育，在一定意义上说，高考还是一种文化、一种经济，有时高考甚至还会成为一种政治。”① 由此可见，在中国，高考具有极其广泛的社会基础，具有非同凡响的社会地位和广泛的社会影响，与国计民生休戚相关。而高考的特性也就蕴藏其中，由此而生。

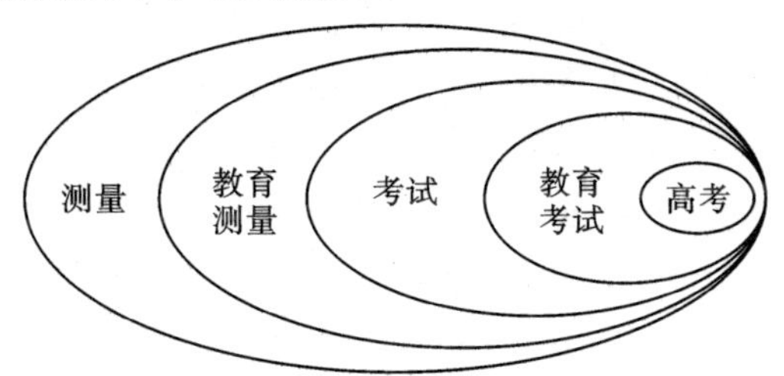

图 1-2 高考概念关系示意图

具体而言，高考的特性表现为无论是于国家、社会、高校，还是之于考生、家长及中学的高利害性；表现为面向全社会考生的选拔性；表现为在考上一般高校、“冷门专业”相对容易之后又冲向“985”、“211”等重点高校和“热门专业”的竞争性；表现为全国教育发展及优质教育资源布局失衡而导致的公平性；表现为对考生学习潜质及未来发展的预测性；表现为对家庭教育、中学教学、考生学习复习等的导向性；等等。这些特性是认识高考不同于其他考试测量活动的重要特征，是高考活动本质的体现。

二、教育评价、考试评价与高考评价

教育评价是与本书主题高考评价相关的另一个序列的概念。研究高考评价首先应理清其与考试评价及教育评价等概念间的关系。

---

① 刘海峰：《高考改革：理想图景与现实困境》，《光明日报》2012 年 4 月 11 日。

（一）教育评价

评价是人们日常生活中司空见惯的活动，伴随于生活、工作与学习左右。汉语词典对评价的解释是“泛指衡量人物或事物的价值”。2000年版的《辞海》对评价的解释是“评论货物的价格，今亦泛指衡量人物或事物的价值”。由此可见，评价与价值有关，与评价者的价值观联系。马克思在《评阿·瓦格纳的“政治经济学教科书”》一文中指出，价值这个普遍的概念是从人们对待满足他们需要的外界物的关系中产生的[①]。在《以李嘉图理论为依据反对政治经济学家的无产阶级反对派》一文中说，价值表示物对人有用或使人愉快等等的属性[②]。马克思对价值的论述反映出价值的主客体关系，揭示出价值是客体对于主体需求的满足。

教育评价是评价在教育领域的应用与体现。评价活动已有久长的历史，但教育评价则是在19世纪末20世纪初才出现的概念。19世纪末，教育评价被称为“测量”，即以测量为手段评价学生知识掌握及其他方面的发展情况。正式提出教育评价概念的是被誉为美国“现代教育评价之父”的泰勒(TYLER R W)。他指出教育评价实质上是一个确定课程与教学计划实际达到教育目标程度的过程[③]。在随后的几十年间，泰勒的教育评价概念被广泛使用，被认为是教育和课程研究回避不了的必然问题。20世纪五六十年代，克龙巴赫批评泰勒的概念，并修正为“为作出关于教育方案的决策收集和使用信息”[④]。比贝（BEEBY C E）则定义为“系统地收集和解释证据，并以此作为评价过程的一部分，进而以行动为取向进行价值判断”[⑤]。20世纪70年代后，西方学者总结教育评价半个多世纪的发展及概念的变化，基本一致的看法是评价是一种对优缺点或价值的评估，或者把评价定义为一种既

---

① 马克思、恩格斯：《马克思恩格斯全集（第19卷）》，人民出版社，1963年，第406页。

② 马克思、恩格斯：《马克思恩格斯全集（第26卷第3册）》，人民出版社，1974年，第326页。

③ 拉夫尔·泰勒：《课程与教学的基本原理》，施良方译，人民教育出版社，1994年，第85～86页。

④ 克龙巴赫：《通过评价改进教程》，陈玉琨、赵永年：《教育学文集·教育评价》，人民教育出版社，1989年，第82页。

⑤ 胡森T、波斯尔斯韦特T N：《教育大百科全书（1）》，西南师范大学出版社，2006年，第613页。

有描述又有判断的活动。1971年美国学者格朗兰德（GRONLUND N E）用公式表示评价概念：评价＝测量（量的记述）或非测量（质的记述）＋价值判断①。目前，教育评价被认为处于建构时期，即教育评价就是建构一种理解或意义，是评价者与评价对象的交互过程，强调评价对象参与评价。

西方教育评价概念及理论的发展对中国学界与理论界产生了重要影响。《教育大辞典》对教育评价的定义是，通过系统收集信息，对教育目标及实现目标的教育活动进行分析和价值判断的过程②。王汉澜认为，教育评价是根据一定的目标和标准，采取科学的态度和方法，对教育工作中的活动、人员、管理和条件的状态与绩效，进行质和量的价值判断③。金娣、王刚认为，教育评价是在系统地、科学地和全面地搜集、整理、处理和分析教育信息的基础上，对教育的价值作出判断的过程，目的在于促进教育改革，提高教育质量④。

综览国内外对教育评价的定义，教育评价包括几个必要之环节与因素。第一是信息收集，是教育评价的基础。第二是评价标准与目的，凡教育评价都有特定目的与标准，是教育评价的准绳。第三是价值，教育评价是对教育的价值判断活动，作为评价者的价值观念和作为评价对象的教育的价值的互动过程构成了教育评价的核心，从根本上影响着教育评价结果。第四是教育评价的对象与内容，这涉及教育评价概念的广义与狭义之分，广义的教育评价包括一切教育现象与活动，而狭义的教育评价指向学校教育活动。本书中的教育评价是指对学校教育现象及活动的评价。

（二）考试评价与高考评价

考试评价是教育评价的一种类型，是一个具有双重理解的概念。其一种理解是指以考试为对象的价值判断活动，是要评价考试的形式是否恰当、内容是否合理、质量高还是低的问题，即考试“怎么样”的问题。第二种理解是指以考试为工具的评价活动，指如何通过考试评价考试对象，如何让考试发挥评价功能。在本书中，取其第二种含义。考试评价是近几年才出现的一

---

① Gronlund N E, Linn R L, Measurement and Evaluation in Teaching, 6th ed., Macmillan Publishing Company, 1990, p. 6.

② 顾明远：《教育大辞典》，上海教育出版社，1998年，第767页。

③ 王汉澜：《教育评价学》，河南大学出版社，1995年，第15页。

④ 金娣、王刚：《教育评价与测量》，教育科学出版社，2002年，第2～3页。

个新概念，尤其是基础教育新课改中提出改革“考试评价”之后，考试评价这一词语高密度地出现于与新课改相关的政策文件、著作及论文中。但是鲜有对这一概念的清晰界定，对其双重理解的澄清与说明。从已有文献资料看，研究者都在使用这一概念，有些是取其第一种含义，有些是取第二种理解，但都未明确说明。

高考评价如同考试评价，是一个具有双重理解的概念。为能更加清晰地分辨两种理解之间的区别，我们先回顾一下已有相关研究中对这一概念的使用与理解。取其第一种理解的研究，如《考试评价：考试研究的新领域》一文认为，考试评价是对特定考试之对应的特定价值主体需要和有关考试规律的程度进行判断的活动。考试评价以考试作为评价对象，目的是判断考试之合目的性和合规律性，为选用考试者正确使用考试结果提供决策依据，为进一步改进和完善考试提供决策依据①。取其第二种理解的研究，如《考试评价新探》一文认为，现行考试评价方法存在着不能就学生的学科学习作出科学的全面发展的评价、不能就学生的学科学习作出科学的全程发展的评价和不能对同一个年级、同一个班级的全体学生作出科学的全体发展的评价三大缺陷②。

关于高考评价概念的应用，笔者曾经撰写《从教育评价心理谈高考评价》一文，其中将高考视作评价对象③。杨学为在《发挥考试的评价作用》一文中指出，高考是国家举办的选拔性考试，其主要目的在于为高校提供考试分数，以利择优录取，但同时却对高中教育具有导向作用与评价作用④，将高考评价理解为高考的评价功能。《高考的评价功能不可缺失》一文认为，高考具有选拔与评价两种相互依存的功能。近 10 年来，其选拔功能不断被强化和重视，而评价功能却日益弱化。教育部指出高考要坚持有利于高校选拔新生，有利于中学教学。其第二个有利于就是指高考的评价功能⑤。还有

---

① 张远增：《考试评价：考试研究的新领域》，《考试研究》2005 年第 1 期，第 5～6 页。

② 苏武银：《考试评价新探》，《教育科学研究》2011 年第 11 期，第 25 页。

③ 李雄鹰：《从教育评价心理谈高考评价》，《教育与考试》2010 年第 2 期，第 18～21 页。

④ 杨学为：《发挥考试的评价作用》，杨学为：《中国考试改革研究》，北京大学出版社，2001 年，第 424 页。

⑤ 张敏强、高艳红：《高考的评价功能不可缺失》，《中国考试》2011 年第 2 期，第 11～15 页。

《高校招生考试评价体系改革的思路》[①]、《建立多样化考试评价体系 推动高考综合改革》[②] 等文章提出“高考评价体系”的概念，主要是指高考的评价指标、内容与形式。综合各种将高考评价理解为发挥高考的评价功能的研究可见，高考的评价功能有两个基本指向，一个是中学教育教学，即利用考生的考试成绩及报告单从宏观层面评价中学教育情况，从微观层面则可以反馈教学和学生知识掌握情况，能为优化教育教学提供详细的依据；一个是考生，即通过更新评价观念、完善评价指标体系、优化考试内容与形式、改进考试成绩报告内容与形式等，丰富考试分数的内涵，综合、科学、深入地评价考生。

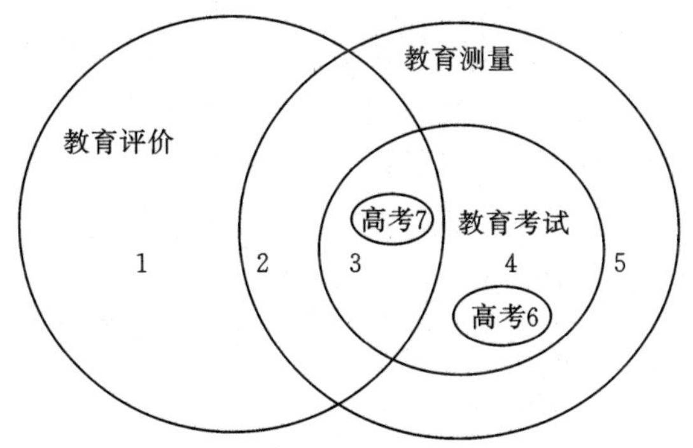

图 1-3 教育测量、教育评价与教育考试关系示意图

从测量、评价与考试的关系中，可以更进一步理解高考评价的含义，如图 1-3 所示。图中区域 1 代表与教育测量无关的教育评价活动，如教师在学期末给学生写的学期操行评语就属这类评价。区域 2 则代表基于教育测量的、与考试无关的教育评价活动，如用心理健康量表测量学生的心理健康状况，用于评价其心理素质。区域 3 则是考试用于评价的活动，如用学业考试成绩评定学生的进步与发展状况。区域 4 代表与评价无关的考试，如教师组织的课程单元测试、目前的高考等。区域 5 代表与教育评价和考试无关的纯粹的教育测量活动。总之，并非所有的教育测量都是考试，所有的教育考试

① 刘清华：《高校招生考试评价体系改革的思路》，《东南学术》2007 年第 4 期，第 21～25 页。

② 姜钢：《建立多样化考试评价体系 推动高考综合改革》，《中国高教研究》2009 年第 3 期，第 10～13 页。

都是教育评价，也并非所有的教育评价都涉及教育考试或者教育测量①。目前，高考评价改革的目标就在于让高考从图 1-3“高考 6”的位置移至“高考 7”的位置，即让高考成为基于教育测量的、具有教育评价功能的教育考试，在于发挥高考的评价功能。

基于对高考评价这一概念的应用及相关研究的梳理，我们对高考评价的理解是在统一高考制度框架下，通过考试等方式综合、科学、公平地评价考生，充分发挥高考的评价功能。从教育测量、教育评价以及考试的概念梳理可以看出，作为一种教育考试，高考从其本质上就具有评价的功能，只是在长期的高考实践活动中，高考的选拔等功能被无限放大，而其评价功能则长期被忽略，处于被搁置和自由放任状态，未能发挥其功用。其实，高考评价是一个内容极其丰富的概念，如果将高考分为考试与招生录取两大部分，则高考评价包括了选拔理念、考试目标、考试内容与形式、命题与阅卷、考试成绩发布等考试部分的全部内容。具体而言，与高考评价相关的内容有评价理念、评价历史、评价的理论与技术基础、评价目标、评价内容、评价方法、评价过程、评价结果、评价质量、评价监控、评价的公平性、评价的社会功能、评价改革、评价研究等。

第三节　研究文献综述

高考评价是近年来出现于高考研究领域的新名词，直接以高考评价命名的研究少之又少。但是，与高考评价内容相关的研究则是伴随着这一制度的建立与改革发展而日渐增多，按照关涉高考评价的内容梳理，共包括高考评价的历史与理论、考试内容与形式、命题与阅卷、与高中新课改的关系、高考评价的教育测评及技术基础、国际比较等六个方面的研究成果。

一、高考评价研究的史料与理论研究

自 1952 年统一高考制度建立以来，有海量的史料记载高考的起落沉浮

① 雷新勇：《大规模教育考试：命题与评价》，华东师范大学出版社，2006 年，第 16 页。

和辉煌历程，有关高考的理论研究也从无到有、由浅入深。有关高考的激昂言论、理论分析、情结情怀乃至只言片语也都以不同载体和方式铭刻于历史画卷，共同诉说着高考故事。而这其中，不乏一些有关高考评价的研究、记载和描述。

（一）高考评价研究的基本史料

史料是今人还原历史、体悟历史和研究历史的重要佐证和切入点，"观今宜鉴古，无古不成今"。有关高考"浩如烟海之资料，苟无法以整理之耶？则诚如一堆瓦砾，只觉其可厌。苟有法以整理之耶？则如在矿之金，采之不竭；学者任研治其一部分，皆可以名家；而其所贡献于世界者皆可以极大"[①]。高考的史料很多。最多者莫过于静息于各级考试机构的庞大的很少发声的高考成绩数据库，这些海量的考试数据，一则不为一般人所触及，无权使用，二则有权使用者也一般是算算总分和平均数、比比历届的录取分数线等，对数据的加工分析相对浅显。如若能对这些数据做更深的统计分析，就可以看到高考数年来考生能力的演变历程，也能够为接下来的高考综合评价体系的研制提供重要数据依据。高考成绩数据是笔者研究高考评价极其想获得的资料，但由于被视为保密数据，几经努力，也只从几个大学的学生档案中摘录了部分高考分科成绩和总分，有些许遗憾。比较容易获得的是历年的高考题目，其题型、试题结构、试题内容、分数比重、评分标准等信息是分析高考评价功能发挥如何的核心依据。由旭源、史琼等编写的《建国四十年高考试题大全》[②] 收编了1950—1989年40年间的各科高考试题。该书分文史本和理工本，文史本收录了语文、政治、历史、地理和英语科目的试题，理工本收录了数学、物理、化学和生物科目的试题。书中内容包括试题和题解两部分，是研究高考命题、考试内容、能力考查的重要资料。另外，笔者还从腾讯教育网等网站上收集到了其余历年高考试题及分析资料。

历年由教育部发出的招生考试规定、通知是高考的政策性文件，其中对高考的指导思想、选拔目标、报考资格、考试科目、考试时间、报名、体检、录取、考试组织管理等内容予以规定，指导高考实施。这些文件中的指

---

① 梁启超：《中国历史研究法》，中华书局，2011年，第2页。

② 旭源、史琼、单雄，等：《建国四十年高考试题大全》，花山文艺出版社，1990年。

导思想、选拔目标、考试内容及科目、录取等内容是本书重点研究的资料内容。为使报考高等学校的青年系统地准备功课，并适当地结合高等学校对考生的要求，逐步提高考生的质量[①]，教育部从 1954 年起编订了《高等学校招生考试大纲》，其中包括对当年高考的说明、各考试科目的内容和要求等。近年来，每年由教育部发布的高考政策性、指导性文件包括普通高校招生工作规定、普通高等学校招生工作通知、考试大纲和考试说明等。这些文件引导、规范着高考的实施。通过追溯和对比，就可看到国家对高考的指导思想、选拔要求和考试内容等的演变过程。

（二）高考评价的理论研究

高考评价理论研究文献包括高考历史研究、教育考试理论研究和高考理论研究等部分。

1. 高考历史研究

高考历史研究的文献或专著有《中国考试发展史略》[②]、《中国考试发展史》[③]、《现代中国高等教育的形成》[④]、《中国高考史》[⑤]、《中国考试通史(第五卷)》[⑥]、《中国高考史述论》[⑦]、《高考文献》[⑧]、《新中国高考史》[⑨] 等。这些著作从不同侧面记载、研究了高考的发展历史、考试内容科目演变等与本书直接相关的内容，是本书有关高考评价史实资料的直接来源。也有不少研究高考历史的论文，尤其是每逢高考的转折性事件或者时间点，往往会引发各方面的研究者对高考历史的缅怀和追溯，如恢复高考10 年、20 年、尤其是 30 年，再如高考标准化改革、“3＋2”、“3＋X”等科目组合改革、自

① 中央人民政府高等教育部：《一九五四年暑期高等学校招生考试大纲》，商务印书馆，1954 年，第 1 页。

② 黄新宪：《中国考试发展史略》，福建人民出版社，1992 年。

③ 刘海峰：《中国考试发展史》，华中师范大学出版社，2002 年。

④ 大塚丰：《现代中国高等教育的形成》，黄福涛译，北京师范大学出版社，1998 年。

⑤ 蒋超：《中国高考史》，中国言实出版社，2008 年。

⑥ 杨学为：《中国考试通史（第五卷）》，首都师范大学出版社，2004 年。

⑦ 杨学为：《中国高考史述论》，湖北人民出版社，2007 年。

⑧ 杨学为：《高考文献》，高等教育出版社，2003 年。

⑨ 高军峰、姚润田：《新中国高考史》，福建人民出版社，2009 年。

主招生制度的推行等。廖平胜的《论中国考试的起源》[①] 从“考试”一词在中国古代典籍中的记载考证论起，追溯考试在中华文化中源远流长的千年史，有助于我们对考试的深刻认识与理解，有助于后续深入分析作为一种教育考试的高考之功能。《论抗战时期国统区高考模式的改革》[②] 从不同侧面描述和研究了中华人民共和国成立前中国的考试制度运行环境、考试科目设定、考试形式、考试内容、考试成绩的使用等内容。并指出当时各高校单独招生的弊端，认为必须统一考试招生标准，才能保证招生质量和公平竞争。而当时各高等学校自行招考致使各校考试的科目不同，相同试卷的知识结构不同，相同学科试卷的难易度也不同，如此便缺乏统一的测量标准。建议实施统一招考模式，做到统一科目、统一命题、统一考试、统一阅卷从而统一测量标准，给考生创造比较平等的、合理的竞争机会。基于此研究观点，就可理解中华人民共和国成立后建立统一高考制度的必然性和重要性。《解析30 年高考模式的改革》[③] 一文重点梳理并分析了恢复高考制度以来的“文 4 理 4”、“文 6 理 7”、“3＋2”、“3＋X”等考试模式，认为高考的模式变化与社会变迁如影随形，高考科目还将继续随着社会发展不断调整。

随着 2007 年这一与高考有着深刻渊源的纪念性时刻的到来，成批量的论文成果得以出版发表[④~⑧]，集体性怀旧，2007 年成为中国高考年[⑨]。这些论文大多以回忆和讲述高考的不凡历史为线索，加以自身的经历体悟，同时反思当下的高考制度。其内容也都涉及高考科目改革、考试内容的调整、

① 廖平胜：《论中国考试的起源》，《华中师范大学学报》（哲学社会科学版）1991 年第 4 期。

② 房列曙：《论抗战时期国统区高考模式的改革》，《安徽史学》1997 年第 1 期。

③ 臧铁军：《解析 30 年高考模式的改革》，《中国教师》2008 年第 12 期。

④ 刘海峰：《1977 年高考：一次空前的招生考试》，《教育发展研究》2007 年第 7—8A 期。

⑤ 中国考试编辑部：《恢复高考 30 年大事记》，《中国考试》2007 年第 8 期。

⑥ 李宝元：《中国应试制度论析——兼论恢复高考三十年》，《湖南社会科学》2008 年第 1 期。

⑦ 舒云：《1949—1978：中国高考制度沉浮录》，《时代文学》2007 年第 6 期。

⑧ 魏国东：《1977 年以来中国高考制度改革研究》，河北大学博士学位论文，2008 年。

⑨ 刘海峰：《2007：中国的“高考年”》，《湖北招生考试》2007 年第 8 期，第 1 页。

高考选拔人才标准的变化等与高考评价相关的内容。2012 年统一高考制度建立 60 周年之际，刘海峰教授倾情著文，纪念这一历史性时刻①。另外还有《新中国高考制度史研究综述》② 等文章总结分析了高考制度建立以来高考研究的主要内容，其中重点分析了考试内容与范围、能力考查问题、考试的质量控制与分析、标准分制度和高考成绩等值研究等内容演变史与研究史。认为高考研究重视应用性和技术性研究而轻视基础性研究的厚此薄彼的倾向十分明显，需要更多人倾注心血于高考的基础性、理论性与科学性研究。

2. 教育考试理论研究

与高考评价相关的研究成果还包括教育考试理论研究。自从原教育部考试中心主任杨学为提出中国需要考试学的号召以来，有关教育考试的理论研究成果日渐增多，不断丰硕起来。杨学为为由廖平胜主编的“新世纪考试科学丛书”写的总序的题名就是《中国需要“考试学”》。其中提到，考试尤其是高考，是在教育领域内评价极为矛盾的典型，高考的挫折经历以及一些文章将科举制度批判得一无是处的做法告诫我们，人们仍然未能真正理解考试的本质、功能及其作用，因此，需要从内部和外部两个层面系统、全面、深入研究考试制度，以正视听。考试研究是考试实践的迫切需要，是西方社会不断丰富的考试研究成果迫使我们产生的紧迫感，也是考试自身发展的规律与诉求③。

教育考试研究还与基础教育新课改不断强调教育评价、学生评价和考试评价改革的重要性相关，是教育考试研究的直接推动力。这方面的研究成果如《教育考试评价制度比较研究》④，以开阔的国际视野审视教育考试评价制度，较为全面详细地论述了美国、英国、法国、澳大利亚、日本以及我国港台地区的教育考试评价制度，重点比较研究了各国的教育考试评价内容和方法，对于我们了解国际先进经验和做法、促进我国教育考试评价理论研究

---

① 刘海峰：《1952—2012：高考建制的花甲记忆》，《高等教育研究》2012 年第 6 期。

② 蒋丽珠：《新中国高考制度史研究综述》，《河南社会科学》2006 年第 3 期。

③ 杨学为：《新世纪考试科学丛书总序：中国需要“考试学”》，刘海峰：《中国考试发展史》，华中师范大学出版社，2002 年。

④ 韩家勋：《教育考试评价制度比较研究》，人民教育出版社，2010 年。

和实践的深入都有非凡的参考价值。《教育考试的理论与方法》[①] 一书比较系统地阐述了教育考试的内涵、要素、属性、本质与功能，介绍了教育考试的基本理论、方法和技术，重点研究了教育考试的目的和性质、命题的理论基础、考试内容要求、试题设计与评价、评分与误差控制、考试质量分析等内容。该书的亮点是运用大量的试题示例现代教育测量与评价理论、技术在考试目标设立、考试内容选择、试卷结构设计、题型功能发挥、考试质量分析中的不可或缺的角色与作用。《教育考试与评价政策》[②] 基于教育考试评价政策的视角，分析其对学生发展、学校教育及社会所产生的影响，重点分析了教育考试评价的政策功能，梳理和研究考试评价与教育教学、学校管理、知识传承、社会分层及高校自主招生的关系。原教育部考试中心主任戴家干的《从考试到评价》[③] 一书结合自身从事教育考试实践与管理的体会、经验，呼吁实现从考试到评价的转变，认为这是中国考试实践的需求，也是国际考试发展趋势。认为中国的教育考试存在严重的以考代评现象，应充分发挥考试的评价功能，引入评价理念，用评价理念改造我们的考试。相关的研究还有《考试与评价》等著作和论文[④~⑪]。这些研究基本都是考试研究的较新成果，研究内容覆盖了教育考试的方方面面，表明中国学者对教育考试理论研究趋于重视的发展态势。其研究成果也对高考研究和实践具有开启和指导价值。

3. 高考理论研究

高考理论研究是高考实践和政策制定的支撑和依据，是对高考全面、深入、系统的研究分析。对高考理论研究的重视与否、深入与否、成熟与否等

---

① 王后雄：《教育考试的理论与方法》，北京大学出版社，2011 年。

② 周彬：《教育考试与评价政策》，上海教育出版社，2011 年。

③ 戴家干：《从考试到评价》，高等教育出版社，2009 年。

④ 王伟宜、王晞：《考试与评价》，福建教育出版社，2008 年。

⑤ 戴家干：《创新型人才培养与我国教育考试评价制度改革》，《中国考试》2009 年第 1 期。

⑥ 戴家干：《从教育考试看教育考试机构的职能与定位》，《中国考试》2006 年第 2 期。

⑦ 秦德兵、杨万英：《对教育考试的理性思考》，《湖北教育》2006 年第 2 期。

⑧ 王后雄：《全球视域下教育考试及其功能述评》，《中国考试》2008 年第 1 期。

⑨ 张宝昆、谭开林：《大规模教育考试控制社会流动功能研究》，《北京联合大学学报》1998 年第 4 期。

⑩ 臧铁军：《考试评价分析及诊断基础与实务》，首都师范大学出版社，2011 年。

⑪ 陈明庆、陈达辉、林文广：《考试研究方法导论》，北京大学出版社，2009 年。

往往会制约高考的改革步伐和制度创新，会影响高考实践领域改革难题的化解。这方面的代表性研究有刘海峰教授的著作《高校招生考试制度改革研究》①，该书是教育部哲学社会科学研究重大课题攻关项目的成果。该书基于教育学与社会学视角，从宏观与微观两个层面切入，运用调查、比较等研究方法，系统、全面地研究了中国高考制度的发展历程、外部关系、内部构成、国际比较、理论思考等内容，是了解和研究高考制度的重要理论著作。《高等学校招生考试理论研究》② 是第一部比较系统地阐述高考制度的理论性著作，该书基于对人才的知识结构与智能结构的分析，指出高考在选拔人才过程中的功能与作用；从考试管理角度阐述了招生体制、招生管理系统等问题；从学习心理学角度探讨高考中考生的基本心理现象及解决办法；该书也是较早从理论角度阐述标准化考试、考试质量指标以及教育测评理论在高考中的应用的著作。该书列出了高考研究的许多议题，但一些问题只是框架性、描述性的概述，并未深入探讨。《中国考试改革研究》③ 是杨学为先生以考试为主题的论文集，其中的高考部分包括对部分高考政策的解读分析、强调高考研究的重要性、高考史的重要性等内容。研究考试评价作用和高考标准化的相关文章对本书具有重要参考价值。郑若玲教授的高考研究著作《苦旅何以得纾解：高考改革困境与突破》④ 通过对高考形式、高考科目、高考内容、命题方式、综合评价、高考加分等 10 个高考改革议题的博弈式思考，深入地探讨了高考领域的改革难题，有助于了解高考改革难题的来龙去脉和矛盾所在。还有大量相关单篇论文⑤~⑨，也对高考理论问题进行思

① 刘海峰：《高校招生考试制度改革研究》，经济科学出版社，2009 年。

② 王秀卿：《高等学校招生考试理论研究》，航空工业出版社，1994 年。

③ 杨学为：《中国考试改革研究》，北京大学出版社，2001 年。

④ 郑若玲：《苦旅何以得纾解：高考改革困境与突破》，江苏教育出版社，2011 年。

⑤ 刘海峰：《高考改革何去何从》，《教育研究》2005 年第 3 期。

⑥ 张亚群：《高考制度改革的重要进展——透视 2007 年五省区高考改革新方案》，《中小学校长》2007 年第 9 期。

⑦ 雷新勇：《大规模教育考试科学属性之理论和实践思考》，《教育与考试》2007 年第 1 期。

⑧ 臧铁军：《新高考改革的六项原则》，《教育研究》2010 年第 3 期。

⑨ 廖平胜：《现行高考制度与教育内外关系的五大矛盾》，《教育研究与实验》1989 年第 2 期。

考，不再一一阐述。

以上所列是高考理论研究的综合性成果。除此之外，还有针对高考理论问题的单项研究成果，如高考公平、高考与素质教育、高考与社会关系等。《大学招生与宪法平等：国际经验与中国问题》① 依据“公民在法律面前一律平等”的原则，阐释存在于高考考试及招生中的地方化和不公平问题，书中列举了大量各省招生名额、录取分数线、重点高校在各省录取人数比例等数据资料，旨在用事实揭示高考公平问题。郑若玲教授则是高考公平问题的守护者和研究者，长期致力于高考公平探索，有《高考改革必须凸显公平》等多篇论文②~④ 倡导高考公平理念。刘海峰教授及其他学者的论文和著作⑤~⑪ 集中阐述了长期以来颇具争议的高考与素质教育的关系问题，认为高考改革是教育改革中一个带有全局性的重大问题，是深化教育改革和推进素质教育的关节点，认为高考与素质教育间存在双重关系，既有影响素质教育的一面，也有促进学生素质发展的一面。而高考改革应向促进素质教育的实施方面努力。刘海峰教授的《高考改革的教育与社会视角》⑫、郑若玲教授的《科举、高考与社会之关系研究》⑬ 等代表性著作和论文集中研究了高考的外部关系，认为高考不仅是一项重要的教育考试制度，还具有社会考试

---

① 张千帆、曲相霏：《大学招生与宪法平等：国际经验与中国问题》，译林出版社，2011 年。

② 郑若玲：《高考改革必须凸显公平》，《教育研究》2005 年第 3 期。

③ 郑若玲：《高考改革须首重公平》，《湖北招生考试》2011 年第 8 期。

④ 郑若玲：《教育公平：高考改革永恒的目标》，《河南教育》2011 年第 7—8 期。

⑤ 刘海峰：《高考改革与素质教育》，《红旗文稿》2006 年第 17 期。

⑥ 刘海峰：《素质教育与高考改革》，《校长阅刊》2007 年第 1—2 期。

⑦ 覃红霞：《高考不是素质教育的对立物》，《校长阅刊》2007 年第 1—2 期。

⑧ 孟庆茂：《素质教育与考试》，《湖北招生考试》2002 年第 6 期。

⑨ 廖平胜：《试论高考中送才与选才的衔接》，《华中师范学院学报》1984 年第 1 期。

⑩ 章为群、翁国伟：《开放了考试评价制度才能开放课堂》，《江西教育》2004 年第 1—2 期。

⑪ 刘清华：《高考与教育教学的关系研究》，华中师范大学出版社，2007 年。

⑫ 刘海峰：《高考改革的教育与社会视角》，《高等教育研究》2002 年第 5 期。

⑬ 郑若玲：《科举、高考与社会之关系研究》，华中师范大学出版社，2007 年。

性质，承载着颇多的社会期望，具有复杂的社会功能，如传播社会文化、促进经济发展、维护社会公平、促进社会流动、稳定社会秩序等。高考的内容与形式等微观层面的改革固然重要，但也必须与高考制度的外部关系因素相协调，高考的甄选功能才能正常发挥。若只是看重微观层面的改革而忽略外部关系因素，就极容易导致高考制度的唯技术化倾向，不利于这一制度的创新发展。

二、高考评价内容与形式研究

高考内容是教育部门为测试受教育者的学习结果，有目的、有计划地安排的考核内容；高考形式是为实现测评目标，以一定考核内容为载体，组织实施考试的方式方法。张耀萍将考试形式分为宏观、中观和微观三个层次。高考形式与内容改革无疑是高考改革的核心，是研究高考制度的重头戏，当然也是研究高考评价的重点内容。回顾高考改革的历史，内容与形式往往是改革的首要内容，几经变更，频繁调整。制度的不断变更也吸引着研究者的兴趣与视线，随着新的考试内容与形式的登台亮相而引发各种思索与研究。这方面最直接的研究有张耀萍的《高考形式与内容改革研究——基于利益博弈的视角》①。该书以宏观的高考命题立意，以考试组织形式为研究对象，结合理论与改革现状分析，重点研究如何构建兼顾国家、社会、学校、考生等多方利益的高考形式与内容策略。并以改革中的利益冲突与博弈作为切入点，分析不同利益方围绕高考运行产生的利益格局及其导致的高考形式与内容改革的困难。该研究的结论是高考过强的统一性，即以一张考卷、一次考试、一项分数选才的现状已不能满足教育和社会发展需要，兼顾多样已成为高考形式与内容改革的紧迫任务。张亚群的《高校自主招生与高考改革》②是专门研究自主招生考试形式的著作，分历史、理论与实践三篇研究了自主招生及其与高考改革的关系。学位论文《高考科目与内容改革研究》③、《三十年历史高考试卷内容变化分析》④、《我国高考科目设置模式的优选、优化

① 张耀萍：《高考形式与内容改革研究——基于利益博弈的视角》，华中师范大学出版社，2008年。

② 张亚群：《高校自主招生与高考改革》，中国社会科学出版社，2012年。

③ 李立峰：《高考科目与内容改革研究》，厦门大学硕士学位论文，2003年。

④ 刘冰玉：《三十年历史高考试卷内容变化分析》，华东师范大学硕士学位论文，2008年。

研究》[①]、《我国高考模式的优化研究》[②]、《我国高考综合科目考试的优化研究》[③] 等分别从不同角度对高考科目与内容的历史、发展和改革问题进行了综合分析研究。

《关于高考内容、形式改革的思考》等论文[④~⑦]基于基础教育新课改后对高考内容的变革要求，认为尽管新课改高考在内容、形式上进行了许多有益的探索，但仍然不能满足新课改多样性、选择性及高等教育多样化和个性化需求，认为应加快调整和完善考试内容体系，建立多层次、多样化的考试体系，以便实现由统一到多元的转变；注重能力和综合素质考查，实现知识立意到能力立意的转变；推进考试形式改革，实现由单一到多样的转变；改进考试评价手段，促进单一考试到综合评价的转变。《高考“3＋X”的实施与普通高中教育改革》等论文[⑧~⑫]追随高考科目与内容的更迭历史，分别叙述了各自模式的特征、优势及不足，分析了在各自模式下引发的高中教学、考生应考的变化，也分析了各自模式面对的挑战，重点研究了高中新课改后高考如何侧重于对考生综合能力的考查以及新课改后“3＋X”模式在各省的变式和发展趋势，认为高考内容必然朝有利于综合评价考生能力方向

---

① 张平华：《我国高考科目设置模式的优选、优化研究》，江西师范大学硕士学位论文，2010年。

② 李坦英：《我国高考模式的优化研究》，江西师范大学硕士学位论文，2007年。

③ 刘珊萍：《我国高考综合科目考试的优化研究》，江西师范大学硕士学位论文，2010年。

④ 葛为民、李金波：《关于高考内容、形式改革的思考》，《教育发展研究》2012年第6期。

⑤ 潘懋元、覃红霞：《高考：从选拔性考试到适应性考试》，《湖北招生考试》2003年第12期。

⑥ 叶宏：《新课程视野下实现高考的评价功能》，《教育理论与实践》2012年第2期。

⑦ 浦仕宏：《宁夏、海南高考卷如何考“新增内容”》，《云南教育》2012年第1—2期。

⑧ 王更新：《高考“3＋X”的实施与普通高中教育改革》，《河北职工大学学报》1999年第2期。

⑨ 马金科：《谈高考“3＋X”改革》，《人民教育》2000年第3期。

⑩ 舒军：《回头看高考“3＋X”》，《人民论坛》2002年第8期。

⑪ 刘进、王静：《六问江苏“3＋2”高考制度——“3＋2”第一届高校毕业生反思江苏高考制度改革》，《中国水运》2007年第8期。

⑫ 蔡长春：《高考“3＋X”改革引出的思考》，《教学与管理》1999年第8期。

发展，而考试形式必然朝多样化方向发展。

《高考改革中的全局观》、《高考的“改”与“不改”》和《高考改革的理想与现实》等论文①~③从宏观角度对高考内容与形式改革问题予以研究。其共同观点是坚持统一高考制度，认为高考改革一方面应直面高考实践中的种种问题，具有改革的国际视野，一方面应立足本国实际，以统考为主构建多元考试招生制度；同时应给高校留有根据各自特点招录学生的余地；高考制度改革还必须坚持考试公平。也有观点主张应结束形成于计划经济时代的统一高考制度，实行“宽进严出”或者自主招生④⑤。自主招生是高考形式上的一次探索，随着这一制度的实践与推进，自主招生的考试形式、考试内容、与统一高考的关系、大学联考以及考试公平问题逐渐进入学者视野，一度成为高考研究热点话题。刘海峰在《高考改革的突破口：自主招生的一个制度设计》⑥一文中认为，自主招生在选拔优秀人才、鼓励自主办学、更新教育思想、推动教学改革、引导素质教育、推进招生改革等方面发挥了积极作用，但也出现了公平、诚信、科学性、成本与效益等颇受社会质疑的问题。作为高考改革的方向之一，可通过增加一次统考来逐步完善。张亚群教授认为复旦大学和上海交通大学的自主招生试点“一石激起千层浪”，有助于推进自主招生考试进程，但其中存在的试点范围究竟多大、笔试与面试的录取权重、招生成本等问题亟须解决⑦⑧。郑若玲教授认为自主招生在选拔优秀人才、更新教育思想、引导素质教育和推进招生改革等方面发挥了积极作用，取得了不少成就，但高校自主招生的“实然”与“应然”状态之间有

① 刘海峰：《高考改革中的全局观》，《教育研究》2002 年第 2 期。

② 张亚群：《高考的“改”与“不改”》，《社会观察》2006 年第 9 期。

③ 郑若玲：《高考改革的理想与现实》，《上海机电技术高等专科学校学报》2004 年第 6 期。

④ 顾海兵：《中国高考制度批判：计划经济式的考试可以休矣》，《中国改革》2001 年第 10 期。

⑤ 黄全愈：《“高考”在美国：旅美教育学专家眼里的中美“高考”》，北京师范大学出版社、广西师范大学出版社，2003 年。

⑥ 刘海峰：《高考改革的突破口：自主招生的一个制度设计》，《中国高等教育》2011 年第 9 期，第 43～45 页。

⑦ 张亚群：《大学自主招生考试的制度选择》，《复旦教育论坛》2006 年第 3 期，第 8～11 页。

⑧ 张亚群：《高校自主招生与高考改革》，中国社会科学出版社，2012 年。

相当大的出入和差距。自主招生改革应与高考改革目标保持一致，在操作上应兼顾全面发展的优秀生与才能突出的特长生，尤其应向后者倾斜①。笔者也曾撰文，指出自主性、科学性、效率性和公平性是自主招生改革领域的四大难题，其根本应对举措在于改变高校慵懒的招生状态，加强能力建设，提高自主招生能力②。

三、高考命题研究

命题是任何考试的关键环节，命题的成功与否，试题质量的高与低都在很大程度上决定着考试的质量，意味着考试目标能否顺利实现。高考命题是高考工作的关键环节，以研究角度划分，大致可分为命题理论与技术、统一还是分省命题以及命题质量评价几个方面。

（一）命题理论与技术研究

命题理论与技术方面的研究有《论高考命题指导思想》，该文认为高考命题是为高校选拔人才而设定的考试项目，因其结果涉及考生的直接利益，会给社会带来深远之影响，所以必须考虑学科性和社会性两方面因素，树立全方位的试题质量观③。《基于标准的考试命题技术（一）》一文认为，在基于标准的考试评价中，命题必须以内容标准为依据，要求命题者不但要理解内容标准描述的认知操作的内涵，同时需要掌握适当的命题技术，命制出符合要求的试题。目前我国课程内容标准描述的认知操作含糊不清，缺乏操作性，导致命题者难以清楚地依据内容标准命题。所以，进一步精细化课程标准是命制高质量试题的关键④。《基于评价的命题》一文以“实现从考试到评价的跃升”为基本理念，提出了“基于评价的命题”理念。认为若基于评价的命题目标实现，测试结果可明确显示考生各项能力及其层级表现，并能够区分考生间的能力差异。命题应继承原有经验，但要摆脱传统命题方式方

---

① 郑若玲：《自主招生改革何去何从》，《华中师范大学学报》（人文社会科学版）2010 年第 4 期，第 135～142 页。

② 李雄鹰：《自主招生改革的难点与突破》，《国家教育行政学院学报》2012 年第 5 期，第 56～60 页。

③ 毛竞飞、盛兰芳：《论高考命题指导思想》，《中国考试》2012 年第 3 期，第 28～31 页。

④ 雷新勇：《基于标准的考试命题技术（一）》，《考试研究》2011 年第 1 期，第 36～46 页。

法的约束，在试题情境的设置、设问、评分等方面为实现测试目标而有所改变[①]。《研究命题理论与实践，提高高考质量与公正性》一文认为关注高考命题研究，这对高考命题具有重要的指导作用[②]。著作《让考试更科学——基于命题视角的研究》[③]、《大规模教育考试：命题与评价》[④]、《基于标准的教育考试——命题、标准设置和学业评价》[⑤]、《教育考试的理论与方法》[⑥]、《考试数据的统计分析和解释》[⑦] 等皆以现代教育测评理论和技术为基础，将这些理论和技术引入高考命题，从考试目标设立、试题编制的理论基础、不同试题编制的要求与方法技术、试卷的科学结构、试卷的质量分析、考试数据的统计分析、考试误差控制、考试质量分析等维度，全面深入地介绍、研究了试题命制的理论与技术问题，是本书的重要参考文献。

（二）统一命题还是分省命题研究

统一命题还是分省命题一直是高考研究的老生常谈的话题，随着命题方式的分分合合，学者的关注点也是交替于统分之间。对此，刘海峰研究认为，统一高考全国一张试卷是不科学的，但完全实行各个省区独自命题，也不是一个方向。他建议在教育部考试中心命题的同时，实施水平较高的考试院承接邻近省区的委托命题。各个省可以自己选择，既可采用教育部考试中心的命题，又可使用邻近省区的命题，或用大区的命题[⑧]。教育部考试中心认为，我国高考制度的招生名额是指定的，这是分省命题的一个前提。随着招生规模的不断扩大，全国统一命题考试已经不适应这种变化了，统分结合是发展趋势。为解决分省命题中存在的问题，建议加强题库建设，节约人力、物力和财力，提高考试科学性[⑨]。针对自主招生命题，郑若玲认为，自

① 张亚南：《基于评价的命题》，《中国考试》2011 年第 7 期，第 9～14 页。

② 江畅：《研究命题理论与实践，提高高考质量与公正性》，《湖北招生考试》2011 年第 8 期。

③ 李金波：《让考试更科学——基于命题视角的研究》，武汉大学出版社，2012 年。

④ 雷新勇：《大规模教育考试：命题与评价》，华东师范大学出版社，2006 年。

⑤ 雷新勇：《基于标准的教育考试——命题、标准设置和学业评价》，上海科学技术出版社，2011 年。

⑥ 王后雄：《教育考试的理论与方法》，北京大学出版社，2011 年。

⑦ 雷新勇：《考试数据的统计分析和解释》，华东师范大学出版社，2007 年。

⑧ 刘海峰：《高考改革的统独之争》，《校长阅刊》2007 年第 1—2 期，第 38～40 页。

⑨ 教育部考试中心：《高考分省命题适合国情》，2007 年 3 月 23 日，http://www.jiaodong.net/examin/system/2006/09/30/000101873.shtml。

主命题的科学性与权威性不及全国命题，命题质量（包括试题的信度、效度和区分度等）势必受到影响，而命题质量的高下又关系到考试优胜劣汰功能的发挥，从而间接影响考试的公平性，考试的权威性也因此大打折扣①。张亚群则建议高校自主招生应遵循招考分离的原则，同时发挥招生院校的主体选择作用和考试机构的专业职能，各高校根据培养目标自行确定其招生标准，指定考试科目，选择或委托专业化考试机构代为组织命题，统一考试②。

（二）高考命题质量研究

高考命题质量是研究者持续关注的话题，这方面的研究成果甚是丰富。《试题评价与考试评价》认为关注试题质量是惯例，但不应将高考试题“玄机化”，试题仅仅是测量的工具③。《论高考命题质量控制机制的建设》认为针对高考命题存在的不足，应从正确把握命题指导思想和原则，规范完善和细化考试大纲（说明），科学编制试题，合理设计试卷，加强试卷命制质量的分析与反馈，改革命题的管理等一系列环节入手，探讨建立命题质量的控制机制④。《多种测量理论相结合的命题质量评价》等论文⑤~⑦则引入现代教育测评理论进行命题质量评价研究，代表高考命题质量研究的新方向。

高考命题及质量研究由来已久，但高考理论研究者的介入以及现代教育测评理论和技术的引入必将改变以经验分析为主要套路的命题质量分析局面，命题质量及试卷分析的广度和深度必将逐渐改善，命题研究对命题实践的反馈与指导性作用也必将加强。尤其是分省命题的省份，命题研究对其提高试卷质量具有非凡的意义。

---

① 郑若玲：《自主招生改革何去何从》，《华中师范大学学报》（人文社会科学版）2010 年第 4 期，第 135～142 页。

② 张亚群：《高校自主招生不等于自行考试》，《教育研究》2005 年第 3 期，第 34 页。

③ 边际：《试题评价与考试评价》，《中国考试》2007 年第 7 期。

④ 叶宏：《论高考命题质量控制机制的建设》，《中国考试》2011 年第 7 期。

⑤ 王晓华：《多种测量理论相结合的命题质量评价》，《中国考试》2010 年第 6 期。

⑥ 许健、马世晔、何晓群：《标准化试题的评价与 IRT 模型的应用》，《中国考试》2000 年第 12 期。

⑦ 王蕾：《Rasch 测量原理及在高考命题评价中的实证研究》，《中国考试》2008 年第 1 期。

四、高中新课改与高考评价改革关系研究

高中新课改是高考评价改革的直接推动力量，对高考的影响体现在理念更新、制度设计、评价体系重建及命题等方面。社会和学者所关心的是新课改后的高考怎么考，新高考与以往高考的变化以及新高考是否更有利于考生综合素质评价等。这些问题既是社会热点，也是研究焦点。

（一）新课改的背景与理论研究

由教育部基础教育司和师范司组织编写的《新课程的理念与创新》从经济社会全面、协调可持续发展对高中教育的新挑战，以人为本、关注人的全面而有个性的发展对高中教育的新要求，深化教育改革、全面推进素质教育呼唤加快高中的教育改革，关注高中课程改革是各国基础教育改革面临的共同问题四个角度分析了新课改的背景。认为主动适应社会发展和科技进步的时代需要，促进高中生全面而有个性的发展；加强高中课程与社会发展、科技进步以及学生生活的联系；重新认识高中教育的性质、任务与培养目标；促进学习方式的多样化，提高高中生自主获取知识的能力；创建富有个性的课程制度和学校文化是新课改的基本理念。该书全面、详细地介绍和分析了高中新课改的背景、理念和目标，是了解高中新课改来龙去脉的重要文献①。

为了完成新课改中提出的考试评价改革任务，宣传新的评价理念，教育部基础教育司和师范司又组织编写了《新课程与学生评价改革》一书，认为学生评价和考试评价改革的目标在于“建立发展性评价体系”，要“改进校内评价，实行学业成绩与成长记录相结合的综合评价方式”，“建立教育质量监测机制”。为此要转变观念，认识学生评价的多重价值，发挥评价的诊断、激励和发展性功能；要促进评价内容的多元化，除学业外，还要关注学生综合全面及潜能发展；要改革高考制度，适应新课改的实施，凸显新课改的成效；要将终结性与过程性评价相结合，动态地评价学生等②。该书所介绍的评价改革目标及内容从基础教育角度铺垫了重建高考评价体系的背景和前提，是高考评价改革的重要参照。《中国基础教育评价的积弊与更新》一书从“工具理性评价理念”、“‘人’‘事’分离的评价机制运作”、“行政主导的

---

① 教育部基础教育司、教育部师范司：《新课程的理念与创新》，高等教育出版社，2004年。

② 教育部基础教育司、教育部师范司：《新课程与学生评价改革》，高等教育出版社，2004年。

评价制度沿革”等角度细述了长存于基础教育的积弊，并寄希望于新课改中考试评价内容及目标的彻底实施，建立全新的考试评价体系①。

（二）新课改与高考改革的关系

学者对新课改与高考关系的研究从理论探讨和实践设计两个层面展开。理论探讨主要是从宏观层面研究新课改后高考制度应有的变革；实践层面主要设计考试内容、高考命题等内容。

1. 理论研究

这方面的研究有《高中新课程改革背景下的高考改革研究——基于山东省实验区的高中课程改革和高考改革》②，文章明晰了高中新课程改革与高考改革的关系，认为新课程改革之后，高考改革有其必要性，也有自身的理念和目标；高中新课程改革与高考改革应是相辅相成、相互促进的。《新课标下中国高考制度的改革》认为新课改后的高考应在考试内容方面加强考查学生的快速学习能力；在考试方式方面增加高校面试环节，考查学生的综合能力；在录取标准方面各高校应根据学科特色对高考科目设置最低录取分数线，且建议扩大和完善高校招生自主权③。《新课程视野下实现高考的评价功能》指出作为一种评价方式，高考必须与新课程评价改革相衔接，在完善考试内容与形式、重视高考信息利用、改革高考结果报告方式等方面作出努力④。《新课改背景下普通高校招生考试评价体系改革面临的问题与对策》⑤认为新课改后高校招生考试评价体系面临新的问题、挑战与机遇，应进一步完善考试标准，改革评价形式与内容，建立多样性考试选拔体系。《新课改条件下的高考改革思考》⑥认为在新课程改革条件下，各省高考方案呈现多元性演变，考试内容从统一转变为多元，综合素质评价改革被推向前台。新课改条件下的高考改革需处理好考试与录取体制改革的关系、优先

---

① 张向众：《中国基础教育评价的积弊与更新》，教育科学出版社，2009 年。

② 彭冠军：《高中新课程改革背景下的高考改革研究——基于山东省实验区的高中课程改革和高考改革》，山东师范大学硕士学位论文，2008 年。

③ 刘玲：《新课标下中国高考制度的改革》，吉林大学硕士学位论文，2011 年。

④ 叶宏：《新课程视野下实现高考的评价功能》，《教育理论与实践》2012 年第 2 期。

⑤ 陈海利、付孝泉：《新课改背景下普通高校招生考试评价体系改革面临的问题与对策》，《高教论坛》2010 年第 12 期。

⑥ 毛竞飞、盛兰芳：《新课改条件下的高考改革思考》，《中国考试》2011 年第 11 期。

发展与兼顾公平的关系。还有《新课改背景下高考改革的价值取向：公平还是效率》[①] 等一批论文研究探讨了新课改与高考改革的关系。

2. 实践研究

新课改与高考关系的实践研究文献多集中在高考内容、形式与命题方面。《新课程高考命题研究——课标版与大纲版对比研究》一书以湖北省为例，通过课程大纲与新课程标准的内容与结构对比，列举大量试题举例说明新高考在命题立意、能力考查、试题内容及结构等方面都发生了较大变化，命题在朝科学、灵活、综合方向努力，但也存在不少亟待研究解决的问题[②]。《课程改革与教育评价》一书认为，课程改革使人们不断意识到教育评价的“瓶颈”作用及改革的紧迫性；认为高考选拔性考试的定位使试题难度“水涨船高”，应试教育由此而生；认为应增强命题的多样性和开放性[③]。学位论文《新课程高考质量评价标准体系研究》等[④~⑥] 也以新课改为背景研究了高考命题的理念更新、试题内容结构优化、试题质量控制等问题。论文《新课程标准下高考命题模式及质量评价研究》认为在新课改背景下高考命题应从标准、模式与质量三个方面改革[⑦]。《当前高考命题改革首要关注的四大问题研究》[⑧] 认为高考命题万众瞩目、影响深刻。在高考命题体制多元化的格局下，命题质量管理日益重要。论文《高考命题质量评价体系的缺陷及对策分析》认为缺少有效的外部质量证据是高考命题质量评价体系的缺

① 任训学：《新课改背景下高考改革的价值取向：公平还是效率》，《湖北大学学报》（哲学社会科学版）2011 年第 2 期。

② 李世伟：《新课程高考命题研究——课标版与大纲版对比研究》，湖北人民出版社，2011 年。

③ 赵必华、查啸虎：《课程改革与教育评价》，安徽教育出版社，2007 年。

④ 何家军：《新课程高考质量评价标准体系研究》，华中师范大学硕士学位论文，2008 年。

⑤ 刘明：《新课程背景下分省命题高考方案研究——以江苏新课程高考方案为例》，南京航空航天大学硕士学位论文，2010 年。

⑥ 柯晓莉：《新课程背景下〈上海市高考生命科学考试说明〉研读及备考教学策略的研究》，华东师范大学硕士学位论文，2009 年。

⑦ 刘新平、李修平：《新课程标准下高考命题模式及质量评价研究》，《湖北招生考试》2009 年第 4 期。

⑧ 黄光扬：《当前高考命题改革首要关注的四大问题研究》，《课程、教材、教法》2011 年第 6 期。

陷，这不仅制约了高考质量的提高，而且影响高考的权威性与公信力，因此应从服务对象角度审视高考命题质量，完善命题质量评价体系，提高质量[①]。另外，《关注社会热点　体现新课改精神》[②]、《2012 年新课改高考命题趋势》[③] 等文章也从实践层面研究了新课改与高考的关系。

纵览以上研究内容，新课改后高考的改革压力剧增，研究内容指向了高考评价的方方面面。对考试内容与命题的期待、设想及批判成为当时新课改与高考关系的敏感话题。

五、高考评价的教育测评理论及技术研究

高考在本质上是一种测量与评价活动，高考的改革与发展离不开教育测量与评价理论、技术的支撑。在中国，教育测量与评价研究一波三折，几经风雨，而教育测量与评价理论在高考中的应用直至 1985 年方才起步。1985 年，广东省接受教育部的委托，开始在数学、英语科目实施标准化考试实验，同时在命题标准化、考务管理科学化、评分手段现代化、分数转换和分数解释标准化方面进行研究探索，成为高考发展史上具有里程碑意义的事件。以此为起点，同时随着中断了几十年[④]的教育测量与评价研究开始缓慢起步，教育部先后出台了《普通高等学校招生全国统一考试标准化实施规划》和《普通高等学校招生全国统一考试建立标准分数制度实施方案》等文件[⑤]，推动现代教育测评理论在高考中的应用，推进高考的标准化和科学化进程。2011 年，教育部在云南、海南两省启动以“改革传统高考分数报告办法，尝试建立全方位、多层次、发展性、个性化的综合评价体系，并且依托网络技术提供网络化成绩分析报告”[⑥] 为内容主旨的“云海工程”试点项

---

① 陈士俊、陈畅：《高考命题质量评价体系的缺陷及对策分析》，《天津师范大学学报》（社会科学版）2011 年第 1 期。

② 于建坤、万玉凤、柯昌万：《关注社会热点　体现新课改精神》，《中国教育报》2010 年 6 月10 日。

③ 宋惠民：《2012 年新课改高考命题趋势》，《保定晚报》2012 年 3 月 12 日。

④ 说明：从 1949 年至 1978 年，由于政治上的变迁，在一切向苏联学习的口号指引下，心理测验在我国被视为禁区，各级师范院校都停开了心理和教育测量与统计课程，这方面的研究工作和实际应用也相应停止。见张厚粲、余嘉元：《中国的心理测量发展史》，《心理科学》2012 年第 3 期，第 516 页。

⑤ 杨学为：《高考文献（下）》，高等教育出版社，2003 年，第 418、525 页。

⑥ 《什么是“云海工程”》，《中国青年报》2011 年 7 月 5 日。

目。这项改革将通过引入教育测量与评价新理念、新方法和新技术，完善高考的分数报告方式，使其更具有评价意义。这项改革又将高考评价往前推进了一大步。概括这方面的研究，总体上分为理论研究与应用研究两大部分。

（一）教育考试的教育测评理论及技术研究

自 20 世纪 80 年代以来，教育测量与评价研究突飞猛进，相关研究成果与日俱增。直接以教育考试为内容的测评理论与技术研究成果也逐步显现，为教育考试改革奠定了较为厚实的理论基础。以王汉澜的《教育测量学》为代表的著作[①~④]系统介绍了教育测量的概念、原理、试题编写、测量项目的质量分析（信度、效度、难度、区分度）、标准化测验、学科测验等内容，是教育考试实践及研究的基本理论及技术基础。一些学者还不断介绍国外教育与心理测量的最新研究及理论、技术发展成果，出版了多部译著[⑤~⑦]。《教育评价》等著作[⑧~⑪]构建了教育评价的完整体系，阐明了教育评价的理念与原则，重点介绍了教育评价的程序设计方法、学生评价、教师评价以及课程评价等内容，是研究教育考试评价问题的重要理论文献。随着多元智力理论的发展成熟与应用，多元智力的评价研究也随之出现，多部著作对这一新的评价领域进行了研究，成为新课改中的实践与理论热点问题[⑫⑬]。还有

① 王汉澜：《教育测量学》，河南大学出版社，1987 年。

② 张敏强：《教育测量学》，人民教育出版社，1998 年。

③ 黄光扬：《教育测量与评价》，华东师范大学出版社，2002 年。

④ 戴海琦：《心理测量学》，高等教育出版社，2010 年。

⑤ 克罗克 L、阿尔吉纳 J：《经典和现代测验理论导论》，金瑜，等译，华东师范大学出版社，2004 年。

⑥ 罗伯特 M 卡普兰、丹尼斯 P 萨库佐：《心理测验原理应用和争论》，陈国鹏、席居哲，等译，上海人民出版社，2010 年。

⑦ 安德森，等：《布卢姆教育目标分类学》，蒋小平，等译，外语教学与研究出版社，2009 年。

⑧ 涂艳国：《教育评价》，高等教育出版社，2007 年。

⑨ 肖远军：《教育评价原理及应用》，浙江大学出版社，2004 年。

⑩ 王汉澜：《教育评价学》，郑州大学出版社，1995 年。

⑪ 田中耕治：《教育评价》，高峡、田辉、项纯译，北京师范大学出版社，2011 年。

⑫ 霍力岩、赵清梅：《多元智力评价的理论与实践》，教育科学出版社，2010 年。

⑬ Lazeard：《落实多元智力教学评价》，郭俊贤、陈淑惠译，远流出版社（台北），2001 年。

一些英文文献介绍了西方教育测评理论的最新发展与应用情况①②，对于及时了解西方新的教育测评理论大有益处。

论文《中国的心理测量发展史》③ 认为心理测量的思想起源于中国古代，西方科学的心理测验理论与方法是在 20 世纪初自西方传入中国的。改革开放 30 多年来，中国的心理测量发展取得很大成绩，但道路相当曲折。如今，心理测量已在医学、教育、企业和组织人事部门等多个领域应用，但在教育领域应用最早，从高考研究和应用开始向各种考试、应用领域广泛扩展。论文《谈谈心理与教育测量理论的发展》具体介绍了来自西方的经典测验理论、概化理论、项目反应理论、认知诊断理论等教育与心理测量理论的产生背景、核心内容及发展趋势等，是学习了解并应用这些理论的重要材料④。检索到的部分英文文献⑤~⑦研究了这方面的最新发展与应用趋势，对项目反映理论、认知诊断理论的发展及其在考试中的应用进行研究，以期推进考试的科学化进程。针对实践中部分人并不十分清楚教育测量与评价的关系从而影响其功能发挥的窘迫状况，《教育测量在教育评价中的角色》⑧ 一文从学科角度对两者在内涵、研究的问题、范畴以及方法等方面的交叉和不同进行了分析，并在此基础上分析了教育测量在教育评价中所应扮演的角

---

① Guba E G，Lincoln Y S，Fourth Generation Evaluation，Nemburg Park，Sage，1989，No. 3.

② Principles of Educational and Psychological Measurement and Evaluation，Wadsworth Inc.，1980.

③ 张厚粲、余嘉元：《中国的心理测量发展史》，《心理科学》2012 年第 3 期，第 514～515 页。

④ 刘启亮、孔外平：《谈谈心理与教育测量理论的发展》，《重庆科技学院学报》（社会科学版）2008 年第 2 期。

⑤ Ronald K H，Hariharan S T，Item Response Theory：Principles and Applications，Nijhoff Publishing，1985.

⑥ Embretson S E，Psychometric Models for Learning and Cognitive Processes，Hillsdale LEA，1993.

⑦ Lohman D F，Ippel M J，Cognitive Diagnosis：From Statistically Based Assessment Toward Theory Based Assessment，Test Theory for a New Generation of Tests，1993，No. 1.

⑧ 杨向东：《教育测量在教育评价中的角色》，《全球教育展望》2007 年第 11 期，第 15 页。

色。《西方教育评价观的演进及对我国的启示》[①] 一文基于教育评价理论发展的历史视角，介绍了教育评价之父泰勒等的教育评价理论与模型，并比较了五种模型的异同，指出彼此之所长与所短。同时认为中国学者应在借鉴西方理论的基础上，加快发展有中国特色的教育测评理论体系。

（二）教育测评理论及技术在高考中的应用研究

随着国内教育测评理论的快速发展及国际上新的理论和技术成果的引入，这些理论和技术成果在教育考试及高考中的应用研究也掀起小高潮，不断有新论著出现。郑日昌、漆书青、马世晔编的《考试的教育测量学基础》[②]，张厚粲、刘昕编著的《考试改革与标准参照测验》[③] 都是较早系统研究考试测量的论著。漆书青所著的《现代测量理论在考试中的应用》[④]，基于对中国悠久的考试史的回顾，认为中国是考试古国，也是考试大国，积淀了深厚的考试文化，中国的科举制度对世界考试制度的形成、发展都曾有贡献。但中国的考试测量研究十分滞后，跟不上考试实践的需求。为此，该书阐述了考试与测量的关系及测量理论在考试中的应用价值，介绍了经典测验理论（真分数理论）、常模参照测验与标准参照测验、概化理论、项目反映理论、测验等值、计算机自适应理论、技术在考试中的应用原理与实际操作。该书是考试评价研究的必要文献。凌云的《考试统计学》[⑤]，雷新勇的《考试数据的统计分析》[⑥] 比较详细地介绍了考试数据的类型、统计原理与方法、在统计软件中的操作程序等，开拓了考试数据的分析视野与方法。吴根洲的《高考效度研究》[⑦] 引入测量的效度理论，以大学成绩为高考成绩校标，分析了高考的科学性，开辟了一种高考质量研究视角。《高考数学测量

① 王琰春：《西方教育评价观的演进及对我国的启示》，《教育与现代化》2003 年第 1 期，第 74～78 页。

② 郑日昌、漆书青、马世晔：《考试的教育测量学基础》，高等教育出版社，1990 年。

③ 张厚粲、刘昕：《考试改革与标准参照测验》，辽宁教育出版社，1997 年。

④ 漆书青：《现代测量理论在考试中的应用》，华中师范大学出版社，2003 年。

⑤ 凌云：《考试统计学》，华中师范大学出版社，2002 年。

⑥ 雷新勇：《考试数据的统计分析》，华东师范大学出版社，2007 年。

⑦ 吴根洲：《高考效度研究》，华中师范大学出版社，2003 年。

理论与实践》等著作①~④是教育测量理论在高考中应用的典范，该系列丛书介绍了教育测量理论在高考不同学科中的应用原理和操作技术。

《高考质量评价分析方法研究》、《基于论证的我国高考开发质量评价模型研究》等论文⑤~⑩基于高考质量的分析框架，从不同角度分析了高考质量的现状、问题及对策，使高考质量研究蔚然成风。《大学生高考成绩与大学阶段学习成绩的相关分析》等文章⑪~⑭应用相关法、标准分合成法对高考分数进行统计分析，使统计分析方法在高考中的应用更加微观具体。教育部考试中心主任姜钢的《建立多样化考试评价体系 推动高考综合改革》一文认为目前高校考试招生面临新形势和新任务，要进一步深化高考改革，建立基础教育与高考改革的联动机制，建立多样化考试评价体系，探索不同层

---

① 教育部考试中心：《高考数学测量理论与实践》，高等教育出版社，2004 年。

② 教育部考试中心：《高考化学测量理论与实践》，高等教育出版社，2004 年。

③ 教育部考试中心：《高考物理测量理论与实践》，高等教育出版社，2004 年。

④ 教育部考试中心：《高考生物测量理论与实践》，高等教育出版社，2004 年。

⑤ 孙景峰、杜可鸣、侯昭海，等：《高考质量评价分析方法研究》，《齐齐哈尔医学院学报》2011 年第 7 期。

⑥ 周群：《基于论证的我国高考开发质量评价模型研究》，华东师范大学博士学位论文，2012 年。

⑦ 王后雄、李木洲：《新课程下高考质量与新课程改革发展关系探析》，《中国考试》2010 年第 9 期。

⑧ 陈士俊、陈畅：《高考命题质量评价体系的缺陷及对策分析》，《天津师范大学学报》（社会科学版）2011 年第 1 期。

⑨ 陈畅：《基于考生主观感受问卷的高考试题效度研究》，《中国考试》2008 年第 7 期。

⑩ 孙景峰、张旭春、李春杰，等：《相关性分析在高考质量评价研究中的应用》，《齐齐哈尔师范高等专科学校学报》2011 年第 5 期。

⑪ 谢中才、郑惠娟：《大学生高考成绩与大学阶段学习成绩的相关分析》，《数学的实践与认识》2009 年第 12 期。

⑫ 宋红霞、陈国岗、崔文军，等：《大学生成绩跟踪分析的招生质量评价方法》，《西安交通大学学报》（社会科学版）2007 年第 6 期。

⑬ 温忠麟、罗冠中：《高考分数的转换、校准和合成》，《中国考试》2010 年第 11 期。

⑭ 温忠麟、罗冠中：《高考“3＋X”，分数转换和总分合成方法》，《考试研究》2006 年第 3 期。

次、不同类型高校招生考试的录取模式，以此推动素质教育的实施，推动高考综合改革①。《浙江省招生考试评价制度改革迈出新步伐》、《新课程推进中的考试评价改革》等电子文献和报刊资料②~⑦介绍了高考评价领域的新变化，成为了解高考评价改革的窗口。

综合分析有关高考评价的理论与实践研究文献可知，教育测评理论在高考中的应用由浅入深，有关高考的教育测评理论研究初显规模，国外新的测评理论也迅速传入中国，逐渐渗入高考制度。但是，各种教育测评理论和技术皆来自西方，国内学者多处于对西方理论与技术的引入、阐释与应用推广阶段，而源于国内的原创性教育测评理论与方法极其稀缺。这对于有着悠久考试历史与传统，而且目前仍为世界考试大国的中国不能不说是一种缺憾。

六、高考评价改革的国际比较研究

高考制度从诞生之日起，就逐渐具有改革发展的国际视野。尤其是恢复高考制度 30 多年来，随着中国社会国际化程度的提高，高考制度也逐渐走向世界，为多数国家所知晓。同时，其他国家和地区的考试招生制度也成为国内学者竞相研究的对象，如以美国的 SAT 和 ACT 考试、英国的证书制度、目前颇受关注的 PISA 考试等为研究内容的著作和论文与日俱增。

于信凤的《考试学引论》⑧ 是较早介绍国外招生考试概况的著作。王秀

① 姜钢：《建立多样化考试评价体系　推动高考综合改革》，《中国高教研究》2009 年第 3 期。

② 《浙江省招生考试评价制度改革迈出新步伐》，2012 年 6 月 5 日，http://www.moe.gov.cn/publicfiles/business/htmlfiles/moe/s5989/201206/137078.html。

③ 张莉贝：《浙江：高考评价体系不再单一》，《台州日报》2011 年 5 月 27 日。

④ 《新课程推进中的考试评价改革》，2004 年 1 月 2 日，http://www.xhedu.sh.cn/cms/data/html/doc/2004-01/02/36878/。

⑤ 国家教育发展研究中心：《上海构建"绿色指标"评价体系引导学生全面发展》，2012 年 6 月 5 日，http://www.moe.gov.cn/publicfiles/business/htmlfiles/moe/s5989/201206/137078.html。

⑥ 李配亮：《云南将建"三位一体"高考评价体系》，《中国教育报》2011 年 11 月 18 日。

⑦ 陈鹏、王鑫昕：《南科大今年将采用"基于高考的综合评价录取模式"》，《中国青年报》2012 年 6 月 4 日。

⑧ 于信凤：《考试学引论》，辽宁人民出版社，1987 年。

卿的《高等学校招生考试理论研究》[①] 分国别介绍了美国、英国、法国、德国、日本、苏联以及朝鲜等国家的博士、硕士和本科招生考试制度。杨学为的《中国考试改革研究》[②] 指出研究国外招生考试制度的必要性和紧迫性，认为其目的在于取人之长，补己之短。作者详细介绍了日本高校招生考试制度的内容以及考察后的感想。康乃美、蔡炽昌的《中外考试制度比较研究》[③] 认为，在以信息革命为主要特征的高新技术时代，一种科学考试制度的构建必须具有全球视野。中国是考试的故乡，但在现代考试制度改革中必须做到在借鉴中改革，在改革中创新。该书以比较的方法与视角介绍了中国、英国、德国、法国的高中会考制度，中国、日本、美国、法国的大学入学考试制度，中西公务员考试制度。刘海峰等著的《高校招生考试制度改革研究》[④] 更为详细地研究、介绍了美、英、法、日、韩、俄罗斯、新加坡以及我国台湾地区的高校招考制度。该书从国外及我国台湾地区考试制度的历史演变、考试内容、录取标准、招生制度特点、改革发展趋势以及对我国的启示等多个维度分析、介绍了国外及我国台湾地区的入学考试制度，是了解和研究国外及我国台湾地区考试制度的重要文献。张千帆等著的《大学招生与宪法平等：国际经验与中国问题》[⑤] 从考试招生宪法平等的角度，对比研究中国与西方九国的大学入学考试制度。认为中国的大学招生指标制度是世界上绝无仅有的制度，也是导致考试招生不公平的因素。韩家勋的《教育考试评价制度比较研究》等著作[⑥~⑨] 也研究介绍了国外及我国港台地区的大学入学考试制度。另外，唐滢的《美国高校招生考试制度》（2007）和吴向明的《美国高等院校招生制度研究》（2008），王立科的《英国高校招生考试

---

① 王秀卿：《高等学校招生考试理论研究》，航空工业出版社，1994 年。

② 杨学为：《中国考试改革研究》，北京大学出版社，2001 年，第 158 页。

③ 康乃美、蔡炽昌：《中外考试制度比较研究》，华中师范大学出版社，2002 年，第 8 页。

④ 刘海峰，等：《高校招生考试制度改革研究》，经济科学出版社，2009 年。

⑤ 张千帆、曲相霏：《大学招生与宪法平等：国际经验与中国问题》，译林出版社，2011 年。

⑥ 韩家勋：《教育考试评价制度比较研究》，人民教育出版社，2010 年。

⑦ 戴家干：《从考试到评价》，高等教育出版社，2009 年，第 3 页。

⑧ 张民选：《高校招生考试制度改革研究》，上海教育出版社，2008 年。

⑨ 于钦波、杨晓：《中外大学入学考试制度比较与中国高考制度改革》，四川教育出版社，2000 年。

制度研究》(2008)，杨李娜的《台湾地区大学入学考试制度研究》(2008)等分国别和地区研究介绍了大学入学考试招生制度。

研究介绍国外及我国港台地区大学入学考试制度的单篇论文也有不少。《国外高考模式比较研究》等论文①~⑤综合比较研究了国外的大学入学考试制度。《美国名校本科招生方式及其启示》等论文⑥~⑮从不同角度研究介绍了国外的大学入学考试制度，其中涉及的考试评价体系、考试内容、考试过程等内容为本研究提供了重要研究素材。硕士学位论文《美国名校本科招生综合评价制度研究》⑯以美国名校本科招生综合评价制度为研究对象，比较系统地对美国名校的本科招生综合评价制度进行了介绍和解析，认为美国名校本科招生综合评价制度具有很高的科学性。中国也应增强评价体系的多样性、灵活性以及评价内容和目标的多元化。《迈向大学之路：各国的考试政策与实务》⑰ 非常

---

① 陈阳：《国外高考模式比较研究》，《理论观察》2006年第2期。

② 杨思帆：《国外高考改革趋势：比较与启示》，《世界教育信息》2006年第5期。

③ 杨光富：《当今国外高考制度改革荟萃》，《外国中小学教育》2003年第4期。

④ 宋海龙：《国外高考制度改革趋势及启示》，《中国社会导刊》2007年第10期。

⑤ 李松林：《国外高考改革的最新动向及其启示》，《教育科学论坛》2007年第5期。

⑥ 郑若玲、陈为峰：《美国名校本科招生方式及其启示》，《外国教育研究》2010年第10期。

⑦ 杨光富：《美国高考制度的三大特色》，《中小学管理》2003年第5期。

⑧ 杨光富、沈岚霞：《韩国高考新举措　打破一卷定终身》，《外国中小学教育》2002年第6期。

⑨ 黄全愈：《美国的“高考”和高招制度》，《中国社会导刊》2005年第13期。

⑩ 吕可红：《日本高考制度改革综述》，《湖北招生考试》2002年第24期。

⑪ 卢苏燕：《法国人是怎么考大学的？法国高考制度简介》，《世界中学生文摘》2003年第6期。

⑫ 李宁：《从美国大学招生考试制度反思中国高考改革》，《郑州航空工业管理学院学报》(社会科学版) 2008年第3期。

⑬ 吴计生：《中日高考制度改革之比较》，《世界教育信息》2007年第11期。

⑭ 熊晓亮：《新世纪美国SAT改革对我国高考改革的启示》，《教育探索》2009年第2期。

⑮ 夏欣茁：《英国高考制度及对中国高考改革的借鉴意义》，《辽宁教育行政学院学报》2007年第3期。

⑯ 陈为峰：《美国名校本科招生综合评价制度研究》，厦门大学硕士学位论文，2009年。

⑰ 马克·伊克斯坦、夏洛·诺亚：《迈向大学之路：各国的考试政策与实务》，陈坤田，等译，心理出版社(台北)，1996年。

详细地介绍了8个国家和地区的高中毕业考试制度，重点介绍了考试目标、考试结构及考试内容。《各国大学入学制度介绍（国家篇）》① 和《各国大学入学制度介绍（学校篇）》② 从国家和学校层面介绍了8个国家和地区的考试招生制度及部分著名大学的介绍、申请条件、招生理念、招生规则、对英文考试及成绩的要求、不同学系的入学成绩要求等内容，是详细了解部分国家、地区和大学入学考试制度的代表性文献。《中外高考科目设置的比较研究》③ 在比较中国与美国、日本、英国考试科目的基础上指出，我国的高考科目设置应突出素质教育原则，根据社会对人才的需求，增加对考生的认知能力、学习能力以及非智力因素的考查；应完善高考题库；应扩大高校招生自主权，高校自主命题招生应突出特色院校、特色学科、特色人才的要求。

部分英文文献研究介绍了国外的大学入学考试评价制度，对大学如何选拔其所欲选拔的人才、人才选拔的发展变化、面临的挑战进行分析；对美国、英国等国家大学入学考试评价目标、指标、内容、方法、程序等进行介绍④~⑩。考试是一门科学，教育测量与评价是其理论基础，国外有大量的

---

① 财团法人大学入学考试中心基金会：《各国大学入学制度介绍（国家篇）》，世新大学出版中心（台北），1998年。

② 财团法人大学入学考试中心基金会：《各国大学入学制度介绍（学校篇）》，世新大学出版中心（台北），1998年。

③ 张爱：《中外高考科目设置的比较研究》，《广东教育学院学报》2004年第3期，第47页。

④ What It Really Takes to get into the Ivy League & Other Highly Selective Colleges，The McGraw-Hill Companies，2003.

⑤ David Rein G，The College Admission Game，The Journal of College Admission，2004，No. 2.

⑥ College Freshmen Admission Policy Survey，2005年2月8日，http://www. bestschoolsusa. com/cgi-bin/survey. cg. i.

⑦ Hawkins D A，The State of College Admission：2002—2003，Alexandria，National Association for College Admission Counseling，2003.

⑧ Harvard University Admissions Policy，2006年9月10日，http://www. harvard. edu/admissions/.

⑨ Mcginty S M，The College Application Essay，College Entrance Examination Board，2002.

⑩ Eekstein H J. Examintions，Comparative and Internation Studies，Printed in Creat Britain by BPCC Wheatons Ltd.，1992.

研究集中于对考试之基础的教育测量与评价理论、技术的研究。这些研究对于促进我国考试理论与技术研究、提高高考评价的科学性无疑具有借鉴意义。

随着 PISA 等国际性学生评价项目在国际范围内的实施，有关 PISA 等的研究也随之增多。《PISA 的教育测量技术在高考中的应用前景初探》① 一文认为，PISA 中所蕴含和使用的教育测量理论和技术代表了国际上的先进水平，认为 PISA 项目通过试卷矩阵设计保证考查内容覆盖广泛、利用 Rasch 模型打造客观等距量尺、结合考生背景解释和分析测试结果等主要技术特征对中国的高考极具借鉴意义。研究认为高考在相应环节的技术缺陷限制了高考功能的发挥，而将 PISA 中的考试评价技术移植到高考中，有助于达到创新考试形式、防范高考结果被滥用和误用的可能，还能对评价教育质量、改进教育管理、促进教学改革发挥重要的作用。关于 PISA 项目的研究还有《国际学生评价项目的测评目标、特点及其分析》等②~⑧，这些研究介绍了 PISA 的启动背景、评价理念、评价体系、评价内容、测试过程、成绩计算、结果分析等内容。美国的 SAT 和 ACT 考试一直是国内学者研究高考问题时容易涉及的内容，相关的研究论文较多。《美国 SAT 考试的最新

---

① 王蕾：《PISA 的教育测量技术在高考中的应用前景初探》，《清华大学教育研究》2012 年第 3 期，第 105 页。

② 王晞：《国际学生评价项目的测评目标、特点及其分析》，《教育评论》2003 年第 2 期。

③ 耿夫相：《PISA 对我国高考地理测评的启示——以 PISA2006 为例》，《地理教学》2010 年第 17 期。

④ 李晶晶：《国际 PISA 测评对语文阅读测试命题的启示》，《现代教育科学》2010 年第 4 期。

⑤ 王文妍、刘燕：《构建科学的教育评价体系——基于国际学生评价项目的思考》，《世界教育信息》2004 年第 12 期。

⑥ 蒋盛楠：《国际基础教育阶段学生评价项目的分析及启示》，《基础教育参考》2005 年第 8 期。

⑦ 李芳：《PISA 测试对我国新课程下高考改革的启示》，《喀什师范学院学报》2009 年第 6 期。

⑧ 沈剑奇、杨建春：《TIMSS 与 PISA 中科学测评的启示》，《科教文汇》2011 年第 6 期。

改革及对我国高考的启示》等论文①~⑨集中介绍了美国 SAT 考试的起源和发展、考试的功能、考试评价体系、考试内容、成绩使用以及对中国高考制度改革的启示，甚至有研究建议中国也应在高考体系中开发类似于 SAT 的考试。《美国大学入学考试 ACT 深度剖析》等文章⑩⑪则集中介绍了美国 ACT 考试的历史脉络、考试内容与结构、试题编制理念、考试的改革发展趋势及对中国高考制度改革的启示等内容。

以上六个方面的研究成果，既有理论研究，也有实践探索。尽管直接可参照的研究成果少之又少，但相关研究文献有的为本研究提供了背景资料，有的有助于奠定研究的理论基础，有的则开拓了研究的视野和思路。

第四节 研究内容与方法

高考评价既是一种实践活动，也是一个理论问题。实践层面，以“云海工程”、高考综合评价体系改革等为代表的高考评价改革已成为一种事实，

---

① 李长秋：《美国 SAT 考试的最新改革及对我国高考的启示》，《考试周刊》2007 年第 30 期。

② 陈晓莹：《美国 SAT 考试的最新改革》，《比较教育研究》2004 年第 10 期。

③ 任长松：《美国大学入学考试 SAT 与 ACT 对我国高考的启示——对我国高考的近期与远期改革建议》，《教育理论与实践》2008 年第 7 期。

④ 王海东、张咏梅：《美国大学入学考试（SAT）的发展历程及其对我国高考改革之启示》，《湖北招生考试》2007 年第 16 期。

⑤ 陈园园：《美国大学入学考试 SAT 的过去、现在和将来》，《教育与考试》2008 年第 6 期。

⑥ 黄书成、张茂聪：《新世纪美国 SAT 改革及对我国高考改革的启示》，《全球教育展望》2008 年第 1 期。

⑦ 陈丹：《美国大学入学考试对我国高考改革之启示》，《世界教育信息》2009 年第 2 期。

⑧ 罗蓉、李洁：《美国大学入学考试——SAT 简述》，《江西教育》2004 年第 20 期。

⑨ 熊晓亮：《新世纪美国 SAT 改革对我国高考改革的启示》，《教育探索》2009 年第 2 期。

⑩ 任长松：《美国大学入学考试 ACT 深度剖析》，《教育理论与实践》2007 年第 10 期。

⑪ 关丹丹、向冠春：《美国 ACT 课程调查对我国高考改革的启示》，《中国考试》2012 年第 5 期。

越来越多的省份逐步展开改革试点。理论视角，高考评价目标、评价指标体系、评价内容与形式、分数报告等关键问题都急需理论层面的解读。鉴于高考评价是高考改革领域的新实践、新问题，这方面的理论研究较少而改革实践又急需理论指导，综合已有文献、相关数据、个人能力兴趣以及研究价值等因素，本书拟遵从历史、问题、比较、理论、改革的思路对高考评价的几个关键问题展开研究。

一、研究思路

高考评价是高考改革中的新命题，也是老大难问题。近几年来学界和教育部考试中心提出高考应实现由考试向评价的转变，则是要充分发挥现代教育测评理论对高考制度设计的支撑作用，在高考原有的测量功能、选拔功能、教育功能、导向功能、社会功能等基础上，进一步突出和强调高考的评价功能与作用。《规划纲要》确定了“分类考试、综合评价、多元录取”的考试招生改革方向，高考评价改革成为高考改革的方向和重点内容。基于此背景与前提，本研究的基本思路是遵循“历史回顾—实践与问题分析—国际比较—理论探讨—改革思路”的研究主线，对高考评价目标的研制、评价指标体系的构成与建立、考试内容与形式优化、考试成绩报告方式等高考评价的核心问题予以研究。

基于对相关研究文献的梳理与学习，本研究的基本假设是：

（1）高考制度无论在实践层面还是在理论研究层面都是常改常新的话题，高考制度必须随着时代的发展变迁而改革调整。高考评价是在基础教育新课改、高校践行招生自主权、高考制度自身的发展完善、现代教育测评理论的发展以及考试评价改革的国际化趋势等因素的共同作用下而催生的改革议题，是未来高考制度改革的重点内容和方向。

（2）现有高考制度已不太适应新时期社会发展的需要，高考评价改革就是要树立新的高考理念，突破现有高考评价体系单一、静态和以成绩为主评价考生的局限，重视和强化高考的评价功能，完善考试评价体系，丰富考试评价内容，提高考试质量，力争综合多样、科学合理、公平公正地评价学生。

（3）高考评价是一项复杂、系统的改革工程，牵涉到与高考相关的多方利益主体，关涉到教育行政部门、专业化考试机构、高校、中学、考生及家长等多个方面。因此，高考评价改革要全面衡量、系统设计、稳步推进，在充分考量多方利益主体的基础上找到制度设计的平衡点，确保高考制度改革有扎实的理论和技术基础，有积极的社会支持及舆论基础，从而确保高考制度的科学、稳妥与可行。

(4) 高考评价改革的主要目的是更加综合、科学地评价考生，但也必须顾及我国教育发展不均衡的现实困境，在考虑综合、全面、科学评价考生的同时，还得顾及高考制度的公平性，做到兼顾科学卓越与公平公正。

二、研究内容

高考评价是本书的主旨内容，也是一个带有一定挑战性的研究议题。目前已有的相关研究多数停留在概念提出、改革呼吁和改革的重要性认识层面，不曾涉及高考评价改革的核心内容。基于这一现状，本研究通过回眸历史探寻高考评价的发展轨迹、改革的经验教训及普遍规律；通过问卷调查了解教师、考生等的改革意愿，通过高考分数的统计分析反馈当前的高考质量；通过入学考试制度的国际考察与比较了解、借鉴国外及我国港台地区高校的先进考试经验，为我所用；通过多重视角的理论分析奠定高考评价的理论基础和改革深度，增强制度设计的科学性；基于前面的系统分析和研究，提出高考评价改革的内容和实现路径。本书的主要内容与研究框架如下：

(一) 高考评价的历史变迁

以历史文献分析法为主要研究方法，梳理分析中华人民共和国成立前到中华人民共和国成立初期中国社会的基本状况及统一高考制度的形成过程；分阶段回顾自 1952 年统一高考制度建立到现在的高考评价改革发展历程，总结高考评价改革经历的主要阶段、改革指导思想、改革的主要内容、特征及其经验教训。

(二) 国外及我国港台地区高考评价研究

以美国、英国、日本及我国港台地区的高校入学考试评价制度为研究对象，分析其基本的教育制度、考试评价的基本理念、考试评价体系、内容与形式、命题与试题、考试分数的报告方式及使用等，总结概括其考试评价的历史轨迹、经验教训、制度特征及其可借鉴之处，以期对我国高考评价改革有所帮助。

(三) 高考评价的理论研究

基于多元智力理论、教育公平理论、现代教育测评理论等视角对高考评价进行深入的理论分析，明确以上理论在高考评价改革中的角色与作用，奠定高考评价改革的理论基础，分析高考评价的基本问题与改革的可行性；对高考的功能、评价体系、选拔目标、考试内容与形式、命题与阅卷、分数报告及成绩使用等进行理论探讨，阐述在新的高考评价体系的构建中以上要素的角色及相互间的关系。

（四）高考评价的实证研究

基于对全国 6 个省的抽样调查数据，统计分析高中生、大学生、中学教师、专业化考试机构人员、考试研究专家等对高考评价改革的认识、改革意见和建议；以海南省为样本调查高中生、大学生、中学教师、专业化考试机构人员对高考评价改革项目“云海工程”的认识、意见和建议；以收集到的部分高考成绩为测量数据，以大学学业成绩为校标数据，从高考成绩与大学学业成绩的相关性视角统计分析高考的科学性与质量；结合现状分析现有高考评价体系面临的问题及改革的必要性与紧迫性。

（五）高考评价的改革研究

高考评价改革是一项复杂的系统工程，必须从多个方面着手，涵盖多项改革内容。首先应树立由考试到评价的转变的科学理念，充分认识高考评价改革的重要性，这是改革顺利进行的认知基础。高考评价改革是一项技术含量较高的改革工程，对教育测评及考试的技术要求很强，因此必须加强专业化考试机构和高校招生机构建设，加强教育考试研究，为高考评价改革提供扎实的理论和技术支持；研制新的高考评价体系是高考评价改革的重中之重，是改革成败的关键。高考向来与高中有着密切的不可剥离的关系，高考评价改革要求进一步完善高中学生评价体系，提高评价质量，以便其结果在高考评价体系中可用、好用。最后，确保高考评价的公平性是在当前社会境域中必须考虑的内容，在科学评价选拔人才的同时还得做到公平公正。

三、研究方法

（一）历史文献法

本研究中应用该方法搜集与高考评价相关的历史文献，如招生考试大纲、高考试题、高考政策文献、考试史和高考史研究文献等，通过对这些历史文献的梳理与总结，了解高考评价改革发展的历史脉络，概括高考评价改革发展的阶段、经验教训及普遍规律。同时，应用该方法收集、梳理美国、英国以及我国港台地区的高校入学考试评价文献，了解其考试评价制度的改革历史、内容、特征、经验以及可借鉴之处。

（二）问卷调查法

应用该方法了解高考评价存在的主要问题及改革的必要性，具体是编制《高考评价调查问卷（大学生)》和《高考评价调查问卷（高中生)》两份调查问卷，抽样调查 7 个省份的学生对高考评价改革的认识、意见和建议，为高考评价改革收集实证数据。

（三）访谈法

访谈法是问卷调查法的补充，与问卷调查法配合使用。主要是编制针对高中学生、高中教师、大学生、考试研究专家、专业化考试机构人员以及家长的半结构式访谈提纲。较深层次地挖掘他们对目前高考评价的现状及问题的认识，对高考评价改革的未来憧憬及建议等。

（四）比较研究法

该方法主要用于比较中国与美国、英国、日本以及我国港台地区高校入学考试的历史、体系、内容、特征等，取人之长，补己之短。另外，针对国内高考评价多元化发展的态势与局面，该方法还用于比较新课改省份高考与非新课改省份、自主命题省份与使用全国试卷的省份的高考评价体系及内容。

（五）统计分析法

从国内选择 2 所“985”大学作为研究样本，选择文理工三个专业已经毕业的大学生的大学学业成绩和高考成绩，应用 SPSS 等统计软件统计分析其之间的相关性，检测高考成绩的预测性能。搜集部分高考成绩数据，应用统计软件模拟检测高考考查的能力结构及其对考试大纲所列举能力结构的拟合程度。

第二章 高考评价的历史变迁

"史者何？记述人类社会赓续活动之体相，校其总成绩，求得其因果关系，以为现代一般人活动之资鉴者也。"[①] 至2012年，统一高考制度已建制整整60年。将60年放置于人类漫漫历史长河中并不算长，但60年前创立的高考制度在跌宕起伏、几经变革之后，如今"已经成为当今中国教育与社会的重大存在"[②]。"以史为鉴可以知兴替"，研究高考评价必先怀揣"温情"与"敬意"重温历史，以总结经验、吸取教训，为今天的改革所资所鉴。依据本书的思路与内容，将高考评价的改革发展划分为五个阶段予以梳理和分析。

第一节 统一高考制度建立前后的高考评价

1949年10月1日，中华人民共和国宣告成立，中华民族在经受各种战争创伤后，终于迎来新的历史纪元，国家的各项事业在遭受严重破坏与创伤后，开始迈上恢复重建的道路。在全力恢复工农业生产和国民经济建设的同时，教育也是国家率先接管和整顿的重点内容。高校招生考试作为一项重要的教育制度，在此阶段历经了单独招生、联合招生、统一高考制度建立等重要阶段，高考评价也随之发生变化。

一、民国时期的高校入学考试制度

民国时期是中国高等教育制度由仿效日、美到逐步本土化的过程，是中

① 梁启超：《中国历史研究法》，中华书局，2009年，第1页。

② 刘海峰：《高考：60年的历史记忆》，《光明日报》2012年6月7日。

国封建主义教育向资本主义教育发展的转折时期，是传统教育走向新教育的过渡时期，是中国教育与西方教育的融合时期①。适应当时的教育发展及社会需求，形成了当时的高校招生考试制度。

（一）考试评价方式演变

清末的高校招生考试是在政府的宏观管理下进行的，考试科目设置、命题皆由高校自行把握。民国成立后，教育权下移，高校获得了极大的自主权，国家还以立法形式对其自主权予以认可。高校单独自主招生形式就是在此背景下产生的。当时，教育部颁布了《大学令》、《大学规程》、《专门学校令》、《公立私立专门学校规程》等，明确了各类学校的宗旨与培养目标、招考要求与考试内容、方式等。大学入学要求为“须在预科毕业或经试验有同等学力者”；预科修业 3 年，入学资格为“须在中学校毕业，或经试验有同等学力者”。高等专门学校入学要求同大学预科②。当时，除高等师范学校试行“划片”招生方式外，一般大学和高等专门学校都实行单独招生考试。单独招生考试方式的形成既是清末引进西方教育模式的自然延续，也是这一时期考试方式适应教育现状的必然选择。当时，全国高校性质、层次和规模差异显著，中学毕业生数量不足致使高校往往招不到足够学生以及动荡的社会局势等综合因素使自主招生成为最适切的考试招生方式③。

民国初期形成的自主单独招考制度在一定程度上满足了当时各级各类学校培养人才的实际需要，奠定了民国时期高校招生考试的制度基础。但同时对高等教育的学科结构、区域发展、教育公平等却产生了直接负面影响。首先是文科与实科比例严重失衡。1931 年全国高校在校生共计 44 167 人，其中文科占 74.5%，实科仅占 25.5%，致使文科人才大量失业，实科人才严重缺乏④。其次是不同高校以同一标准招收不同地区的学生，经济文化落后省区的升学率远低于发达地区，加剧了边远落后地区学生入学机会的不公

① 熊明安：《中华民国教育史》，重庆出版社，1990 年，第 1～3 页。

② 潘懋元、刘海峰：《中国近代教育史资料汇编》，上海教育出版社，1993 年，第 368 页、第 461 页。

③ 刘海峰：《中国考试发展史》，华中师范大学出版社，2002 年，第 227 页。

④ 薛成龙：《近代中国高校招生考试研究》，厦门大学硕士学位论文，1999 年。

平。1922年北京大学录取的新生中，云南、福建、甘肃、黑龙江、热河、绥远、察哈尔、蒙古等省的考生无一人被录取①。单独招生中各校命题的难易不同，监考、评分、录取的标准宽严不一等，也难以保证考生在平等的条件下竞争。而对同等学力的界定模糊也给招生考试带来困境，给部分考生留下投机钻营的空间，引发了种种争议。

为了克服单独自主招生形式的种种弊端，南京国民政府从20世纪30年代初开始，着手对高校招生考试进行管理调控，先后试行“比例招生”、“名额招生”，以调控文科与实科人数。1937年，全国高校在校生人数31 185人，其中文科比例降至48.8%，实科比例增至51.2%，初显调控效果。1937年抗战爆发后，适应战时之需要，教育部在当时的中央大学、浙江大学和武汉大学试行“联合招生”。1938年教育部设立了统一招生委员会，负责制定招生简章，规定命题、阅卷及录取标准等事宜。当时颁布的国立各院校统一招考办法大纲规定，在全国设立12个招生处，办理报名、考试事宜。当时参加此次统一考试的国立院校22所，占当时专科以上学校（97所）的22.7%。1939年，参加统一招生考试的院校增加至28所，1940年增至41所②。1941年，由于战事缘由致使交通不便，上述统一招生被迫中止。此次统一招考是我国自1905年以来高校招生考试改革的一次重要尝试，有效地控制了高校科、系发展的不平衡状态，在一定程度上维护了高校招生的区域公平，同时加强了中等和高等教育的衔接，提高了高校新生质量③。

自1941年开始，高校招生考试进入多元并存时期，主要有单独招考、联合招生、委托招生、成绩审查以及免试保送。免试保送是指自1932年实行中学毕业会考制度后，高校招收会考成绩优秀保送免试生，各国立中学还可以保送部分学业成绩优秀的中学毕业生免试入学。1938年要求各省保送高中会考及格前15%的学生，国立中学按照15%的比例保送毕业成绩为甲等的学生（学业成绩平均80分以上）。由于流弊明显，1939年开始，取消了国立中学保送优秀毕业生办法，会考保送名额也被控制在10%之内④。

---

① 杨学为，等：《中国考试制度史资料选编》，黄山书社，1992年，第581页。

② 大塚丰：《现代中国高等教育的形成》，黄福涛译，北京师范大学出版社，1998年，第266页。

③ 郑若玲、杨旭东：《高考改革：历史与现实的思考》，《厦门大学学报》（哲学社会科学版）2003年第1期，第109页。

④ 蒋超：《中国高考史（创立卷）》，中国言实出版社，2008年，第217～218页。

（二）考试科目与内容演变

由于实行自主招生，各校便自行公布招生章则，自行确定考试科目、命题、组织考试、阅卷、确定录取标准等。鉴于高校招生考试内容与中学教学实际相脱离的情况，教育部于1919年颁布《各专门学校大学校中学校招生办法训令》，明确要求“嗣后各专门学校及大学预科招生，命题概须依照中学毕业程度，勿使太过不及，致于学校衔接有所妨碍”，要求“各高等专门及大学校招考新生，除外国语外，其他各种科学，应以本国文命题”，“生徒答案，应用本国文”①。

以北京大学为例，1920年公布的《北京大学招考简章》规定，入学考试分预科和本科，投考预科者，考试分初试和复试两个环节，初试科目及要求是国文：解释文义、作文及句读；外国语（英文或法文、德文、俄文）：文法、翻译；数学：算术、代数、平面几何。复试科目包括中外历史、中外地理、理化、博物，规定初试不及格者不得复试。投考本科的考试科目及要求为，国文：略通中国学术及文章流变；英、法、德、俄文：曾读过数种文学者，能列举及批评其内容，能以国语与外语互译，能作文无文法之谬误；数学：代数、平面几何、平面三角；伦理学；历史：须习过中国通史及西洋通史，其西洋史亦可用西文本；地理：须考中外人文地理②。

高等专门学校招生考试除国文、外文、数学为必考科目之外，多数学校还根据本校的专业要求设置相关考试科目。如法政专门学校增设历史、地理，工业专门学校增设理化与图画，医学专门学校加试理化、博物。当时，各校招生考试形式与录取方式灵活多样，先公布招生章则，通告招生人数、投考资格、考试科目、时间地点和入学有关事宜，再组织命题考试，确定标准，择优录取。招考次数及考点设置往往随录取情况而定③。由1913年北京直辖各校招生考试科目可见当时考试科目的多样性与灵活性（表2-1）。

---

① 《教育部公布各专门学校大学校中学校招生办法训令》，《教育杂志》1919年11月第3期，第11页。

② 杨学为，等：《中国考试制度史资料选编》，黄山书社，1992年，第579～580页。

③ 张亚群：《从单独招考到统一招考——民国时期高校招生考试变革的启示》，《中国教师》2005年第6期，第24～26页。

表 2-1 北京直辖各校招生考试科目

考试科目		大学预科	法政预科	工业专门	医学专门
考试科目	历史	考	考	——	——
	地理	考	考	——	——
	国文	考	考	考	考
	英文	考	考	考	或德文
	数学	考	考	考	考
	理化	考	——	考	考
	博物	考	——	——	考
	图画	考	——	考	——

资料来源：《教育杂志》第 5 卷第 3 号，记事·大事记（1913 年）。

1938 年实行统一考试后，考试科目与内容也表现出统一特性，统一规定命题及评分标准、统一命题、统一阅卷（表 2-2）。从考试科目的演变可以看出，考试科目涵盖了中学所学的公民、国文、英文、数学、历史、地理、物理、化学、生物等课程。从考试内容及题目形式与要求看，1938 年各科试题数量应以一般考生能于规定时间内完成试卷为准，考试时间国文、数学、英语或德语 3 小时，其余各科 2 小时。其中国文试作文一篇，文言语体互译一篇；英文试作文一篇及英汉互译各一篇；理、化、生试题中须有一题考实验程序。要求命题不宜空泛或偏重记忆。用百分制评定各科分数，国文作文占 50%，文言语体互译各占 25%；英文作文占 50%，英汉互译各占 25%；其余各科试题分数按照题数平均计算①。考试内容中较难与较易约各占 25%，难易适中者占 50%。考试方式包括口试与笔试，师范生笔试与口试同日举行，其他院系在笔试后自行组织②。

① 杨学为，等：《中国考试制度史资料选编》，黄山书社，1992 年，第 674～675 页。

② 刘海峰：《中国考试发展史》，华中师范大学出版社，2002 年，第 229 页。

表 2-2 1938—1949 年高校招生考试科目一览表

学年度	共同考科	分组考科
1938—1939	公民、国文、英文、本国史地	文法商组：数学丙、外国史地、（物理、化学、生物）中任选一科。 理工组：数学甲、物理、化学。 医农组：数学乙、生物、（物理与化学）中任选一门。
1940	公民、国文、英文（德文）、生物	文法商组：数学、中外历史、中外地理及理化。 理工组：数学、物理、化学、中外史地。 医农组：数学、物理、化学、中外史地。
1941—1942	公民、国文、英文	文法商组：中外历史地理、理化、生物、数学。 理工组：史地、数学、物理、化学、生物。 医农组：史地、数学、物理、化学、生物、体育。
1943	公民、国文、英文（法文或德文）、生物	甲组（文理两院之各学系）：数学、物理、化学。 乙组（法、商、师范、工、农各院之各学系）：数学、中外史地、物理、化学。
1944	国文、英文（法文或德文）公民、史地、理化生物	甲组：数学（高等代数、解析几何、三角）。 乙组：数学（高等代数、平面几何、三角）。
1945—1948	国文、英文、公民	甲组（理工师范学院、理组及统计系）：物理、化学、史地、数学。乙组（文法商师范学院、文组及地理学系）：数学、中外历史、中外地理、理化。 丙组（医、农学院及博物生物等系）：数学、史地、理化、生物。

资料来源：杨李娜：《民国时期的大学招考制度及其影响》，《漳州师范学院学报》（哲学社会科学版）2005 年第 4 期，第 119～120 页。

总之，民国时期的高校入学考试形式经历了单独招考—计划招考—统一考试—多种考试并存的发展演变过程，是考试制度适应社会实际、教育发展、人才培养及战时需要之结果。回顾民国时期高校的招考形式，单独考试与统一考试的利弊昭然若揭。单独招考自主灵活，可以尽显高校的招生自主权，但也存在缺乏标准而导致“招生滥”、“升学滥”的弊病，难以控制招生质量。统一考试相对规范一致，效率较高，易于控制招生质量。高校入学考试内容与中学教学内容息息相关，同时在考试资格、考试形式、命题难度、录取比例等方面充分考虑了中学教育的实际。但同时，民国时期中学为大学服务，中学课程设置过分以升学为目的的趋向始终十分突出，在一定程度上造成升学主义倾向。正如刘海峰教授研究考试的精辟论断："历史常有惊人的相似之处。"民国高校入学考试形式的分分合合及考试内容与中学教育的矛盾关系在当今考试现实中又在一幕幕上演。因此，回顾民国时期的高校入学考试史无疑对今天的高考改革具有前车之鉴的效用。

二、中华人民共和国成立初期的教育方针政策及过渡时期的高校入学考试

中华人民共和国成立初期，全国共有高等学校 205 所，在校生 11.6 万人。虽然规模不算大，但高等学校性质复杂、形式多样：既有在解放区干部学校的基础上创办的革命大学，又有借鉴苏联经验举办的各类大学，更有南京国民政府遗留下来的公立和私立大学、教会大学等①。为了保持教育的连续性，尽快恢复教育教学工作，中央政府提出了"维持现状，立即开学"的方针。1949 年，除北京大学、清华大学、南开大学、北平师范大学及北洋大学等少数几所高校实行非实质性的联合招生外，全国其他高校都实行单独招生，自主制定招生计划、提出招生条件、公布招生办法等，各校自行负责命题、阅卷与录取等重要工作。然而由于各校实施单独招生，缺乏统一的管理协调，出现同一考生被多所学校录取的情况，一些学校经一两次考试就招足了名额，也有学校多次招生也没能招满。这也同时导致报到率很低，最高的报到率 75%，最低只有 20%②。

1950 年，为了解决新生报到率低的问题，为了克服中华人民共和国成立初期高等教育的混乱状态，教育部于 5 月 26 日公布了《关于高等学校一九五〇年暑期招考新生的规定》③，对招考学校资格、考生报考资格、考试科目、考试的组织管理等进行规定说明。考试科目中各系科共考科目有国文、外国语（英语或俄语）、政治常识、数学、中外历史、中外地理、物理、化学（史地、理化科目可依科系性质不同，分开或合并考试）；考虑到部分

① 蒋超：《中国高考史（创立卷）》，中国言实出版社，2008 年，第 337 页。

② 《中国教育年鉴：1949—1981》，中国大百科全书出版社，1984 年，第 337 页。

③ 《关于高等学校一九五〇年暑期招考新生的规定》，《人民日报》1950 年 5 月 29 日。

地区外语教学现状，虽外语为共同必考科目，但允许报考时申请免考外语，但被录取入学后经考试甄选予以补修；除共同必考科目外，各校可根据系科性质，分别加试该系主要科目。关于命题及录取，要求各校可依各系科课程所要求的入学条件，判断报考者有无入相关科系学习的准备条件，命题时不应出奇僻的及超出中学课程范围的试题。总结前一年的招生经验，1951 年继续沿用 1950 年的招生考试政策，继续坚持纠乱及联合统一考试的改革方向①。在前一年的基础上，对报考资格中的“高中毕业和同等学力”作出明确规定，避免低学历者报考。为进一步改变招生的混乱状态，减少人力、物力及时间浪费，各大行政区根据实际争取实行全部或局部高等学校统一或联合招生。受此政策引导与推动，1951 年招考的统一性明显加强，全国 214 所高校中 149 所参加统一招考，占 69.6%。当然统一联合招考中也出现一些问题，如东北、西北等生源较少地区的高校仍然招生不足额②。但是，统一联合的招考改革倾向与实践为统一高考制度的建立奠定了重要基础。

三、统一高考制度建立阶段的考试评价

1952 年 6 月 15 日，教育部颁发《关于全国高校一九五二年暑期招考新生的规定》，统一高考制度至此建制。统一高考制度的建立是一项重大创举，是考试发展史上的里程碑。统一高考制度的建立适应了中华人民共和国对大量高级建设人才的需要，是解决高等教育基础薄弱、校际差异大、人才培养水平参差不齐的重要策略；是适应全国基础教育发展及生源分布不均衡，从而促进教育公平的重大决策。统一高考制度的建立奠定了高校入学考试的基本形式——统一考试，有助于治理高校招考中的混乱状态，提高招考效率，为提高人才培养水平奠定基础。这里，从人才培养及高考选拔要求、考生资格、高考内容与形式、高考命题等方面梳理、分析统一高考制度建立阶段的高考评价。

（一）国家人才培养需求与高考评价目标

人才培养是中华人民共和国成立之初各项工作的重中之重，国家将干部

① 《关于一九五一年暑期招考新生的规定及一九五〇年招生总结》，《人民日报》1951 年 5 月 9 日。

② 刘海峰：《高校招生考试制度改革研究》，经济科学出版社，2009 年，第 24～25 页。

和各行各业高级人才的培养视作政治任务。中华人民共和国成立之初，国家急需大量建设人才，要求高校招到足额考生。同时对考生质量提出要求，希望招录在政治素质、文化水平以及身体健康方面都符合要求的学生。在第一次全国教育工作会议的开幕词中，时任教育部部长的马叙伦详细阐述了教育的任务，即“提高人民文化水平，培养国家建设人才”，强调“教育必须为国家建设服务，学校必须为工农开门”①。事实是，中华人民共和国成立伊始，不仅社会经济处于百废待兴的境地，各种建设人才缺乏更是事实。1951 年周恩来在《关于改革学制的决定》的讨论会上曾说，今天最大的不足是知识分子不足。工作一开展，知识分子就更不够。因此，要大量培养知识分子。他估计，只要建设一开展，每年就需要中专以上的毕业生 20 万人。因此，人才缺乏已成为我们各项建设中的一个最困难的问题。不论在经济建设，国防建设，还是在巩固政权方面，我们都需要人才②。

1952 年，教育部在《关于实现一九五二年培养国家建设干部计划的指示》中强调，“国家建设事业日益开展，培养大量高级和中级建设人才是迫切的政治任务。各级教育行政部门必须领导所属学校努力实现 1952 年培养国家建设干部的计划”。因此必须“按照国家培养干部计划统一调配学生，以实现有计划、有步骤的培养干部计划”。由此可见，当时国家建设人才奇缺，高校招生必然要围绕“为国家建设人才服务”、“有计划、有步骤的统一招生”展开和实施，这一状况也必然对招考对象确定、考生基本条件、高考内容与形式等发挥引导与影响作用。

在这一时期，基于对人才的迫切需求，发挥统一招考的优势，国家一方面尽可能“面向农工”，为更广泛的社会阶层创造教育机会，让他们通过接受高等教育为国家建设服务，一方面也注重招考质量，逐步提高招生要求。1952 年的招生对象比较广泛，招生要求相对较少。1953 年吸取 1952 年“不顾质量单纯追求数量的形式主义偏向，为充分照顾不同系科的特点的平均主义的缺点及在录取调配上的某种强迫命令的错误”③，开始重视招生质量，从政治、健康条件和文化程度三个方面权衡考生质量。1954 年，在招考规

① 马叙伦：《在全国教育工作会议上的开幕词》，《人民日报》1949 年 12 月 23 日。

② 中央教育科学研究所：《周恩来教育文选》，教育科学出版社，1984 年，第30～35 页。

③ 杨学为：《高考文献（上）》，高等教育出版社，2003 年，第 17 页。

定中提出了“保证质量，照顾数量”的招考要求。1955 年教育部下发《关于选送在职专业干部和中等专业学校毕业生报考高等学校的几项规定》，建议选择思想进步、历史清楚、体格健全、学业优良、政治可靠、有深造前途的毕业生和干部参加高考，保证国家招考计划的实现。之后几年，国家一方面不断强调建设人才紧缺的危机感，一方面尽一切可能让能进入高校的各类人员进入高校接受高等教育，成为国家建设力量，同时也在不断提出招考的质量要求，确立了政治素质、身体健康和考试成绩三个评价标准。总之是博弈于人才培养、数量与质量要求之间。

1957 年，毛泽东在《关于正确处理人民内部矛盾的问题》一文中作出在知识分子和青年学生中间思想政治工作减弱了的论断，认为需要加强思想政治工作，除了学习专业之外，在思想上、政治上也要有所进步，指出“我们的教育方针，应该使受教育者在德育、智育、体育几方面都得到发展，成为有社会主义觉悟的有文化的劳动者”①。从此，德智体成为高考评价的主要目标和内容，但更加强调考生的政治素质，认为过去的高考皆由资产阶级主考，招考中以文化知识而不是政治素质为标准，指出高考应坚持“政治挂帅”。1962 年，国家修改对考生的政治审查标准，要求选拔“热爱祖国，拥护共产党的领导，拥护社会主义，并愿意努力学习，为社会主义建设事业服务”的考生。

总之，在统一高考制度建立及稳定时期，国家对人才的需求日趋紧迫，对高考报考人数的需求持续增加，国家尽一切可能之办法扩大生源，保证参加考试的人数。在当时，保证了高考人数就是保证了国家有更多高层次建设人才储备，因此长期被当作政治任务。在追求数量之时，国家也注意到高考的招生质量。从 1954 年起确立了“政治、文化、健康”的考试评价三标准，成为这一时期衡量考生质量的标尺，1958 年以后政治质量上升为首要标准；德智体全面发展的评价目标确立，至今沿用。在此过程中，统一高考的制度优越性日益突出，对于保证报考人数和提高招生质量都发挥了重大作用。然而即便如此，1952—1965 年高考考生人数从 5.9 万人上升至 35 万人②，14 年间翻了数番。再从生源范围看，为保证报考人数，一再扩大报考范围，大有把一切可能之人都送进高校接受教育然后成为建设力量之势，放宽了评

① 毛泽东：《关于正确处理人民内部矛盾的问题》，《人民日报》1957 年 6 月 19 日。

② 杨学为：《中国考试改革研究》，北京大学出版社，2001 年，第 363 页。

价标准，影响了招生质量。在当时如此做是迫不得已，但一定会影响生源质量，表现出“鱼与熊掌不可兼得”的矛盾。

（二）考试评价形式及内容

1952—1965年是统一高考制度建立与稳定阶段，这一阶段确立了“统一考试”形式，除1958年采用分省命题考试之外，其余年份都采用全国统一考试方式。高考评价的核心内容考试科目则是频频调整，经过三次大调，多次微调，处于多变时期。同时，国家也利用统一考试的调控手段加强对考试命题的协调管理，适应当时的教育实际和人才选拔要求，提高招考质量。

1. 统一考试评价形式的确立

中华人民共和国成立初期的联合招考为统一考试制度的建立积累了宝贵经验，1952年教育部出台了《关于全国高等学校一九五二年暑假招收新生的规定》，明确规定从当年开始，全国高等学校除个别学校经教育部批准外，一律以统一考试方式招考新生，标志着统一高考制度的正式建立。在统一招考制度下，招生名额、报考条件、考试内容、考试命题与阅卷、录取及志愿调配等都由国家统一管理协调。统一高考制度的建立是考试制度适应社会需要及考试规律自身发展的双重因素作用的结果。一方面，中华人民共和国成立初期高等教育基础薄弱，各校差异大，高校人才培养难以满足中华人民共和国建设大业对各类高级人才的强烈需求。以统一考试之方式招考有助于保证报考人数、提高招考质量。统一考试也是当时效率最高的人才选拔方式，在国家层面可以统筹人才选拔与培养，对于考生也节省了报考费用，对几乎没有经济担负能力的广大工农群众十分有益。另一方面，中华人民共和国成立前的100多年，国家分崩离析，久经磨难，国弱民穷，人人渴望祖国的统一与强大。这种观念对高等教育发展也不无影响①。还有从考试内部因素看，统一考试制度是大规模考试自身发展规律的产物，同时也受中国悠久考试文化的深厚积淀对现代教育的潜在影响。考试由国家统一组织，既可减少投入，还能保证考试的科学性和权威性，皆优于单独招考。统一考试还促进了教育公平，以考试成绩而不是以金钱、权力为录取标准，既适应了当时的社会及教育实际，也为生活在社会底层的大众提供了受教育的机会，从而保证大规模考试

① 大塚丰：《现代中国高等教育的形成》，黄福涛译，北京师范大学出版社，1998年，第265～267页。

的健康发展。此外，悠久的科举考试所形成的中国考试文化也为人们接受和认同统一考试制度奠定了深厚的心理和文化基础。基于以上缘由，统一招生考试制度的建立不是一定历史时期的偶发事件，而是一种必然选择①。

统一考试方式在节省人力、物力、财力，保证生源数量，提高生源质量，减少全国录取差异，方便考生报考及参加考试方面都显现出其优势。但也存在对招生政策与计划、命题与组织考试、阅卷及录取统得过死，无法顾及全国各地差异的不足②。期间，针对统一考试的不足，先后于 1955 年—1957 年组织多次讨论。虽然部分人认为统一招生对学校和学生的特殊性考虑不够，但考虑到年年增高的招生计划数额，也只能作罢，还是认为统一考试能确保国家招生计划的实现。1958 年，受极左政治思想影响，统一高考制度招致来自各方的错误批评，暂遭厄运。1958 年 7 月 3 日的《人民日报》社论认为，过去几年的招生工作没有紧密依靠党的领导，没有坚持政治挂帅，不是以政治质量为首要，有严重脱离政治的错误倾向。为此，为使高等学校招生能“更好地贯彻阶级路线”，1958 年的招生规定明确指出，当年实行分省命题考试。同时 6 月 17 日教育部发出了《关于工农速成中学毕业生、工人、农民、农民干部和老干部以及优秀的高中毕业生保送入学的通知》，要求在招生中采用针对工农速成中学毕业生的免试保送入学办法。然而由于过于强调考生的政治素质，又免试录取了大批工农速成学校学生，致使招生质量大幅下滑，无奈又于 1959 年恢复统一高考制度，取消免试保送办法。至此，统一高考制度又回到正轨，直至 1966 年。

2. 考试科目变革

考试科目是高考内容的组合形式及实施方式，是高考评价的核心内容，也是连接中学教育与高等教育的直接纽带。通过对考试科目及其变革的回顾与分析可以知晓考试组织者的选拔理念、能力要求及侧重点，即“想要考什么能力”，“侧重于对哪方面能力的测评”。统一高考制度建立与稳定阶段，根据国家对各类人才培养的理解与要求，对考试科目进行了四次大的调整和多次微调（表 2-3）。

---

① 刘海峰：《中国考试发展史》，华中师范大学出版社，2002 年，第 336～337 页。

② 张耀萍：《高考形式与内容改革研究——基于利益博弈的视角》，华中师范大学出版社，2008 年，第 39 页。

表 2-3　统一高考制度建立与稳定阶段高考科目表

年份	考试科目	说　明
1952	政治常识、国文、外国语（俄语或英语）、中外史地、数学、物理、化学和达尔文主义基础	录取时各系科类别采用不同的科目总分计算与录取标准；报考音乐、美术、体育等专业考生加试术科；具备条件者可免试外国语
1954	理工科、卫生、农林等专业：本国语文、政治常识、数学、物理、化学、达尔文主义基础、外国语；文史、政法、财经、体育、艺术等专业：本国语文、政治常识、历史、地理、外国语	报考音乐、体育、美术等专业者加试术科；报考财经各专业者加试数学；报考高等师范学校者根据报考系科分别按文科、理科、体育科、艺术科考试科目参加考试；报考理科地理系科者加试地理；报考财经专业者加试数学；符合条件的部分考生免试外语
1955	理工类：语文、政治常识、数学、物理、化学；医农类：语文、政治常识、达尔文主义基础、化学、物理；文史类：语文、政治常识、历史、地理	报考艺术、体育、音乐专业加试术科；报考高等师范学校的按照所属专业考试；报考自然地理专业参加理工科目考试，加试地理；报考财经专业加试数学；取消外国语考试
1958	理工类：语文、政治常识、数学、物理、化学、外国语；医农类：语文、政治常识、达尔文主义基础、化学、物理、外国语；文史类：语文、政治常识、历史、地理、外国语	外国语成绩仅供录取时参考，未学过外国语的考生可申请免试；报考财经、经济、哲学加试数学；报考体育、艺术加试术科
1964	理工农医类：语文、政治常识、数学、物理、化学、外国语；文史类：语文、政治常识、历史、外国语	报考哲学、财经加试数学，成绩不计入总分；艺术、体育等专业考试科目由有关单位和学校单独规定

资料来源：①杨学为：《中国高考史述论（上）》，湖北人民出版社，2007 年；②杨学为：《高考文献（上）》，高等教育出版社，2003 年；③胡甲刚：《建国以来高考科目改革历程》，《教学与管理》2003 年第 10 期。

根据 1952 年考试规定，考试科目为政治常识、国文等 8 科。报考音乐、美术、体育等专业考生加试术科；工农青年等符合要求的考生可免试外国语。考虑到高校人才培养的专业性及对考生文化科目要求各异的事实，规定报考文法财经等院校或系的考生，前四个科目分数之和占上述八科总分的60%，后四科分数之和占总分的40%。报考理工农医等院校或系与文法财经类计分比例相反，前四科总分占40%，后四科总分占60%。报考艺术、体育等院校或系的考生，前四科总分占40%，后四科总分占30%，术科成绩占总分的30%①。

1953年考试科目及要求基本与1952年相同。但受苏联的影响，按专业培养人才的模式初步形成。1954年，为适应高校各科系及专业对考生成绩的不同要求，考试科目被分为两大类：理工科、卫生、农林等专业考本国语文、政治常识、达尔文主义基础等7科；文史、政法、财经、体育、艺术等专业考本国语文、政治常识等5科。报考音乐、体育、美术等专业者还需加试部分科目②。可见，当年分科考试的思想、做法已经出现。同时，在当年的招生考试规定中明确提出，在录取考生及分配专业时，应考虑与考生所报考专业相关的高考科目成绩，以考查考生对所报专业的学习力，以提高招录质量，确保考生在大学期间顺利学习。如报考工科时参照其数学、物理各科成绩；报考化学工艺及化学类专业时参照其化学、物理及数学成绩等③。这一举措表明当时招生部门和高校已经注意到高考与高校人才培养的密切关系。

1955年，在1954年分科考试的基础上，进一步分化考试科目，将高考科目分为工科理科、医科农林、文史政法财三大类。其中，理工科考语文、物理等5科，医农类专业考语文、达尔文主义基础等5科，文史类专业考语文、历史等4科。报考艺术、体育、音乐等专业需要加试部分科目。考虑到中学外语教学参差不齐，进度不一，还有部分考生未学过外语，进入高校后都要从头学起，高考外语考试就徒具形式，因此规定取消外国语考试④。

1958年，虽然考试形式由全国统一考试转而实行分省命题考试，但考试科目仍分为三类，比较大的调整是各类都增加了外国语考试，考试成绩仅供录取时参考。外国语考试包括俄语和英语两种，考生任选一种。未学过外

---

① 杨学为：《中国高考史述论（上）》，湖北人民出版社，2007年，第10页。

② 胡甲刚：《建国以来高考科目改革历程》，《教学与管理》2003年第10期，第71～74页。

③ 杨学为：《高考文献（上）》，高等教育出版社，2003年，第59页。

④ 杨学为：《中国高考史述论（上）》，湖北人民出版社，2007年，第30页。

国语的考生可申请免试。之后几年，国家也曾多次微调考试科目。如1960年考试科目仍分为三大类，但文史类取消了地理科目考试，理工、农医类的语文科目只考作文，文史类除考作文外，加试文言文译成现代汉语，但不计入总分，作为录取参考。1962年，考虑到高中一年级都已开设外国语课程，因此将高考外语成绩计入总分。1963年医农类考生加试数学，但不计入总分，作为录取参考。1964年，国家又对考试科目做了一次较大调整，考试又被分为理工农医和文史两大类。报考哲学、财经的考生加试数学，但成绩不计入总分，作为录取参考；外语分俄语和英语两种，部分考生可申请免考。1964年考试科目的两类划分法与1954年的分类有所不同，理工农医类取消了生物科目，文史类取消了地理科目。

纵览这一阶段的考试科目调整变革，在统一高考制度前提下，经过四次大调，多次微调，考试科目从施考全部科目到分为两个科类、三个科类、再分为两个科类，最终形成了理工类、文史类的科目划分方法。一些科目如数学、外语从不考到施考，从不计入分数到计入总分。根据当时高校人才培养的要求，不断调整一些专业的加考科目，等等。以上历史表明，高考科目是高考评价的核心之核心，它是将考试组织者的选拔理念、要求、目标等变为现实的重要载体。考试科目变革的历史及影响不仅在当时，也延续至当下。当时形成的文理分科的科目划分方式和按照高中学习科目设置高考科目的做法至今仍在沿用。分析这一时期的高考科目调整，不仅受制于当时社会政治、经济、文化尤其是教育实际情况，也与国家对各方面建设人才的迫切需求相关，更是受到了苏联按照专业模式培养人才的影响。当然，在数年内对考试科目的频频改动也有其不利的一面，会打乱中学教学秩序，不断适应新的科目要求，会给考生备考带来负担，也给高校教学方案的制定及课程实施带来困难，用一套方案去培养基础知识各异的学生，势必影响培养质量。

3. 高考命题的变革

命题是实现考试目标的微观内容，也是关键环节。无论采用何种考试方式、实施怎样的科目组合，考试目标的最终实现都必须基于科学、合理的命题。考试从其本质上看是一种对人内部心理结构的间接测度，试题是刺激考生做出反应的媒介，命题理念、命题标准、试题的形式、蕴含的信息量、反应方式等都会影响考生的反应，即考试结果。另外，高考命题直接关涉高校教学与培养质量，对中学教育具有直接影响与导引作用，如果说考试科目是宏观层面的影响，命题的影响则更加具体直接。

1952年统一高考制度建立后，高考命题就由原来的各校、各区单独或联合命题改为由招生考试委员会统一命题。在这一阶段每年的招考规定中都会对命题加以说明和要求，意在提高招考质量。在1952年的招生规定中指出命题的原则是：(1) 考试主要目的是测验报考者有无入有关系科的准备条件，绝不应出奇僻的及超出中学范围的试题；(2) 试题要顾及全国高中毕业生的一般程度；(3) 试题的立场、观点必须正确；(4) 题意要清晰，以免引起误解；(5) 试题应着重理解性的，内容以基本知识为主，同时要切合实际；(6) 试题难易兼备，由浅到深，由易到难。如数理化等科可按下列比例拟定：容易的占30%，中间（一般）的占40%，较难的占30%；(7) 各科不妨多采用测验性题目，以使试题更具普遍广泛的内容；(8) 政治常识的题目，要使基本理论与时事政策兼顾[①]。命题时还应注意：(1) 照顾到答题时间；(2) 每题都有准确唯一的答案；(3) 要确定每题的分数；(4) 说明答题时的注意事项；(5) 各科要拟定两种题目，以防意外；(6) 严格注意保密[②]。从以上原则与要求可以看出，当时的高考命题已考虑到高校人才选拔、中学教学和考生实际情况，并对命题及考生答题的基本方面做出了规定与要求。

1954年，为给考生系统温习功课、准备考试提供参照和帮助，提高招考质量，教育部开始发布考试大纲。在考试大纲的说明部分指出了其用途及目的："本大纲是参照苏联高等学校招生考试大纲的精神，结合我国当前中学的具体情况而制定，其目的在于使报考青年便于系统地准备功课"，"高中教师在教学中可根据本大纲有步骤地指导学生进行学习"，"由于本大纲不是依照教学要求制定的，希望不要把它作为教学大纲"，"本大纲所列内容并非考题，但命题范围亦不会越出本大纲，报考青年应在已有基础上，根据它的精神，融会贯通地进行复习，不可机械地记诵本大纲的条文"。考试大纲列出了语文、数学、物理、化学、历史、地理6科的考试大纲[③]。其中列出了各科考试的基本要求与应掌握的知识内容条目。如对语文的要求是课文、语

---

① 宋葆初：《单独—联合—统招：忆新中国建国初期全国高校统招制度形成的过程》，《高校招生》2001年第5期，第44页。

② 蒋超：《中国高考史（创立卷）》，中国言实出版社，2008年，第414页。

③ 中央人民政府高等教育部：《一九五四年暑期高等学校招生考试大纲》，商务印书馆，1954年，第1页。

言、文学、作文四项能力，课文要求熟悉 30 篇课文，掌握所选课文语言知识、文学知识，熟知作文方面的一些事项。从当时的考试大纲可以看出，高考命题以中学教学内容为依据和范围，目的是考查学生各科最基本的知识。考试大纲是命题的依据，所列内容只是提纲挈领地指出考生应掌握的内容，以便于考生复习准备。自 1954 年开始，教育部每年都会发布考试大纲，作为命题依据，作为应考参考。

1958 年实行分省命题考试后，要求命题依然以当年的全国考试大纲为依据，但对语文和政治大纲做了删减。还要求命题人选和政治课目的题目要报送当地党委审查。要求命题体现“政治挂帅”，要有思想性，避免形式主义。命题要数量合理，深浅得当，难易适中，力求既能测出高中学业真实水平，又要体现高等学校的教学要求。可见，当时政治环境对高考命题的决定与影响非常大。

1961 年，教育部专门下发关于高考命题的通知，对当年的命题做出调整。比较大的变化是，为使考题适应各地中学教学及考生情况，在命题方式上，先由上海、湖北、辽宁、陕西 4 省市拟定一套各科试题寄发教育部，由教育部组织人力从中组合选出一套试题作为高考试题。对命题的具体要求是：(1) 应该根据当前教学改革的精神和各地中学教学的实际情况来出题。(2) 各科试题应密切联系当前的重要方针、政策和政治、生产斗争的实际；社会科学试题内容，要求观点正确，并能反映考生对基本知识的掌握程度。政治课试题要尽可能做到既能测验考生对马克思列宁主义和党的路线方针政策的理解程度，又能反映考生的思想实际。自然科学各试题，要结合生产实际，并符合现代科学发展方向，要考中学教材中最精华、最基本的内容，要考学生对各门科学基本理论的理解和运用能力。各科试题避免出那些偏僻、陈旧落后和死记硬背的题目。(3) 各科试题难易程度和分量，必须掌握适当。各科试题的分量应根据各科的考试时间和考生一般答题的能力来确定。各科试题应该深浅难易兼备，过易和过难的题目都应注意避免。为照顾各地中学教学内容不一、进度不齐的情况，建议各科都要适当出一部分选做题①。

1963 年，教育部又专门下发文件，对当年高考命题工作作出规定。命题原则是：(1) 为保证高校入学新生学业质量，命题应注意对考生基础知识

① 杨学为：《高考文献（上）》，高等教育出版社，2003 年，第 384～385 页。

的理解程度和运用能力以及基本技能掌握的考查；(2) 各科试题从为高校选拔优秀新生出发，兼顾高中学业水平实际，难易适中，题目难度保持一定差距；(3) 政治课目以考查学生马列主义基础知识和运用能力为主，同时考查对国家大政方针的了解程度。文件再次强调命题应以高中教学内容为范围。各科试题都要有准确的参考答案，一些题目要给出要点、给分标准及说明。

总结以上统一高考制度建立及稳定阶段的高考命题，表现出几个明显特点：一是命题适应中学教学、高校教学及考生学业基础的需要，命题的变革过程就是这三者的矛盾运动与协调过程；二是已经萌发规范命题的意识，但仍处于经验阶段，题型选择、内容的科学性、试题的难易度、区分性能等尚处于较低水平，导致试题忽易忽难，不够稳定；三是命题理念也经历了考知识还是考能力，考书本还是考实践的探索与争论；四是政治因素对命题的影响作用逐渐加重。

四、特点与启示

1949—1965 年是统一高考制度的建立与稳定阶段，这一阶段最大的成就莫过于经过 3 年过渡 1 年“折腾”（1958 年），最终确立了全国统一高考形式。在这一基础上，以“政治、学业、健康”为内容的高考评价体系得以逐步形成，德智体全面发展的评价目标确立。高考中数量与质量、中学与高校、知识与能力、书本与实践以及全国各地教育发展不均衡等影响高考评价的矛盾已经显现。在不断扩大生源范围、增加招生名额的同时提高招考质量，对统一高考形式的反复讨论与尝试，对高考科目的频频调整与重组，命题时兼顾中学、考生、高校及全国各地教育差异等就构成了这一时期高考评价及改革的核心内容。

统一高考制度的建立是这一阶段高考评价的显著特征，统一高考制度的建立是考试制度适应中华人民共和国建设大业对各行业高级人才迫切需求以及考试自身发展规律共同作用的结果。统一高考制度的确立在高校人才选拔与培养、中学教学、促进教育公平等方面都发挥了重要作用。当然，以现在之标准去衡量当时的高考制度，必然有其不足之处。如评价标准体系的过于单一、对政治要求的过度重视、对高考科目的频繁改动、命题中的“政治挂帅”导向等。若以借鉴与反思之视角分析这一阶段的高考评价，其一，统一高考作为一项重要的教育考试制度，它在国家建设与社会发展中发挥非常重要的作用，因此时不时冒出的取消它的言论纯属无稽之谈。其二，高考制度及其改革的复杂性在其产生之初就已显露无遗，涉及面与影响面极其广泛。因此，对高考制度的认识要从多个角度切入，对它的改革则要通盘考虑，系统设计，稳步推进。其三，高考制度具有一定的稳定性，也具有很强的时代性，必然随着时代的发展变化而不断改革创新。

第二节　“文革”期间的招生评价

十年“文革”，一场浩劫，高考也未能幸免。作为为高校选拔人才的考试制度，先是招致广泛的批评与指责，接着是中央出台文件推迟半年，而最为触目惊心的是 1966 年 7 月 24 日《中共中央、国务院关于改革高等学校招生工作的通知》，“取消考试”四字跃然纸上，致使高考遭受十年厄运。

一、对高考制度的批判与颠覆

在统一高考制度建立与稳定阶段，高考作为一种考试所带来的问题与不足曾引发多次讨论，焦点便是纠结于书本与实践、知识与能力、分数与表现之间。起初，由于国家对建设人才的迫切需求和逐年增加的招生计划以及统一高考制度的优越性，不得不避轻就重，坚持统一高考，以完成被视作政治任务的招生工作为取舍依据。但随着人们对高考不满情绪的累积，尤其是政治运动的逐步升温，放大了高考制度的不足，并无情地加以批判。最终，这项在中华人民共和国成立初期对国家建设发挥了重大作用的制度被取消了。

（一）社会的声音

起初，社会对高考的意见集中在对片面追求升学率的不满和减轻学生负担的要求两个方面。一方面认为高考导致了严重的片面追求升学率的现象，一方面认为单纯以分数衡量学生，忽略了对学生的全面教育，影响了学生的德智体全面发展。但是，受一些领导人观点的影响，这一看似对高考的客观意见却被毫无节制地放大数倍，成了“封资修”的制度。

1958 年 7 月 3 日，《人民日报》发表社论，认为高考制度问题严重，脱离了政治轨道，没有坚持党的领导，没有坚持“政治挂帅”，工农成分的学生在学校中的比例太低。在一些关于高考制度的座谈会上，与会人员也振振有词、义愤填膺地批判高考，认为这一制度“造成学生死背教条，目的不明，精神紧张，体质减弱，教条主义，言行不一”，“这个制度是旧势力留下来的，必须铲除”，“参加高考的同学一个个心惊肉跳，猜测题目，死记硬背，汗流浃背，应付高考”，批评高考“把学生当敌人，违背党的教育方针”，认为高考“束缚青年，摧残青年，都变成了背死条条的老夫子”，更认为学生“一心为高考，什么革命，什么贫下中农都扔到脑后去了，这是修正主义的祸根”。上海市的几个学生也提出对高考的不满，认为“考试是老师的法宝，不能帮助学生巩固和复习知识”，“考试只是纸上谈兵，学生的脑筋越考越死”，“掌握知识不能用分数表示，升留级看分数，怎能摆脱分数的束缚”，“我们学习不为分数，而为革命”，“要闯出一条新的教育道路来，打破旧框框”①。北京市的高三学生也给毛泽东写信要求废除高考，认为高考使“许多青年不为革命而学，是为考大学而钻书堆，从此不问政治”，“许多学校片面追求升学率，造成许多‘特殊’和‘重点’学校，专收‘高才生’，把工农身份的大批优秀青年排斥门外”，认为“高考是新的科举制度，束缚了革命青年的思想，不能按照毛主席的指示在德智体方面生动、活泼、主动地发展”，因此认为“高考制度严重脱离了党的阶级路线，不是为无产阶级培养接班人，而是为资产阶级培养接班人”②。

以上针对高考的批判观点，如果剥去政治的外衣，不乏一些真知灼见，原本是有利于高考制度的改革完善的。但遗憾的是政治意味十足，扭曲了事实，放大了不足，这些批判持续发酵，成为将高考推向“断头台”的强大社会舆论力量。

（二）领导的指示

社会对高考的批评固然存在，但关键领导人物对高考的意见和批评则更具影响力。1964 年 2 月 13 日，毛泽东在召开教育问题座谈会时表达了一系列对教育不满的意见，认为学制可以缩短，现在课程多，害死人，使学生天天处于紧张状态，建议课程可以砍掉一半，以参加必要的生产劳动和社会活动；认为考试是用对待敌人的办法，搞突然袭击，出一些怪题、偏题，整学生，这是一种八股文的方法，不赞成，要完全改变，建议题目公开，由学生看书、研究去做③。当年 7 月 5 日，毛泽东在与毛远新谈话时继续表达对教育的批评，认为阶级斗争是一门课程，学生应该去农村搞“四清”，去工厂

① 杨学为：《中国高考史述论（上）》，湖北人民出版社，2007 年，第 129～141 页。

② 蒋超：《中国高考史（动荡卷）》，中国言实出版社，2008 年，第 23～24 页。

③ 中央文献研究室：《建国以来毛泽东文稿（第 11 册）》，中央文献出版社，1996 年，第 22～23 页。

搞“五反”[①]。1965年7月3日，毛泽东看了《北京师范学院一个班学生生活过度紧张，健康状况下降》的材料后作出指示，认为学生负担太重，影响健康，学了也无用，建议从一切活动总量中砍掉三分之一，被称作“七三指示”。受此影响，教育部组织召开了多次座谈会，安排部署落实这一指示。1965年12月21日，毛泽东在杭州会议上批评说，现在这种教育制度，他很怀疑。从小学到大学、一共十六七年、二十多年看不见稻、粱、菽、麦、黍、稷，看不见工人怎样做工，看不见农民怎样种田，看不见商品是怎样交换的，身体也搞坏了，真是害死人，他要求大学教育应当改造，上学的时间不要那么多，要改造文科大学，要学生下去搞工业、农业、商业。至于工科、理科，他们有实习工厂，有实验室，在实习工厂做工，在实验室做实验，但也要接触社会实际[②]。1966年3月，毛泽东在杭州中央工作会议上发表长篇讲话，认为现在大、中、小学大部分都是被资产阶级和小资产阶级、地主、富农阶级出身的知识分子垄断了。现在要搞学术批判，这是一场严重的阶级斗争。不然要出修正主义。只读古文书不行，要接触实际。

毛泽东关于教育及高考的这一系列谈话、意见与批评，使教育部等相关部门负责人如坐针毡，积极围绕领导的指示部署工作。单1966年4月就组织关于高考的座谈会十多次。

（三）最后的决策

“山雨欲来风满楼”，社会的意见，领导的指示已在事实上决定了高考的命运。1966年6月1日，中央批转高等教育部党委《关于改进一九六六年高等学校招生工作的请示报告》，同意高等教育部的报告，并提出关于做好当年招生工作的要求[③]。十多天后的6月13日，中央下发《关于高等学校招生工作推迟半年的通知》，指出：鉴于目前大专学校和高中的“文化大革命”正在兴起，要把这一运动搞深搞透，没有一定时间是不行的，因此提出当年高校招生推迟半年，确保高校和高中搞好“文化大革命”的时间。而在一个多月后的7月24日，《关于改革高等学校招生工作的通知》则彻底颠覆

---

① “五反”指“反行贿、反偷税漏税、反盗骗国家财产、反偷工减料、反盗窃国家经济情报”；“四清”指“清思想，清政治，清组织和清经济”。

② 中央文献研究室：《建国以来毛泽东文稿（第11册）》，中央文献出版社，1996年，第492～493页。

③ 杨学为：《高考文献（上）》，高等教育出版社，2003年，第613～614页。

了统一高考制度。其第四条内容是：从今年起，高等学校招生，取消考试，采取推荐与选拔相结合的办法①。但因“文化大革命”的进行，各省市自治区未能开展招生工作，事实上在1966—1971年之间，高等学校已停止招生②。

二、“自愿报名，群众推荐，领导批准，学校复审”的评价办法

1968年7月22日，《人民日报》在为调查报告《从上海机床厂看培养工程技术人员的道路》所加的按语中，公布了毛泽东的一段话：大学还是要办的，我这里主要说的是理工科大学还要办，但学制要缩短，教育要革命，要无产阶级政治挂帅，走上海机床厂从工人中培养技术人员的道路。要从有实践经验的工人农民中间选拔学生，到学校学几年以后，又回到生产实践中去③。这段被称之为“七·二一指示”的讲话成为1970年以后高校招生工作的最高纲领。受此讲话精神影响，1970年，北京大学和清华大学上报中央《关于北京大学、清华大学招生（试点）的请示报告》，于6月27日得到中央批复并执行。这一招生意见提出的选拔要求是“政治思想好”、“身体健康”、“有实践经验”。要求招收具有三年以上实践经验，年龄在20岁左右，有相当于初中以上文化程度的工人、贫下中农、解放军战士和青年干部；还要招收一些有丰富实践经验的工人、贫下中农，他们不受年龄和文化程度的限制。从农村中招生应注意招收那些有三年以上劳动锻炼，表现较好，受贫下中农欢迎并为群众推荐的上山下乡和回乡的知识青年。招生办法是废除修正主义的招生考试制度，实行群众推荐、领导批准和学校复审相结合的办法。

1971年召开的全国教育工作会议肯定了北大、清华重视实践的招考办法。1972年5月1日，中共中央发出《关于杜绝高等学校招生工作中“走后门”现象的通知》，指出各地招生工作中程度不同地存在着“走后门”现象，要求各级领导部门加强对招生工作的领导，严格按党的方针政策办事，

---

① 《关于改革高等学校招生工作的通知》，《人民日报》1966年7月24日。

② 刘海峰：《中国考试发展史》，华中师范大学出版社，2002年，第345页。

③ 中央文献研究室：《建国以来毛泽东文稿（第12册）》，中央文献出版社，1998年，第505页。

严格执行“自愿报名，群众推荐，领导批准，学校复审”的招生办法[①]。要求选送学生一定要自愿报名，在有推荐资格的单位，凡符合条件的青年均可报名，并根据自己所长和国家需要，选报一两个学科专业；报名者要经本单位群众评议推荐，按照德智体几方面填写推荐意见；地（市）所属单位选送的学生，由地（市）党委审批，中央各部委等单位选送的学生由主管部门党委审批；同时，高校要组织政治觉悟高、工作能力强的人员复审选送学生。

1973 年 4 月 13 日，国务院转批《关于 1973 年高等学校招生工作的意见》中指出，当年招生要“重视文化考查，了解推荐对象掌握基础知识的状况和分析问题、解决问题的能力。保证入学学生有相当于初中毕业以上的实际文化程度”。高校的入学标准降低为初中毕业文化程度，而不是一贯坚持的高中学业文化水平。但是，1974 年 6 月 15 日国务院转批《关于 1974 年高等学校招生工作的请示报告》中又指责 1973 年招生工作中不少地区曾不同程度地沿袭旧高考的办法，在文化考查上突出反映了“修正主义教育路线”的表现和影响。为此提出坚持选拔具有两年以上实践经验的优秀工农兵学生入学[②]。

三、特点与启示

回顾这段高考被取消的历史，事端之起因与高考制度自身的不足有关，与当时对高考制度的有限认识和不当使用有关，更与一切以政治和阶级斗争为纲有关。高考制度的不足及引发的片面追求升学率和减轻学生负担问题被无限扩大，被扣上一顶政治大帽后便弃用十一年。期间，1966—1969 年高校彻底停招，1970—1976 年则是采用推荐入学方式评价学生。这段令人唏嘘不已的历史，从反面证明了高考制度不可或缺的重要性，也警醒世人无端扩大高考负面效应的后果，其所造成的损失令人痛惜，却难以弥补。在没有高考的日子，推荐成为高校招生的方式。以推荐之法选才固然没错，但是它需要有良好的社会诚信环境和严格的制度作为保障和基础，否则，只会得不偿失。事实证明，“文革”期间使用推荐选才方法引发了严重的“走后门”风气，有关部门不得不发文整治。另外，采用推荐制无法考查学生的学业水

① 中央教育科学研究所：《中华人民共和国教育大事记（1949—1982）》，教育科学出版社，1984 年，第 442 页。

② 杨学为：《高考文献（上）》，高等教育出版社，2003 年，第 651、676 页。

平，而招生对象一再偏向于工农兵青年，高校入学标准一降再降，新生质量明显下降。还有，“文革”期间，政治素质、劳动与实践经验成为选才的至高评价标准，而忽略了学业水平这一反映人才知识能力的标准。事实证明，如此做法不仅贻误了个人发展，也是国家的人才损失，其所导致的后果难于估量。总之，这段不寻常的没有高考的历史证明考试作为一种评价方式的可贵之处，证明高考虽然不是最好的制度，却是最实用可行的人才评价与选拔制度。

第三节　恢复改革阶段的高考评价

1976 年，“文革”结束，中国社会又站在新的历史起点，一切皆回归正轨，迈上改革发展的道路，高考的命运也由此改变。1977 年 8 月，邓小平主持召开科学与教育工作座谈会，恢复了“文革”前“统一考试、择优录取”的高考制度，高考制度重回正轨，进入恢复与改革发展新阶段。

一、调整报考要求与评价标准

1977 年的招考规定清除了“文革”中过度重视政治身份的评价标准，规定凡是工人、农民、上山下乡和回乡知识青年、复员军人、干部和应届高中毕业生，年龄不超过 25 周岁的均可报考，其中对实践经验比较丰富或的确有专长者，年龄可以放宽到 30 岁，并强调要注意招收 1966、1967 两届高中毕业生。1979 年的报考要求是“必须拥护中国共产党，热爱社会主义祖国，努力学习，热爱劳动，遵守纪律的具有高中毕业或者相当于高中毕业文化水平的青年”。考虑到“文革”期间耽误了部分青年上大学，报考年龄放宽到 28 岁。1983 年报考要求是必须“拥护中国共产党，爱祖国、爱人民、爱劳动、爱科学、爱社会主义，遵守纪律，服从国家需要，决心为社会主义现代化建设勤奋学习”，具有高中毕业文化程度或同等学力，年龄不超过 25 岁的青年。

1985 年以后，报考资格和要求相对稳定，国家规定的不得报考的对象日益减少。1987 年教育部下发《普通高等学校招生暂行条例》，对报名作出了详细规定。总体要求是拥护四项基本原则，热爱祖国，遵纪守法，决心为社会主义现代化建设勤奋学习；高中毕业或具有同等学力；未婚，年龄不超过 25 岁，实践经验优秀的青年经单位同意报考的年龄放宽至 28 岁，有特殊贡献的公民经省市自治区推荐报考的，年龄、婚否不限。不得报考的人员有普通高等学校在校生和毕业生；国家承认学历的各类成人高等学校在校生和毕业生；中等专业学校、技工学校在校生和毕业生；中学在校生；上一年被录取而不报到的学生；因触犯刑法而被追诉和服刑人员。从这一规定看出，国家一方面尽可能为各类可以接受高等教育的人员创造机会，一方面也避免深造机会的重复享受和浪费，重视生源质量。

关于评价标准，1977 年恢复了“文革”前的政治、学业和健康的评价三标准。1981 年在依然坚持“政治、学业、健康”的评价标准的前提下，为更多了解考生在高中期间的情况，要求从当年起建立高中生档案，如实记录学生全部学业成绩、操行评语、是否学生干部和三好学生、特长与兴趣、社会实践活动及能力、奖励与处分、健康状况、是否达到国家体育锻炼标准等内容，供高校录取参考。1984 年，教育部下发文件，强调高中生档案建立规范化，档案内容包括学年评语表、考试成绩登记表、体检与体育锻炼表、健康检查表、毕业生登记表、高中毕业生家庭情况登记表。其中对学年评语和毕业生鉴定尤为重视，要求由班主任负责按照《中学生守则》认真填写，以反映学生德育、智育、爱好、特长及体育活动情况，供高校参考[①]。这是高考评价发展历史上的重要举措，表明当时在评价学生时已经注意到参照高中期间的信息，初步形成了德智体全面评价学生的意识。

二、高考内容与形式的调整

（一）考试内容改革

1977 年恢复高考后，科目设置按照文理分类，当年考试科目是文科考政治、语文、数学、史地，理科考政治、语文、数学、理化。1978 年科目调整为文科考政治、语文、数学、历史、地理、外语，理科考政治、语文、数学、物理、化学、外语，规定外语成绩不计入总分，作为参照。1979 年，考试科目无变化，但要求报考重点院校的考生，外语成绩的 10%计入总分。1980 年，所有考生外语成绩的 30%计入总分。1983 年，外语成绩全部计入总分，语文、数学科目满分为 120 分，其他科目 100 分，生物 50 分。1984 年，数学、物理、化学、英语、俄语等科增设附加题，每科附加题

① 杨学为：《高考文献（下）》，高等教育出版社，2003 年，第 186 页。

10分，成绩不计入总分，供重点院校录取参考。所以，这一阶段的考试科目调整主要是基于文理分类的基础形成了文科6门、理科7门的科目模式。另外，还根据考生外语、数学学习情况，考虑高校的教学要求，设为考试科目并逐步计入总分。

1985年是高考科目改革的转折点，由于实行高中毕业会考制度，上海率先进入会考后的高考科目改革。在这期间，高考科目历经了上海“3＋1”方案、“三南方案”、“3＋2”方案的变革。1985年，上海的高考科目分为六组，即语文、数学、外语三科与政治、历史、地理、物理、化学、生物分别组合。后来由于高考中生物和地理科目停考，高考科目减少为四组。1989年《关于普通高等学校招生考试及录取新生办法的意见》中规定，在普通高中省级会考的基础上，改革普通高等学校招生考试科目设置及录取新生办法。具体是高考科目分为必考科目与选考科目，必考科目为语文和数学，选考科目为政治、外语、物理、化学、生物、历史、地理。要求各高等学校根据其专业特点，提出1～2门选考科目建议。国家教委在综合各校建议的基础上，将高考科目编排为若干组，供高等学校暨专业招收新生考试时使用，考生根据报考学校的要求，参加指定科目组的考试。报考考试科目不同的学校、专业，须参加相应科目组的考试①。

为将水平考试与选拔考试区别开，一方面有利于中学教学，一方面有利于高校选拔新生，1990年在《关于改革高考科目设置及录取新生办法的意见（试行）》中将高考科目设置分为四组：第一组有政治、语文、历史、外语；第二组有数学、语文、物理、外语；第三组有数学、化学、生物、外语；第四组有数学、语文、地理、外语。各高等学校暨系科、专业可根据高考科目组的设置情况及各自特点，选择一组高考科目作为考生的应试科目。1991年，国家教委在湖南、海南、云南三省进行史称“三南方案”的高考科目组改革试验。科目设置与1990年规定的四组四科方案相同。但是因为本次试验过于强调学生的个性，过于忽视学生的共性，既不利于中学也不利于高校，更加导致学生偏科，遭到了学校和考生的反对，试验在第二年便停止了②。总结上海方案、“三南方案”的经验教训，1992年7月在广泛征求

① 国家教委《关于印发〈关于试行普通高中毕业会考制度的意见〉等两个意见的通知》(〔89〕教试字002号)，1989年7月26日。

② 邢艳芳：《高考科目设置改革研究》，天津师范大学硕士学位论文，2008年。

意见的基础上国家教委提出了《关于普通高中毕业会考基础上高考科目设置的意见》，考试实行文理两类的“3+2”科目组合，文科考语文、数学、外语+政治、历史；理科考语文、数学、外语+物理、化学。1997 年 10 月，在恢复高考二十周年前夕，教育部决定高考科目组试行“3+X”方案，并于 1999 年在广东省率先试验。

这一阶段，高考科目改革的步伐较大，频率较高。总体是迫于社会对应试教育以及片面追求升学率的指责，为减轻考生负担，高考科目改革由文科 6 门、理科 7 门朝减少科目的方向变化，由科目的规定组合朝更加自由的组合方向变化。尽管有的方案实行的时间较长，有的方案因为缺陷较大而昙花一现，但这些改革为高考科目的科学合理化积累了经验，吸取了教训，为“3+X”科目设置模式的普遍实施提供了有益的借鉴。

（二）评价形式

在统一高考制度前提下，这一阶段出现了新的考试评价方式，一个是高考预选制度，一个是保送生制度。

1. 预选制度

恢复高考就是恢复了统一考试形式，自 1977 年恢复后，统一高考的形式一直延续至今。当时，预选是在统一高考前提下出现的一种补充性选拔方式。为解决考生多、录取少、竞争激烈、统考工作量大、考试评卷工作难以做细、考场舞弊及抬分现象不断发生等问题，1980 年全国 7 个省和自治区实行预选办法。1981 年正式列入高校招生政策，作为一个方向性的改革。预选方法即由省、市、自治区根据当年计划招生人数的三至五倍，参照应届毕业生和往年录取情况，把预选数逐级下达给中学，由中学根据高中毕业考试成绩，结合平时成绩，德智体全面考核，择优预选，合格者参加全国统一高考。由此，1981 年以后，想参加当年高考的考生每年 5 月份必须先报名参加预选考试，如果不幸落选，将不具备参加高考的资格，提前“出局”。这一制度一直到 1991 年高中会考制度逐步实施以后才消失。预选在一定程度上保证了高校录取的质量和效率，但由于机制不健全，各省做法不一，更重要的是提前结束了部分考生的高考机会，日益受到社会抵触，因此逐渐退出了历史舞台。

2. 保送生制度

恢复高考制度以来，一方面升学竞争逐年加剧，学生负担日益沉重，片面追求升学率愈演愈烈，应试教育的弊病日益凸显；另一方面，受社会发展需求的调控与就业影响，高校招生专业逐渐呈现“热门”与“冷门”之分，热门专业生源丰富，而冷门专业生源则相对匮乏[①]。为了选拔一批德智体全面发展的学生，同时调控报考专业失调问题，1984 年北京师范大学等“冷门”的行业性院校开始试点招收保送生，希望通过此法既打破统一高考唯成绩入学的垄断方式，又确保高校行业性冷门专业的延续发展。1985 年保送生试点院校扩大到包括北京大学在内的 43 所高校。基于试点高校的成功经验，国家教委于 1985 年 12 月 31 日下发《关于做好普通高等学校试招中学保送生工作的通知》，对保送制度作具体规定说明。该通知规定的保送条件为：德智体一贯优秀；德、体较好，智力超常，学习成绩优异，有较强的创造能力；德智体全面发展，学习成绩优秀，志愿献身教育事业，并具备从事教师工作素质的应届高中毕业生，应向师范院校保送。保送人选由中学决定，是否录取由高校经过一定考核（单独笔试或面试）决定。保送招收人数控制在计划招生总数的 2%以内（师范院校控制在 5%以内）[②]。1987 年，国家教委又颁布了《普通高等学校招生暂行条例》，对招收保送生继续明确规定：“为了全面贯彻教育方针和因材施教的原则，弥补考试的不足，由国家教育委员会授权的高等学校可以招收保送生。”

经过四年的试点并取得较好效果后，1988 年 2 月国家教委印发了《普通高等学校招收保送生的暂行规定》，正式以制度形式开始推广保送生制度。确定北京大学、清华大学等 52 所高校具有招收保送生的资格。目的在于“完善我国普通高等学校招生制度，更好地为社会主义现代化建设服务”，应本着“相互信任、相互负责、相互尊重的原则，在各省、自治区、直辖市招生委员会的组织下进行”，要“有利于培养和选拔德智体全面发展的优秀学生，有利于更好地全面贯彻教育方针，鼓励和引导学生德智体全面发展”。规定具备下列条件之一者方可保送：德智体美和在劳动教育中表现一贯优秀的高中应届毕业生；德智体全面发展，学习成绩优秀，志愿献身教育事业，并具备从事教师工作素质的高中及中等师范学校的优秀应届毕业生；德智体全面发展，各科成绩优良，并参加国际中学生学科奥林匹克竞赛集训的优秀

① 郑若玲：《保送生制度：异化与革新》，《教育发展研究》2002 年第 6 期，第 43 页。

② 杨学为：《高考文献（下）》，高等教育出版社，2003 年，第 235 页。

高中应届毕业生。规定招收保送生的高校其“招生数量最多不得超过该校当年招生计划总数的 3% (师范院校可达 10%)”，有权保送的“中学、中等师范学校以及外语学校推荐保送生的比例，由省、自治区、直辖市招生委员会确定。中学原则上不应超过该校当年应届毕业生总数的 5%；中等师范学校不应超过 2%”。保送生人选由中学决定，是否录取由高校经过一定考查后决定。同时要求各级单位要重视此项工作，严防违规作弊行为，确保保送生质量①。

到 20 世纪 90 年代，保送生政策基本稳定，但学科特长生的认定范围逐年扩大，招生人数也逐年上升。据统计，1992 年保送生 1.4 万人，约占招生数的 2%。1993 年达 1.6 万人，约占 1.7%。据不完全统计，1984 至 2000 年之间，共有 10 万名高中生通过保送生制度进入大学。但保送生政策存在的一些缺陷日益显现，少数学校开始“推良不推优”甚至“推劣”不推“良”，走后门、拉关系、徇私舞弊、弄虚作假、违法乱纪等现象越来越严重②。为此，教育部曾要求对保送生进行综合能力测试以及提出高中会考成绩的等级要求等，同时要求各中学接受社会监督，公布保送条件和保送名单，规范保送过程，提高保送生质量。

三、高考命题改革

1977 年恢复高考后，当年在全国统一考试前提下由各省、市、自治区命题，目的是了解学生掌握基础知识的状况和分析问题、解决问题的能力。1978 年后全国统一命题，由教育部组织高校教师、高中教师、中学教材编写人员和科研人员根据全日制中学教学大纲编制试题。1980 年之前全国尚无统一的中学教材和教学大纲，每年教育部颁发高考复习大纲，作为命题范围，也作为考生复习的依准。自 1980 年以来，高考命题的指导思想明显地转变为以高中课本为主，重视基础与能力，努力做到既有利于高校选拔人才，又有利于促进中学教学，题目难易得当③。1983 年，对评卷工作作出

① 杨学为：《高考文献（下）》，高等教育出版社，2003 年，第 235 页。

② 李峻：《保送生政策变迁的多源流分析》，《大学教育科学》2011 年第 2 期，第 47 页。

③ 蒋超：《中国高考史（改革卷）》，中国言实出版社，2008 年，第 50 页。

明确要求，要正确掌握评分标准，做到不宽不严、准确无误，并做好登分及复查工作，确保评卷质量。同年12月，教育部下发《关于一九八四年高考命题若干问题的意见》，指出高考命题的指导思想仍然是必须符合高等学校选拔新生的要求，同时又有利于中学教学。命题的原则是命题范围不超出中学教学大纲，试题内容的要求不超过中学所用统编教材所能达到的程度①。

这一时期，高考试题题型也逐步改革。1978至1980年的题型以填空、名词解释、问答题为主，1981年后出现了判断题、选择题、列举题等新题型，命题者增强对考生能力测试的意图十分明显。试题结构意识逐步凸显，既有考查基本知识的题目，也有考查观察、归纳、分析、综合、应用能力的题目。各题目的分值也不再是平均分配，而是根据其难易程度、重要程度分配。命题中的这些举措有利于更好地测试考生的水平与能力。1991年，国家教委在《关于印发〈高中毕业会考后普通高校全国统一考试工作方案（试行)〉的通知》中，明确提出“会考后的高考，在考查基础知识的同时，注重考查能力”，成为此后一段时间高考命题的指导思想，如何考查学生的能力成为命题的关键和焦点②。

1985年教育部发函允许上海在实施高中毕业会考的基础上组织单独命题，探索如何在全市高中毕业会考的基础上采用高考的新模式，开创了恢复高考后单独命题的先河。但是，由于高考的纽带作用，高考命题对中学教学的负面影响再次显现。1979年10月16日，《光明日报》刊出恢复高考后首篇关于片面追求升学率的文章，描述考生和教师准备高考的“大突击”景象；指出用这种办法有损于传授基础知识和培养基本技能的“双基”教学，也不利于学生和教师的健康，并发动教育界对此问题进行讨论。高考命题如何适应中学教学实际的问题又一次被提出③。

四、高考的标准化改革

（一）改革动因

随着改革开放的逐步深入，中国的现代化建设迫切需要选拔大批优秀学

---

① 杨学为：《高考文献（下）》，高等教育出版社，2003年，第182～183页。

② 蒋超：《中国高考史（改革卷）》，中国言实出版社，2008年，第211页。

③ 《“大突击”景象散记》，《光明日报》1979年10月16日。

生到大学培养，激烈的考试竞争迫切要求高考必须科学、准确、公平地选拔人才。应试教育、追求升学率、减负等问题也急需高考最大限度地缩小考试的消极影响。然而，当时的高考却不尽如人意。几乎没有任何理论指导，“文化大革命”也阻断了解放初期所积累的经验；内容仅限于中学教材，偏重知识考查；考试形式单一；题型基本上是传统的填空、简答、论述等；命题也缺乏基本的质量指标，用难、中、易等抽象概念表述，给命题和中学教学带来不少负面影响；试题忽易忽难，极不稳定；阅卷、计分完全靠手工操作；考试管理几乎没有必要的法规依据，这些问题都急需解决[①]。而此时恰逢改革开放，国外的考试理论与技术传入中国，揭开了中国考试研究与改革的序幕。标志性事件就是高考标准化改革。

（二）改革历程

高考标准化之实质就是实现从传统考试向现代考试的转变，告别考试的经验时代，依据现代考试理论，借助于现代统计方法和计算机技术，严格按照科学程序组织实施考试，内容包括命题标准化、答案标准化、施测标准化、评分标准化、计分标准化、分数解释标准化和考试管理标准化（表 2-4）。在中国，高考的标准化改革滥觞于广东。1985 年，国家教委决定在广东实施高考标准化的改革试验。当年在数学、英语两科试点，1986 年增加了物理，英语科目的标准化则扩展到广东、山东、辽宁、广西等省区。1987 年，广东又增加了化学、语文，英语扩展到广东、山东等 7 省区，涉及 40 万名考生；物理科目扩展到广东、山东，约 20 万名考生参加。1988 年，广东继续实施语文、数学、物理、化学、英语科目的标准化考试，英语科目扩展到 17 个省区，物理仍在山东试验。

表 2-4　传统考试与标准化考试的比较

	考试标准	命题方法	试题形式	考试分数	考试手段
传统考试	教学大纲	经验式	主观题为主	原始分	人工操作
标准化考试	考试大纲	专业化	客观题为主	标准分	机器作业

资料来源：蒋超：《中国高考史（改革卷）》，中国言实出版社，2008 年，第 155 页。

① 杨学为：《中国高考史述论（上）》，湖北人民出版社，2007 年，第 289 页。

为及时总结高考标准化改革的经验，1988 年 11 月国家教委考试中心组织“广东省普通高等学校招生标准化考试试验评估会”，邀请全国著名教育、心理、教育测量、教育统计学专家及部分省级高校招生办公室负责人、高校招生办负责人、中学负责人参会。1989 年 6 月 27 日，国家教委颁发了《普通高等学校招生全国统一考试标准化实施规划》，改革导向是“以教育测量学、教育统计学为指导，利用计算机等手段，严格控制考试误差。使考试更科学、更准确地测量考生的知识和能力水平，为高校择优录取服务，为改进教学提供信息，为教育决策提供依据”。目标是 1989—1991 年，根据教学大纲确定合理的知识与能力层次要求、试题的难度以及各种题型比例，改进完善命题及试题质量评价方法。选择题实现机器阅卷，改进主观题评卷，控制阅卷误差。1992—1995 年，建立各学科试题库，建立全国常模、转换标准分。步骤是 1989 年公布英语科目考试说明，1990 年公布化学、物理科目考试说明，1991 年公布语文、数学科目考试说明，1992 年制定常模及标准分实施方案，1993—1995 年逐步建立各学科试题库。1995 年，根据标准化考试特点，制定标准化考试管理规定①，高考标准化开始在全国实施。1994 年 4 月 18 日，国家教委颁布《普通高等学校招生全国统一考试建立标准分数制度实施方案》，宣布高考标准化改革进入第二阶段，主要任务是建立标准分数制度，即进一步开发利用考试信息，充分发挥考试既有利于高校选拔新生、又有利于中学教学的作用。此后，便进入高考标准化的深化改革与推广阶段。

（三）改革内容

高考标准化主要从现代考试理论与技术的学习与应用、命题的标准化、标准分数转换以及在阅卷与考试管理中引入计算机技术等方面着手。

1. 学习教育测量与统计知识

“工欲善其事，必先利其器”，高考标准化改革需要一大批具备现代考试理论和技术的工作人员，因此第一步便是学习和掌握教育心理学、教育测量、教育统计等有关考试标准化改革的基础理论，并尝试应用于实践。同时邀请这方面的专家指导考试实践，对考试数据进行各种统计分析，以为次年

① 国家教委《普通高等学校招生全国统一考试标准化实施规划》（〔89〕教试字 001 号），1989 年 6 月 27 日。

命题与考试提供参照依据。这一阶段，大量介绍了国外的教育与心理测量、教育统计及考试的理论与技术，也大量介绍了国外的考试制度。作为标准化考试重要理论基础的布鲁姆教育目标分类学及评价理论就是此时被引入国内的，在国内掀起了考试研究与实践的小高潮。

2. 命题

命题是标准化考试改革的关键环节，也是集理论与技术于一体的环节。广东省通过组织命题队伍、研究各个学科考试目标、制定考试大纲、研究试卷结构与题型比例、制定命题双向细目表、试题试卷编制与审定、预测等程序，确保命题的质量，促进科学化命题。为配合标准化命题改革，国家教委考试中心也陆续成立了各个学科命题委员会，规划学科命题，审定考试说明，参与命题及试题审定工作。命制试题的首要任务是制定考试说明。标准化考试改革之前，我国没有考试说明，只有中学教学大纲，它既是复习大纲，也是命题依据。实践证明，教学大纲只规定了教学目标、要求及内容等，并未说明考试目标、内容及要求，因此不利于科学化命题。因此，作为标准化考试改革的重要一环就是制定各个学科的考试说明。这既有利于考生复习，更有利于科学命题。为促进考试标准化改革，国家教委考试中心于 1989 年首先公布了英语科目考试说明，1991—1995 年又先后公布了其他科目考试说明，使复习与命题有据可依。考试说明根据高校选拔人才的要求，基于教学大纲的知识内容编订而成，其中明确了考试目标、考试内容及能力要求，并确定了相应题型、试卷结构及样题。从 1989 年起，国家教委每年发布试题质量评价年度报告，改变过去由经验判断的做法。从 1993 年起，每年考试后国家教委组织试题评价研讨会，总结分析当年命题得失，作为次年之参考。

命题的下一个环节便是基于考试说明制定双向细目表。用知识与能力分别作为两个维度的双向细目表来规定考试内容的覆盖范围，是现代教育测量中设计考试的重要环节，它保证了考试的内容效度、考试的知识范围、知识点分布和能力要求，有效减少了命题的随意性。如表 2-5，是广东省 1987 年化学科目高考标准化命题的双向细目表。表中考试内容列出了考试范围与知识覆盖面；考试目标分五级，表达了对能力的考查层次与维度；分值则清楚地展现了每一内容在每一考查能力级别上所占的分值比重。由此表可以清晰地看到考试的知识范围、重难点及能力级别，方便学生复习，指导科学命题。

表 2-5　化学高考标准化命题双向细目表示例

考试目标 / 分值 / 考试内容	识记	理解	应用	分析综合	探究	总分
基本概念、基础理论	1	13	9	7	2	32
元素化合物	3	5	6	5	2	21
有机化合物	1	5	3	4	2	15
化学计算	0	3	4	8	0	15
化学实验	1	6	2	6	2	17
总　分	6	32	24	30	8	100

资料来源：曾灼先、江琳才、曾桂兴：《广东省 1987 年化学高考标准化的设想和做法》，《化学教育》1987 年第 5 期，第 15 页。

命制好的试题还必须经过预测与修订环节，检查试题是否符合双向细目表的要求；分析选择题的选项设置是否合理，若预测中某选择题的选项结果是 A(45%)、B(30%)、C(24%)、D(1%)，正确选项是 C，则说明 A 选项的诱惑性大于正确选项，而 D 选项的诱惑性又不足，因此必须修改；计算每道题目的难度和区分度以及整个试卷的信度，检测试题质量；分析预测成绩对考生能力的考查情况，判断是否能达到考试目标。修订后的题目经审定便可成为正式考题。

3. 标准分转换

标准化考试的另一重要环节是由原始分数向标准分数转换。原始分是考试后直接从卷面上得到的分数，标准分是指通过原始分转化而得到的一种位置量数，它反映考生成绩在全体考生中的位置。原始分报告反映了考生在考试中的答对率，是考生学习情况的一种较为正确的反映，能使教师了解学生掌握知识的程度，这也是原始分记分得以存在的合理因素。但原始分又是一种绝对分数，可比性差，表现在不同学科考试成绩之间以及同一学科不同时间考试成绩之间难以比较①。假如某考生在一次高考中语文成绩（原始分）75 分，数学 85 分，直观比较显然数学成绩高于语文成绩。但根据统计得

① 张亚萍、谢家功：《建立高考标准分制度的思考》，《上海高教研究》1998 年第 3 期，第 42～43 页。

知，此次考试语文平均分是66分，75分是最高分，而数学平均分为90分，85分接近最低分。同一科目不同次考试间的比较也是同理。由此只凭原始分是无法判别考生不同学科考试成绩高下的，也无法比较同一科目不同次考试间的差异。而标准分却可以实现以上比较目标。标准分数转换是在以全体考生的成绩平均值为常模，以标准差为单位的基础上实现的。计算公式是：

$$Z=\frac{X-\overline{X}}{S}$$

其中 Z 是标准分，X 是原始分，$\overline{X}$ 是平均数，S 是标准差。由于此公式计算后会产生负数和小数点，实施标准分改革的省份在不改变分数大小关系的前提下，对标准分数进行线性变换（加上一个常数，乘上一个常数），变换后的标准分平均分为500分，标准差为100分，满分为900分。

在使用高考原始分的省区和直辖市，当考生得知自己各科分数和总分后，会参照各个大学往年录取线衡量自己可以选报哪类高校。但由于不知道自己的分数在全省考生中的位置，所以往往盲目性很大。使用标准分数后，考生很容易得知自己的总成绩和各科成绩在全省考生中的位置，然后根据各类学校录取分数线在常模分数量表的位置可以比较准确地估计和预测自己能上哪一类学校。表2-6是某考生的高考成绩单，该考生的综合分为636，百分等级为913，由此可知该生在全省理工类考生中的位置，即有91.3%的考生成绩比其成绩低。同时可以看出该生的外语较好，百分等级为92.2%（92.2%的考生成绩比其低），语文较弱（82.1%的考生成绩比其低）。

表2-6　标准分与原始分比较示例

	语文	数学	外语	理综	综合分
标准分	592	598	642	619	636
百分等级	821	837	922	883	913

1985年广东开始实施标准分制度。1997年，除广东、海南、河南、陕西四省使用标准分制度，总结了不少经验外，吉林、北京等七省区和直辖市在进行考试实施、评卷、试题分析与评价三个环节的质量评审工作的同时，也进行了转换标准分的模拟试验工作。另外，黑龙江、河北等八省也单独进行了内部标准分模拟试验工作。但是由于推行标准分制度难度较大，打破了长期以来的总分录取习惯，日渐受阻，至2001年只有海南和广东两个省坚持用标准分。2002年起教育部也不再支持标准分试点，用何种分数由各省

区自定。原因是，第一，大多数省区是估分填报志愿，对于原始得分考生心中都有估计，每一分对考生的升学、前途都有重要作用，转换后的每一点差异都非常重要。第二，我国每年招生录取划线是按省级招生数多少而定，部分省转化标准分后没有形成全国常模，省级之间不能直接比较，给跨省招生的重点大学带来麻烦，遭到了部分招生院校的抵制。第三，对既定的原始分数现状有相当一些人不愿意改变，认为比标准分看得明白，容易理解。第四，现行总分录取的模式根深蒂固，而在将不同学科的标准分合成总分的统计技术上尚存争议等①。以上因素都会影响标准分的可行性与实效性。

4. 考试管理现代化

标准化考试也需要依托考试管理与技术的现代化。在标准化改革中，试题质量与考生成绩的统计分析与评价、选择题的评阅、主观题评分误差的控制、分数统计与合成等，都离不开光电阅读器、计算机、远程通信设备等。以计算机技术为依托，用光电阅读器对选择题评分，提高了准确率(100%)，节约了阅卷成本，也为统计分析提供了可能。在用光电阅读器、电脑评卷的基础上，从 1988 年开始广东省又对报名、发准考证号、考场安排、计分、分数转换、志愿管理、考生档案调配、考试成绩统计分析等考试管理全过程进行技术改革试验②。

5. 标准化考试研究

在实施标准化高考改革的过程中，国家教委十分重视考试研究工作，尤其重视作为标准化考试关键环节的命题及理论的研究工作。为了满足高考内容改革的要求，考试中心组织学科专家对高考的测量目标、学科能力进行了分析、界定、探讨，研究能力考查命题原则、能力考查题型设计与难度关系等关键性问题，将教育测量学理论与我国基础教育的实际相结合，设计出适合高校选拔新生的考查方案，逐步应用于高考命题的各个环节，发展了我国考试命题的理论与技术。

首先是对高考测量目标的研究。随着高考标准化改革的深入，我国学者引入了美国布鲁姆的教育目标分类学及评价理论，在编制考试说明的过程

---

① 韩家勋：《中国高考从传统走向现代——“标准化考试”改革与发展》，《考试研究》2009 年第 4 期，第 38 页。

② 杨学为：《中国高考史述论（上）》，湖北人民出版社，2007 年，第 328～330 页。

中，基于认知领域中知识与能力要求的基本理论，集中学、高校及考生利益于一体，实现了考试目标的“学科化”。按照考试科目与教学大纲及中学教学目标的相关要求，从教育评价角度确定了各学科的测量目标，使命题者和考生有了共同依准的评价目标，提高了命题的科学性，在很大程度上避免了备考的盲目性。经研究，最终将高考的测量目标确定为学科知识与技能、科学的思想方法、学习能力、科学观四个维度。其次是对高考能力考查的研究。1990 年以前，高考命题“以纲为纲，以本为本”，每年只公布考试的知识范围，没有能力考核要求，给命题和备考带来极大的盲目性和不稳定性。为此国家教委提出高考命题“应注重考查能力，在考查基础知识的同时，注重考查分析问题和解决问题的能力”的原则。自 1992 年起，教育部考试中心组织有关学科专家，在研究制订考试说明的过程中对如何考查能力这一问题分学科进行了研究，取得了不少成效。如实现了高考能力测试要求学科化，在界定不同学科考试内容的前提下，也确定了评价的能力层次要求。例如语文科目的评价层次是识记、理解、分析综合、应用、鉴赏评价，数学科目的评价层次是逻辑思维、运算、空间想象、分析和解决问题。这些研究对引导全国考试理论研究，化解考试改革实践中的难题以及为下一步高考标准化的深化改革都发挥了不可估量的作用①。

（四）改革启发

从全国高考标准化考试改革实践看，其积极意义在于，第一，适应了我国快速发展的社会经济对大量高水平人才需求的现实，提高了大规模考试选拔的科学性与效率，为更多人提供考试机会，保证了高考选拔的公平性，使高考促进社会流动的功能逐渐增强。第二，高考标准化改革是改革开放的产物。改革期间，不仅引进了大量国际上先进的考试理论与技术，介绍了一些国家的高校入学考试方法体系，更是掀起了国内重视高考研究、深化高考改革的热潮，开启了高考的科学化时代。第三，在高考标准化改革中积累了宝贵的经验。对高考的测量目标、考试内容、能力评价的层级体系、命题、分数转换、分数等值、现代化考试管理等核心问题予以探讨、实践，参与改革的省级考试机构也在命题、分数转换、考试管理方面积累了经验，为下一步

① 高军峰、姚润田：《新中国高考史》，福建人民出版社，2009 年，第 250～255 页。

高考改革奠定了良好的基础。

高考的标准化改革也暴露出许多问题，值得总结思考。第一，标准化考试需要有强有力的系统的理论与技术支持，但我国的教育测评理论都引自西方，本土的理论与技术基础薄弱，无法满足改革需求，导致改革的碎片化，缺乏连贯性。因此，加强考试理论和技术的本土化研究迫在眉睫。第二，标准化考试需要观念、人力、物力的支持。在中国，人人都知道高考的重要性，但是对这一考试制度本身的认知、研究与物力投入却严重不足，盲目赋予其更多功能，导致对高考的误解。对高考研究的物力投入也远不及国外，美国仅俄亥俄州 2002 年三年级、六年级和九年级统考的费用就达 2 000 万美元，而我国组织一次高考的费用也达不到这一标准①。因此，必须从观念上更加重视对高考的研究开发，投入更加充分的人力物力研究高考。第三，高考的标准化改革解决不了高考的所有问题，标准化考试具有量尺标准、程序科学、误差有控、信效度高、使用规范的特性，适合于大规模考试，对个性化的体现不足。标准化考试不是万能的考试，高校入学考试评价体系的完善还需从多个方面入手，重视考试标准化的同时，还应加强面试等非标准化考试方法体系的研发与使用。第四，受制于考试观念、理论与技术人员等现实因素影响，题库建设等高考标准化的预期内容并未一一实现。

五、高中会考制度与高考改革

自统一高考制度建制以来，高考一直身兼两职，一方面要为高校选拔优秀人才，一方面也被当成评价高中的工具，高考成绩和高考升学率成为评价高中学校、教师和学生的唯一标准。片面追求升学率加剧了普通高中教育重智育轻德育、重理论轻实践、重知识轻能力的教育偏向，出现了较为严重的“偏科”教学问题，招致社会诟病。为此，1983 年教育部在《关于进一步提高普通中学教育质量的几点意见》② 中提出：毕业考试要和升学考试分开进行，有条件的地方可按基本教材命题，试行初、高中毕业会考。当年，浙江省在 8 所重点高中率先举行会考试验，揭开了高中毕业会考制度的序幕。从 1983 年浙江省试点开始，到 1993 年西藏实行高中毕业会考制度为止，30 个

① 蒋超：《中国高考史（改革卷）》，中国言实出版社，2008 年，第 172 页。

② 教育部《关于进一步提高普通中学教育质量的几点意见》(〔83〕教中字 011 号)，1983 年 8 月 10 日。

省、自治区、直辖市全部实行高中毕业会考制度。

会考制度推行的初衷，是要把高考从两难境地中解脱出来，用会考代替高考作为高中教学及学生学业的评价依据。会考被定位为水平考试和目标参照性考试，而高考被定位为选拔性考试和常模性考试。由此，高考与会考各司其职，发挥不同的作用。但鉴于高考是高中与高校的连接枢纽，高考的考试内容必须以高中教学内容为依准，高考与会考又具有天然联系。因此，在制度设计上，就将会考与高考连在一起。如 1985 年国家允许上海在高中会考的基础上探索高考新方案；1989 年在高中会考的基础上，改革高考科目设置及录取新生办法，规定实施会考后高考科目分为必考科目（语文、数学）和选考科目（政治、外语、物理、化学、生物、历史、地理）；同时规定在高考录取时参照会考成绩，在高考总分相近的情况下，应录取会考成绩优秀的考生①；1992 年则基于会考将高考科目调整为“3＋2”。期间，部分省区市还在一定范围内将会考成绩与高考录取挂钩，即会考 9 科等级全为 A 的考生或者可被免试录取，或者享受降分优惠。由此，会考制度的出现对高考制度产生了深度影响，不仅将高考从评价高中教学的囹圄中解救出来，还引发了高考内容、科目设置、录取的变化，会考也成为高考评价体系的组成部分。

由于高中会考表现出来的种种问题，2000 年教育部颁发《关于普通高中会考制度改革的意见》（教基〔2000〕12 号），把普通高中会考改革的统筹决策权下放到省。随即，湖北和西藏取消了高中毕业会考，上海、广东等地将会考管理权下放到市、县或学校。十多年的实践经验表明，实行高中会考制度后，有效保证了国家教育方针政策的贯彻执行，规范了中学的办学行为，督促中学执行教学计划开足开齐国家课程；保障了非高考科目课程内容的正常教学，较好地纠正了学生偏科现象；为发展学生个性与培养兴趣创造了条件，保证了高中毕业生的基本文化素质；同时，有力地配合了高考改革，对高考的科目设置、考试内容与形式、录取都产生了积极影响。尽管会考具有不可替代的作用，但仍然存在一些亟须研究解决的问题。第一，会考的定位有待清晰。实践中对会考的性质定位不清晰，各省区对其认识存有差异。高考与会考的关系不明确，高考建立在会考的基础上，还是会考在一定程度上是高考的配套考试等问题有待研究解决。第二，会考缺乏可操作性指

① 杨学为：《高考文献（下）》，高等教育出版社，2003 年，第 424～425 页。

导文件，考试目标、标准、内容等的确定缺乏依据。同时由于会考的区分性能低，高考录取中所谓的参照也成为形式，未能发挥实质性作用。第三，高考跨越会考，对中学教学仍具有强大的渗透力，教学围绕高考转的惯性依然存在，片面追求升学率的倾向仍无明显改观。第四，一些观点认为学生准备完会考还要准备高考，增加了学习压力，加重了学生负担。

六、特点与启示

1977 年恢复的统一高考制度，与中国社会一样踏上了改革开放的快速列车，进入恢复稳定与改革发展的新阶段。这一阶段的高考评价制度表现出几个特点：第一，废除了“文革”期间以政治身份限制报考资格的做法，逐步扩大报考范围，减少报考限制，为更多青年提供深造机遇。同时，重新确定了曾被废除多年的德育、学业、健康的考试评价标准，确立了“全面考核、择优录取”的选拔理念。第二，高考内容，尤其是科目组合历经了一个不断探索、频繁调整的阶段，文科 6 门和理科 7 门、上海的“3＋1”模式、基于会考的“3＋2”模式、“三南”模式等先后出台，一方面表明国家根据新时期国家人才需求及高校选拔需求不断调整高考科目，以便为高校选拔更加优秀的人才；但另一方面也需要思考，短期内如此频繁的科目调整，无论对中学教学和学生学习，还是对高校的人才选拔都有不利的一面。科目的频繁调整也似乎有改革“迷茫症候”的迹象，高校究竟需要选拔什么样的人才，高考究竟考哪些内容为好，科目究竟几门合适，对于这些问题似乎缺乏深入研究，无确定结论。第三，高考命题的能力立意趋向随着素质教育的提出日益显现，如何更好地考查学生能力成为命题的核心问题。而上海 1985 年被批准单独命题，则是恢复高考后命题形式的重大变化，奠定了日后分省命题制度的基础。第四，高考的标准化改革是高考发展的里程碑，使高考逐渐告别经验时代，进而以现代教育测评理论、技术与计算机技术为基础，步入科学化、标准化、规范化的发展阶段。这对深入认识高考制度，充分发挥高考的评价与选拔功能都极具意义。同时，高考标准化改革暴露出国内考试理论与技术研究的严重缺乏和不足，进而推动高考研究的不断深入，为进一步改革奠定理论和技术基础。第五，会考制度的设计原本是要给高考减负，在实践中也发挥了一定作用，但由于制度设计本身及实践中不断显现的问题使其不断遭到指责，并未从根本上改变高考对高中教学的影响，也未能真正成为高考评价体系的内容和参照。总之，这一阶段的高考评价逐步进入改革发展期，适应经济社会发展与教育发展需要不断改革成为其主要特征，考试内容与方式等的多元化倾向已初显端倪。

第四节 "3＋X"科目改革及新课改后的高考评价

1999 年，中共中央、国务院《关于深化教育改革，全面推进素质教育的决定》开启了中国教育发展的新篇章，其中提出"改革高考制度是推进中小学全面实施素质教育的重要举措"。随后教育部颁发了《关于进一步深化普通高等学校招生考试制度改革的意见》。《基础教育课程改革纲要（试行）》的印发则拉开了新一轮高考改革的序幕。2010 年的《规划纲要》为高考改革描绘出图景，"分类考试、综合评价、多元录取"成为改革导向。这一阶段的高考评价主要以"3＋X"高考科目确立、分省命题、高校自主招生以及实施新课改后的高考评价为主要内容。

一、21 世纪高考评价改革的指导思想

1999 年，适应"科学技术突飞猛进，知识经济已见端倪，国力竞争日趋激烈"的新形势，第三次全国教育工作会议作出了中共中央、国务院《关于深化教育改革，全面推进素质教育的决定》，对高考改革提出新要求，指出加快改革招生考试和评价制度是推进中小学校全面实施素质教育的重要措施，按照有助于高等学校选拔人才、中小学实施素质教育和扩大高校办学自主权的原则，积极推进高考制度改革；加快改革招生考试和评价制度，改变"一次考试定终身"的状况；要求高考科目设置和内容的改革应进一步突出对能力和综合素质的考查，鼓励有条件的省级人民政府进行多种形式的高考制度改革试验，扩大学校的招生自主权和考生的选择机会，以逐步建立具有多种选择的、更加科学和公正的高等学校招生选拔制度①。同年，教育部颁发《关于进一步深化普通高等学校招生考试制度改革的意见》，再次强调了三个"有助于"的改革原则。

2001 年，国务院《关于基础教育改革与发展的决定》启动了第八次基

① 中共中央、国务院《关于深化教育改革，全面推进素质教育的决定》（中发〔1999〕9 号），1999 年 6 月 13 日。

础教育新课改，要求高考加强对学生能力和素质的考查，改革高等学校招生考试内容，探索多次机会、双向选择、综合评价的考试、选拔方式，推进高等学校招生考试和选拔制度改革，鼓励探索成绩突出的学生免试进入高等学校学习的办法①。适应深化基础教育改革的需求，教育部于 2002 年颁发了《关于积极推进中小学评价与考试制度改革的通知》，指出应从“德、智、体、美”等方面综合评价学生发展，要求树立“通过评价促进学生发展”的理念，开发多元化评价方法，建立旨在促进学生发展的评价体系，科学、综合、动态地评价学生。基础教育评价改革对高考评价也提出了要求。认为高考应坚持德智体全面衡量、择优录取和公平竞争、公正选拔的评价原则；高考内容应注重对考生素质和能力的考查，积极引导中学加强对学生全面素质的培养；高考科目设置应将统一性与选择性相结合，在满足高等学校选拔人才的同时，促进学生全面发展与个性发展；高等学校选拔方式的改革要进一步探索建立在文化考试基础上综合评价、择优录取的办法；要求高中应探索建立综合性的评价体系，增加反映学生在校期间参加研究性学习、社会公益活动及日常表现等真实、典型的内容，为高等学校招生工作提供更多的学生成长信息②。

2008 年，鉴于部分省区已经进入新课改后的高考，教育部颁布了《关于普通高中新课程省份深化高校招生考试改革的指导意见》，指出高考改革的任务是：与高中课程改革相结合，逐步建立和完善在国家统一考试录取基础上的全面、综合、多元化的考试评价制度和高等学校多样化的选拔录取制度。改革内容是：建立和完善对普通高中学生的综合评价制度，并逐步纳入高校招生选拔评价体系；进一步深化考试内容改革，与高中新课程内容衔接，贴近时代、贴近社会、贴近考生实际，注重对考生运用所学知识分析问题、解决问题能力的考查；推进高校选拔录取模式改革，在高考成绩的基础上逐步增加对学生学业水平考试及综合素质的考查；鼓励高水平大学深化自主选拔录取改革，在选拔综合素质高、有创新精神和潜质的人才方面，进一步探索高考、高中学业水平考试和综合素质评价与学校测试相结合的多元化评价选拔办法。

---

① 国务院《关于基础教育改革与发展的决定》(国发〔2001〕21 号)，2001 年 5 月 29 日。

② 教育部《关于积极推进中小学评价与考试制度改革的通知》(教基〔2002〕26 号)，2002 年 12 月 27 日。

21 世纪的高考改革，在评价目标方面，仍然坚持德智体全面发展和择优录取的原则；在考试内容方面，普遍强调对考生综合素质与能力的考查，强调考试内容与新课改的衔接，与社会、时代和考生贴近；在高考的评价体系方面，则要求建立多指标的多元化考试招生评价体系，其中不仅要有高考成绩，还应纳入高中学业水平考试成绩以及综合素质评价结果；在考试方式方面，要求基于统一高考，构建多样化考试招生形式。将以上思想与改革内容融为一体，就是 2010 年《规划纲要》中提出的“分类考试、综合评价、多元录取”的高考改革内容与导向。这些文件的内容与精神是新时期高考评价改革的依准，是纲领性文件。

二、“3＋X”科目组合的确立与发展

新时期，国家发展素质教育的战略部署对高考提出了改革要求，体现在科目设置上，便是原有的“3＋2”模式已无法满足发展素质教育的要求，急需改革。原因在于：第一，素质教育的核心是培养学生的综合能力和创新精神，要实现这一目标，需要高考在“统一性和多样性”、“基础性和发展性”方面进一步完善，突出对考生综合能力与素质的考查，抑制文理分科现状。第二，“3＋2”模式是基于文理分科的科目组合，并且长期将地理和生物排除在外，引起强烈反响。33 所师范院校曾呼吁恢复地理高考①，71 位院士则联名呼吁必须十分重视生命科学②。第三，以“知识与能力、过程与方法、情感态度价值观”为目标的新课改对高考产生反拨作用，迫使高考必须与新课改相衔接，联动改革。基于以上原因，教育部在多次讨论后，推出了“3＋X”高考科目模式。1999 年，教育部在《关于进一步深化普通高等学校招生考试制度改革的意见》中对“3＋X”科目模式作了详细说明与规定。其中“3”指语文、数学、外语，为必考科目，英语逐步增加听力测试，数学将来不再分文理科；“X”指由高校根据本校层次与特点，从物理、化学、生物、政治、历史、地理六个科目或综合科目中自行确定一门或几门考试科目，考生根据自己所报的高校志愿，参加高等学校（专业）所确定科目的考试。

---

① 《三十三所师范院校呼吁恢复地理高考资格》，《科学晚报》1995 年 6 月 30 日。

② 《71 位中国科学院院士联名呼吁：必须十分重视生命科学》，《光明日报》1996 年 8 月 5 日。

（一）“3＋X”科目模式的试点与建立

1999年，教育部下发《关于同意广东省从1999年起进行普通高考科目改革试验的批复》，“3＋X”模式开始试点。广东对于“3＋X”的认识是这是一次开放高考科目的试验，每个考生都要以语文、数学、外语为基础，并根据自己的特长、兴趣和实际选择考试科目，这样不仅有利于新课改，有利于学生的个性化发展，也有利于高校选拔人才。要通过“3＋X”模式的实施克服片面追求升学率的错误倾向，对学生进行全面素质教育，正确处理提高素质和准备高考的关系，正确处理必修与选修的关系，并以此方案推动素质教育和教育教学改革。在X科目的选择上，广东省教育厅也作了建议性指导，要求学校做好学生的工作，认为成绩较弱的学生可选X＝1，中等的学生可选X＝2，较好的学生可选X≤2，只有非常突出的学生才可选X≥3[①]。由此看来，第一年广东的X科目从政策上完全是放开的，基本任由学生选择，给了学生极大的自主权。

但是就是这种完全开放的X科目选择却给高中教学带来极大冲击。高中原有的教学秩序、教学资源配置都是按照文理分科模式设定的，由于不同学生的X科目选择不一样，完全开放的X科目模式给高中排课、安排教学场地、师资调配都带来困难。更重要的是对教师原有文理分科模式下形成的教学模式与思路的挑战和冲击。而在实际中，一些学校为了“控制混乱”，在选X科目时强行规定不许超过2门。当年实际情况是96.53%的考生X科目只选了1门[②]，把“3＋X”简化为“3＋1”，违背了改革初衷。2000年，吸取1999年的教训，广东实行“3＋综合能力测试＋1”的科目模式，其中“3”和综合科目是必考科目，“1”由考生从政治、历史、地理、物理、化学、生物6科中任选1门。综合科目的范围也包括以上6科，命题的指导思想是“以能力测试为主导，考查考生所学6个科目相关课程基础知识、基本技能的掌握程度和运用这些基础知识分析、解决问题的能力”。鉴于高中都是分科教学，因此综合科目考试首先是学科内的综合，其次才是跨学科综合[③]。这样，广东的科目模式就囊括了高中9门课程。

---

① 《关于同意广东省从1999年起进行普通高考科目改革试验的批复》（教学厅〔1998〕15号），1998年6月24日。

② 刘海峰：《中国考试发展史》，华中师范大学出版社，2002年，第352页。

③ 杨学为：《高考文献（下）》，高等教育出版社，2003年，第655页。

“3＋X”模式在广东的试点激发了各种反应。支持者认为这是推行素质教育的开始，有助于学生全面发展，培养学生兴趣、特长与个性，并且有助于减轻考生负担；有助于高中切实实施素质教育，有了实施9门课程之外的教育活动的时空条件；迫使教师改变传统教育理念与教学方法，适应新时期的教学需求。但还是有相反的声音，认为“3＋X”模式扰乱了中学教学秩序，增加了考生负担，每个科目都学，但都浅尝辄止，降低了要求。但是，教育行政部门认为“3＋X”模式是教育改革的方向，必须坚持。它的实施必然是对原有教育理念及教育教学秩序的挑战，但它的积极方面及长远意义是主要的。

广东省的试点为“3＋X”在全国的推广实施积累了经验，奠定了基础。2000年，教育部同意山西、吉林、江苏、浙江四省进行“3＋X”科目试点，“3”为语文、数学、外语，“X”为综合科目，是建立在高中文化科目基础上的综合能力测试。综合科目分文科综合（政治、历史、地理）和理科综合(物理、化学、生物)。综合科目的命题思想是“以能力测试为主导，考查考生所学6个科目相关课程基础知识、基本技能的掌握程度和运用这些基础知识分析、解决问题的能力”。综合科目考试首先是学科内的综合，其次才是跨学科综合。2001年，教育部批准天津、内蒙古等13个省市自治区实施“3＋X”科目模式。同年9月，教育部认为“3＋X”科目模式已经凸显出显著效果，对中学素质教育的积极导向作用十分明显，又批准北京、山东等13个省市自治区于2002年实施“3＋X”科目模式。至此，“3＋X”科目模式已经推广至全国。

（二）“3＋X”科目模式的推行与变式

“3＋X”模式已在全国实施，但随着高考命题主体的多元化、基础教育新课改的深入实施以及考试多元化的发展，在实践中又演变出了多种变式。

2001年，经教育部批准上海开始实施“3＋X”科目模式。当年，上海的科目设置是“3＋综合＋1”。“3”是指语文、数学、外语，综合即“综合能力测试”，2001年是先设在政治、历史、地理、物理、化学、生物基础上的两种综合能力试卷（文科综合、理科综合），“1”为政治、历史、地理、物理、化学、生物6门，考生根据报考学校的要求从中选择1门参加考试。2012年，鉴于起始于2009年的高中学业水平考试已覆盖全上海，考试科目包含了“综合能力测试”涉及的所有科目，为减轻考生负担，上海宣布取消综合能力测试。上海的科目变为“3＋1”，“3”指语数外，“1”指文科考生在政治、历史及地理中任选1门，理科考生在物理、化学及生物中任选1门。上海的科目模式是基于高中学业水平考试而设计的，在一定程度上减轻了考生负担。

2007年，广东、山东、海南、宁夏4省区率先进入新课改后的高考，基于“3+X”的科目模式并结合各省区实际，形成了多种变式。广东的模式起初是“3+文科基础或理科基础+X”，“3”指语文、数学、外语；文科基础、理科基础只考新课标规定的必修内容，全部为选择题；“X”为专业选考科目，理科生从物理、化学、生物中选1～2门，文科生从政治、历史、地理中选1～2门。2010年，广东积极探索高校统一招生考试、高中学业水平考试、综合素质评价、招生学校测试相结合的多元化的评价选拔办法，对高考科目进行调整，取消“X”科目，修正为“3+文科综合/理科综合”模式。

山东新课改后在原有“3+文（理）综合”的基础上增加了“1”（基本能力测试）。“3”指语文、数学、外语，综合包括文科综合和理科综合，“1”指“基本能力”测试，卷面分值100分，以考生实际得分的60%记入总分，考试内容不分文理科，是所有考生必考科目。山东的科目特点是在新课改的基础上增加了基本能力考试，充分应用新课改的成果。基本能力考试是考查学生适应社会生活的最基本的知识、能力和素养，考查高中生所学知识在生活中的应用、日常生活积累、生活能力和全面的素质。它不以学科考试为目的，不以考查书本为目的，不以考查所涉及学科的核心知识和能力为目的，更不是六个领域课程的拼盘组合。所以死记硬背、机械训练等应试教育办法很难奏效。其命题指导思想是不考查过分专业化、学科化的知识与能力，不人为增加测试的难度，充分体现“满足社会生活需要”这一基本的能力定位。考试范围涉及高中新课程的技术、艺术、体育与健康、综合社会实践、人文与社会、科学六个学习领域的必修内容及相关内容。由其考试真题可见一斑，如2007年山东基本能力测试题第2题：

下列表述正确的是（　　）。（正确答案D）

A. 东汉末年某一儿童将圆周率背诵至第7位

B. 唐代女性以细腰为美，瘦身成为当时妇女中流行的时尚

C. 清朝末年中山装开始在国人中流行

D. 19世纪末我国出现了现代意义上的大学教育

第23题：“知之为知之，不知Google知。”一学生在谈Google在生活学习中的作用时如是说。过去人们习惯于去图书馆查阅资料，而现在人们越来越多地依赖于网络。Internet的信息检索工具有很多，如果不用Google

搜索引擎，下列可以替代的是（　　）。（正确答案 C）

A. QQ、E-mail　　B. Word、WPS

C. 百度、Yahoo　　D. Photoshop、Flash

由其真题可见，要答对题目，一些答案并不直接来自书本，而是要依凭平时的积累。山东省的基本能力测试不分科目，交叉融合命题，以学生综合素质与能力为考查目标，代表了高考评价未来发展方向。

新课改后，海南由之前的“3＋文科综合（理科综合）”模式改而实行“3＋3＋基础会考”的科目模式。“3”指语数外，文科类基础会考科目为物理、化学、生物、通用技术和信息技术，理工类基础会考科目为政治、历史、地理、通用技术和信息技术。海南依然实行标准分制度，基础会考科目总分的10％计入高考总分，是唯一一个将会考与高考评价“硬挂钩”的省份。宁夏进入新课改后，高考科目是“3＋文科综合/理科综合”模式，并将中学对考生的综合素质评价纳入高考评价体系，规定在现有录取基础上，考生综合素质评价以文字形式呈现，通过电子化方式提供给高校，作为录取时的参考。

2002 年“3＋X”科目在全国实施。截至 2012 年，其他省市区的高考科目情况是：浙江省将考试科目分为三类，第一类针对重点大学，科目为“3＋综合＋自选模块”模式，“3”指语文、数学、外语，“综合”指文科综合和理科综合，“自选模块”考试内容选自语文、数学等高中 9 个学科的 18 个自主选修模块的内容。每个模块编制 1 道试题，共 18 题，每题 10 分，由学生任意选答 6 题；第二类针对一般本科院校，科目为“3＋综合（文科综合/理科综合）”；第三类针对高职，科目为“3＋技术（通用技术/信息技术）”。浙江省的科目初步体现出分类考试的特点，并充分与新课改内容结合。

江苏的高考科目为“3＋学业水平测试”，“3”指语文、数学、外语 3 科，“学业水平测试”科目包括政治、历史、地理、物理、化学、生物、技术 7 科，所有考生均需取得上述 7 科学业水平测试成绩。7 科又被分为选测科目（2 科）和必测科目（5 科），选测科目在高考期间考试，必测科目在高考之前进行。文科类考生选测科目除历史外，在政治、地理、化学、生物 4 科中再选择1 科，其余 5 科为必测科目；理科类考生选测科目除物理外，在政治、地理、化学、生物 4 科中再选择 1 科，其余 5 科为必测科目。江苏省的科目组合极富个性，有全面考核学生综合素质与能力的诉求，但也有些复杂，不易理解。

除了以上省市区，全国其余 24 个省市区都实行“3＋综合（文科综合/理科综合)”模式。这一时期，在全国确立了“3＋X”高考科目模式，“3”所指代的语数外科目被广泛认同，各省无一例外地采纳。而开放的“X”科目则几乎可以指代高中所有科目，各省根据自身情况，尤其是根据新课改后高中课程模块及内容特点，根据对素质教育的理解及对学生素质与能力的要求进行不同组合，构成了如今的多元模式。但遗憾的是“X”科目背离了改革初衷，演绎成了文科综合和理科综合的小综合模式。

三、高考评价形式的多元化

进入 21 世纪以来，基于人才发展的个性化差异，满足高校对多样化人才的选拔需求，观照不同地域教育发展不均衡、促进教育公平的社会诉求，在统一高考制度框架下，除了文化课考试外，高考选拔形式的多元化趋势日益明朗，保送生、自主招生等方式纷纷被采纳，为高校选拔多样化人才。

（一）保送生制度中的学生评价

进入新时期，饱受争议的保送生制度进入调整规范发展阶段。毋庸置疑，保送生制度是对全国统一高考制度的完善和补充，对中学实施素质教育起到了一定的积极作用。但近年来，保送生的招生工作也受到了不正之风的严重干扰，出现了弄虚作假、拉关系、走后门、徇私舞弊，甚至违法乱纪的现象。为此，从 2001 年开始保送生工作按照“压缩规模、严格标准、规范程序、阳光招生”的宗旨实施。

这一阶段的保送生制度一方面朝不断扩充保送条件、扩大受益面方向发展，一方面又不断加强管理，规范程序，倡导阳光招生。关于保送条件，2001 年分五大类：第一类，省级优秀学生①；第二类，在高中阶段获全国中学生学科奥林匹克竞赛省赛区一等奖和获得全国决赛一、二、三等奖的应届高中毕业生；第三类，原国家教委在部分中学举办的“三年制高中理科试验班”中的优秀应届高中毕业生；第四类，具备保送资格的外语中学（学校）中思想品德和学习成绩均特别优秀的应届高中毕业生；第五类，公安英

---

① 按照《中共中央办公厅国务院办公厅关于适应新形势进一步加强和改进中小学德育工作的意见》（中办发〔2000〕28 号）和《教育部关于学习贯彻〈中共中央办公厅国务院办公厅关于适应新形势进一步加强和改进中小学德育工作的意见〉的通知》（教基〔2001〕1 号）评选的省级优秀学生。

烈子女①。此后，保送条件不断扩充，截至 2012 年，符合条件的八类考生可被推荐保送：第一类，按照教育部要求在高中阶段被评为省级优秀学生的应届高中毕业生；第二类，高中阶段在全国中学生学科奥林匹克竞赛全国决赛中获得一、二、三等奖的应届高中毕业生；第三类，高中阶段在全国中学生学科奥林匹克竞赛省赛区竞赛中获得一等奖的应届高中毕业生；第四类，高中阶段在全国青少年科技创新大赛或“明天小小科学家”奖励活动或全国中小学电脑制作活动中获得一、二等奖的应届高中毕业生；第五类，高中阶段在国际科学与工程大奖赛或国际环境科研项目奥林匹克竞赛中获奖的应届高中毕业生；第六类，根据高校外国语言文学类专业对生源的特殊要求，经教育部批准具有推荐保送生资格的外国语中学仅可向高校的外国语言文学类专业推荐思想品德和学习成绩优秀且高中阶段均在本校就读的应届高中毕业生；第七类，符合国家体育总局、教育部等 6 部（局）印发的《关于进一步做好退役运动员就业安置工作的意见》中有关保送要求的退役运动员，即曾获得全国体育比赛前三名、亚洲体育比赛前六名、世界体育比赛前八名和获得球类集体项目运动健将、田径项目运动健将、武术项目武英级和其他项目国际级运动健将称号的退役运动员；第八类，符合公安部、教育部印发的《普通公安院校招收公安英烈子女保送生的暂行规定》的公安英烈子女。

上述八类保送条件又可分为三大类：第一类是综合评价类，即指全面发展、综合素质与能力较高的被评定为优秀学生者；第二类是竞赛优胜类，也可称为学科特长类，指在国家规定的可反映学生素质与能力的重大赛事中获得一定级别奖项的学生；第三类是政策照顾类，指对国家建设和社会发展作出贡献者或其子女给予的优惠与鼓励就学政策。这三类条件既考虑了全面发展的学生，关照了具有某方面特长的学生，也顾及对社会发展作出贡献者，突显社会与教育公平。

截至 2011 年，全国具有招收保送生资格的高校有 86 所，保送生的操作程序基本是学生申请、中学推荐、高校考查与审查，并决定是否录取。其中，2001 年取消了对保送生的综合能力测试。但为了防止弄虚作假、资格不实的情况，教育部要求于 2006 年起对保送生实施文化测试，形式和内容由招生高校自主决定。如清华大学坚持“以文化课考试为主，多元化综合评

① 按照《普通公安院校招收公安英烈子女保送生的暂行规定》(公政治〔2000〕138 号）评选。

价相结合”的原则，择优选拔部分在某方面具有突出特长和培养潜能或综合素质较好的创新型人才。除了遵守教育部规定的八类保送条件，清华大学的保送政策面向学业成绩优秀、综合素质突出，在科技创新、文学等方面具有突出特长，在外语方面具有突出的培养潜能且第一志愿报考清华大学英语和日语专业，综合素质突出且第一志愿报考清华大学国防生和定向生的学生。其保送程序是坚持“公平竞争、公正选拔、公开程序，德智体美全面考核、综合评价、择优录取”的原则，先是报名初审，标准主要是综合考虑高中阶段的学业成绩、竞赛成绩、多项获奖、社会工作和课外活动、兴趣爱好、发明创造等，获得资格者参加“清华大学保送生暨自主招生冬令营活动”，获得资格者参加测试，测试内容分为文化课考试（理科考生考数学、英语、物理；文科考生考语文、数学、英语）和专家面试。清华大学将统筹考虑各种测试的成绩及学生的专业志愿，确定保送生人选和录取专业。

保送生制度是指由确定的中等学校推荐、保举成绩优秀或有特长的学生，经高等学校考核同意，免予他们参加全国统一高考而直接进入高等学校学习的制度①。但在实践中，由于保送条件的“柔性”标准而留下了制度黑洞，保送过程被权利、金钱和关系所左右，投机钻营、权钱运作、教育腐败等破坏制度设计初衷及教育公平的事件时有发生，饱受社会诟病。为了追求升学率，让优秀学生考取更好的大学，中学也“推良不推优”，甚至“推劣不推良”，导致取消保送生制度的呼吁不绝于耳。迫于无奈，原本以“柔性”标准免考入学的制度却不得不依凭“刚性”标准，进行文化课目考试。保送生制度有其优越之处，那就是可以为那些全面发展、综合素质较高、具有某方面特长或发展潜力但又无法考取重点大学的学生打开了重点大学之门。同时，利用这一方式国家也可以对那些为社会发展作出贡献的人士以鼓励与抚恤。但实践证明，保送条件中的“柔性”标准越多，就越具可乘之机。因此，如何设定既能反映学生素质与能力，又具有透明性、可操作性的保送条件就成为这一制度改革的重心。

（二）自主招生中的考试评价

自主招生制度是进入 21 世纪以来高考形式的一大突破，是进入高等教育大众化阶段扩大高校办学与招生自主权、改革考试招生制度的重要措施，

① 郑若玲：《保送生制度：异化与革新》，《教育发展研究》2006 年第 2 期，第 43 页。

也是为高校选拔优秀创新人才的重要探索。截至 2012 年，80 所高校拥有自主招生权限，实施自主招生。自主招生制度设计的初衷是在坚持统一高考制度的前提下，克服统一高考制度的“大一统”局限，充分发挥高校招生自主权与主动性，展现高校人才选拔和培养的特色与诉求，由高校设计选拔录取方案，实施审查、考核与相关测评活动，并结合统一高考成绩录取。自主招生与统一高考的最大不同就是可以充分体现高校的办学理念与选才理念，突显不同高校的人才选拔特色和需求，享有自主招生权限的高校纷纷推出足以展现其个性的自主招生评价体系。由于教育部要求自主招生类考生必须参加高考文化科目考试，各高校便力争在自主招生的报考资格、考试科目、考试内容与试题命制方面精心设计，招揽英才。

1. 选拔目标与报考资格

选拔目标是展现高校招生理念的窗口，是制定与实施评价方案的纲领。通过对高校自主招生选拔目标与报考条件的文本梳理与分析，便可知晓其究竟欲选拔何种人才。以 2012 年部分“985”大学自主招生简章中对选拔目标和报考资格的表述为文本资料，便可捕捉其所传递的评价理念与选才标准（表 2-7）。

表 2-7　2012 年部分“985”大学自主招生选拔目标表述一览表

大学名称	选拔目标与报考条件表述
北京大学	热爱北大、心系天下、人格健全、学业优秀；综合素质优秀、特长突出、品学兼优
中国人民大学	具有创新潜质、学科特长以及全面发展、综合素质较高的拔尖人才
清华大学	具有学科特长以及综合素质全面且具有创新潜质的优秀应届高中毕业生
北京师范大学	以兴趣、特长为取向，具有创新潜质，学科兴趣特长突出、全面发展的优秀学生
南开大学	身体健康，综合素质较高，全面发展
天津大学	具有创新潜质、学科特长以及全面发展、综合素质较高的优秀学生
东北大学	具有创新潜质、学科特长以及品学兼优、全面发展的优秀高中毕业生
吉林大学	具有较强的创新精神和一定的实践能力，善于独立思考，思想政治品德优秀，身体健康

续表

大学名称	选拔目标与报考条件表述
哈尔滨工业大学	品学兼优，诚实守信，具有强烈的社会责任感、科学兴趣和奉献精神
复旦大学	综合素质优秀，特长突出，品学兼优
同济大学	品学兼优，特长突出，身心健康，综合素质优秀
上海交通大学	品质优秀，志向远大，社会责任感强，具有创新潜质，具备全面发展素质或突出学科特长潜能
南京大学	素质优良，全面发展，有一定学科特长；富有个性或在某一学科具有专长或极具潜质
浙江大学	创新潜质、学科特长以及综合素质高、视野宽广、思想独立、勤于探索、勇于创新
厦门大学	学科特长以及全面发展且具有创新潜质
武汉大学	鲜明的学科特长，综合素质优秀，强烈的社会责任感、一定的培养潜能或个性才能，志存高远
中南大学	具备创新潜质，学科特长突出，综合素质高，社会责任感强
中山大学	具有优异的学习能力，德、智、体全面发展，具有高度的道德感和社会责任感，极具创新精神和实践能力，某一学科或相关领域具有显著特长及培养潜质
西安交通大学	德、智、体全面发展，综合素质优秀者，在某些专业领域有特殊专长或成绩突出

资料来源：根据2012年以上大学自主招生简章整理而成。

通览以上大学自主招生选拔目标的文本表述之后，有几个印象便会浮现出来，一个突出的印象就是它不同于统一高考的选拔目标表述，如德、智、体全面发展等概化表述，相对更加具体清晰，更具操作性。其二是通过大学自主招生选拔目标透露出大学与时俱进的时代精神与责任感，富有时代气息，几乎所有大学都强调“创新精神”或“创新潜质”，重视创新人才选拔与培养。其三是以上文本流露出“以生为本”的个性化、人本化追求，选拔目标充分考虑了学生发展个性化及差异性存在的事实，尊重学生的兴趣，为学科特长、领域特长等各具潜质的学生敞开了大学之门。其四是在重视学生学科知识、能力与发展潜质的同时，也注重对学生健全人格及社会责任感等非智力因素的考查，切实体现出了全面培养的理念。

当然，以上文本表述并非完美无缺，仍需进一步个性化和细化。如单就一所大学的选拔目标分析，很具个性，很有时代感，但是将代表中国大学发展方向和“领头羊”的顶尖大学的选拔目标放在一起并略加比较，就可看出难免有重复之嫌。综合素质、创新潜质、学科特长（潜质）、全面发展等语词的出现率极高，这一方面可理解为在特定时代背景下顶尖大学所肩负的共同时代责任与人才培养追求，但也有“千校一面”的趋同化发展迹象。所以，作为落实大学招生自主权的试验平台，作为探索考试招生制度改革的窗口，尽管只有5%的权限范围，但也足以让大学尽显各自风采，制定与实施更加个性化、更具特色、更富操作性的自主招生方案。在社会对自主招生广为诟病的背景下，这决定着自主招生的改革成效及去留存亡。

2. 考试评价形式与内容

自主招生是基于统一高考的制度设计，参加自主招生的学生还必须参加统一高考文化科目考试。从理论与效益角度看，学生必然要参加统一高考，已经对其学业及文化水平有所考查，高校只要组织相关非文化科目考试的面试与考查就可决定录取与否。但为能体现“个性”，各高校在材料审查、面试等基础上，又都组织了文化科目考试，方才定夺是否享有自主招生资格。各高校自主招生的形式与环节基本是：材料初审、面试、自主招生文化课笔试、参加统一高考。

（1）选拔与考试评价形式。

自主招生制度实施十余年间，其与高考的关系基本没有变化，通过自主招生选拔、享有自主招生资格的考生还必须参加统一高考文化科目考试，成绩达到生源所在省区市确定的与试点学校同批次录取控制分数线，省级招办即向考生选报的试点学校投档，由试点学校对先期考核通过并且符合统考成绩要求的考生进行综合评价和自主录取。截至2012年，几乎所有自主招生高校都遵从这一基本选拔形式。2006年，教育部批准复旦大学、上海交通大学在上海市实施“自主选拔录取改革试验”，通过学业水平笔试、专家面试，自主预录取优秀高中生，高考成绩作为录取参考，是自主招生中不直接取决于高考成绩的选拔形式，2009年扩大到上海、浙江、江苏三省市。

十多年来，自主招生的程序没有发生太大变化，基本程序是试点高校于高考年的前一年年底公布自主招生方案，考生根据方案准备材料报名，高校组织专家审核材料并公布通过初审的名单，高校组织文化科目笔试、面试及体格检查，公布通过自主选拔的考生名单，考生参加高考，最后由高校综合权衡之后决定录取与否。其中，高校使用的考生评价与选拔形式包括材料审核、笔试、面试等。材料审核环节主要判断材料的真实性、材料所反映的考生的综合情况等。文化科目笔试在2001—2008年由试点高校单独组织实施，但社会及家长对于考生奔波于各地应考的舟车劳顿以及农村考生难以支付应考费用的弊端极为不满，认为对高校和考生的效率与效益都很低。为此，2006年，北京科技大学、北京交通大学等5所特色鲜明的高校开始实行自主招生笔试联考，被外界称为"京都联盟"，开创了联考先河。2009年以清华大学为首的5所大学尝试"通用基础测试"办法，5所大学共同组织文化课考试，共享成绩，以减少考生应考次数。联考办法在2010年迅速发酵，"自主招生四大联盟"粉墨登场，以北京大学为首的13所大学（被称为"北约"），以清华大学为首的7所大学（被称为"华约"），以同济大学为首的9所大学（被称为"卓越"），北京科技大学等5所在京大学（被称为"京都派"）分别共享文化课考试成绩。其余试点高校则单独组织考试。

社会对自主招生强烈不满，认为自主招生极其不利于教育资源稀缺的农村偏远地区的考生，自主招生录取的多为教育资源丰富的城市考生。面对自主招生的笔试与面试内容有利于城市考生而不利于农村考生的状况[①]，试点高校不得不作出回应，调整自主招生政策。为此，在自主选拔形式上北京大学推出了"校长实名推荐制"，由具备资格的中学校长以中学和本人名义向北京大学推荐综合素质全面、学科成绩突出、志向远大、具备发展潜能、社会责任感强的高中毕业生，北京大学安排相关学科的专家组进行审核，合格者将免于参加北京大学自主招生笔试而直接进入面试，面试合格者在高考录取时享受降至当地本科一批控制分数线录取的优惠政策。并明确指出在中学资格审核、学生考核等环节中加大对农村地区、偏远地区中学的倾斜力度，推动农村教育发展，促进社会教育公平。清华大学推出"自强计划"，面向长期学习、生活在农村地区、边远贫困地区或民族地区，自强不息、德才兼备的高中毕业生。中国人民大学推出"圆梦计划"，面向在县及县以下地区学校就读，学习成绩优秀或具有某方面培养潜能的应届农村生源高中毕业生。

① 刘海峰：《高考改革的突破口：自主招生的一个制度设计》，《中国高等教育》2011年第9期，第45页。

(2) 考试内容。

考试内容是试点高校选拔目标与选才理念的直接体现，自主招生的考试内容集中体现于面试与笔试题目中。面试是自主招生制度设计的选拔方法之一，通过面试可直截了当地考查考生的知识视野、应变能力、思维表达能力、个性及潜质等方面，是选拔人才的有效形式。自主招生制度试点以来，各高校都充分利用这一选拔方法。在面试方式上，各高校都采取多对多的办法，一般是 3 名考官同时面试 3 名考生。试题基本采取开放式问答或情景问答模式，可以充分激发考生的想象力。以北京大学、清华大学等 6 所重点大学 2012 年的自主招生面试题目为例（表 2-8），结合往年面试题目共同分析，自主招生面试题目可谓“优点很突出，缺点也很突出”。

表 2-8　2012 年部分高校自主招生面试题目举例表

学校名称	自主招生面试题目
北京大学	1. 培根说：“金钱是忠实的男仆，也是恶毒的女主人。”请谈谈你的认识。2. 怎样的机制能够鼓励见义勇为，减少袖手踯躅？3. 北京大学“中学校长实名推荐制”要求“不孝敬父母不得被推荐”，引起社会热议。请谈谈你的看法。4. “温州 7.23 动车事故”以后，有人说中国经济慢些走，你同意这样的说法吗，为什么？5. 目前，我国部分食品存在中国、外国双重质量标准的现象，你如何看待这一问题？
清华大学	1. 假设给你一次机会，你会穿越到古代哪个朝代，做什么人？三国？还是其他？2. 你如何理解清华大学校训：自强不息　厚德载物？3. 如果你是班长，如何组织一次关于雷锋精神的班级活动？根据活动内容，简单叙述演讲稿。4. 如果你所在的中学要进行 80 周年校庆，你作为组织者，打算怎么组织庆典工作？
复旦大学	1. 玉皇大帝与如来佛哪个大？2. 请谈一下方舟子与韩寒之争的社会意义。3. 请为铁道部门设计事故的预案。4. 生物学与我们的生活有什么联系？5. 最近长江下游地区发生的苯酚泄露事件，你怎么看？
浙江大学	1. 如何向小学生解释“椭圆”这个形状？2. 工业界是否也出现了“转基因”现象？3. 如果你要给一所学校建造房子，你会建造高楼还是小房子？4. 你怎样理解国家、城市等层面的政策对设计的影响？5. 设计应该怎么样帮助小孩理解事物？
上海交通大学	1. 有没有一件事情让你感到愤怒或悲伤或委屈或难过？请描述。2. 请用十个词形容自己；如果请某一位你的同学形容你，他会怎么说？3. 是时代造就英雄还是英雄造就时代？4. 除学习外，你花时间最多的是什么？5. 请你列举一种清洁能源的搜集、转换和应用的过程。

续表

学校名称	自主招生面试题目
南京大学	1. 爱因斯坦说“上帝不会掷色子”，你如何理解这句话？2. 孔子说“人所不欲，不逾矩”，也有人认为“人所不欲，要逾矩”，你支持哪种观点？3. 为什么下雪之后人会感到特别安静？4. 你对“蝴蝶效应”这种现象如何理解？5. 20 只母鸡的产蛋率高还是 20 只母鸡和 1 只公鸡的产蛋率高？

资料来源：http://edu.qq.com/gaokao/，2012-11-04。

从其优点来看，第一是题目灵活，很有创意，题目设问无拘无束，海阔天空，给考生留有极其广阔的思考空间，如清华大学面试题目“假设给你一次机会，你会穿越到古代哪个朝代，做什么人？三国？还是其他”，复旦大学题目“玉皇大帝与如来佛哪个大”等，类似的题目足以激发考生的创新激情，考生可从多个角度阐述自己的观点，展现自己独特的思维。面对这样的题目，部分考生或许会娓娓道来，逻辑合理，富于创新思维，也会有考生就事论事，难逃现实窠臼，还会有考生东拉西扯，不成逻辑，不知所云。

第二是试题内容的广泛性，多数试题内容脱离高中教材，不只限于“语、数、外、理、化、生、政、史、地”，而是涵盖中西古今、天文地理。如复旦大学题目“生物学与我们的生活有什么联系”，“能不能说说潮汐和天文历法中的月历有什么函数关系”，北京大学题目“培根说：‘金钱是忠实的男仆，也是恶毒的女主人。’请谈谈你的认识”，“上联：博雅塔前人博雅，请对出下联”等。这些题目涉猎十分广泛。试点高校在招生简章中明确说明，面试主要考查考生日常的积累，切勿刻意准备。看了这些题目便知，根本无法准备。所以这样的题目的确在某种程度上可以考查考生的综合素质与能力，可以较好地反映考生的社会常识与人文科学素养。

第三是试题内容的时代性。很多高校的面试题目都紧扣社会热点与时政要闻，以考查考生在学习之余关注社会的意识与程度。如北京大学题目“北京大学‘中学校长实名推荐制’要求‘不孝敬父母不得被推荐’，引起社会热议。请谈谈你的看法”，“日本政府最近称，由于中国的 GDP 已经超过日本，所以要大幅削减对华援助，你如何看待此事”，清华大学题目“如果你是班长，如何组织一次关于雷锋精神的班级活动？根据活动内容，简单叙述演讲稿”，复旦大学题目“请谈一下方舟子与韩寒之争的社会意义”等，都是社会上正在流行的或者热议的话题。这样的题目旨在考查考生关心社会的意识与社会责任感，避免考生“两耳不闻窗外事，一心只读圣贤书”。

第四是试题内容的生活感，很多题目都来源于生活。如南京大学题目“20只母鸡的产蛋率高还是20只母鸡和1只公鸡的产蛋率高”，复旦大学题目“蛋炒饭怎么做”，“最近长江下游地区发生的苯酚泄露事件，你怎么看”，中山大学题目“假如广州停电5分钟……”，“请你设想一下未来的手机”，“‘我家住在黄土高坡，大风从坡上刮过’，你联想到了什么”等。这些富于生活气息的题目既可以考查考生的生活观察能力，对身边事物的意识与情感，也可考查考生学以致用的通透能力。对生活充满热爱、富有感情的考生面对这样的题目一定是正中下怀，而只顾读书、日常生活参与程度低的考生对这些题目也许会感到措手不及。

第五是这样的面试题目对中学素质教育释放出积极信号，即高校的确开始重视考查考生的综合素质，而不再只是停留于书本内容。一道道别具匠心的试题，反映了高校选拔学生的独特思路，也冲击着根深蒂固的应试教育。这对中学大胆实施素质教育、纠偏应试教育方向是一记“强心针”，也是高考对中学教育发挥积极的“指挥棒”作用的展示。在高考与中学教学的关系中形成的“高考考什么中学就教什么”的定势效应也因此具有积极导向作用。据此逻辑，高校开始重视素质考查，中学也定会重视培养学生综合素质。

从其不足看，自主招生面试题目缺点也很突出。总体上可概括为“偏难古怪”和缺乏系统性。近年来，针对面试题目的指责和诟病常常见诸网络媒体，对其“偏难古怪”的批评时有发生。究其原因，第一，招生院校的自主招生综合选拔体系尚未形成，高校从不承担考试命题任务到承担考试命题任务，需要经历角色与职能的转变。而命题又是专业性极强的工作，需要命题人员、理论与技术以及经验的支撑。在此情形下，高校面试的测试目标、测试的整体性、测试功能、测题质量等都尚在进一步明确或提高中。第二，中国是一个重视考试的国度，针对一项考试会引发考生、家长、学校、教育培训机构等多方面的应试行动。自主招生实施十多年，社会上已经有上百家培训机构专门致力于自主招生笔试、面试的研究和培训。招生院校为提高面试的区分度，避免猜题、押题现象，就不得不挖空心思，出其不意。由此便出现招生院校命题者与全国考生、教师、家长、培训机构人员斗智斗勇的奇观，“偏难古怪”的题目也便由此而生。第三，高校都试图通过自主招生招揽创新人才，从其命题套路看，似乎进入创新人才就要用“偏难古怪”题目考查的误区，尽管不断被报以不满，但这样的题目仍比比皆是。由于过于注重题目内容的广度和“创新”，题目的系统性较弱，关联度很低，有些“七零八落”，难免有拼凑之嫌。其实，从教育测量命题要求的角度看，只要设计合理，即便看似平庸简单的题目也可以考查深层能力，忌讳试题内容与形式晦涩难懂。

自主招生高校的文化科目考试不如其面试那样有吸引力，基本以高中9门课程为边界设定。以四大联考联盟的文化科目为例（表2-9），北大联盟按照文理科分别设置考试科目，理科生除语数外之外，考物理和化学，文科生除语数外之外，考历史和政治。清华联盟的笔试科目为“高水平大学自主选拔学业能力测试”（Advanced Assessment for Admission，简称AAA测试），阅读与写作、数学为必考科目，考生还应在自然科学、人文与社会中选择参加其一。测试的命题以现行中学教学大纲为参照，重点在于考查学生对知识的综合应用能力和学习能力。同济联盟考试科目有数学、自然科学、社会科学。五校联盟的考试科目包括语文、数学、英语和综合能力测试，主要考查考生的学习水平和综合能力。

表2-9　2012年四大自主招生联盟考试科目

联盟名称	考试科目
北大联盟	理科：语文、数学、英语、物理、化学（每科100分共500分） 文科：语文、数学、英语、历史、政治（每科100分共500分）
清华联盟	阅读与写作：满分为200分，考查重点为考生运用中英文进行阅读与写作的能力 数学：满分为100分，考查重点为逻辑思维能力、运算变形能力、空间想象能力、综合创新能力 自然科学：满分为100分，测试内容包括物理学和化学，不排除涉及生物学相关知识的可能，考查重点为理解推理能力、分析综合能力、实验与探究能力 人文与社会：满分为100分，测试内容包括但不限于高中政治、历史、地理的教学内容，考查重点为学生的阅读量与知识面，对人文与社会问题思考的深度，审美能力，并对学生的情感、态度、价值观进行一定的描述 （考生应当参加阅读与写作、数学的考试，并在自然科学、人文与社会中选择参加其一）

续表

联盟名称	考试科目
同济联盟	数学，满分 100 分；自然科学（涵盖物理与化学），满分 100 分；社会科学（涵盖语文与英语），满分 150 分；总分 350 分（文科考生不参加自然科学测试）
五校联盟	语文、数学、英语和综合能力测试

资料来源：http://edu.qq.com/gaokao/，2012-11-04。

自主招生笔试无论是其科目设置，还是考试内容与方式，基本上都没有超出高考的范围与框架，与高考科目及内容极其雷同。因此也就引发了对其"小高考"的质疑，认为增加了考生负担，扰乱了中学教学秩序。原因是自主招生是基于高考的制度设计，考生必须参加高考，试点高校可以不再组织文化科目考试，以高考成绩衡量考生的学业水平及文化素养即可。现实是考生既要参加自主招生笔试，又要参加高考，而自主招生院校的笔试题目无论是命题思想理念、命题专家储备、命题技术与经验，还是命题的科学性和命题质量都无法超越高考试题，因此增加学生负担的指责似乎在理。自主招生制度的改革完善任重道远，当务之急便是试点高校尽快加强招生能力建设，制定各具特色的自主招生考试评价体系，进一步明确选拔目标，合理确定考试形式，科学选择考试内容，公开选拔过程。

四、统分结合的命题格局与新课改后的命题改革

进入 21 世纪，高等教育大众化阶段落实高校办学自主权、基础教育新课改重视对学生素质与能力的培养、全国教育发展不均衡、教育公平问题急需关照的境遇向高考命题的形式与内容发起挑战。受此驱动，统分结合的高考命题形式逐步形成，能力立意的命题宗旨逐步确立。

（一）统分结合的命题格局

如今，我国高等教育已经步入大众化发展阶段，如果说统一命题适应了精英教育的模式，那么，大众化高等教育阶段，各地改革发展的不均衡所带来的经济、文化、教育的差异以及新一轮基础教育课程改革，使"统一考试，分省命题"的高考模式应运而生①。回顾历史，高考命题历经了分分合

① 《教育部考试中心：高考分省命题适合国情》，《中国教育报》2006 年 9 月 30 日。

合的发展历程，是分还是合，决定于社会政治、经济、文化、教育发展的实际与需求。继上海1985年适应高中会考制度与高考科目改革需要单独命题后，北京等省市区先后获得自主命题权限。至2012年，全国16个省市区实施高考自主命题，“统一考试、分省命题”的格局形成。

由于高考命题形式改革与基础教育新课改几乎同时启动，所以统分命题方式和新课改高考命题与非新课改高考命题交织一起，形成了全国大纲试卷、全国新课标试卷、分省大纲试卷、分省新课标试卷等多个试卷版本，命题方式与内容的多元化局面一目了然（表2-10）。其中，在16个自主命题的省市区，除四川、重庆尚未进入新课改高考之外，其余14个省市区都已进入新课改高考。除辽宁、湖北、湖南、山东、山西5个省的文科综合、理科综合全国统一命题外，其余11个省市区的核心科目都自主命题。海南、宁夏、河南、吉林、黑龙江、河北、云南、内蒙古、山西、新疆10个进入新课改高考的省市区为统一命题，使用全国新课标试卷。甘肃、青海、西藏、贵州、广西5个未实施新课改高考的省市区为统一命题，使用全国大纲试卷。

表2-10　2012年高考科目命题方式表

省市区	自主命题科目	统一命题科目
北京	语文、数学、英语、文科综合、理科综合	俄语、日语、法语、德语、西班牙语
上海	语文、数学、英语、综合能力测试	俄语、日语
重庆	语文、数学、英语、文科综合、理科综合	日语、俄语
天津	语文、数学、英语、文科综合、理科综合	
江苏	语文、数学、英语、政治、历史、地理、物理、化学、生物、技术	俄语、日语、法语、德语、西班牙语
浙江	语文、数学、英语、综合、技术、自选模块	俄语、日语、德语、法语、西班牙语以及英语听力
辽宁	语文、数学、英语	文科综合、理科综合、日语、俄语、韩语、蒙语、藏语
湖北	语文、数学、英语	文科综合、理科综合
湖南	语文、数学、英语	文科综合、理科综合

续表

省市区	自主命题科目	统一命题科目
福建	语文、数学、英语、文科综合、理科综合	俄语、日语、法语、德语、西班牙语
广东	语文、数学、英语、文科综合、理科综合	俄语、日语、法语、德语、西班牙语
山东	语文、数学、英语、基本能力测试	文科综合、理科综合、俄语、日语、法语、德语、西班牙语
安徽	语文、数学、英语、文科综合、理科综合	俄语、日语、法语、德语、西班牙语
江西	语文、数学、英语、文科综合、理科综合	俄语、日语、法语、德语、西班牙语
四川	语文、数学、英语、文科综合、理科综合	俄语、日语、法语、德语、西班牙语
陕西	数学、英语	语文、文科综合、理科综合、俄语、日语、法语、德语、西班牙语
备注	海南、宁夏、河南、吉林、黑龙江、河北、云南、内蒙古、山西、新疆10个省市区为统一命题，使用全国新课标试卷	
	甘肃、青海、西藏、贵州、广西5个省市区为统一命题，使用全国大纲试卷	

资料来源：http://edu.people.com.cn/GB/116076/190384/，人民网教育频道，2012年11月6日。

2006年，教育部印发《普通高等学校招生全国统一考试分省命题工作暂行管理办法》(教考试〔2006〕2号)，以加强分省命题工作的管理，规范命题工作的组织实施。指出高考命题实行全国统一命题与分省命题相结合的办法，分省命题必须按照“有助于高等学校选拔人才、有助于中等学校实施素质教育和有助于扩大高校办学自主权”的原则实施，要有利于考试的科学公正、安全高效与准确规范。分省命题必须在全国统考框架内，由教育部授权给有关省、自治区、直辖市教育行政部门，根据考试大纲自行组织命题工作。命题工作的基本程序是：(1) 组织命题管理人员、命题教师学习有关命题政策、理论和有关保密的法律法规。(2) 组织命题教师熟悉考试大纲和中学教材；分析历年试题和统计数据。(3) 制订学科命题计划或命题双向细目表。(4) 编写试题、试题的参考答案及评分参考。(5) 讨论和推敲试题，控制试题难度和质量。(6) 根据命题计划或细目表组卷，并完成组卷说明，以供审题教师参考。(7) 审题，并填写审题意见书。当命题组与审题教师对试题科学性存在分歧时，应在充分交流的基础上达成一致意见。(8) 试题定稿，命题组长和学科命题管理人员在发排清样上签字。(9) 命题总结。

"统一考试，分省命题"格局的形成引发了各方不同的反应。有人认为分省命题显示出了鲜明的特色，在继承国家传统的基础上，各省市结合教育发展实际，在形式与内容上不断创新，无论是命题立意、考点分布、试卷结构的变化，还是命题选材的拓展、各种新题型的出现等，都显示了各省市在命题方面的创新与努力。尤其是逐步将现代教育测量理论和技术应用于命题的质量控制，加强考试机构建设和命题专家队伍建设等举措，对优化命题质量、减少考试误差、控制试卷信度和效度，从而提高命题科学性具有重要推进作用①。也有观点认为高考分省命题在不断的探索和实践中也存在着一定的问题和困惑。分省命题的初衷是降低泄题风险，但实际上反而使风险增加。在统一命题模式下，如果发生了泄题事件，其影响和损失无可估量。分省命题的泄题风险也同样不小，虽然各省对命题进入考场都有非常严格的规定，但在保密、回避、试题印刷、运送等环节的执行难度比全国统一考试要大得多，再加上分省命题流程监管的全国性规定的缺失，在高考命题中出现"自主泄题"的情况因此并非危言耸听②。因此，分省命题并非规避泄题风险的最佳选择。分省命题的核心问题是试卷质量。虽然分省命制高考试卷可以适应各地教育实际，凸显特色，但各地命题专业人员数量与质量并不乐观，承受命题重负，一些省份甚至有回到全国统一命题的想法。如此现状对试卷的质量与创新构成实质性威胁。同时，由于缺乏专业人员，命题研究也未能跟上命题需要，试卷形式与内容如何创新、如何实现对跨学科知识考查真正体现能力立意、如何运用海量考试数据全面评价考生以及研究命题等现实问题都急需研究。

(二) 新课改后的高考命题

由于我国高考命题以高中教学内容为主要依据，高中教学内容的变化亦

---

① 李瑛：《普通高等学校招生全国统一考试分省命题研究》，中南大学硕士学位论文，2008 年。

② 李立峰：《高考分省命题不是改革的必然方向》，《粤海风》2011 年第 1 期，第 21 页。

会引起高考命题及内容导向的变化。2004 年，广东等四省区率先进入高中新课改，高中各学科的培养目标、教学目标、教学内容、教学方法、课程与学生评价等都发生变化，新课改强调探究能力的培养，倡导“知识与能力、过程与方法、情感态度与价值观”的三维学习目标，强调学习的选择性，教学内容也被分为选修部分和必修部分等。这些变化也连带性地引发了高考命题的变化。

1. 新课改后高中课程的变化

新课改后，国家颁布的高中教学的纲领性标准《普通高中课程标准（实验)》与新课改前《全日制普通高级中学教学大纲》的内容发生了根本变化。新课程的培养目标强调使学生初步形成正确的世界观、人生观、价值观；有为民族振兴和社会进步作贡献的志向与愿望，具有民主与法制意识，具有社会责任感；具有终身学习的愿望和能力，掌握适应时代发展需要的基础知识和基本技能，学会收集、判断和处理信息，具有初步的科学与人文素养、环境意识、创新精神与实践能力；具有强健的体魄、顽强的意志，形成积极健康的生活方式和审美情趣，初步具备独立生活的能力、职业意识、创业精神和人生规划能力；正确认识自己，尊重他人，学会交流与合作，具有团队精神，理解文化的多样性，初步具备面向世界的开放意识。新课程方案更加重视学生的全面发展，要求学生不仅应该掌握文化知识，还应具有健全的人格、健康的体魄、创新精神与能力。新课程方案还重视学生知识应用意识的养成，将学习与实践紧密结合，学以致用。为实现上述培养目标，高中课程及教学内容精选终身学习必备的基础内容，增强学习与社会进步、科技发展、学生经验的联系。适应社会需求的多样化和学生发展的个性化诉求，构建重基础、多样化、有层次、综合性的课程结构。重视学生自主学习、合作交流以及分析和解决问题能力的培养。配合新的课程内容与教学要求，高中建立起了发展性评价体系，实行学生学业成绩与成长记录相结合的综合评价方式等。

改革后的高中课程由学习领域、科目、模块三个层次构成。新的高中课程设置了语言与文学、数学、人文与社会、科学、技术、艺术、体育与健康和综合实践活动八个学习领域。每一领域由课程价值相近的若干科目组成，八个学习领域共包括语文、数学、外语（英语、日语、俄语等)、思想政治、历史、地理、物理、化学、生物、艺术（或音乐、美术)、体育与健康、技术等 12～13 个科目。其中技术、艺术是新增设的科目。每一科目由若干模块组成，模块之间既相互独立，又反映学科内容的逻辑联系。每一模块都有明确的教育目标，并围绕某一特定内容，整合学生经验和相关内容，构成相对完整的学习单元。课程模块的设置有利于解决高中科目设置相对稳定与现代科学迅猛发展的矛盾，并便于适时调整课程内容；有利于学校充分开发课程资源，提供丰富多样的课程供学生选择；也为学生根据个人兴趣爱好制定有个性的课程学习计划奠定了基础。高中新课改课程结构与设置情况见表 2-11。

表 2-11　高中新课改课程结构与设置

<table>
<tr><th>学习领域</th><th>科目</th><th>必修学分
（共 116 学分）</th><th>选修学分Ⅰ</th><th>选修学分Ⅱ</th></tr>
<tr><td rowspan="2">语言与文学</td><td>语文</td><td>10</td><td rowspan="17">根据社会对人才多样化的需求，适应学生不同潜能和发展的需要，在共同必修的基础上，各科课程标准分类别、分层次设置若干选修模块，供学生选择</td><td rowspan="17">学校根据当地社会、经济、科技、文化发展的需要和学生的兴趣，开设若干选修模块，供学生选择</td></tr>
<tr><td>外语</td><td>10</td></tr>
<tr><td>数学</td><td>数学</td><td>10</td></tr>
<tr><td rowspan="3">人文与社会</td><td>思想政治</td><td>8</td></tr>
<tr><td>历史</td><td>6</td></tr>
<tr><td>地理</td><td>6</td></tr>
<tr><td rowspan="3">科学</td><td>物理</td><td>6</td></tr>
<tr><td>化学</td><td>6</td></tr>
<tr><td>生物</td><td>6</td></tr>
<tr><td>技术</td><td>技术（信息技术、通用技术）</td><td>8</td></tr>
<tr><td>艺术</td><td>艺术、音乐、美术</td><td>6</td></tr>
<tr><td>体育与健康</td><td>体育与健康</td><td>11</td></tr>
<tr><td rowspan="3">综合实践活动</td><td>研究性学习活动</td><td>15</td></tr>
<tr><td>社区服务</td><td>2</td></tr>
<tr><td>社会实践</td><td>6</td></tr>
</table>

资料来源：教育部颁布的《普通高中课程方案（实验）》（教基〔2003〕6 号），2003 年 3 月 31 日。

高中新课程方案要求实行学生学业成绩与成长记录相结合的综合评价方式，全面、动态、立体化评价学生，要求学校根据目标多元、方式多样、注重过程的评价原则，综合运用观察、交流、测验、实际操作、作品展示、自评与互评等多种方式，为学生建立综合、动态的成长记录手册，全面反映学生的成长历程。这一举措为改革完善高考评价体系，将高中学业发展及综合素质评价结果纳入统一高考评价奠定了基础。

2. 新课改后高考命题的变化

在高中新课改进程中，高考命题对新课程目标的实现、新课改背景下的教学及学习活动具有重要的导向作用。高考命题与高中新课改相呼应，努力体现新课改的标准和理念，促进中学实施素质教育和落实新课改目标。新课改后，高中课程与教学内容、考试大纲、考试说明依次发生变化，高考命题立意、能力考查、题型结构等也随之变化。新课程高考命题反映了高中课改后学生学习的特点，反映了高中新课程标准和理念，着重考查考生的基本素质、综合应用能力、创新精神和实践能力，能力立意的命题目标逐步实现。

(1)“能力立意”命题观念的确立与践行。

培养学生的综合素质与能力是新课改的根本诉求，新课改后的高考命题借鉴历史经验，着力体现新课程“知识与能力、过程与方法、情感态度价值观”三维课标宗旨，能力立意的命题指导思想逐步确立。能力立意是相对知识立意的命题思路而提出的，高考命题以能力立意为命题思路是在试卷命制中以考查能力为中心。知识立意则是以考查知识为中心，把考查知识的数量和对知识的理解程度置于首位，着眼于知识的系统性。

从命题指导思想与依照原则的文本表述看，无论是全国统一命题还是分省命题，都透射出重视对考生能力考查的观念。北京市《2010 年普通高校招生考试改革方案》中对命题原则的表述中指出命题应“充分体现新课程理念，注重基础，突出能力，强调理论与实际的联系”。福建省在《实施普通高中新课程后普通高校招生考试改革方案的通知》中对命题的要求是“突出能力要求，重视对基础知识和基本技能的考查，特别是对主干知识和实验能力的考查。注重考查学生综合运用知识分析问题、解决问题的能力，注重考查学科思想方法的应用，考试内容力求联系学生生活经验和社会实际。合理控制试题难度，注意减轻学生过重的学业负担”。天津市新课改后的高考命题坚持“试卷命制贴近社会、时代和考生生活，注重适应终身学习和时代发展必须具备的经典知识和学习能力的考查”的原则。浙江省在新课改高考方案中也突出命题的能力立意追求，坚持命题“以推进素质教育为主旨，以准确、规范、科学、公平为目标，正确处理理论与实践、知识与能力的辩证关系，体现能力立意，确保质量”的原则，等等。

能力立意的命题思想具体体现在命题的实践过程中。命题立意是命题的指导思想和行动准则。能力立意的命题思想进一步贯穿于试题素材的选择、题型的变化及试卷质量的提升等方面，是科学理念与规范程序的集合。在命题立意清楚、考试范围和内容确定之后，下一步主要是设计试题的结构和内容。在这一过程中，需要考虑的因素较多，如试题包含的核心知识是什么，在方法和能力方面有何体现，用什么题型呈现，是否符合内容标准的要求，难易程度和解题花费的时间如何，试题间构成怎样的逻辑关系等。在明确以上试题构成要素的基础上，便进入试题情景素材选择、文字表述加工、形成试题等命制环节。上述关系可以简单表示为图 2-1①。天津市为了体现能力命题立意，根据学科特点和各学科考查的能力目标列出了考查能力细目表，编制学科知识结构、能力结构的多维细目表，体现学科知识结构和能力要求结构的耦合对接。在命题中对每一道试题进行能力功能定位，力求从试卷设计、试题立意、试题素材、情景过程、解决问题的方法、问题设计等角度体现能力立意②。

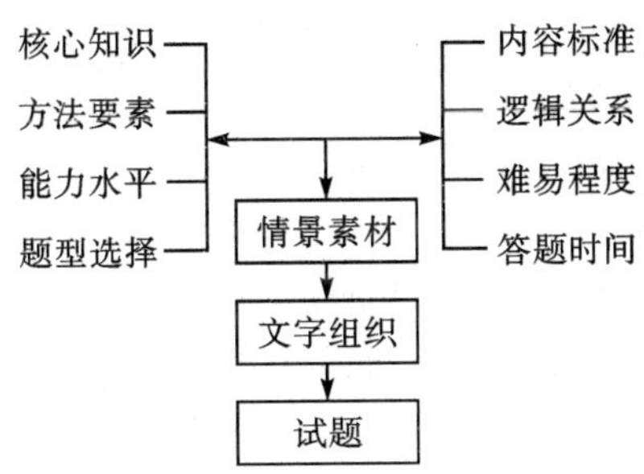

图 2-1　高考试题的构成要素与命制程序

就考试内容与试题素材而言，新课改高考素材力求做到贴近社会发展，贴近科技进步，贴近学生生活，创设具有鲜明时代感的问题情境。如江苏省

① 《新课程高考命题设计的发展与创新》，2012 年 11 月 11 日，http://edu7.teacher.com.cn/tkc134a/show.aspx? id=590&cid=490。

② 岳伟、王松岭：《高考命题要有利于高中新课程标准的实施——天津市高中新课程改革背景下高考命题刍议》，《天津师范大学学报》（基础教育版）2010 年第 2 期，第 45 页。

2008 年政治试卷题目涉及农民收入与消费、节假日调整、美国总统竞选、北京奥运会等贴近生活、富有时代感的内容。政治试卷中第 34 题简析题让考生概括江苏农民的生活状况，分析如何提高农民消费水平；单项选择题第 5 题考查了江苏义务教育阶段减免费用问题。2008 年地理试卷中第 25、26 题涉及江苏省三大产业产值比重与城市人口比重的变化，选做题的旅游地理涉及苏州古典园林议题。更为吸引眼球的是周杰伦的《青花瓷》也出现在政治试卷的选择题中，考查考生对中国文化“源远流长”的体悟，具有较强的历史人文气息①。就试卷结构而言，新课改后有较大调整。首先是与新课改后高中课程内容设置选修模块对接，在试卷中设置了选做题，考生可根据自己的选修内容从同等难度的试题中任选一题解答，增强了试卷形式的灵活性，体现了命题“以生为本”的人性化色彩。在试卷结构方面，以语文试卷为例，山东、天津、北京的试卷仍然按照选择题与非选择题的体例区分，但全国卷以及广东、上海、江苏、辽宁等省市区的语文试卷不再按照题型分类，而是按照考试内容分类。还有，新课改高考试题的难度出现降低趋势，偏题、难题、怪题很少出现在新课改下的高考试卷中，试题的设问更加灵活，开放性、探究性问题增多。

另外，新课改后的高考命题都注意提高命题质量，增强试卷的科学性。表现为各省市区都加强了高考命题的研究与管理，遵照教育部《普通高等学校招生全国统一考试分省命题工作暂行管理办法》及《关于普通高中新课程省份深化高校招生考试改革的指导意见》，制定各自的新课改高考方案及命题细则。湖北省对命题的要求是“坚持有利于高等学校选拔新生、有利于中学实施素质教育和贯彻课程标准的原则，以各学科课程标准、考试大纲为依据，坚持命题的科学性、公平性、规范性、基础性原则，充分体现新课程理念，注重基础，突出能力，强调理论与实际的联系。既要使试卷整体上具有良好的区分功能和导向作用，也要符合湖北省教学和考生的实际，积极稳妥地推进考试内容改革”。福建省在高考命题中做到体现选拔性考试的特点，考试内容有一定的覆盖面，试题、试卷难度系数、试卷长度和试题分量适当；同一种题型中的试题编排尽量体现由易到难，以中等难度试题为主的原则；同一份试卷中的试题之间应相互独立，不相互牵连或前后提示；力求命题公平，试题不出现有地域、民族、性别、学校、社会阶层、经济利益、家

① 张雅宁：《江苏高考命题与新课改衔接之初探》，《江苏教育》2009 年第 4 期，第 37 页。

庭背景等方面的偏见或疑似歧视，题意以及指示语应完整、明确、精炼，易于理解，不生歧义①。

为改进高考命题，提高质量，各省市区还组织编写了各科试卷质量分析报告，总结、反馈试卷质量信息，为下一年命题提供参照。试卷质量的分析与评价既是现代考试流程中的一个重要步骤，也是促进考试走向科学化、规范化必不可少的手段。对考试结果的分析与利用，可以及时发现命题中存在的问题与不足，对命题改革与发展具有现实意义②。各省市区各个科目试卷分析报告的结构和内容，一般包括试卷的总体描述，试卷实测结果对命题指导思想的履行与体现程度，各科目成绩平均数与标准差，不同群体考生成绩比较，试题的信度、效度、难度、区分度，每道题目的得分分布、难度、区分度，试卷的优缺点分析及命题经验教训等部分。

(2) 新课改后高考命题面临的挑战。

新课改后的高考命题有创新，有发展，与分省命题模式融合于一体，呈现出多元化发展趋势，但也面临一系列困难与挑战。毋庸置疑，能力立意的命题思想已经确立，分省命题的省市区也以此为根本原则指导命题实践。但是，新课改后高考与高中课程选修模块对接的选做题的出现、选修模块与必修模块内容的选择、选修模块内容的多样性和难度、不同科目组分数之间的转换、选做题等值转换、试题素材的选择及命题的公平性考验都是新课改背景下高考命题亟待解决的理论与技术难题③。还有目前的试卷统计分析只停留于考生成绩的浅层描述统计分析，仅仅发挥了考试的测量功能，对考试成绩的整体、深层、连续性挖掘与分析十分欠缺，考试结果的诊断、反馈等功能尚待开发。试卷分析停留于从不同角度对一份试卷的静态分析，以经典性测验理论的难度、区分度、信度、效度指标为分析思路和指标，新的教育测量与评价理论在试卷分析中的应用不够，致使试卷分析结果难以反映考生的深层认知结构及其变化，考试结果的应用有限，造成大量考试数据信息的浪费。

---

① 《普通高等学校招生全国统一考试福建省命题工作实施细则（试行）》，2007年1月9日。

② 叶宏：《论高考命题质量控制机制的建设》，《中国考试》2011年第7期，第3～8页。

③ 王后雄：《新课程标准下高考命题若干技术难题刍论》，《考试研究》2007年第2期，第31页。

五、高中学业水平考试、综合素质评价与高考评价

进入 21 世纪以来，随着基础教育新课改的深入实施，以文化科目为主要指标的高考评价体系的局限性日渐显露，如何多元、综合、个性化地考查考生的素质与能力考问着现行的评价体系。在此境遇下，高中学业水平考试、新课改后推行的综合素质评价为人们所青睐，作为指标被纳入高考评价体系。

（一）高中学业水平考试与高中会考的交替演变及其与高考评价

1. 高中学业水平考试制度的确立

2000 年 3 月，教育部《关于普通高中毕业会考制度改革的意见》将高中会考的统筹决策权交由地方后，部分省份曾一度取消了会考制度，会考在全国出现了一定的反复。2004 年高中新课改推行后，高中学业水平考试逐步取代会考，成为衡量学生高中学业的水平性考试。率先进入新课改的广东、山东、海南、宁夏同时宣布实行高中学业水平考试。2008 年，《教育部关于普通高中新课程省份深化高校招生考试改革的指导意见》（教学〔2008〕4 号）明确指出："高等学校招生录取要在高考成绩基础上逐步增加对学生学业水平考试及综合素质的考查。一些国家重点建设的高水平大学要深化自主选拔录取改革，在选拔综合素质高、有创新精神和潜质的人才方面，进一步探索高考、高中学业水平考试和综合素质评价与学校测试相结合的多元化评价选拔办法；示范性高等职业院校和条件成熟的省市要进一步探索符合高等职业教育培养规律和特点的人才选拔模式，可将学生学业水平考试成绩与学校组织的考试成绩相结合作为录取依据。"由此，高中学业水平考试与高考被捆绑在一起，成为高考成绩、高中学业水平考试和综合素质评价"三位一体"的高考评价体系的组成部分。2010 年《规划纲要》中提出"改革质量评价制度和考试招生制度。建立科学的教育质量评价体系，全面实施高中学业水平考试和综合素质评价"，高中学业水平考试在国家教育发展规划中确立了其应有地位。

2. 高中学业水平考试与高考关系的实践探索

实践中，各省市区新课改后的高考方案都以"分类考试、综合评价、多元录取"为纲领，构建新的高考评价体系，其中不乏学业水平考试的影子。如浙江省深入推进新课改高考方案，建立学业水平测试、综合素质评价和统一选拔考试"三位一体"的招生考试评价体系，探索把高中学业水平测试成

绩和中学综合素质评价纳入高考评价体系，按一定比例合成综合成绩，安排在本批次的提前批择优录取①。云南将学业水平测试成绩与高考双挂钩，一方面将学业水平成绩换算成分数后直接计入高考总分，高考总分＝高考成绩＋英语听力成绩＋学业水平考试量化成绩。其中高考满分为720分，英语听力满分为30分，学业水平考试量化满分为22分，高考总分满分为772分；另一方面，把高中学业水平考试成绩等第提供给招生院校，作为录取参考依据②。海南的新课改高考采用“3＋3＋基础会考”模式，基础会考成绩按卷面实际获得成绩的10％计入录取成绩总分。其余省市区大多实行学业水平与高考评价的“软挂钩”模式，将高中学业水平考试成绩及等第提供给招生高校，供其录取参考。

但由于高中学业水平考试与之前的高中会考制度一脉相承，具有接替的渊源关系，因此人们担心会考制度实施中曾出现的问题会再次出现于学业水平考试中，认为应谨慎处理其与高考评价体系的关系，在将其纳入高考评价体系之前，应确保其自身的规范性、科学性及结果的可用性。

（二）综合素质评价与高考评价

在高考实践中，评价标准的单一会导致人才成长和选拔的片面化。高考文化科目笔试固然有其统一、高效、客观、公平、便于操作等优点，但不能考查考生的方方面面，“以分数论英雄”的单一标准的高考评价体系日益受到挑战，改革的呼声此起彼伏。

1. 综合素质评价制度的形成

配合新课改的推行，2002年教育部印发《关于积极推进中小学评价与考试制度改革的通知》，首次提出在基础教育阶段实行综合素质评价。2003年教育部发出《关于开展普通高中新课程实验工作的通知》，出台了《普通高中课程方案（实验）》及高中所有科目的课程标准，标志着基础教育新课改向纵深推进。2004年，率先实施高中新课改的广东、山东、海南和宁夏推出高中新课程一揽子方案，其中就包括综合素质评价。随后进入新课改的省市区也都探索建立了符合本地实际的综合素质评价制度。

2008年，教育部在《关于普通高中新课程省份深化高校招生考试改革

① 《浙江：高考评价体系不再单一》，2011年5月27日，http://www.51test.net/show.asp?id=1625509。

② 《云南将建“三位一体”高考评价体系》，《中国教育报》2011年11月18日。

的指导意见》（教学〔2008〕4 号）中首次对综合素质评价进行明确定位，初步确立其与高考评价的关系。指导意见指出新课改后高考改革的主要任务就是加强对高校招生考试、录取和中学综合评价的统筹，推进综合改革；促进高校招生考试改革与高中课程改革相结合，促进国家统一考试改革与高中综合评价改革相结合，逐步建立和完善在统一高考基础上的全面、综合、多元的高考评价制度。改革内容是建立和完善高中学生综合评价制度，并逐步纳入高考评价体系。同时要求各地加快建设完善高中学生综合素质评价制度，切实做到可信可用，为高校招生选拔提供参考依据。要求高校推进选拔录取模式改革，探索在高考成绩的基础上参照综合素质评价的选拔录取办法。鼓励高水平大学深化自主选拔制度改革，在选拔综合素质高、有创新精神和发展潜质的人才方面，进一步探索高考、高中学业水平考试和综合素质评价及高校测试相结合的综合性、多元化评价办法。2010 年《规划纲要》要求"全面实施高中学业水平考试和综合素质评价"，"改革教育质量评价和人才评价制度。做好学生成长记录，完善综合素质评价"，"普通高等学校本科招生以统一入学考试为基本方式，结合学业水平考试和综合素质评价"。

2. 综合素质评价与高考评价关系的实践探索

在高考制度改革实践中，进入新课改的省市区相继出台了新的高考实施方案和高中学生综合素质评价实施方案，并将综合素质评价纳入高考评价，作为高校评价选拔新生的参考。由于综合素质评价多以描述性、定性方式呈现结果，因而不量化、不计入高考总分，其与高考的关系多为"软挂钩"。从综合素质评价与高考评价体系关系的视角，受"分类考试、综合评价、多元录取"的改革导向驱动，北京、浙江、云南、广东、江苏等省市区都提出了"统一考试＋高中学业水平考试＋综合素质评价"三位一体的新的高考评价体系，综合素质评价在高考评价中的角色与功能是提供参考、作为评价选拔的依据。各地综合素质评价的内容基本围绕 2002 年教育部提出的"道德品质、公民素养、学习能力、交流与合作、运动与健康、审美与表现"六项内容指标设定，一些地方沿用这六项指标，一些地方有所调整。

实践中，各省市区根据本地实际制定出了符合自身的综合素质评价方案（表 2-12）。北京市的综合素质评价内容包括基础指标和发展指标。基础指标包括思想道德、学业成就、交流与合作、运动与健康、审美与表现五方面。发展指学生在共性发展的基础上，体现个人与众不同的个性发展目标。评价结果主要为学生选择高校或工作岗位提供参考；为高校选拔学生及入学后开展有针对性的教育提供参考；为用人单位选择合适的人才提供参考；为学校办学、教学及质量监控提供依据。

表 2-12　部分省市综合素质评价指标体系与内容

<table>
<tr><th>省市区</th><th colspan="2">指标内容</th><th>评价主体与方法</th><th>结果呈现</th><th>结果应用及要求</th></tr>
<tr><td rowspan="2">北京市</td><td>基础指标</td><td>思想道德：道德品质、公民素养；学业成就：知识技能、学习能力、学业情感；合作与交流：自我认识与调控、同伴认识与交流、适应环境；运动与健康：体育锻炼、卫生与保健、体质健康；审美与表现：感受美、欣赏美、表现美</td><td rowspan="2">评价主体：学生本人、教师、同学、家长
评价方法：观察、访谈、口试、考试、测量、社会实践、实操</td><td rowspan="2">思想道德、学业成就、合作与交流、审美与表现用“等级”表示；运动与健康用“百分制”表示；个性发展用“语言描述”、“评语”表示</td><td rowspan="2">为学生选择高校或工作岗位提供参考；为高校选拔学生及入学后开展有针对性的教育提供参考；为用人单位选择合适的人才提供参考；为学校办学、教学及质量监控提供依据</td></tr>
<tr><td>发展指标</td><td>个性发展：特长、有新意的成果、其他</td></tr>
<tr><td>江苏省</td><td colspan="2">道德品质；公民素养；学习能力；交流与合作；运动与健康；审美与表现</td><td>学生自评、同伴互评、教师评价、班主任评价、学校评价</td><td>道德品质、公民素养、交流与合作用“合格”表示；学习能力、运动与健康、审美与表现分 A、B、C、D 四级</td><td>作为高校招生信息之一；道德品质和公民素养不合格者不能填报志愿；学习能力、运动与健康、审美与表现单项达到 A 级且其他三项均为合格的可优先录取；以上三项均为 D 的可不录取</td></tr>
</table>

续表

省市区	指标内容		评价主体与方法	结果呈现	结果应用及要求
广东省	模块修习记录	将必修学分、选修学分和各学分对应修习的模块名称记入学生综合素质评价电子档案	由任课教师和班主任组织实施	是否达到修习要求	评价结果是学生毕业的依据之一；评价结果也是高校录取或退档的依据之一
	基本素质评价	道德素养、文化素养、综合实践、身心健康、艺术素养	学生自评、他评；文字描述、提供实证材料	描述性记录、作品、实证材料	
	实验操作考查	考查学生在实验范围内的观察能力、实践能力和操作技能	各市统一命题，学校组织考试	分优秀、合格、不合格三个等级	
	信息技术等级考试	信息技术科目的必修和选修内容	各市统一命题，学校组织考试	分一级、二级、三级、四级、五级	

资料来源：根据北京、江苏、广东的高中学生综合素质评价实施方案整理。

江苏省的综合素质评价内容包括道德品质、公民素养、交流与合作、学习能力、运动与健康、审美与表现六项，细化的二级测试点达 27 个。其评价结果主要作为高校招生的参考信息。有所不同的是对不同评价指标内容提出相应要求，如考生的道德品质和公民素养不合格者不能填报志愿；学习能力、运动与健康、审美与表现单项达到 A 级且其他三项均为合格者高校可优先录取；但若以上三项均为 D 级，则高校可不录取。

广东省的综合素质评价内容包括模块修习记录、基本素质评价、实验操作考查和信息技术等级考试四个方面。模块修习记录反映学生在校期间各科目学分获得情况和各科目模块修习情况；基本素质评价反映学生的道德素养、文化素养、综合实践、身心健康、艺术素养等各方面情况；实验操作考查反映学生在科学领域的实际操作能力；信息技术等级考试反映学生的信息技术能力和素养。综合素质评价一些由地级市统一组织，一些由学校组织；一些项目用合格评价，一些项目用等级制评价；综合素质评价的结果有两个用途，之一是作为学生毕业的依据，之二是作为高校录取或退档的依据。

将综合素质评价纳入高考评价体系，有助于打破“一考定终身”的考试录取方式，有利于多元化招生录取模式的建立。虽然目前还只是将其作为高校招生录取的参考，尚未做到“硬挂钩”，但这对于传统高校招生评价体系是一个巨大的冲击，在一定程度上改变了长期以来唯高考分数独尊的局面，是高考评价改革的“破冰”之举。然而，由于综合素质评价具有内容的丰富多样性、评价过程的全程性与动态性、评价实施的多主体性、学生发展的个体差异性、评价方法的定性化描述等特征，它对制度实施的环境与条件具有较高要求，需要公开、公正、公平的操作程序确保这一制度的实行。否则，要么成为摆设，不能发挥实质性作用；要么被权势绑架，成为滋生教育腐败的温床。中国一千多年的人才选拔史同样生动地说明，以综合评价选拔人才，理想和现实的差距往往非常大①。近几年的实践证明，将综合素质评价纳入高利害、大规模的高考评价，仍然面临种种挑战。尤其是对其科学性与可操作性的质疑是综合素质评价急需改进的内容。

六、特点与启示

高考是牵动千百万人神经的举国大考，高考用一张张看似轻薄的试卷承载着高校“如何选择”和中学“怎么教育”的厚重使命。高考改革始终与时代同行，直面现实问题，改革探索的步伐从未停歇。21 世纪伊始国家发展素质教育的决策为教育发展和高考改革定下基调。高考科目设置、考试内容选择、考试形式变革、命题方式的改进、评价体系的优化等都围绕“有利于中学实施素质教育、有利于高校选拔人才、有利于落实高校办学自主权”的改革三原则铺开。

第一，从考试科目与内容角度看，“3＋X”科目设置方案的确立确保了高考与素质教育相衔接，“X”科目的开放性与灵活性为各省市区制定个性化、适切性高考科目设置方案创造了条件。上海、广东、海南、江苏等省市纷纷推出各异的科目设置模式，探索在素质教育背景下适合于综合、全面考查学生素质与能力的科目设置方案，为“3＋X”科目模式在全国的实施积累了宝贵经验。但考虑到高考与高中教学的关系，“X”科目未能充分展现其风采。起初还有广东等省市实施“X”科目的大综合，但很快遭到中学的反对，认为如此考法增加考生负担、扰乱中学教学，遭遇困境后不得不转向

① 刘海峰：《科举考试的教育视角》，湖北教育出版社，1995 年。

小综合，即“3＋文综/理综”。第二，高考形式逐渐由“以分数论成败”的“独木桥”朝建成四通八达的“立交桥”方向努力。考生可通过考试成绩、保送、自主招生等多元途径迈入梦寐以求的“象牙塔”。只不过无论是统一考试，还是保送与自主招生制度，都依然如履薄冰，与百姓的期望尚有差距，时不时地招致非议，改革任务繁重，形势严峻。第三，高考命题方式由“统”到“统分并存”。这一时期，适应教育改革发展需要，考虑全国各地教育发展不均衡的实际，教育部赋予部分具备条件的省市区高考自主命题的使命与权限，统分结合的命题格局确立。虽然分省命题在一定程度上化解了“全国一张卷”的矛盾，却生发出命题质量、命题风险、分数等值转换、同等科目全国比较的难题。第四，随着素质教育与基础教育新课改的推行，考试评价、高考评价的理念进入高考改革的视野，如何发挥高考的评价功能、完善与优化高考评价体系成为高考改革新的视角。这一时期的改革一方面通过科目设置、考试内容、考试形式、命题等的改革提升高考的评价功能；另一方面，通过构建集统一高考、高中学业水平测试、高中综合素质评价于一体的高考评价体系，完善高考的评价功能。但是，高中学业水平测试和综合素质评价的现状与局限却成为“三位一体”的高考评价模式的致命软肋。要想建成这一模式，还需尽快完善高中学业水平测试和综合素质评价制度。

第五节　高考评价改革的新动向

在“分类考试、综合评价、多元录取”的高考改革风向标的引导下，高考评价改革的步伐日益加快。各省市区锐意进取、改革创新，从不同视角探索新的高考评价思路和方案，围绕高考科目组合、考试内容优化、考试形式创新、命题改革、改进分数报告、完善高考评价体系的改革内容不断涌现。“云海工程”堪称高考评价改革潮流中的典型事例。

一、“云海工程”的动因与意义

“云海工程”是教育部考试中心在云南、海南两省高考中改革传统的高考分数报告办法，尝试建立全方位、多层次、发展性、个性化的高考综合评价体系，并且依托网络技术提供网络化的、信息丰富的成绩分析报告的一项试验工作，意图实现从考试到评价的“质”的飞跃。这项改革通过引入教育评价的新理念、新方法和新技术，完善高考的分数报告方式，使其内涵更充实、信息更丰富、更具有评价意义。“以考生为本，人尽其才”是“云海工程”试点工作的核心价值取向。2010年《规划纲要》提出要“按照有利于科学选拔人才、促进学生健康发展、维护社会公平的原则……逐步形成分类考试、综合评价、多元录取的考试招生制度”，多年来高考综合评价的问题上升到政策层面，实现高考由考试到评价的改革方向明朗化。云南、海南两省紧扣高考评价改革的时代命题，立足于改变以往高考评价方式单一、评价内容过窄、考试数据信息挖掘不够、考试结果误用滥用、对考生的评价信息单薄、对教育教学的积极反拨作用未能充分发挥等高考评价中的痼疾，针对高考题库建设、考试命题、考试公平、问卷设计、考试数据的深度挖掘、考试结果之评价功能的应用等高考评价的核心因素，综合国内外教育考试的经验，以教育测量与评价理论为基础，导入美国教育考试评价实践模式中所蕴含的“帮助学生全面发展”的基本思想，借鉴SAT、ACT、PISA等国际教育考试的合理内核，以中国的教育教学条件、社会价值取向、考试文化背景和民众的改革承受能力为基础，通过本土化的试点、改进、完善过程，最终建立具有国际化理念和本土化根基的高考评价体系。

“云海工程”实施的目的有四个：第一是为考生提供内涵更加丰富、具有诊断与发展导向功能的评价报告，帮助考生更加全面、清晰地认识自己，更好地选择高校和专业，做好自己未来的职业规划。第二是给高校的招生部门提供丰富的考生背景信息和多维度的评价信息，推动高校多元化录取工作的开展。第三是监控中学校本评价的有效性和综合素质评价的成效，调整基础教育领域的过程性考试与终结性考试的关系，给基础教育积极的教学反馈，从而改善考试与基础教育的关系，并形成良性互动，缓解现阶段应试教育与素质教育的矛盾。第四是挖掘丰富的教育考试信息，充分发挥考试在评价考生、学校和教育发展中的作用。以评价工作为基础，逐步实现专业匹配的目标，使高考在国家人力资源配置中发挥应有的作用①。

开展考试评价工作是选拔和培养创新型人才、建设人力资源强国的时代要求，是贯彻落实《规划纲要》精神，促进人的全面发展，推动考试机构专业化发展的必然要求，也是世界各国教育考试行业发展的基本趋势。“云海工程”为考生提供个性化服务，通过高考成绩分析报告帮助考生“知分知位、知长知短、知己知路”。“云海工程”实现了从单一考试向多元评价的转变，除了对考生的学科能力进行考核外，“云海工程”还引入了“非考试”

① 郑万发：《“云海工程”的有关情况介绍》，2011年6月28日，http://202.100.202.44/phtml/2011/06/28/2078. html。

的评价方式，如心理测验、问卷调查等，对学科能力以外的素质进行评价，如考生的专业性向、胜任力等，为考生提供科学、全面的评价信息。“云海工程”以升学指导测验作为实施多元评价的切入点，将成绩评价反馈给学生及相关部门，此举也是教育发达国家及我国教育发达地区的惯用做法。“云海工程”报告考生成绩及个人素质的做法，使考生拥有更具体、更有参考价值的高考成绩，高校招生部门也获得丰富的、多维度的考生信息，这不仅可以推动高校多元化录取改革，对于提高专业人才培养的针对性也发挥了积极作用①。

“云海工程”采取分步完成的实施计划，分三年完成。2011 年已经建立了面向考生、大学和教育行政部门的考试评价信息网站，该网站以统一的评价信息数据库为基础支撑，为不同的对象提供服务，体现专业化考试机构的服务水平。面向考生的高考分数报告改革是 2011 年改革的重点。随后，“云海工程”还对高考成绩进行更为深入的数据挖掘，进一步分析高考成绩与学生的个人背景、学习行为、校本成绩、中学教学、教育投入等多个因素之间的关系，针对当前教育改革中的重点、难点问题，形成各种评价报告，提供给高校、中学和教育行政部门，为今后改进教育教学工作和制定教育政策提供决策参考。

二、“云海工程”的主要内容

“云海工程”的内容主要包括高考分数报告与使用、学科能力增值评价、考生专业匹配三个部分。这三项内容具有互为因果、相互促进的关系与作用。

（一）数据采集内容

为了给每个考生提供个性化高考成绩报告单，“云海工程”设计了全面、严谨的数据采集环节，其中不仅包括考生的照片、姓名、民族、类别、特长和分数等 35 项基本信息，还包括考生的成绩、志愿、体检、个人简历、报名表、体检表等 10 项相关信息，共同组成丰富的信息资源库。信息库为高校履行招录工作职责，也为推进高考改革建立了综合评价、多元录取的数据平台。

除此之外，参加“云海工程”的考生还要参加升学指导测验和问卷调

① 郑若玲、万圆：《“云海工程”：从单一考试向多元评价转变》，《中国教育报》2011 年 8 月 24 日。

查。升学指导测验由教育部考试中心依据国外的霍兰德职业兴趣理论，结合我国国情而研发，是指导高中生进行专业、职业规划的心理测评。它采用科学、专业的心理测评工具对学生兴趣和能力倾向进行测查，帮助学生了解自己专业能力倾向，同时推荐符合学生兴趣和能力特点的大学专业和相关专业信息，帮助考生找到适切的报考专业。升学指导测验由 210 道测验题组成，分为两个部分，测验一是职业兴趣类型测验，共 140 道题，测查考生对技术型、研究型、艺术型、社会型、经营型、事物型、自然型七种职业类型的兴趣高低。霍兰德职业兴趣理论有六类职业兴趣，经过教育部的实证研究和大量的数据调查发现，我国学生存在第七种职业兴趣，即自然型，这一兴趣类型的学生对自然界的事物感兴趣，适合学习农林渔牧、生物医学类专业，因此增加了这一职业类型。测验二是职业胜任力测验，共70 道题，测查考生在与七种职业类型相关的活动中能力的强弱表现[①]。测试结束后，可即时生成测试结果报告书。报告书将考生在每个职业类型上的得分以柱状图形式呈现给考生，并对结果进行解释。同时，会在 11 个学科、71 个门类、249 个专业中给出考生适合选报与学习的专业指导意见。

问卷调查是考生要完成的另外一个数据采集活动。问卷由海南、云南两省编制，共 42 道测验题，内容包括考生个人、家庭的基本信息，考生所就读中学的信息，考生学习投入、兴趣、态度、对各个科目的兴趣及对任课教师的满意度、与同学和教师的关系、学习压力、学习风格信息。问卷结果将与高考成绩、升学指导测验结果进行相关性分析，具体分析考生基本情况与其高考成绩的相关性及影响，分析得出影响学习的因素；分析考生基本情况与职业兴趣、职业胜任力的关系，对考生进行升学指导。

（二）数据结果的呈现与应用

考生基本信息、升学指导测验、问卷调查、高考成绩等信息经综合分析后，会以报告的方式呈现给考生，帮助考生全面了解自己。

1. 高考分数报告与使用

“云海工程”的高考成绩报告单信息丰富，形式多样，直观清晰，从不同角度展示考生的总成绩、在全省当年考生中的位置、分科目成绩与能力表现等信息，以原始分和百分等级并列的形式，让考生清楚地看到自己的总分

---

① 《“升学指导测验”系列测试介绍》，2012 年 11 月 15 日，http://sx.neea.edu.cn/12-shengxue.htm。

和各科目成绩在全省的位置，明白自己的高考成绩在当年考试中的具体数字含义，从而对自己的学业水平、学校与专业报考以及未来发展有更全面、准确的认识。

图 2-2 是考生高考单科成绩、总分的原始分以及百分等级。单科成绩是卷面原始分数，由卷面各题分数直接相加获得，百分等级是由考生的原始分数经标准化后获得。如该考生语文原始分为 121 分，对应的语文科目的百分等级为 99.352 0%，其含义是该考生的语文成绩在全省考生中的位置为 99.352 0%，即有 99.352 0%的考生语文成绩比 121 分低，有 0.648 0%的考生成绩比 121 分高。报告单还列有考生的总分原始分为 598 分，该考生为理科生，其总分在全省理科生中的位置为 737 名。根据此报告单，考生既可知道自己每门课程的成绩及位置，也可知道在全省考生中的总体位置，为考生的学校与专业选择提供了较为充分的信息依据。

考试成绩

科目	单科成绩	百分等级
语文	121	99.352 0%
数字	118	97.464 2%
英语	122	97.754 7%
理科综合	237	99.307 1%
总成绩	598	

理科考生全省位次：737

说明："百分等级"表明考生成绩的位置，即得分低于和等于你的分数的考生人数占全体考生人数的百分比。"百分等级"信息仅供考生个人参考，不作为录取条件。

图 2-2 "云海工程"考生总成绩、分科成绩报告单示意图

图 2-3、图 2-4 是"云海工程"考生高考单科成绩报告单，报告单呈现了考生的学科内容分项表现和能力结构分项表现两项内容。学科能力及分项表现可以直观地看出考生对不同学科及内容的学习掌握与得分情况，是高考考试大纲中要求考查的内容，考生知识掌握的强点与弱点一目了然。如图 2-4 的考生为理科生，其理科综合中原子物理部分得分很低，遗传、物质结构与性质、生态得分很好。图 2-3 中该考生语文学科内容的分项得分中现代文阅读得分较低，写作、文学常识和名句名篇得分较高。能力结构是考试大纲中对考生能力评价的维度，通过高考题目来承载不同的能力维度。通过考生在不同能力维度上的表现可以展现考生的能力结构。如高考理科综合的

能力维度包括综合分析、实验探究、理解能力、推理论证四个方面。图 2-4 展现出该考生综合分析能力较强，实验探究能力较弱；图 2-3 展现出该考生在语文的五个能力维度上识记能力较强，分析综合能力较弱。

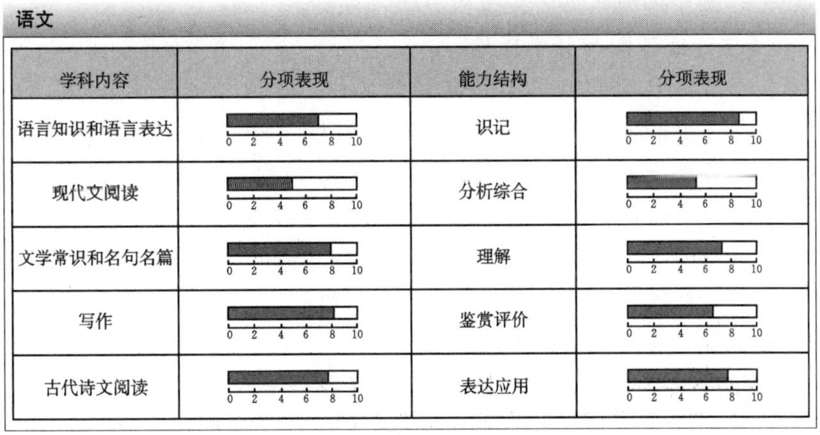

语文

学科内容	分项表现	能力结构	分项表现
语言知识和语言表达	0 2 4 6 8 10	识记	0 2 4 6 8 10
现代文阅读	0 2 4 6 8 10	分析综合	0 2 4 6 8 10
文学常识和名句名篇	0 2 4 6 8 10	理解	0 2 4 6 8 10
写作	0 2 4 6 8 10	鉴赏评价	0 2 4 6 8 10
古代诗文阅读	0 2 4 6 8 10	表达应用	0 2 4 6 8 10

图 2-3　“云海工程”考生单科成绩报告单示意图

（理）综合

学科内容	分项表现	能力结构	分项表现
热学	0 2 4 6 8 10	综合分析	0 2 4 6 8 10
元素及其化合物	0 2 4 6 8 10	实验探究	0 2 4 6 8 10
原子物理	0 2 4 6 8 10	理解能力	0 2 4 6 8 10
遗传	0 2 4 6 8 10	推理论证	0 2 4 6 8 10
细胞	0 2 4 6 8 10		
基本概念	0 2 4 6 8 10		
反应原理	0 2 4 6 8 10		
力学	0 2 4 6 8 10		
生理	0 2 4 6 8 10		
物质结构与性质	0 2 4 6 8 10		
光学	0 2 4 6 8 10		
有机化学	0 2 4 6 8 10		
生态	0 2 4 6 8 10		
电磁学	0 2 4 6 8 10		

图 2-4　“云海工程”考生单科成绩报告单示意图

总而言之，“云海工程”的高考成绩报告单具有系统全面、清晰直观的特点。根据考生的报告单，可对其在考生中的位置、考试内容的分项表现、能力结构的分项表现有直观认识。这样的报告单无论是对考生选择学校、专业，还是对高校细致了解考生都极具参考意义。

2. 考生专业匹配与升学指导

考生参加升学指导测验和问卷调查后，会得到考生升学指导图表及报告。内容之一是职业兴趣和职业胜任力分布图（图 2-5）。图中展示了考生在七项职业类型上的兴趣和胜任力。七种职业类型及其能力表述见表 2-13。图 2-5 中每一职业类型的第一列直方图表示职业兴趣得分，第二列直方图表示在该职业类型上的胜任力。由图 2-5 可知，该考生在技术、艺术两种职业类型上的兴趣和胜任力都较高，个人兴趣与胜任力一致；在事务型职业上的兴趣很高，但胜任力很低，不够一致；对经营型职业的兴趣和胜任力都很低。对该生测试结果的详细解释是：从兴趣特点来看，您与下述类型的人比较相近。这一类型的人坦诚、直率、热情、细致，崇尚实干，讲求实际，讨厌空讲理论知识，喜欢通过自己亲身实践，借助各种工具、设备，制造出有实用价值的物品或解决实际问题，在学习和工作上细致认真，有比较强的计划性。他们具有一定的艺术品位，对事物有比较深刻的领悟力和敏锐的观察力，能敏锐地捕捉到事物与众不同之处，常常注意到大家容易忽略的问题；他们喜欢把自己的学习和生活中的各项事情安排得井井有条，太多的变化会

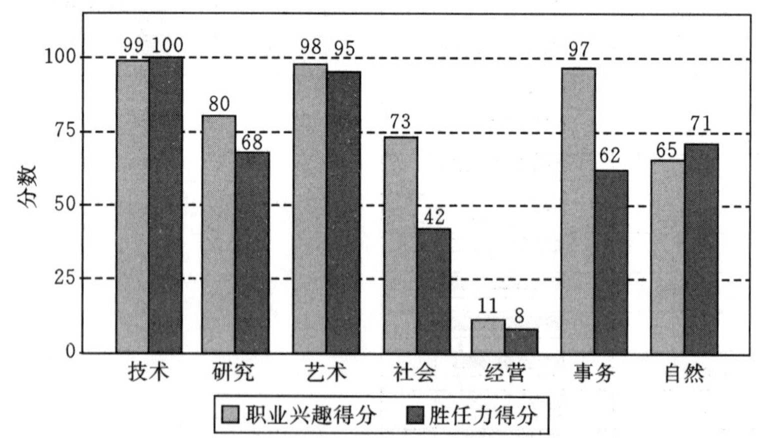

图 2-5　考生职业兴趣与职业胜任力分布图

资料来源：教育部考试中心网站，http://sx.neea.edu.cn/shipin/shipin8.htm。

让他们感到不安，做事稳健、注重细节、讲求精确，让人感到可靠、有信用。他们平时对模型制作、雕塑、艺术设计、电脑作图、彩绘、摄影等活动比较感兴趣，还喜欢收集、整理类的活动，如集邮、图书资料管理等。从您的测验中可以看出，您在技术类、艺术类、自然类的职业活动中对自己非常有信心，这是您将来从事技术类、艺术类、自然类职业的有利条件①。

表 2-13 七种职业类型及其能力表述

职业类型	能力表述
社会型	热情友善、容易相处，在人与事物之间，偏爱与人打交道。善于表达，喜欢倾听和了解他人，关心社会问题，乐于助人。交友广泛，亲和力强，有较强的合作精神，但缺少竞争意识
技术型	稳重踏实、崇尚实干。在人与事物之间，偏爱与具体有形的事物打交道，不善社交。喜欢在需要动手的环境中，通过使用各种工具、设备，按照一定的工作程序，制造出具有实用价值的产品
研究型	严谨缜密、勤学好问，善于观察分析、逻辑推理，喜欢以理性思考的方式探究事物。对事物总是充满了好奇心，富有批判精神，喜欢独立的工作氛围，重视知识在个人发展中的作用
自然型	喜欢户外活动，对大自然中的事物充满了浓厚的兴趣。喜欢探索生命现象，了解各种动植物的生活习性和生长发育规律，不喜欢受约束，实干意识较强
艺术型	敏感深刻、自由奔放，喜欢宽松自由的环境，常借助音乐、文字、形体、色彩等形式表达自己的感受，追求与众不同。情感丰富，做事凭直觉，厌恶常规性的工作
经营型	精明自信、乐观进取，对商业信息比较敏感，善于说服他人接受自己的观点，喜欢追求经济效益和个人成就，具有一定的组织计划能力。工作时精力旺盛，喜欢冒险竞争，不喜欢讨论太学究的问题
事务型	细致严谨、自治认真，喜欢规范明确、秩序井然的工作环境，偏爱系统性、条理性、规则性比较强的活动。注重细节，追求精确，不太喜欢变化过多或冒险活动

资料来源：教育部考试中心网站，http://sx.neea.edu.cn/shipin/shipin8.htm。

① 教育部考试中心网站，http://sx.neea.edu.cn/shipin/shipin8.htm。

根据以上职业兴趣与胜任力测试结果，升学指导测验进一步给出与其职业兴趣、胜任力相匹配的报考学科、门类、专业名称以及匹配度。表 2-14 是与该考生职业兴趣、职业胜任力相匹配的部分专业，结果显示该考生适合报考和从事教育学学科体育门类中的体育教育、运动训练、社会体育职业，匹配度最高；其次是选择工学地矿类的采矿工程、石油工程等专业；不适合报考和从事的专业是经济学类的经济学、国际经济与贸易等专业。据此，从理论上可对考生了解自己的职业兴趣、胜任力，尤其是对专业选择具有重要指导和参考意义。

表 2-14　职业兴趣、胜任力与学科专业匹配摘要表

学科	门类	专业名称	匹配度
教育学	体育学类	体育教育	★★★
		运动训练	★★★
		社会体育	★★★
工学	地矿类	采矿工程	★
		石油工程	★
		矿物加工工程	★
经济学	经济学类	经济学	X
		国际经济与贸易	X

资料来源：教育部考试中心网站，http://sx.neea.edu.cn/shipin/shipin8.htm。

注：★★★代表考生各方面都非常符合该专业的要求，是强烈推荐的专业；★★代表考生在多方面都比较符合该专业的要求，是重点推荐的专业；★代表考生某些特点基本上符合该专业的要求，为一般推荐专业；X 代表考生的特点非常不符合该专业的要求，不太适合选择该专业。

3. 学科能力等值与增值评价

增值评价是通过收集学生不同时间点的学业表现及成绩，纵向、动态地追踪学生的学业进步与发展，并根据学生学业表现及分数的变化来判定教育效用的评价方法。增值评价起源于詹姆斯·科尔曼 1966 年向美国国会提交的《关于教育机会平等性的报告》(科尔曼报告)，它引发了世界范围内对学校教育效能的激辩，催生了学校教育效能增值评价①。应此热潮，1992 年，

① 辛涛、姜宇、刘文玲：《中高考数据链接：对学校进行增值性评价——以某市 40 所高中 2132 名学生中高考数据的实证分析为例》，《中小学管理》2012 年第 6 期，第 4～7 页。

美国田纳西州政府率先采用增值评价并作为州教育促进法案的一部分，通过收集学生两年或两年以上的测试成绩，检测学生在既定时间内所取得的学业进步，并预测学生未来可能会达到的学业水平。如通过比较某学生三年级和四年级时的州级数学测试的分数，就可以预测出他在五年级结束时应该处于何种学业水平。由此，增值评价的“田纳西模式”开始广泛流传。增值评价的基本公式是：增值＝输出－输入，“输入”指学生在开始某阶段学习之前所处的学业水平，“输出”指学生经过一段时间的学习后所达到的学业水平，两者的差则是学生所取得的学业进步，即增值。增值评价不仅能反映学生的学业进步，以此判定学校和教师对学生学业进步的影响，还能进一步预测学生未来可能取得的成就[①]。

针对目前国内教育评价更多关注学生某个静态点上的成绩，忽略他们之前的基础和未来发展，教育评价的评鉴、导向功能未能充分发挥的弊端，“云海工程”借鉴国际先进评价理念“增值评价”模型开展高考成绩的增值研究。具体操作是通过收集学生在一段时间内不同时间点位上的标准化测验成绩，基于学生自身成绩的纵向比较，考虑其他不受学校或教育控制的因素对学生成绩的影响，考查学校或教师对学生学业成绩影响的净效应。海南省的增值评价包括七个阶段：构造垂直量尺、制定标准与命题、测试与选题、数据采集、数据整合、数据分析和结果报告。增值评价的根基是构建垂直量尺，通过建立不同年度、不同批次之间的同一能力量尺，实现对考生能力的等值和增值研究。由于不同批次、不同年度考试的平均数、标准差、难度、信度、区分度等基本参数不同，无法直接比较，所以在进行等值和增值评价之前，需要首先建立统一的能力量尺，将考生的成绩转换到统一的能力量尺上比较[②]。

“云海工程”的付诸实施开创了高考评价的新纪元，代表高考评价改革的方向之一。高考成绩报告单的内容细化和丰富化改变了自统一高考制度建立以来只列有总分和各科目分数的“纸条式”成绩报告方式，考生可以更加充分地认知自己的学习，便于更加客观地选报专业与学校，教育行政部门和学校可根据考生学科内容和能力结构分项表现深入分析教学得失，优化教育

① 李双飞、蔡敏：《美国教育评价关注“增值”》，《上海教育》2008年第3B期，第42页。

② 教育部考试中心、海南省考试局：《“云海工程”海南试点之学科能力等值评价研究报告》，2011年。

教学措施，提高教育质量。根据高考成绩以及考生相关信息的综合分析，给出适合报考的学科专业建议更是开创先河，是高考制度创建以来的首次。这对于改变考生及家长以就业、未来发展为依准，忽略考生兴趣与能力结构的功利式专业填报心理及行为具有驱动作用，尽管家长和考生的心理行为已根深蒂固，但“云海工程”代表了改变这一现状的方向。等值、增值评价是国际上较为先进的教育评价理念与方法，“云海工程”引入这一方法，其意图在于实现不同年度、不同批次考试的等值与可比性。尽管目前人们也在将同一省市区不同年份的高考成绩如总分、最高与最低分予以比较，但这样的比较十分粗糙，无科学根基。等值评价方法的引入力克这一高考评价领域长存的难题，实现了跨年度纵向比较考生成绩。当然，“云海工程”仍然处于初探阶段，是将现代教育测量与评价理论和技术应用于高考评价的试验。我们相信，随着“分类考试、综合评价、多元录取”的高考改革纲领的感召力的彰显，更多省市区也会将改革目光聚焦于高考评价，共同促进高考评价的普及化、体系化和科学化。

第三章　国外及我国台湾地区高考评价研究

“他山之石，可以攻玉。”中国是历史上的考试古国，也是当今世界的考试大国，但却不是考试强国，尤其是在考试理论与技术领域仍然落后于国际先进水平。美国等西方国家及我国台湾地区基于现代教育测量与评价理论和技术构建了适合各自的大学入学考试评价体系，其理论和技术、改革历程、经验教训都为我国高考评价制度的改革完善提供了别样的比较与借鉴视角。本章重点介绍美国、英国、日本以及我国台湾地区的高考评价体系、考试形式及内容等，以供我国高考评价改革借鉴。

第一节　美国的大学入学考试评价

当人们表达对中国高考的不满时，往往会将羡慕的目光投向以 SAT、ACT 等考试为核心内容的美国大学入学考试，有人建议中国向美国学习，构建那样的考试评价体系。美国的大学究竟如何评价学生，考什么内容，构建了怎样的考试评价体系，其魅力又何在，是本节重点探讨的内容。

一、美国大学入学考试评价的历史演变

1787 年美国宪法规定，凡未经宪法确定的事项均为各州的保留权，由各州自行处理解决。这为美国高等教育的分权化发展提供了法律依据，在此基础上形成的大学入学考试体系也就各具特色，不尽一致，极其多样。美国的大学入学考试评价是伴随美国发展而形成的，经历了个校筛选、证书入学制、综合选拔、开放招生与选择性招生并存的发展形态。

（一）个校筛选

个校筛选是美国大学入学考试的初始形态，形成于美国殖民地时期。那时高等院校数量少，规模小，各高等院校的招生程序大体相同，由各校自行组织甄选。考试方式以口试为主，科目包括拉丁语、希腊语和数学等。1642 年哈佛学院的入学规定是“任何一个学者，只要能够读图利或者其他古典拉丁语作家的作品，能够讲地道的拉丁语，能够独立创作地道的拉丁语诗歌和散文，能够熟练掌握希腊语名词和动词的词形变化，那么他就可以被该大学录取”。这一时期，其他大学的入学条件几乎与哈佛学院一致。1720 年耶鲁学院的入学申请要求是“参加考试，以便检测他们是否精通拉丁语和希腊语语法，是否擅长解释并合乎文法地分析拉丁语和希腊语作家的作品，是否掌握用地道的拉丁文创作的技能”，1745 年提出要学生考试算术①。1870 年后，大学入学考试除拉丁语、希腊语和数学外，又陆续增加了历史、地理、英语、几何、化学、物理和文学等科目。入学考试方式也发生重大变化，开始变成能力测试，要求学生不仅掌握知识，而且学会运用知识。

（二）证书入学制

证书入学制度形成于美国南北战争后，美国实现了由农业国向工业国的转型，各级各类教育也随之得以迅速发展，《莫雷尔法案》的颁布实施刺激了美国高等教育的发展。由此，原有的筛选制度已无法适应入学人数急剧增加的现实，大学考试内容与中学教学的矛盾也十分突出，为化解问题，证书入学制应运而生。1870 年，密歇根大学率先实施证书入学制度。具体做法是和本州的中学建立一种“认证关系”，大学每年对中学进行一次考查，审查其教学水平、课程设置以及学校的教学设施。审查通过后被称为“认证中学”，从“认证中学”获得毕业证书的学生可经面试直接进入大学。这种入学方式加强了大学与中学的联系，促使中学致力于提高教学质量，学生也会将更多时间投入高中课程的学习，而不是疲于应付各个大学内容不尽一致的考试。19 世纪末，证书制度几乎推广至全国②。证书制度的推行保证并扩大了学校生源，加强了中学与大学的交流。但是，由于起初证书制度仅限本

① 唐滢：《美国高校招生考试制度研究》，华中师范大学出版社，2007 年，第 48 页。

② 吴世淑：《国外高等学校招生制度》，海南出版社，1992 年，第 142 页。

州范围，影响了学校跨州选择学生和学生跨州选择学校。为此，逐渐出现了组织跨州认证的组织。1894 年，中西部创立了中北部大学中学协会，此后，逐渐形成了六大地区性认证机构，负责某个特定区域的教育认证。认证机构的出现减轻了大学的认证负担，为大学跨地区招生提供了保障。1915 年，美国多数大学或学院都接受了证书制度①。认证入学制可使中学与大学互惠互利，被认为是一种更加公平的入学方式。来自大学的反馈信息证明，通过此种途径进入大学的学生学业表现普遍较为优异。但这一制度也在实践中引发不少问题，如中学认为每年要应付多所大学的认证，中学逐渐丧失课程设置自由权，受大学牵制太多等。

（三）综合选拔

19 世纪末至 20 世纪初，美国高等教育多样性特征进一步凸显，公立与私立综合大学或学院和四年制文理学院得到了相对迅速的发展。原有证书制度显然难以满足高等教育多样化发展的要求，以统一考试为基础的综合选拔制度，成为这一时期主要的选拔方式。以跨地区统一考试为基础的综合选拔录取考试制度肇始于哥伦比亚大学。1889 年，在哥伦比亚大学校长提议下，大西洋中部各州和马里兰大学与中学协会共同决定成立大学入学考试委员会，以统一大学入学考试。1900 年该委员会成立，并于 1901 年 6 月首次举办了有 973 人参加的大学入学考试（Achievement Test，简称 AT 考试），考试科目有英语、法语、德语、希腊语、拉丁语、历史、数学、物理和化学 9 科。此后更多大学加入该考试，1904 年哈佛大学宣布加入该委员会，1910 年耶鲁大学、普林斯顿大学等 25 所东部著名大学和学院加入该委员会，要求申请者参加大学入学委员会组织的统考。至此，大学入学考试委员会几乎成为全国性考试组织，较好地解决了扩大招生和提高生源质量的矛盾，也为各地区招生及考生提供了便利，节约了考试成本②。

第一次世界大战后，随着心理学及心理测验的迅速发展，智力测验受到更多人青睐。受此潮流影响，大学入学考试委员会也将智力测验应用于入学

① 吴向明：《美国高等院校招生制度研究》，中国社会科学出版社，2008 年，第 28～29 页。

② 吴向明：《美国高等院校招生制度研究》，中国社会科学出版社，2008 年，第 33～34 页。

考试，于1926年首次举办学术性向测验（Scholastic Aptitude Test，简称SAT），旨在检测考生是否具备进入大学学习的潜力与能力。SAT是一种测量学生一般学习潜能的测验，它既可回避美国高中课程不一、质量参差不齐的困扰，又可为大学选拔新生提供一种不受专业限制的、统一可比的尺度[①]。1948年，大学入学考试委员会与全美教育协会、卡耐基教学促进基金会联合创办教育测试服务处（Educational Testing Service，简称ETS），负责统一入学考试的组织与测试。为避免统一考试的局限，多数大学采取综合权衡录取的办法，除了SAT成绩之外，还将个人背景、在中学时的表现、在社区中的表现、个人兴趣与动机、发展潜力等信息，作为录取依据。

（四）开放招生与选择性招生并存

20世纪70年代，美国高等教育日益面临教育民主化的考验，多数两年制学院不得不实行“开放招生”政策，使过去没有机会进入大学的大批青年跨入社区学院。随后，卡耐基高等教育委员会也要求两年制学院录取所有高中毕业生和其他方面合格的个人，并提供学术和职业教育，开放招生政策被更多教育机构采纳。在此问题上，纽约市的矛盾最为突出。1969年，有色人种已经成为纽约市区的主要居民。1970年，纽约市立大学决定试行开放入学制度，录取纽约市申请上大学的全部高中毕业生，随后，其他大学也纷纷仿效。1960年全美大学生人数为400万人，1970年剧增至973万人[②]。但不是所有美国大学都采取这一方式选拔新生。“二战”之前美国大学面临的问题是如何招到足够的合格学生，“二战”之后则是如何在众多合格者中选择优秀学生。

美国大学研究集团按照SAT/ACT入学成绩、班级排名、录取率三项指标，把选择性招生大学分为强竞争性、高竞争性、较高竞争性、竞争性四类。其中强竞争性大学一般要求SAT成绩在1 200分以上或ACT成绩在27分以上，班级排名靠前；高竞争性大学要求SAT成绩在1 100分以上或ACT成绩在25分以上，班级排名在前1/3；较高竞争性大学要求SAT成绩在1 000分以上或者ACT成绩在23分以上，班级排名在前50%；竞争性大学一般要求SAT成绩在800分以上或ACT成绩在21分以上，班级排名

---

① 唐滢：《美国高校招生考试制度研究》，华中师范大学出版社，2007年，第51页。

② 吴中全：《当今美国教育概览》，河南教育出版社，1994年，第121～124页。

在前50%①。由此可见，大学入学选拔不仅重视入学考试成绩，还重视中学成绩及表现。这一时期，美国大多数选择性大学招收新生时都会参照学生的中学修读的课程及学分、中学课程的平均成绩与排名、SAT或者ACT成绩、提高性课程AP成绩、任课教师推荐信、个人特长与获奖等关键指标。各大学对不同指标设置的权重不同，如哈佛大学的评价体系分学术指标和非学术指标，学术指标以SAT成绩为主，非学术指标会考虑个性特征、课外实践活动、参加体育活动等方面。

由以上发展历史可以看出，美国的高考评价体系也在随着经济、社会以及教育的发展变化而不断调整。从严格意义上讲，尽管几乎所有大学都将SAT、ACT这样的统一考试成绩作为录取参照，但美国并不存在统一的招生考试制度。大学拥有招生的自主权，入学考试制度由大学自行拟定，多样化是美国大学入学考试的显著特征。目前，美国仍然没有全国统一的高校招生模式，每所学校的招生办法各不相同。有的实行开放招生制，有的实行综合选拔制，有的实行证书录取制，各种不同的制度并行不悖。总体上看，美国的高校招生模式属于一种由校外考试机构主办入学考试、由高校从多方面综合衡量录取的招生方式。

二、美国大学入学考试评价体系及内容

美国的大学入学考试具有多样化、灵活性、自主性以及录取的个性化等特征，这些特征融会贯通在其大学招生理念与政策、选拔指标与考试内容等方面。

（一）美国大学的招生理念与招生政策

招生理念是招生工作的精神内核，美国的大学都有其独特的办学理念，由此形成独特的招生理念和招生政策。校训是大学办学理念的体现。哈佛大学的校训是“真理”(Truth)，耶鲁大学的校训是“光明与真理”(Light and truth)，芝加哥大学的校训是“让知识充实你的人生”(Let knowledge increase so that life may be enriched)，约翰·霍普金斯大学的校训是“真理必将使你获得自由”(The truth shall make you free)，加州大学伯克利分校

① College Research Group of Concord. 200 Most Selective Colleges, Simon & Schuster Inc.，1991，p. 31.

的校训是“愿知识之光普照大地”（Let there be light），波士顿大学的校训是“学识、美德和虔诚”（Learning，Virtue，Piety），等等。美国大学的校训形式自由，不拘一格，内容各异，个性鲜明，彰显着各自的办学理念与精神诉求。招生作为大学办学的必要环节，也融会了大学的校训与办学理念。美国高校董事会将全美高校的招生理念归纳为11条[①]：

1. 招收有能力、有充分准备（Well-Prepared）的学生；
2. 招收适当比例的不同种族、民族、社会经济阶层的学生；
3. 不限制性别，但希望维持理想的性别比例；
4. 招收部分外国学生；
5. 对校友子女入学给予优惠，各系应招收一定比例的校友子女；
6. 多招收对数学、科学有兴趣的学生；
7. 招收大量对表演艺术有兴趣的学生；
8. 改进体育课程，尤其是女性运动方面；
9. 招收一些其家长是赞助者的学生；
10. 对高校教职人员子女入学给予特殊考虑；
11. 招收更多致力于研究学问的学生。

由于美国大学多层次、多样性的特点，以上招生理念付诸招生实践又形成了不同层次类型的招生政策。美国的大学可分为以培养创新研究人才为主要目的的著名私立大学和优质州立大学，以培养工程设计人员、研究人员为目的的一般州立大学，以培养生产工艺人员为主要目的的两年制社区学院三大类，其招生政策也因此可被分为三种类型。第一类是著名私立大学和优质州立大学实行选拔性招生政策，对申请的学生予以严格选拔，重视选拔各类优秀人才，学生入学后的淘汰率低，被称为“英才招生”政策。第二类是州立大学实行的“入学后的筛选”招生政策，这类学校对考生只进行一般性的不太严格的选拔，入学后再根据要求逐年对不合格的学生进行淘汰。第三类是社区学院实行的开放性招生政策，向所有具备高中毕业水平的成年人开放，给他们以接受高等教育的机会。

① 台湾大学入学考试中心：《各国大学入学制度介绍：国家篇》，世新大学出版中心（台北），1999年，第194页。

（二）美国大学招生的评价指标与考试内容

1. 评价指标体系

美国大学不仅仅以入学考试成绩为录取指标，而是从多方面综合权衡和选拔新生，构成多指标、内容全面的评价体系。纵观各类大学的评价体系，其主要评价指标包括以下内容：

（1）中学课程及学业成绩。

这是美国大学录取的重要标准，一般要求学生在高中阶段获得至少15个学分，各科成绩C等以上①。美国大学理事会认为大学招生的主要因素是学生的中学成绩，占到权重的30%左右②。一些大学还在意学生高中期间的班级排名，认为班级排名是申请者能力和动机作用的结果，是预测学生大学期间获得成功的可靠指标。如果申请者没有达到以上高中课程要求，还可以参加暑期学校或成人学校获得相应课程学分。也可以参加SAT Ⅱ和高级课程AP考试并取得C等以上成绩，换取大学选修课程学分。一些州还承认学生在社区学院获得的学分，进行转换后在录取时予以参考。

（2）大学入学考试成绩。

美国不同大学对入学考试成绩的要求不一，一般有三种类型。第一种是要求申请者参加ACT、SAT两项考试并提供分数；第二种是要求参加指定的一项考试，也有部分大学允许申请者自选其中一种并提供考试成绩；第三种是不要求参加任何考试。

（3）入学申请和推荐信。

入学申请和推荐信是大学录取学生时要认真审阅与甄选的指标内容，重点审查申请者的择校目的、个人兴趣、特长与才干、自我评价等方面，占整个录取比重的10%左右。

（4）面试。

一些大学录取学生时还要举行面试，通过考生与面试教师的对话了解考生的思维能力、应变能力、个性特征等方面的素质，熟悉考生。面试是考生

---

① 美国中学一般采用A～F六级评定办法评定课业成绩，A级最高，F级最低，A～D级为及格。转换成分数A=4，B=3，C=2，D=1。

② 贾飞：《各国大学入学考试制度比较研究》，辽宁教育出版社，1990年，第101页。

展示个人才华的机会，面试内容一般包括家庭状况、成长经历、高中学业、课外活动、工作表现、社会实践、个人兴趣等。

(5) 辅助材料。

若申请高竞争性大学，考生还可递交足以充分展示自己才华的辅助材料，如个人才艺资料、艺术表演的录影带、乐器演奏录音、艺术作品等，以帮助招生人员深入了解自己。

表 3-1　2000 年美国四年制大学招生录取标准的平均重要性①

入学标准	四年制公立大学	四年制私立大学
高中成绩或排名	4.0	3.9
入学考试成绩	3.7	3.6
高中修学课程及学分	3.0	3.2
推荐信	2.0	3.0
论文或自传	2.0	2.9
个人资料（申请书、面试）	1.7	2.1

注：入学标准平均重要性的计算方式为：1＝不考虑，2＝较不重要因素，3＝普通重要因素，4＝非常重要因素，5＝最重要的单一因素。

由以上普遍指标内容可以看出，美国大学招生时尽可能通盘考量考生，涉及的评价指标及内容极其广泛，足以了解与衡量考生。总体上的重要程度依次是高中成绩或排名、入学考试成绩、高中修学课程及学分、推荐信、论文或自传、个人资料（表 3-1）。但是不同类型的大学对具体指标设置的权重并不一致，有的大学会全部考虑，有的则只考虑其中几项。美国名牌大学在招生时，在学术因素方面，最看重考生在中学选课的难度，其次是申请书，再次是推荐信，最后才看标准化考试分数和班级排名；而在非学术因素方面，最看重考生的个性人品、才艺才能和课外活动情况，其次是看考生参加志愿者工作和有报酬的工作的情况，另外还会适当考虑面试、少数族裔身份、校友关系以及照顾特定地区考生等因素（表 3-2）。

① 罗立祝：《高校招生考试政策研究》，华中师范大学出版社，2007 年，第 92 页。

表 3-2　2005 年美国十所名校招生录取标准一览表①

标准＼学校		哈佛大学	麻省理工学院	斯坦福大学	伯克利加州大学	耶鲁大学	加州理工学院	普林斯顿大学	杜克大学	康乃尔大学	芝加哥大学
学术因素	中学选课难度	3	3	3	3	3	3	3	3	3	3
	班级排名	2	2	3	0	3	2	3	1	2	2
	推荐信	3	2	3	0	3	2	3	3	3	3
	标准化考试分数	2	2	3	2	3	2	3	3	3	1
	申请书	2	1	3	3	3	2	3	3	3	3
非学术因素	面试	2	2	0	0	1	0	1	1	1	1
	课外活动	3	2	2	2	3	2	3	3	3	2
	才艺才能	3	2	2	2	3	1	3	3	3	3
	个性人品	3	3	3	2	3	2	3	2	1	3
	校友关系	1	1	1	0	1	1	1	1	1	1
	特定地区	1	1	1	1	1	0	1	1	1	0
	本州居民	0	0	0	3	1	0	0	1	1	0
	宗教信仰	0	0	0	0	0	0	0	0	0	0
	少数族裔身份	1	1	1	0	1	1	1	1	1	1
	志愿者工作	1	1	1	2	1	1	2	1	1	2
	工作经验	1	1	1	2	1	1	2	1	1	1

资料来源：根据《泰晤士报》（高教副刊）2005 年全球大学排行榜中的美国前十大名校公布的材料整理。表中数值“3”表示“非常重要”，“2”表示“重要”，“1”表示“考虑”，“0”表示“不考虑”。

① 张晓鹏：《自主招生综合评价：美国名牌大学录取工作现状》，《上海教育》2006 年第 4B 期，第 33～37 页。

总而言之，美国大学的招生标准与评价体系集中反映了其办学和招生理念。一是强调基础教育的合格性标准；二是注重学生学业评价的发展性，突出形成性评价的作用与特点；三是肯定标准化考试成绩的正向功能；四是以学习为中心，聚焦教学优异①。

2. 考试内容

用于全美大学招生的考试主要有学术能力评估测试（SAT）、大学入学考试（ACT）和大学预修课程（AP）。

(1) 学术能力评估测试（SAT）。

学术能力评估测试（SAT）是用以预测学生在学术性学科方面能力和素质的考试，是美国大学录取中的标准化测试，由美国大学理事会(College Board) 组织。SAT 在 1926 年首次出现时是指“学术倾向测试”(Scholastic Aptitude Test)，后来又改称“学术评估测试”(Scholastic Assessment Test)。1994 年改革之前，SAT 考试内容与高中学科课程没有直接联系，反映的是各校课程的一般能力要求，是一种重视学生学术能力方面的考试。1994 年，SAT 考试被分为两部分，即 SAT Ⅰ 和 SAT Ⅱ。人们常说的 SAT 考试指的是 SAT Ⅰ，它是美国多数大学都要求申请者提供的成绩。SAT Ⅰ 主要测试考生的写作、阅读和数学能力，SAT Ⅱ 则涉及英语、历史、数学、科学等五大类 20 个具体科目测试（考生每次最多可报考 3 科）。

SAT Ⅰ 主要是考查学生是否具备在大学阶段所必需的思维能力与分析解决问题的能力，考试总时长 3 小时 45 分钟，总分介于 600 分到 2 400 分之间，共有批判性阅读（Critical Reading）、数学（Mathematics）和写作(Writing) 三个科目。其中，批判性阅读包括 19 道完成句子题和 48 道文章阅读题；数学部分共 44 道选择题和 10 道填空题；写作是在 2005 年 SAT 改革之后才加进来的，包含一篇作文和 49 道语法选择题，其中，作文大约占总分的 30%，语法选择题大约占总分的 70%（表 3-3）。SAT Ⅰ 考试在每年 3 月、5 月、6 月、10 月、11 月和 12 月的第一个星期六以及一月的最后一个周六举行。其中，每年 3 月的考试仅在美国举行。

① 乐毅：《美国本科招生模式及录取标准：启示、借鉴与本土实践》，《现代大学教育》2008 年第 1 期，第 49～55 页。

表 3-3　SAT Ⅰ 考试科目与内容表

考试科目	时间	考查内容	试题形式
写作	60 分钟	语法、词汇使用、词义替换	多项选择题、作文
批判性阅读	70 分钟	批判性阅读、句子阅读	阅读理解、句子填空、长短文阅读
数学	70 分钟	数及运算、代数、几何、数理统计、概率论	多项选择题、定量比较

资料来源：http://www.collegeboard.com/student/testing/sat/about/sat/FAQ.html。

经过多次改革，SAT Ⅰ 考试已经日益强调与中学课程内容相联系，不仅删除了一些脱离中学课程、单纯测试推理能力的项目，而且增加了更多反映中学生实际所学的项目或内容。SAT Ⅰ 试题虽重在考查学生的分析推理能力，但都需要中学的知识基础来支撑。因此，如果不学好高中课程，很难取得好成绩。SAT Ⅰ 阅读理解部分涉及自然科学、社会科学、人文科学等广泛的学科领域，需要中学各科课程支撑。SAT Ⅰ 阅读部分强调的词汇测试，也要求学生认真对待高中英语课，牢固掌握基本词汇，注重平时的刻苦积累。因此，SAT Ⅰ 并不属于智力测验的范畴，而是通过要求学生“运用高中所学”，来测量学生的推理与批判性思维技能①。

美国一些大学招生还要求考生提供 SAT Ⅱ 的成绩，SAT Ⅱ 为学生提供了一个展现自己在某些科目方面特长的平台。SAT Ⅱ 的考试科目有英语、文学、历史、美国历史、世界历史、数学、科学、生态生物学 /分子生物学、化学、物理、语言、中文、法语、德语、日语、韩语、西班牙语、现代希伯来语、意大利语、拉丁语 20 个科目。每一科考试均为 1 小时，题量从 50 题到 95 题不等。除外语类的考试中有听力考试外，其余学科均为多项选择题。SAT Ⅱ 考试内容为高中课程的发展性知识，许多高选择性大学往往要求申请者至少选择参加 3 门 SAT Ⅱ 的考试并提交成绩，大学将该考试成绩作为招生、课程分班以及指导学生课程选择的重要依据。

① 任长松：《美国大学入学考试 SAT 深度剖析》，《教育理论与实践》2007 年第 7 期，第 27～32 页。

(2) 大学入学考试 (ACT)。

ACT (American College Test) 考试与 SAT 考试均被称为“美国高考”，它们既是美国大学的入学条件之一，也是大学发放奖学金的主要依据之一，还是对学生综合能力的测试标准。ACT 考试直接测量考生的分析、解决问题和批判性评价书面材料等高校学习所必需的能力与技能，并侧重测试中学知识的掌握程度①。与 SAT 不同，ACT 考试更像一种学科考试，它更强调考生对课程知识的掌握，同时也考虑到了对考生独立思考和判断能力的测试。ACT 考试包括四个部分：数学、英语、阅读、科学推理，再加上一个 30 分钟的作文测试为选择项目。英语主要考查学生理解标准书面英语的标点、句子结构、修辞技巧、文章结构和文体方面的素质与水平，不考拼写、词汇、语法规则等死记硬背式的内容。数学主要考查学生的数学推理能力，强调实际生活中常见的数学问题以及高中数学中涉及的和大学教学需要的数学技能。阅读主要考查运用归类和推理进行阅读理解的能力。科学推理主要考查在自然科学中需要的解释、分析、评价、推理和解决问题的能力，如数据整理、研究总结、批评性评论等。其中，英语 75 题/45 分钟，数学 60 题/60 分钟，阅读 40 题/35 分钟，科学 40 题/35 分钟，写作（选做）30 分钟。考试题型均为选择题，总分为 36 分（表 3-4）。ACT 考试每年举行 5 次，分别是 2 月中、4 月中、6 月初、10 月底和 12 月初。目前，全世界每年有近 250 万人次参加 ACT 考试，ACT 考试不仅考查学生对英语的掌握能力，还要考查数学、科学等多个方面的能力。考试成绩被全美包括哈佛大学等常青藤名校在内的 3 000 多所大学接受为本科入学标准。如今，ACT 被全球各国广泛推崇，新加坡等东南亚国家的顶级大学也承认 ACT 成绩。

表 3-4　ACT 考试科目与内容表

科目	时间	考查内容	试题形式
英语	45 分钟	发音、语法及作用、句子结构	5 篇小短文的多项选择题，75 题
数学	60 分钟	初级代数、中级代数/几何、三角学	多项选择题，60 题
阅读	35 分钟	文章内容来自社会学、自然科学、散文、小说与人类学	多项选择题，40 题

① 程蒙蒙：《美国大学入学考试中心和培生教育测量成绩报告》，《中国考试》2008 年第 7 期，第 56 页。

续表

科目	时间	考查内容	试题形式
科学	35 分钟	生物、化学、物理、地理科学	多项选择题，40 题
写作	30 分钟	语法与词汇运用技能	命题作文

资料来源：http://www.actstudent.org/faq.html。

在美国，ACT 和 SAT 都作为大学录取新生的重要依据而颇受高中生重视。如果高中生要申请美国前 50 名的顶尖大学，除了要求学生提供托福成绩等语言考试成绩外，90%以上的美国顶尖名校会要求参考学生的 SAT 或 ACT 成绩，而且成绩的高低是决定学生能否得到奖学金的重要参考。在哈佛大学 2004 年入学的新生中，递交 ACT 考分的申请者占 1/5，哈佛大学的入学主管 WILLIAM F S 明确表示，“我们是完全以同等的姿态接受 ACT 和 SAT 考试分数的”。

(3) 大学预修课程（AP)。

美国大学预修课程（Advanced Placement，简称 AP）是继 SAT、ACT 之后又一种风靡世界的大学入学考试，是由美国大学理事会（The College Board）组织实施的在高中阶段开设的具有大学水平的课程。已覆盖 22 个专业、34 个门类、37 个学科，在美国 1.5 万多所高中普遍开设。它可以使高中生提前学习大学课程，避免了高中和大学初级阶段课程的重复。通过的 AP 课程学分可被折算成大学课程学分，免修部分大学课程。截至目前，已有 40 多个国家的近 3 600 所大学，如哈佛、耶鲁、牛津、剑桥等世界名牌大学都承认 AP 课程学分，并将其列为入学参考标准。AP 课程包括 37 门课程，每门考试分为多项选择和自由答卷两部分。考试科目不同，内容也会有所差别，难度也不同（表 3-5)。AP 考试采用 5 分制计分方法，等级“5”相当于大学该门课程“A”的水平，一般 3 分以上即可被大多数大学接受。部分顶尖大学要求 5 分或 4 分方可转换成大学学分。

表 3-5　美国 AP 课程考试科目表

学科分类	考试科目
数学类	微积分 AB、微积分 BC、统计学
科学类	计算机科学 AB、计算机科学 A、生物、化学、环境科学、物理 B、物理 C—电力与磁力学、物理 C—磁力学

续表

学科分类	考试科目
语言文学类	中国语言与文化、英语、英国文学、法语、法国文学、德语、意大利语言文学、日本语言文学、拉丁文学、拉丁：弗吉尔文体、西班牙语、西班牙文学
艺术类	音乐理论、摄影艺术 2D 与设计、摄影艺术 3D 与设计、摄影艺术—绘画
历史类	欧洲史、艺术史、美国历史、世界历史
心理学、政治、地理、经济学类	心理学、美国政府政治学、比较政府政治学、人类地理学、宏观经济学、微观经济学

资料来源：吴敏：《AP 考试：通往世界名校的又一途径》，《上海教育》2009 年第 6B 期，第 43 页。

AP 考试的应用实践表明，它已经成为美国以及世界顶尖大学衡量学生学习与研究能力、应对高难度的大学课程能力的重要指标。随着升学竞争的日益激烈化，SAT 考试成绩已经不足以达到大学选拔人才的要求，AP 课程的应用流行化。尽管很少有美国大学在招生简章中明确规定提供 AP 课程成绩，但 AP 成绩已经成为进入美国顶尖大学的绝对必要的敲门砖。根据美国大学理事会的报告，参加 AP 考试的学生数量逐步增长，在全美 2.5 万所公立和私立高中中 60%已经开设了 AP 课程。毕业的 280 万考生中 15%的学生 AP 成绩在 3 分及以上①。目前，AP 考试已实现国际化，在将其作为大学重要录取依据的同时，英国、加拿大、澳大利亚等国也将其作为发放奖学金的主要条件之一。

三、美国大学入学考试评价的特点

美国的 50 个州均拥有管理高等教育的权力与责任。因此，美国联邦政府要想规定统一的大学入学考试标准与要求就几乎不可能。由此便形成了美国大学入学考试评价的自主性、综合性、公平性以及科学性等鲜明特征。

① 韩家勋：《教育考试评价制度比较研究》，人民教育出版社，2010 年，第 71 页。

（一）自主性

美国的教育体制是典型的州政府全权负责，联邦政府仅发挥有限的作用。英国《经济学家》刊发文章《美国高等教育何以如此成功》指出，这种体制是美国高等教育取得成功的法宝①。事实是，这种体制极大地激发了州政府办学的积极性，充分保证了大学的自主权。体现在高校招生中，便是形成了自主招生模式，大学可自行决定招生方案制定、招生规模掌控、招生标准限定等招生工作中的核心内容，联邦与州政府不得干预②。有学者将美国大学自治概括为五个“没有”和五个“有权”。五个“没有”是：没有全国统一的招生和录取标准，没有全国统一的课程设置标准，没有全国统一的教师聘任标准，没有全国统一的大学管理规则，没有全国统一的考试标准。五个“有权”是：有权不经过政府审查自行任命教授，有权自由挑选学生，有权自行决定开设课程，有权自由筹措经费，有权自行分配经费③。有了这样的招生自主权，美国大学也才拥有将“美国高考”的满分学生和中国的高考状元拒之门外的淡定与坚定，也才可以向社会弱势人群敞开大学之门。总之，招生中的自主权和自主招生模式可使美国大学适应大学竞争、优胜劣汰的情势，及时对招生计划予以调整优化；可使大学灵活掌握，张弛有度，协调招生中卓越与公平的矛盾，招揽多样化人才；也可使大学不受任何干扰，坚守各自的办学与招生理念，将选拔人才与培养人才协调一致。

（二）综合性

美国一流大学招生制度是运用综合评价选拔新生的典范，它们的招生工作开展方式能够较为全面、深入地了解申请者，从而使对学生的综合评价更为科学、准确④。全面衡量、综合评价、择优录取是美国多数选择性大学坚持的招生理念和办法。美国大学并不信奉“分数高就是好学生”的理念，世界一流大学里的“好学生”并不一定都有最高的考试成绩。如哈佛大学实施“三合一”的招生评价模式，即“大学入学考试分数＋平时成绩＋综合素

---

① 吴向明：《美国高等院校招生制度研究》，中国社会科学出版社，2008 年，第78 页。

② 刘海峰：《高校招生考试制度改革研究》，经济科学出版社，2009 年 ，第 242～243 页。

③ 吴向明：《美国高等院校招生制度研究》，中国社会科学出版社，2008 年，第79 页。

④ 郑若玲、陈为峰：《美国名校本科招生方式及其启示》，《外国教育研究》2010 年第 10 期，第 56 页。

质”。美国的“常春藤”名校在招生中使用的计算 AI（学业指数）的公式，是根据“高考”成绩和平时成绩计算的，是呈现透明的、量化了的硬性标准，而综合素质则是隐藏在背后的、不易量化的软指标。哈佛大学每年都拒收不少“高考状元”，其根本原因在于对隐藏在分数之后的综合素质不满意。在美国，越是一流的大学就越重视学生的综合素质。文体活动、科技活动、校内外的社会活动、个人兴趣爱好、无偿的公益活动、有偿的工作经历都会成为大学招生综合素质考量的内容①。“综合素质”听起来好像挺“虚”，很难操作，但却又可以实实在在地表现申请者“是一个什么样的人”，比起干巴巴的分数，更能表现一个有血有肉的人。美国大学招生的综合评价往往不在于参加什么活动，在于干得怎么样；不在于样样活动都参加，在于在某一个领域有所突破。普林斯顿大学曾录取了一个推销了大量饼干的学生，学校看中的是他不是站在超市门口，推销 10 次难有 1 次成功，而是闯进公司大楼，直接向 CEO 推销饼干的胆略和智慧②。由此可见，综合评价在美国大学录取中既具有灵活性，又具有可行性，很值得我们借鉴。

（三）公平性

美国是典型的移民国家，各族裔、各阶层子女的教育条件与家庭背景存有巨大差异。普通教育阶段，由于实行义务教育，各类学生的入学机会还可以保障。但到竞争激烈的高等教育阶段，不同族裔、不同阶层的子女接受高等教育的机会问题就凸现出来，尤其是进入美国顶尖大学、享受优质高等教育的机会③。这对美国大学招生是一大挑战。为缩小入学机会差距，美国政府早在 20 世纪 60 年代初就颁布了《平权法案》，旨在给予少数民族或女性在就业和教育机会方面优先考虑，政府还设有一些专门针对弱势群体的财政援助项目，一些高校也设立了为少数族裔提供入学信息、咨询与指导的专门机构④。从招生指标体系来看，哈佛大学、斯坦福大学、耶鲁大学等顶尖级

① 黄全愈：《高考招生制度改革的追问——兼谈美国高考招生制度的启示》，《全球教育展望》2005 年第 5 期，第 70 页。

② 黄全愈：《美国的“高考”和高招制度》，《中国社会导刊》2005 年第 13 期，第 57～58 页。

③ 刘海峰：《高校招生考试制度改革研究》，经济科学出版社，2009 年，第 243 页。

④ 郑若玲：《我们能从美国高校招生制度借鉴什么》，《东南学术》2007 年第 3 期，第 159 页。

大学在招生时都会考虑申请者的民族身份。多数大学愿意选拔招收来自不同种族、不同文化背景的学生，以达到新生班级在民族、社会地位、经济、家庭背景、地理、种族背景的多元化，追求生源结构与学术生态的平衡。为此，多数大学在招生中采取法律、经济援助、分数照顾等有效手段，保证社会弱势群体的高等教育入学机会，照顾性的招生政策如面向少数民族、移民的优惠政策，面向经济困难学生的入学资助政策以及区域性差别对待政策等，确保招生公平①。

（四）科学性

自1845年美国著名教育家贺拉斯·曼（HORACE M N）在波士顿文法学校从英国引入笔试考试以来，美国的考试评价已经有百余年发展史，其考试评价的理论与方法不断改革发展，专业化考试评价机构众多，为考试评价的科学化奠定了扎实的理论与技术基础。从理论研究角度看，美国的考试理论中对教育考试的发展与演变影响最为深远的是心理与教育测量理论、教育评价理论以及由此衍生出的经典测验理论、项目反映理论、概化理论、试题库建设理论、认知诊断理论等。这些理论的出现与发展伴随美国大学入学考试改革的全程，不同阶段的心理与教育测量理论和技术成果帮助化解了大学入学考试不同阶段的问题，一步步提升着考试的科学性。

从专业化考试机构的视角，美国的专业化考试机构以教育与心理测量理论为指导，以题库和数据库为基础，大规模应用计算机网络技术开展考试评价服务，使考试评价服务的范围从学生、学校向政府、社会扩展，考试服务更加便利、考试成绩报告内容更加丰富和更有针对性，使考试评价发生了革命性的变化。如美国教育考试服务中心（Education Testing Service，简称ETS）是全球最大的非营利性私立教育考试和评价机构，也是一流的教育研究机构。ETS通过开发评价方法及相关服务，提高世界各国的教育质量，其业务范围主要包括科研、评价、考试服务、阅卷、教学产品开发和相关服务等。完成如此巨大、专业的工作一定需要强大的专业化团队来支撑。目前，ETS有2 700多名雇员，其中1 100多名是来自教育学、心理学、统计学、测量学、计算机科学、社会学和人文学科的资深研究人员；有600多人有高级学位，250多人有博士学位，世界各地还有2 500人提供专业服务。

① 罗立祝：《高校招生考试政策研究》，华中师范大学出版社，2007年，第92～94页。

美国大学入学考试科学性的一个体现就是其集人性化、科学化、多样化于一体的考试分数报告单。以 ACT 考试分数报告单为例，为了综合、科学、准确地反映考生的能力结构，ACT 考试报名时就开始注意收集考生的信息，要求考生填写的信息包括高中课程结构、个人兴趣、学生家庭基本情况、大学学习计划和需要、大学课外活动计划、专业志愿选择、中学情况等。这些信息有助于与考生考试成绩一起较全面地了解考生的兴趣、能力以及教学需求等方面的信息，也成为成绩报告中一些信息的重要来源。考试结束后，美国大学入学考试中心可提供学生报告单、中学报告单、大学报告单三份不同版本、不同用途的成绩报告单。以学生成绩报告单为例，其内容包括 ACT 成绩分析、申请大学情况分析、专业选择与职业规划分析三大部分。第一部分成绩分析的信息有总分（1～36），英语、数学、阅读、科学得分（1～36），每门科目的分项得分（1～18）。如图 3-1 中的考生总分 21 分，在所属州的百分等级为 61％（全州有 61％的成绩比 21 分低），在全美的百分等级为 56％（全国有 56％的成绩比 21 分低）。根据此图考生还可看出自己的能力结构，哪科成绩较高，哪科成绩较低，每科每部分得分如何，能力是否均衡等（图 3-1）。

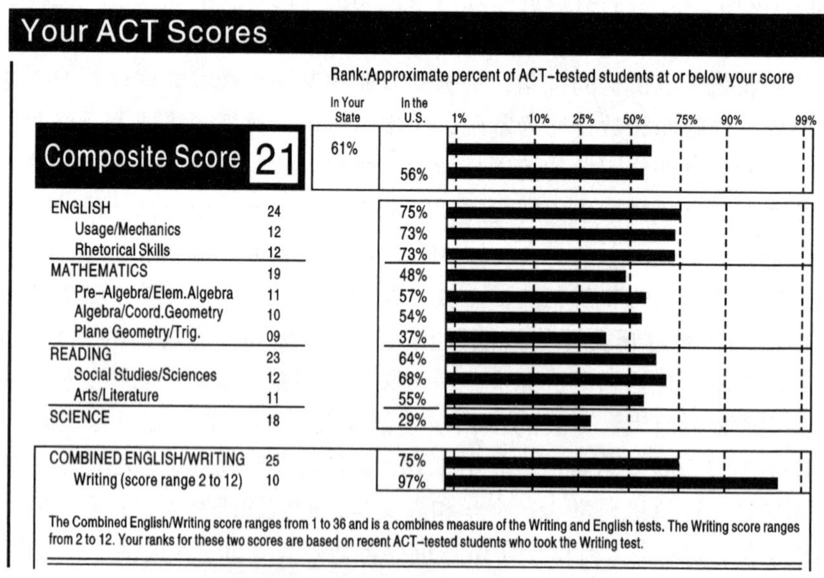

图 3-1　美国 ACT 考试成绩报告单（1）

图 3-2 是 ACT 成绩报告单的第二部分，列出了考生在报名时选择的

4 所大学的信息，包括各大学所录取学生的中学成绩排名，如 Alpha 大学录取的学生成绩一般位于前 25%、所需 ACT 成绩要求、所需高中成绩要求、获取经济资助的可能性信息和学费信息等。考生可在进行比较后做出最符合于自己的选择。

College Name and Code	What is the profile of enrolles 1st-year students at this college?			Is the program of study you prefer offered?	What are the approximatre annual tuition and fees?		What percent of 1st-year students receive financial aid based on:	
	High School Class Flank	ACT Composite Score	High School Grade Point Average		In-state	Out-of-state	Need?	Merit?
UNIVERSITY OF OMEGA 9521 OMEGA CO 800/498-6068 www.omega.edu	Majority in top 50%	Middle 50% between 18-24	2.76	Yes:4-Yr.Degree	$5,600	$12,000	67%	20%
ALPHA UNIVERSITY 9059 UNIVERSITY CENTER IA 319/337-1000 www.aipha.edu	Majority in top 25%	Middle 50% between 21-26	3.12	Yes:4-Yr.Degree	$9,000	$15,000	85%	27%
BETA COMMUNITY COLLEGE 8866 CLARKSTON CO 800/498-6481 www.betacc.edu	Majority in top 25%	Middle 50% between 21-26	3.12	Yes:Program Avail	$4,000	$4,000	58%	18%
MAGNA COLLEGE 8905 PLAINVIEW OH 800/525-6926 www.magna.edu	Majority in top 50%	Middle 50% between 21-26	2.71	Yes:4-Yr.Degree	$8,500	$16,000	90%	35%
Your Information	Your Class Rank TOP 25%	Your Composite Score 21	Your Calauinted GPA 3.29	Your Selected Major BUSINESS & MGMT.GEN				

图 3-2　美国 ACT 考试成绩报告单（2）

Your Guide to College and Career Planning

- All college majors and occupations differ in how much they involve working with four basic work tasks:working with People(care,services),Things (machines,materials),Data(facts, records),and ideas(theories,insights). These four basic work tasks are the compass points on the World-of-Work Map.
- The map is divided into 12 regions, each with a different mix of work tasks. The map shows the locations of 26 occupational fields,called Career Areas(A-Z).Each Career Area contains many occupations that share similar work tasks.

*If no regions are shaded,you did not answer enough interest items to permit scoring.

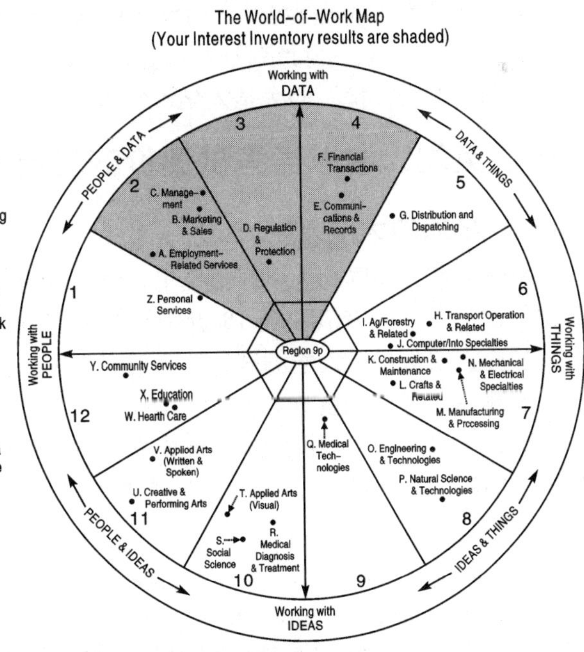

图 3-3　美国 ACT 考试成绩报告单（3）

图 3-3 是 ACT 考试成绩报告单的第三部分，是根据考生的兴趣问卷、基本信息等综合分析得出的结果。图中所展示的是一幅职业分布类型图，以人物（people）、事务（things）、数据（data）、思想（ideas）四大类职业类型将图中分为 12 个区，每个区内都有一系列职业，总共 26 大类。最适合于考生的职业用阴影部分标出。基于该图，考生还可以得知其 ACT 考试成绩所反映出的兴趣倾向与其希望申请的专业和未来从事的职业是否相一致，并且给出了学科专业和职业选择方面的建议。

第二节　英国的大学入学考试评价

英国有着悠久的高等教育发展历史，牛津、剑桥等大学已有 800 多年的办学历史。英国是十分重视考试的国度，是最早实行文官考试的国家，但大学建立之初并没有严格意义上的入学考试，对学生的国籍、社会身份、智力水平、语言等皆无明确要求。牛津大学和剑桥大学最初的招生只要注明学生已经完成注册就可视为符合入学要求，而对学生注册的时间、入学时间、注册学生的年龄等都无明确要求①。后经长期错综复杂的发展演变，从要求具有天主教的洗礼证明、进行宗教测试、口头回答、书面入学考试，到当下实施的“证书＋综合评价”的大学入学评价体系②。

一、英国大学入学考试评价的发展历史

（一）早期的大学入学方式

中世纪后期，英国的大学开始提出入学要进行宗教测试、口头回答问题等要求，这一方式一直沿用到 19 世纪初书面考试方式出现后，牛津大学、剑桥大学废除宗教式的入学测试，开始对学生在攻读学位课程的前后进行较为正式的测评，考试制度开始实施。1858 年，在公学和一些文法中学的极力要求下，牛津大学和剑桥大学相继成立了地方考试委员会，负责选拔本校学生入学的考试。1877 年，两所大学地方考试委员会开始对考试合格的学

---

① A History of the University in Europe, Volume 1, Universities in the Middle Ages, Cambridge University Press, 2003, p. 171.

② 刘海峰：《高校招生考试制度改革研究》，经济科学出版社，2009 年，第 251～252 页。

生授予证书，考试的重点从对学校办学绩效的监督转变为对学生进行考试并授予证书①。此后，伦敦大学考试委员会推出了依据大学入学标准而设计的大学入学证书考试。

（二）普通教育证书考试阶段

针对毕业生离校后要连续参加考试、地方考试委员会和大学考试委员会众多、考试要求各异的问题，1917 年英国政府成立了中学考试委员会，对中学毕业生设立了学校证书（School Certificate，简称 SC）和高级学校证书（Higher School Certificate，简称 HSC）考试，高级学校证书考试相当于大学入学考试的水平。1951 年，中等学校考试委员会为改变考试种类繁多、证书名称混乱的现象，加强对考试的管理，用普通教育证书考试（General Certificate of Education，简称 GCE）代替了学校证书考试和高级学校证书考试。GCE 分三个水平，分别是一般水平（GCE O-Level）、高级水平（GCE A-Level）、奖学金水平（GCE S-Level）。考试在 1974 年之前只有及格与不及格之分，之后分为 A、B、C、D、E 五个等级，前三个等级相当于优、良、及格的水平。

普通教育证书的形成与实施标志着英国证书型大学入学考试评价制度的确立，普通教育证书的高级水平（GCE A-Level）成为英国教育的"黄金标准"，成为学生进入大学的"敲门砖"②。通过 GCE 考试获得证书，符合规定条件后可作为大学最低限度的入学资格。条件有：第一，申请学生通过 GCE 考试 5～6 科考试，其中 1 科必须为本国语文，其他 4～5 科必须及格；第二，其他 4～5 科中，必须包括 1 门外国语文，1 科数学或另外被允许的自然科学科目；第三，在上述通过的 5～6 科中，必须有 2 科成绩是通过 GCE A-Level 的；第四，如果仅通过 5 科，则其中至少必须有 2 科是通过 GCE A-Level 的考试，另 1 科虽是 GCE O-Level，但必须是在同一次考试中通过的③。与学校教育证书相比较，普通教育证书具有更加灵活高效的特点。以往的学校教育证书实施学科分组考试办法，即考生必须通过指定科目

① 王立科：《英国高校招生考试制度研究》，华中师范大学出版社，2008 年，第 96 页。

② 刘海峰：《高校招生考试制度改革研究》，经济科学出版社，2009 年，第 252 页。

③ 于钦波、杨晓：《中外大学入学考试制度比较与中国高考制度改革》，四川教育出版社，2000 年，第 132 页。

组的全部课程考试方可取得证书，如果学生未通过某个科目考试，就无法获得证书。普通教育证书采用单科证书制度，学生通过一个科目考试就可获得一个单科证书，学生的选择余地较大，更能体现学生的兴趣与专长。

20 世纪 60 年代，英国中等教育考试委员会在对整个中等学校教学工作调研的基础上指出，普通教育证书（GCE）只适合于占全国同龄人口 20% 的学生，因此有必要设立另外一种证书考试，以满足他们获得证书的要求。由此，中等教育证书（CSE）考试开始实行。获得证书的学生可以此作为就业的申请依据，也可作为进入职业教育机构学习的资格。

（三）普通中等教育证书考试阶段

在普通教育证书（GCE）与中等教育证书（CSE）并行的 20 年间，英国的考试制度不断出现新的问题。突出表现是两种考试的科目、考试大纲各不相同，考试成绩无法比较，给学校管理和教学、用人单位和大学选拔人才造成困难。经过多年研究、讨论与酝酿之后，1984 年建立了新的考试制度，即普通中等教育证书（General Certificate of Secondary Education，简称 GCSE）考试，取代了之前实行的 GCE O-Level 和 CSE 考试，保留了 GCE A-Level 考试，但对考试科目和内容进行了调整。GCSE 考试的功能是对结束义务教育的学生具有的知识、技能和水平进行鉴定，为大学、用人单位、学校师生及家长提供较为全面的信息。1988 年，英国议会通过《1988 年教育改革法》，规定所有公立学校学生在义务教育结束时必须参加 GCSE 考试，1988 年夏天英国首次举行 GCSE 考试①。

（四）高级普通教育证书、高级补充普通教育证书考试阶段

1988 年 GCSE 证书考试取代了 GCE O-Level 和 CSE 考试，但却保留了 GCE A-Level 考试，即高级普通教育证书考试，它的考试对象是完成第六级学习的学生。英国中学生 16 岁考试的目的之一便是进入第六学级继续学习。第六学级是英国中等教育的一个相对独立而特殊的教育阶段，尽管在阶段划分上属于中等教育，但其课程多为大学专业学习的基础课，所以实质上属于大学预科教育阶段。所以英国大学一般不单独组织入学考试，学生第六学级 2 年学习结束后，需参加高级普通教育证书（GCE A-Level）考试，或高级

① 韩家勋：《教育考试评价制度比较研究》，人民教育出版社，2010 年，第 24～25 页。

补充普通教育证书（GCE AS-Level）考试，以决定能否升入高等学校[1]。之前，学生进入第六级学习后，往往只专修3门GCE A-Level课程，为此社会各界对学生投入大量时间和精力应考导致知识面过于狭窄极为不满。为了化解这一问题，1989年予以改革，便是在原有GCE A-Level的基础上增加了补充级考试，即高级补充普通教育证书（GCE AS-Level）考试。其目的不是降低考试标准，而是进一步拓宽GCE A-Level考试课程的广度。高级补充普通教育证书考试在范围或程度深浅上略低于高级普通教育证书考试。一般是2门高级补充普通教育证书课程在教学内容、教学时间和考试成绩值上相当于1门高级普通教育证书课程，所以学生可以选择多样考试科目方案[2]。

高级普通教育证书和高级补充水平考试由专门的考试机构承担。在英格兰和威尔士地区，由8个考试委员会负责这两项考试，包括伦敦大学考试委员会、南方大学联合考试委员会、剑桥地区考试委员会、牛津地区考试委员会、牛津和剑桥学校考试委员会、北方大学联合考试委员会、联合考试委员会、威尔士联合考试委员会，均属非营利性机构。各考试委员会设置科目委员会或大纲设计组，科目委员会的主要任务是修改或设计新的考试大纲，决定考试的方法以及根据审定的大纲组织命题和评卷工作[3]。高级普通教育证书和高级补充水平考试的主要用途是作为升入大学的资格证明，具体考试科目由各大学根据本校要求指定。各大学以及一所大学的不同专业要求的考试科目也往往各异。一般一个专业至少要指定3科作为必考科目。

二、英国大学入学考试评价体系及内容

英国考试制度历史悠久，早在18世纪就已经推崇考试的作用，认为无论一个人有何独特之处都可能通过好的考试制度在与别人的比较中得以鉴别[4]。在长期的实践中，英国发展起了证书认证的教育传统，大学选拔人才主要根据名目繁多的教育证书展开，再加以各大学的其他要求，实行的是

① 张耀萍：《高考形式与内容改革研究——基于利益博弈的视角》，华中师范大学出版社，2008年，第72页。

② 赵宏、黄志成：《英国高考制度概览》，《湖北招生考试》（理论版）2002年第12期，第66页。

③ 贾非：《各国大学入学考试制度比较研究》，辽宁教育出版社，1990年，第118页。

④ Mordechai F G. History of University，Oxford University Press，2005，p. 76.

“证书+综合评价”的评价模式。在英国种类繁多的教育证书考试中，目前主要用于大学选拔评价考生的证书考试有普通中等教育证书（GCSE）考试、高级普通教育证书（GCE A-Level）考试和高级补充普通教育证书（GCE AS-Level）考试三种。在英国，所有学生在5岁至16岁期间均要接受义务教育，16岁参加GCSE考试，18岁参加GCE A-Level或GCE AS-Level考试，以决定可否升入大学学习。

（一）普通中等教育证书考试内容与大学选拔

GCSE考试于1988年取代O-Level和CSE证书考试，成为英国的16岁考试制度。目前，GCSE考试开考了50多门普通科目、14门职业类科目。普通类的考试科目包括必考科目英语、数学和科学，除此之外学生还需在国家统一课程规定的另外7门基础学科（历史、地理、现代外语、音乐、艺术、体育以及技术）中选择其他选考科目，必考科目与选考科目总和最少为5科，具体选哪些科目对其未来申请大学必然产生影响。考试成绩分A、B、C、D、E、F、G七个等级，未达到G级的考生得不到GCSE证书。1994年，A*级引入GCSE考试评级，成为最高等级，而A级依然保留。GCSE考试仍然沿用单科取证的办法。该考试属标准参照考试，根据1985年颁布的《GCSE国家标准》命题，考试内容限为接受了义务教育的学生都应具有的学科知识和技能。

为确保考试的科学性与评价的准确性，英国中学考试委员会（SEC）于1985年公布了由“总标准”和“学科标准”构成的《GCSE国家标准》，它是GCSE考试的最高准则。其中“总标准”规定，为满足考生及学校需求，GCSE考试应有适当的区分度，考试大纲要为不同水平的考生提供相应的成绩等第评定标准，对每一个成绩等第作出清晰的解释说明，以便学生、教师理解考试结果的含义。考试大纲应鼓励学生理解本学科与其他学科的关系，理解本学科知识与生产、生活、社会乃至政治、经济的关系①。“总标准”规定，除了科目考试，凡是学科课程要求培养的学生技能和实践活动能力都要考查，考查内容包括实验技能、动手能力、语言表达能力等，这项校内测试被称为“课程作业”(Course Work)，由教师在教学过程中组织考试。Course Work与平时测验不同，其考试大纲、题目、评分标准由地方GCSE

① A-level Overhaul to Halt Rampant Grade Inflation，2012年1月17日，http://www.telegraph.co.uk/education/secondaryeducation/9233517/A-level-overhaul-to-halt-rampant-grade-inflation.html。

考试机构确定。多数 GCSE 科目考试都规定了 Course Work 考试内容，其分数占到 GCSE 考试总成绩的 20%。为确保 Course Work 评定的准确性与科学性，学校在评定时地方 GCSE 考试机构会派专人予以指导和监督①。

GCSE 考试的“学科标准”对各学科考试提出了具体、详尽的要求和指导意见，一般包括学科标准编写目的与原则、学科教学目的和评价目标、学科考试的核心内容、考试技术与方法四部分。其中，学科教学目的和评价目标部分规定了 GCSE 考试每个学科的教育教学目标，并用教育测量的术语描述和解释学科教学应当达到的程度，对要考查的学科知识、技能与能力层次作出了说明，供学生学习时参考。“学科标准”的考试技术与方法部分列出了考试评价目标与学科内容在分数分配上的联系，即双向细目表。对学科考试的试卷结构、题型、成绩评定等级作出说明，未达到 G 级的考生不能获得证书。获得证书的考生可以此作为申请大学的资格。GCSE 考试重在评价义务教育阶段学生的学业成绩和教育教学水平，同时兼具为高一级学校、用人单位、教育部门及师生家长提供服务的功能②。

（二）高级普通教育证书、高级补充普通教育证书考试内容与大学选拔

英国大学招收新生一般不单独组织入学考试，高级普通教育证书（GCE A-Level）、高级补充普通教育证书（GCE AS-Level）考试是其主要依据。两种考试标准都由各大学自愿组合成立的 8 个大学考试委员会综合意见后制定。1987 年，在 GCE A-Level 考试基础上，第六学级学生增考 GCE AS-Level 考试，以弥补前者考试内容过窄、要求过高的弊端，1989 年举行了第一次 GCE AS-Level 考试。英国政府“学校考试和评价委员会”（SEAC）将两种考试的关系确立为：1A＝2AS，即选 1 门 GCE A-Level 的考试相当于选 2 门 GCE AS-Level 考试。

两种考试中多数科目考试均为 3 小时以上的笔试，试卷形式一般包括两三种难度不同、内容不同、题型不同的多张试卷，以适应不同考生的实际水平。笔试分两卷进行，每卷考试时间 3 小时，试卷结构是卷一Ⅰ部（短文

---

① 韩家勋：《教育考试评价制度比较研究》，人民教育出版社，2010 年，第 29 页。

② GCSE not Fit for Purpose，2012 年 9 月 21 日，http://www.guardian.co.uk/education/2012/may/23/cbi-call-gcse-exams。

题）60%；Ⅱ部（实验题）20%；Ⅲ部（论述题）20%。卷二Ⅰ部（基本概念）1/3；Ⅱ部（实验探究）1/3；Ⅲ部（解释和应用）1/3。卷一Ⅰ部、Ⅱ部各题为必答题，Ⅲ部中有选答题；卷二Ⅰ部、Ⅱ部、Ⅲ部中考生选作2部分，题型有选择题、填空题、半客观化试题、简答题、论述题等。试题命制由考试委员会聘请大学教师和部分中学教师承担，多数试题为当年新编题目，选择题一般从题库中抽取。命题要求是应有助于考查学生对考试大纲中规定的知识、技能的掌握情况，有助于大学选拔有发展潜力的学生，应更重视能力考查。两种考试的成绩分A、B、C、D、E、O、F七级，F表示失败，不授予证书，O表示其成绩仅相当于GCSE考试的C等，但可获得证书①。两种考试的时间一般在6月至8月，由于考试科目繁多，又单独开考，考试要持续一段时间。

两种考试的主要用途是作为升入大学的学业证明，考试科目主要由各大学根据本学校及专业要求指定，不同学校、不同专业的科目要求也不同。一般一个专业至少要求选择3门学科考试作为必考科目，也有多于3门的。所以一般学生开始第六级学习时就已选好了考试科目。

2000年以来，GCE A-Level证书考试历经多次改革。课程2000（Curriculum 2000）的实施导致A-Level考试科目种类增加，A-Level考试形式被模块化，某一学科科目的A-Level考试被分成A-Level辅助（A-Level Subsidiary，简称AS）和A2两个部分。2010年，A*级引入A-Level考试评级系统。

（三）英国的“高校招生分数转换系统”

证书众多、层次重叠、源头复杂是英国政府在新时期国家教育资格证书框架体系中所面临的最复杂的问题之一，各种教育证书考试名目繁多，给大学选拔人才带来不少困扰。在人才评价选拔过程中，大学往往要面对同一个考生持有多种教育证书、多个考生持有不同教育证书的复杂局面。对一个考生，他所持有的证书中哪个最具说服力、最能反映其素质能力，对不同考生，他们所持有的证书孰高孰低，孰优孰良，如何取舍，都让大学难以抉择。为解决这一问题，除了整合、清理各种教育证书考试外，最为关键的是英国摸索并建立了一套“高校招生分数转换系统”（UCAS Tariff），通过在同一量尺上给不同的教育考试证书赋予不同的分值，在不同教育证书之间架

① 王立科：《英国高校招生考试制度研究》，华中师范大学出版社，2008年，第128～130页。

起桥梁，使它们之间相互可比、可转换。

英国“高校招生分数转换系统”是对用于高等院校招生录取的各类资格证书进行分值设定，从而计算出申请人所得学业成绩总分的计分体系，以方便高等院校招生录取时对申请人综合学业成绩进行评定。其目的在于：第一，通过对用于高等院校招生录取的各类资格证书进行分值量化，综合反映申请人的学业成绩。第二，在各种资格证书之间建立等值互换体系。第三，对持有不同证书的申请人之间的学业成绩进行比较①。截至 2012 年，英国大学招生服务中心（UCAS）在其网站公布了 52 种教育证书的分值转换比例，目前转换体系中学业分最高为 720 分，最低为 5 分。分数转换具体考虑证书考试的学业投入、学业价值、学业难度和学业成绩等要素。图 3-4，是普通教育证书考试（GCE）系列中各种证书的等级及分值转换表。表格上面一行标出教育证书的名称，表格中列出了每种证书每个等级对应的分值。如英国 GCE A-Level 考试高级职业教育证书（GCE A-Level & AVCE）A* 级赋值 140 分，E 级 40 分。

GCE & AND VCE									
GRADE	TARIFF POINTS	GRADE	TARIFF POINTS	GRADE	TARIFF POINTS	GRADE	TARIFF POINTS	GRADE	TARIFF POINTS
GCE & A VCE Double Award		GCE & A level with additional AS(9 units)		GCE A-level & AVCE		GCE AS Double Award		GCE AS & AS VCE	
A*A*	280	A*A	200	A*	140	AA	120	A	60
A*A	260	AA	180	A	120	AB	110	B	50
AA	240	AB	170	B	100	BB	100	C	40
AB	220	BB	150	C	80	BC	90	D	30
BB	200	BC	140	D	60	CC	80	E	20
BC	180	CC	120	E	40	CD	70		
CC	160	CD	110			DD	60		
CD	140	DD	90			DE	50		
DD	120	DE	80			FF	40		
DR	100	EE	60						
EE	80								

图 3-4 英国高校招生分数转换系统示例图

资料来源：英国大学招生服务中心，http://www.ucas.com/documents/tariff/tarifftables_jul2012.pdf。

① 王立科：《英国“高校招生分数转换系统”及其借鉴意义》，《比较教育研究》2008 年第 2 期，第 73 页。

“高校招生分数转换系统”的应用是英国在教育证书认证基础上的又一大创造，它给予各种证书以公平待遇，以数字的直观形式将原本无法比较、无法衔接的各种教育证书转变为有序的、透明的、可比的证书对比体系。证书转换，将学校教育和校外教育、正规教育和非正规教育纳入统一教育体系①。更重要的是，大学可用它表述入学要求，科学选拔学生。

三、英国大学入学考试评价的特点

英国的大学入学考试评价也是特征明显，体系完备，在各类教育证书考试的基础上构建起了其独具特色的大学入学考试评价体系。

（一）以各类教育证书为基础的考试评价体系

教育证书制度是英国教育制度的重要组成部分，是其重要特色之一。而英国的大学入学考试评价则是基于名目繁多、功能各异的教育证书考试而建立的。普通中等教育证书（GCSE）考试、高级普通教育证书（GCE A-Level）考试、高级补充普通教育证书（GCE AS-Level）考试等教育证书考试的功能之一就是为大学入学评价提供资格证明和选拔依据，是大学了解考生学科知识、技能与学术发展潜力的重要方式。这些考试皆由专业的、非营利性的考试委员会组织实施，确保了考试及证书的权威性与科学性，为大学的人才评价与选拔奠定了可靠基础。纵观牛津、剑桥等英国顶尖级大学的入学评价与选拔，在其申请要求中，无一例外地包含对相关证书的要求。如剑桥大学的证书要求包括普通教育证书高级水平与补充水平、高级拓展证书、职业教育证书（部分学院要求）、苏格兰高等证书等十多种证书。由此可见，各类教育证书考试是英国大学入学考试的基础与核心。

（二）考试科目设置广泛，学生选择余地充分

在各类教育证书考试框架下，英国的考试层次、类别十分多样。英国的大学入学考试和中学毕业考试是合一的，由八个考试委员会独立分区组织实施。在各种教育证书之下，开考的科目极其广泛，为学生选择留有极大余地。如 GCE 高级水平考试科目包括数学、综合科学、经济学、英语语文学、戏剧、图像技术等 70 余种，其中既有学术性科目，也不乏技术性科目。如

① 樊大跃：《融会贯通普职教育的“工具”——英国学业分换算体系简介》，《中国职业技术教育》2006 年第 14 期，第 53 页。

此广泛的证书考试科目设置为激发学生兴趣、拓展知识视野、满足个人成长与发展需要提供了极为丰富的学习资源和便利条件，也为大学从多个维度认知与评价考生创造了条件。英国的各种教育证书考试基本是单科式考试与授予证书，学生学完一科就可参加一科考试，合格后便可获得证书，如此一来，学生就可以根据自己的兴趣爱好，任意选考科目。这种灵活的考试方式十分有助于学生延展能力、培养兴趣，也十分有助于学生综合能力的提高。

（三）教育证书与综合评价相结合

在录取中，各大学除了对考生的各种教育证书及等级的要求之外，还会综合权衡其中学表现、个人陈述、教师推荐信、社会活动、考生来源等信息，全面考量，综合评价。如剑桥大学评价选拔的标准是，第一，学术能力与潜力，招生人员除考虑学业记录外，还要评价考生的逻辑思维能力和独立思考能力，以确认其是否思想开放，乐于接受新事物与新思想。第二，选择、申请专业的动机及个人胜任力，通过考生参加课外活动、课外阅读内容询问等方式核实其报考与学习动机。第三，责任感和自律能力，要求考生应具备自我激励能力、自律能力，努力学习，有较强的时间管理能力，能在完成学业和履行个人责任之间取得平衡，无有偏颇①。具体评价指标则包括学业成绩评价、学校推荐意见、个人陈述、提交的作业以及剑桥大学单独组织的测试、面试等内容。总之，在众多水平与条件相当的申请者中优中选优不仅需要综合评价，也是一件复杂而艰辛的工作过程。因此，英国的大学选拔并非一锤定音，非经多个环节的审查与考验不可。

第三节　日本的大学入学考试评价

日本的大学入学考试评价与中国极为相像，两个国家都重视考试的作用，重视学历在社会流动中的作用，由此使得高考成为高利害、竞争激烈的考试。日本实行九年义务教育，其中小学六年，初中三年，大约95％的学生完成义务教育后，进入全日制高中。高中负有为大学输送新生和培养熟练工人的双重任务，以升学教育为主，竞争激烈。日本又是一个重视学历的社

① 王立科：《英国高校招生考试制度研究》，华中师范大学出版社，2008年，第222页

会，学历和职业有着密切的联系，职务晋级和加薪都将学历作为重要依据，从而使职业竞争演变为升学竞争。在此背景下，日本形成了集统一性与多样性于一体的大学入学考试评价制度。

一、日本大学入学考试评价的发展历史

自“明治维新”以来，日本的大学入学考试评价制度历经变迁，多次改革，大致可划分为“明治维新”时期、“二战”后、20 世纪 60 至 80 年代和 20 世纪 90 年代后四个发展阶段。

（一）“明治维新”时期的大学入学考试评价

日本的近代教育制度是明治维新后建立起来的。这一时期，日本政府提出“富国强兵”、“殖产兴业”、“文明开化”三大改革口号，把学习西方、兴办教育作为基本国策。期间，日本从欧洲引进了大学制度和大学入学考试制度，1877 年建立了最早的大学——东京大学，开始有了大学招考制度①。1895—1944 年期间，日本实施较为严格的入学选拔制度，具体由学科考试(笔试)、面试、身体检查等构成。1886—1901 年期间，日本没有统一的大学入学考试，由各大学独自实施。1902 年，日本颁布《高等学校、大学预科试验规程》，把单独招生改为统一入学考试，统一测试、综合选拔、统一命题。1908 年，统一考试被废止，又回到单独选拔招生体制，但与之前单独选拔有所不同的是，文部省对考试科目有统一规定，高校不得擅自更改。1917 年，单独选拔制度又被废止，制订了新的《高等学校、大学预科入学者选拔规程》，重新采用统一考试、综合选拔的方式。1919 年，文部省颁布《改正高等学校令》，统一考试再次被废止，改为统一考试单独选拔。1927 年日本又对入学考试予以调整，要求将考生高中的学业成绩与入学考试成绩统一起来决定是否录取；考试科目统一为国语与汉文、外语、数学；选拔考试笔试题目可允许各校单独命制。1940 年，高校校长联席会尖锐批评当时过于重视笔试的入学办法，并提出“综合评价、择优录取”的方针，1941 年起采用“共同考试”、“单独选拔”、“综合评价”、“择优录取”的十六字方针。选拔办法是：依据毕业学校校长的调查书、笔试与口试成绩、体检结果综合评定，选拔各方面均为优秀者；从高中的科目中选出三科作为必考科

① 刘海峰：《高校招生考试制度改革研究》，经济科学出版社，2009 年，第 285 页。

目；笔试试题由文部省统一命制，各校负责考试；重视口试，全面考核学生基本素质。

这一时期的日本招生评价与选拔集中服务于国家选拔干部、培养科技人才的需求，国家加强对高等教育的控制，多次纠结于单独招考与统一考试之间，但从根本上看考试的权力高度集中于中央，地方权力有限。考试评价的内容则由单一的学科知识到综合评价，全面考量考生。笔试科目一般从中学的必修科目中选出，必考科目有国语和汉文、外语、数学，其他科目不固定，每年临时决定加考哪些科目。但在考试的刺激下，“学历社会”在这一时期形成，中学教育变成升学教育，大考小考不断，被称为“考试地狱”①。

（二）“二战”后的大学入学考试评价

“二战”结束后，受美国影响，日本进行高等教育改革，大学入学考试评价也随之改革，在高中引进了美国的智力测验②。1948 年改为升学适应性测验与知识测验并用的评价选拔方式，这是战后初期日本大学入学选拔的重要特色。战后知识测验的科目和方式有所变化，取消了固定科目，采用选考科目制。由于口试标准较为主观，难以掌握，取消了战前口试的做法，不再作为评价环节和选拔要求。升学适应性测验是用心理学的方法考查考生的大学适应能力，目的在于测定考生进入大学学习所应具备的能力以及适合学习文科抑或理科所应具备的智能。升学适应性测验是通过对考生语言推理能力及非语言推理能力的测验，考查考生运用知识的能力，测验包括一般能力、文科能力、理科能力三部分。一般问题占 50%，内容为造句、语词、数学（算术推理）、完成题（论述）；文科问题占 25%，考读解与作文；理科问题占 25%，考空间关系、简单的理科实验报告与图表。理科问题（A）、文科问题（B）满分各为 20 分，一般问题（C）满分为 40 分，总分 80 分。实施升学适应性测验意在全面考查学生的学习能力与智力，克服单纯偏向知识测验的倾向。但由于未解决好命题内容、考试方法、评分标准等问题，效果并不十分理想，不得不于 1955 年取消，又回到以学力测验、知识考试为

---

① 于钦波、杨晓：《中外大学入学考试制度比较与中国高考制度改革》，四川教育出版社，2000 年，第 91 页。

② 康乃美、蔡炽昌：《中外考试制度比较研究》，华中师范大学出版社，2002 年，第 164 页。

主的考试老路上去①。

（三）20 世纪 60 至 80 年代的大学入学考试评价

1955 年升学适应性测验被废止后，日本各大学自行考试，以知识考试为主，但社会各界对此做法很不满意。1963 年，文部省设立的考试专门研究机构——能力开发研究所研制的全国性的大学入学考试“能力测验”试点，其模式是“学力考试＋升学适应性考试＋职业适应性考试”。但由于许多大学对“能力测验”持抵制态度，将其成绩作为入学条件的大学更是寥寥无几，终因使用者过少而不得不于 1968 年废止②。能力测验结束后，各大学又回到集中开展学科知识考试的模式。同时文部省要求各大学以高中校长报告书、考试成绩、体检资料为依据综合选拔录取，对优秀的高中毕业生可实行推荐录取办法。1975 年，国立大学协会在调研的基础上提出全国统一考试的建议，1977 年文部省采纳意见并成立了大学入学考试中心，颁布统一的考试大纲，1979 年全国统一考试制度付诸实施。其主要内容是：实行全国国立大学统一考试与各大学第二次考试相结合的考试制度；采用客观命题办法；考试成绩只报告给大学，不报告给考生本人。至此，日本的大学入学选拔考试分两个阶段，第一阶段为“全国共同学力第一次考试”，第二阶段为各大学自行组织的测试与考试。这一考试评价制度从 1979 年沿用到 1989 年共 11 年。

（四）20 世纪 90 年代以来的大学入学考试评价

日本两阶段考试评价模式在实践中也出现不少问题，各大学过于倚重第一次考试成绩，并按照总分依次录取，使大学出现了严重的成绩序列化倾向。一些大学以第一次考试结果作为唯一的录取依据，高中为争取升学率频繁地考查学生。为改变这一状况，纠正大学入学畸形竞争的不利影响，日本临时教育审议会于 1985 年提出，共同第一次考试需要被一个新的共同测验所替代③。1990 年，日本在全国实施新的大学入学考试办法。新的考试仍

---

① 于钦波、杨晓：《中外大学入学考试制度比较与中国高考制度改革》，四川教育出版社，2000 年，第 99 页。

② 蓝欣、黄旭升：《日本大学入学选拔制度述评》，《考试研究》2005 年第 3 期，第 108 页。

③ 周琴：《日本大学入学考试制度的历史沿革及现行模式评介》，《湖北招生考试》2006 年第 6 期，第 60 页。

分两次，原先的“全国共同学力第一次考试”改为大学入学中心考试，改革的主导思想是不让考试成为难为考生的关卡，注重考生能力的考量，考试以考核学生对高中阶段基本学习内容的掌握与应用为主。要求第二次考试采用更加个性化、特色化的方式，使用面试、小论文等选拔方式，从多角度、多方面，使用多种形式综合评价考生的适应性与能力①。这一被称为“中心考试”的大学入学考试评价模式一直沿用至现在。

二、日本大学入学考试评价体系及内容

目前，日本坚持统一性、灵活性与多样性并存的大学入学考试评价制度，考试仍分两个阶段。但除了考试成绩外，日本还综合权衡考生其他信息，在综合评价的基础上择优录取。

（一）全国共同第一次考试内容

全国共同第一次考试由大学入学考试中心组织实施，是对考生高中阶段基础知识、基本技能掌握程度的考核。大学入学考试中心负责命题，不允许出难题、偏题和怪题。在决定命题学科、科目及其范围时，既要充分考虑对高中教育的影响，又要发挥作为促使各大学多样化入学选拔手段的功能。考试题型全部为标准化选择题。考试结束 10 天后公布考试结果，内容包含考生总数，各校报考人数，各科分类成绩，录取标准分数线，全国平均成绩，最高、最低分数等。考试科目包括 6 个学科，分别是外语、国语、数学、理科、公民、地理历史，大学可根据需要从其中选择考试科目(表 3-6)。2010 年，97.6%的国立大学、67.1%的公立大学在第一次全国共同考试中要求考生选考 5 科②。

表 3-6　日本第一次全国共同考试科目表

课程	出题科目
国语	国语
地理历史	世界史 A、世界史 B、日本史 A、日本史 B、地理 A、地理 B

① 刘海峰：《高校招生考试制度改革研究》，经济科学出版社，2009 年，第 286 页。

② 张雪丽、朱宇：《二战后日本国立、公立大学入学考试制度的沿革、现状与特点》，《湖北招生考试》2011 年第 4 期，第 44 页。

续表

课程	出题科目
公民	现代社会、伦理学、政治·经济
数学	数学Ⅰ、数学Ⅰ·数学A、数学Ⅱ、数学Ⅱ·数学B、工业数理基础、簿记·会计、信息关系基础
理科	理科综合A、理科综合B、地学Ⅰ、物理Ⅰ、化学Ⅰ、生物Ⅰ
外语	英语、德语、法语、汉语、韩语

资料来源：日本文部省：《大学资料》2008年第9期，第20页。

（二）各大学组织的第二次考试内容及评价选拔方式

通过第一次考试后，考生还需参加由各大学组织的第二次考试，以满足各大学进一步考查考生的适应性和潜力的需求。第二次考试由各大学组织实施，自行命题、自行考试，考试方式各校自定，考试内容包括专业基础知识、学习技能、学术方向等，考试方法有笔试、口试、实际操作等。大学组织第二次考试应遵循的原则是：第一，考试科目以专业适应性为目的；第二，考试方式以论述式或论文为主，重点考查考生的观察能力、表达能力、叙述能力；第三，突出学校和专业特色，采用小论文、口试和实践操作等方式；第四，考试科目以1～3科为宜；第五，必须综合两次考试成绩全面衡量考生，合理规定两次考试成绩在录取中所占的比例，不可偏废某一方面①。基于以上原则要求，日本各大学自行组织的第二阶段考试评价形成了个别学力检测、招生办公室考试、推荐入学、特殊考试等多种模式。

1. 个别学力检测

个别学力检测是各大学为应对大学入学考试中心考试单独组织的测试，目的在于体现各大学的选拔要求。如东京大学的考试分文理科，文科考国语、数学、社会、外国语4科，理科考国语、数学、理科、外国语4科，每个科目下面又包括选考科目，考生可根据大学要求选择科目。个别学力测验的目的是判别考生的学力、适应性与能力。

2. AO（Admissions Office）考试

AO考试即招生办公室考试，也称为入学选拔办公室考试，是从美国引

① 于钦波、杨晓：《中外大学入学考试制度比较与中国高考制度改革》，四川教育出版社，2000年，第181页。

进的考试方式，是一种不过分倚重学力检测，综合判定考生的能力、适应性、意愿、意识的考试，重在考查综合素质。1990 年起在私立大学试行，2000 年推广至国立和公立大学。该考试主要通过高中材料审查、面试、小论文等形式，考查考生的学习目标意识、学习动机、专业选择意图、入学后的学习计划、大学适应性、研究能力和实践能力等。文部省将考试权力交给大学，未对考试内容和方式提出要求，具体考试内容与方式由各大学自行拟定。AO 考试大致可分为选拔型、对话型、体验型三种。竞争激烈的国立、公立、私立大学采用选拔型 AO 考试，方法是考生写小论文、报告或者志愿理由，再根据所写内容面试。对话型 AO 考试一般是在考生报名后，通过多次面谈，综合考生参与讨论等情况进行审查，偏重于对考生人品、愿望以及志愿动机的了解。体验型 AO 考试包括模拟教学、研讨会等方式内容，参加以上活动是报名条件，同时要求考生提交作业及提出课题报告。大学根据考生提交的作业、报告、研讨会上的发言、参与态度等决定是否录取①。

3. 推荐入学

20 世纪 60 年代以来，日本部分大学就尝试推荐入学办法，后来被更多大学采纳。根据这一制度，大学可在招生名额中预留推荐名额，招收推荐类学生。类似于我国的保送生制度和北京大学自主招生中的校长实名推荐制。被推荐的学生原则上应参加全国第一次考试，但可免去由大学自行组织的第二次考试部分科目。也有部分大学直接根据中学校长的推荐档案来录取学生。推荐入学的要求是必须有中学校长的推荐档案，综合考生各种考试及相关信息后择优录取，中学推荐的条件是成绩优秀、身体健康、品德高尚、对报考院校兴趣浓厚。要求中学及学生提供的材料有学生调查书、校长推荐信、高中阶段学习成绩、健康状况、行为表现等。推荐入学有几种方式，第一种是由高中直接升入大学的入学方式，采用此类方式的大学一般有自己下设的附属高中，被推荐的学生来自附属高中；第二种是指定高中推荐入学方式，即只有大学指定的高中的毕业生才具备参加大学入学考试的资格；第三种是特殊专长推荐入学方式；第四种是无须参加入学考试中心考试的推荐甄选方式；第五种是须参加入学考试中心考试的推荐甄选方式。近年来，日本宣扬“新学力观”和“宽松教育”政策，采用推荐入学的大学日益增多。日本大学入学考试中心调查显示，2010 年采用推荐入学方式的国立大学有

① 张民选：《高校招生考试制度改革研究》，上海教育出版社，2008 年，第 164 页。

74 所 262 个学部，公立大学 73 所 154 个学部，分别占总数的 93.0%和 76.3%。推荐入学选拔制度的实施既有助于协调高中和大学的教育目标，保障中等教育和高等教育之间顺畅衔接，也有利于各大学自主招生方案的实施和完善教育诚信体系①。

4. 特殊考试

特殊考试是以职业高中和综合学科的毕业生、“二战”后中国抚养者后代、社会人士、海外回国人士子女等特殊群体能够参加的考试，根据面试、学力考试、推荐书等形式决定是否考取。2010 年，日本 9.8%的国立大学、1.3%的公立大学招收职业高中和综合学科的毕业生，76.8%的国立大学、50.1%的公立大学招收归国人士子女，14.6%的国立大学、13.2%的公立大学招收“二战”后中国抚养者后代，56.1%的国立大学、63.2%的公立大学招收社会人士。2006 年后日本招收海外归国子女和社会人士的大学有所增加，但实际招生人数呈减少趋势②。

三、日本大学入学考试评价的特点

大学入学考试是中等教育与高等教育的耦合点。多年来，日本一直谋求实现高等教育机会均等，改变入学激烈竞争局面。通过多年努力，日本构建起了集统一性、多样性、灵活性于一体的大学入学评价体系，既保障了大学的招生自主权，为不同群体创造赴大学深造的机会，又促进了高中教育的多样化发展。

（一）统一性与自主性

日本现行的大学入学考试评价制度由全国统一的大学入学考试中心考试和各大学单独组织的考试两个阶段构成。这种考试制度将中等教育与高等教育紧密地连接在一起，最大限度地克服了“一考定终身”的弊端，又充分发挥了大学的招生主动性与自主权，有利于大学根据办学与人才培养要求选拔适切性人才。其统一性体现在全国统一学力考试的目标、命题标准与范围、考试形式及成绩评定等方面，考试的科目涵盖了高中阶段全部必修课程。考

① 李润华：《统一性和多样化并存的日本大学招生考试制度》，《比较教育研究》2011 年第 2 期，第 49 页。

② 张雪丽、朱宇：《二战后日本国立、公立大学入学考试制度的沿革、现状与特点》，《湖北招生考试》2011 年第 4 期，第 46 页。

试以考生对高中阶段所学基础知识的掌握程度为目标，侧重于考查考生的适应性与基本学力。统一考试为大学招生和高中阶段教学评估提供了丰富的信息和全国性参照标准，有助于提高大学招生考试效率，保障高中教育的质量，也有助于实现全国教育均衡发展，促进教育公平。自主性体现在日本大学在招生中拥有较高自主权，在全国统一考试的基础上，大学可自行组织第二次考试与考查，考试内容与形式皆以大学办学、人才选拔与培养需要为依据，可充分发挥大学的创造性，展现其招生个性与特色。统一考试与自主招生相结合既避免了统一考试无法顾及个性的不足，也调动了大学的招生积极性和参与性，体现了招生的个性，使大学入学考试制度改革有源源不断的动力与活力。

（二）多样性与灵活性

日本大学入学考试评价制度也具有多样性与灵活性，具体表现在入学通道、评价方法、评价指标体系诸多方面。首先是入学通道的多元化。全国统一学力考试、各大学的学力检测、AO 考试、推荐入学、特殊考试等构成了日本多元化的入学通道。各大学在全国统一考试的基础上可自行决定采用何种甄选学生的方式，用什么内容考量学生。一些大学根据第一次考试结果录取学生，一些大学在第一次考试的基础上综合本校的测试综合录取学生，也有大学免去两次考试，根据中学推荐档案、学生在中学的表现、入学动机与学业兴趣等因素择优录取学生。其次是考试评价形式的灵活多样性。2010 年，多种考试评价形式在日本国立、公立大学及院系普遍使用，小论文写作、面试都是应用较多的招生形式，还有 71 所国立大学、266 个国立大学院系、69 所公立大学、131 个公立大学院系直接以小论文、面试方式录取学生(表 3-7)，选拔方法的灵活性与多样化特色极其鲜明。

表 3-7　2010 年日本采用不同招生形式的大学、院系数

学校类型 / 考试方式	国立		公立	
	大学 82	院系 377	大学 76	院系 168
小论文写作	66	193	59	91
	80.5%	51.2%	77.6%	54.2%

续表

考试方式＼学校类型	国立		公立	
	大学 82	院系 377	大学 76	院系 168
综合问题	27	47	17	22
	32.9%	12.5%	22.4%	13.1%
面试	67	169	51	78
	81.7%	44.8%	67.1%	46.4%
实践技能考核	55	59	12	16
	67.1%	15.6%	15.8%	9.5%
听力测试	15	29	5	7
	18.3%	7.7%	6.6%	4.2%
仅有小论文、面试	71	266	69	131
	86.6%	70.6%	90.8%	78.0%

资料来源：高等教育局大学振兴科：《大学资料》2009 年第 12 期，第 36～37 页。

（三）综合性与特殊性

日本的大学入学考试评价兼具综合性与特殊性特征。综合性表现在考试的层次方面，日本的大学入学考试分两个阶段，第一阶段是全国性的学力考试，以高中所学课程与内容为基准，重点考查学生高中知识掌握与能力发展情况。为了体现大学招生理念与需求，各大学在全国考试的基础上还可再次组织足以体现各大学办学特色与人才培养需求的个性化考试，内容形式自定。一个国家层面的考试与一个大学层面的考试相叠加，足以综合考查学生的多方面素质与能力。综合性还体现在考试评价指标体系方面，日本大学选拔学生不仅参照大学入学考试成绩，还通过反映学生高中时的学习成绩与学习活动、品德性格、实践活动、文化体育活动、就业经验、活动经验等的调查书（表）以及学生自我陈述、校长推荐书等指标综合考量学生，从多个方面综合评价学生的学业成绩、兴趣动机、个人特长与能力、学力以及大学适应性等。日本大学入学考试评价的特殊性则体现在招生面向更多人群方面。职业高中和综合学科的毕业生、“二战”后中国抚养者后代、社会人士、海外回国人士子女、残障学生等特殊群体均可以参加考试，并且在考试形式、考试内容、选拔要求等方面予以考虑与照顾。另外，日本大学在招生中充分尊重学生的个性化发展需求，通过设置灵活多样的考试方式为不同学生进入大学创造机遇。学生享有更多选择权利，可选择入学方式，考试入学或推荐入学，亦可依照个人兴趣与能力选择考试科目，扬长避短。

第四节　我国台湾地区的大学入学考试评价

台湾与祖国大陆隔海相望，两岸在文化传统、教育制度等方面有着一脉相承的历史渊源关系。就考试制度而言，台湾的大学入学考试评价与大陆的高考同样是牵动社会的最敏感的神经。言及台湾的大学入学制度，“联考”和“多元入学”是两个独特的发展阶段，也是众人皆知的标识。由于文化传统上的根源性关系，台湾的大学入学制度与大陆的高考制度更为相似，更具可比性，通过研究可达取长补短、彼此借鉴、互相促进的功效。

一、台湾的大学入学考试评价发展历史

从 1954 年至今，台湾的大学入学考试评价经历了边界相对清晰的三个发展阶段，分别是大专联合招生的创立、大专联合招生的发展演变以及大学多元入学评价制度的形成与改革（表 3-8）。

（一）大专联合招生创立期的考试评价

1949 年台湾采用各大学单独招生办法，考试科目与内容分文法商、理工、医农三组。为减轻考生应考之苦与教育部门组织考试之累，消除各校重复录取考生的乱象，促进考试公平，1954 年台湾当局责成台湾大学、省立师范学院、省立台中农学院、省立台南工学院组成“大专联招会”负责招生事宜，实施联合招生，大专联合招生制度开始在台湾运行。1955 年政治大学加入联合招生，1956 年推出《高级中学毕业生会考暨专科以上学校入学联合试验办法》，联合招生大范围实施，所有公立和私立大专院校以及军事学校都必须参加联合招生。1958 年军事学校退出联合招生（简称“联招”），改为单独招生。1962 年，采用大学及独立学院、专科学校分别办理联招的办法，但实施一年后便遭废止，继续联招。1972 年之前，台湾将大学联招称为“大专联招”，就是因为 1954—1971 年期间大学和专科学校的联合招生基本是合办的。

表 3-8 台湾大学入学考试评价发展沿革表

<table>
<tr><th>分期</th><th>年代</th><th>招生机构</th><th>考试机构</th><th>招生通道</th><th>类组</th><th>录取依据</th></tr>
<tr><td>创立期</td><td>1954—1971</td><td colspan="2">大专联招会</td><td>大学暨专科学校</td><td rowspan="2">甲组多为理工科系；乙组多为文科科系；丙组多为医学与农业科系；丁组多为法商科系</td><td rowspan="2">联招分数</td></tr>
<tr><td rowspan="4">发展演变期</td><td>1972—1983</td><td colspan="2">大学考试委员会</td><td>大学</td></tr>
<tr><td>1984—1992</td><td colspan="2">大学考试委员会</td><td>大学</td><td rowspan="3">分四组考试，可跨组选考：一组为文法商科系；二组为理工科系；三组为医学科系；四组为农学科系</td><td rowspan="4">联招分数、两阶段分数（学科能力测验、指定科目考试）</td></tr>
<tr><td>1993—1996</td><td colspan="2">大学自办并委托财团法人大学入学考试中心担任总会</td><td>大学入学考试中心办理学科能力测验及甄选入学，与大学联招并行</td></tr>
<tr><td>1997—2000</td><td colspan="2">大学招生策进会</td><td>公告大学多元入学新方案。大学入学考试中心办理学科能力测验。入学管道分为：资优生保送、甄选入学、考试分发入学</td></tr>
<tr><td rowspan="2">多元入学期</td><td>2001—2003</td><td>大学招生委员会联合会</td><td>财团法人大学入学考试中心</td><td>大学多元入学改进方案将甄选入学合并成繁星推荐和考试分发</td><td>依考试阶段、考科、成绩采计及分发方式之不同区分为甲、乙、丙三案，由大学各校系择一实行</td></tr>
<tr><td>2004 至今</td><td>大学招生委员会联合会</td><td>财团法人大学入学考试中心</td><td>2007 学年度新增繁星计划。而于 2011 学年度整合甄选入学及个人申请，使入学管道简化为甄选入学与考试分发二大管道</td><td>考试分发入学甲、乙、丙三案招生选择方式合而为一，考生均须参加指定科目考试</td><td>大学科系自行指定考试科目，以 3～6 科为限（含术科考试，不含学科能力测验）</td></tr>
</table>

创立时期的大专联招以统一考试为主，由大专联招会组织实施，统一规定报名资格与条件。由于大专学校系科繁多，台湾往往把性质相近的系科合成一组招生。大专联招一直采用统一考试科目，考试内容以修订的高级中学课程标准为依据，高中的主要学科基本定为大专联考的考试科目。1954 年至 1971 年，考试科目分为共同考试科目和分组考试科目两种。各组考试科目均为 6 科，命题以高中标准教科书为范围。考试科目中共同科目包括“三民主义”、国文、英文 3 科。分组考试科目均为 3 科，基本特点是甲、丙组不考历史、地理，乙、丁组不考物理、化学。1958 年考试科目不分共同科与分组科，考试科目包括“三民主义”、国文、英文、数学、本国史地、理化 6 科（表 3-9）。总体上，这一时期的考试科目较为稳定，变化较小。

表 3-9　1954—1971 年大专联考考试科目表

年度	共同科目	分组科目
1954	“三民主义” 国文 英文	甲组：数学、物理、化学 乙组：数学、中外历史、中外地理 丙组：数学、化学、生物
1956	“三民主义” 国文 英文 本国史地	甲组：数学、物理、化学 乙组：数学、外国史地 丙组：数学、化学、生物
1958	“三民主义”、国文、英文、数学、本国史地、理化	
1959—1965	“三民主义” 国文 英文	甲组：数学、物理、化学 乙组：数学、中外历史、中外地理 丙组：数学、化学、生物
1966—1971	“三民主义” 国文 英文	甲组：数学（自然科组）、物理、化学 乙组：数学（社会科组）、中外历史、中外地理 丙组：数学（自然科组）、化学、生物 丁组：同乙组

资料来源：杨李娜：《台湾的大学入学考试制度研究》，厦门大学博士学位论文，2003 年。

这一时期的命题由大专联招会承担，命题的具体要求是：第一，以高中应届毕业生在校所用标准课本或照部颁标准所编并经审定的课本为准圈定各科命题范围；第二，试题应由浅入深，难易适中；第三，试题以考查考生的思考、记忆、推理及应用等能力为重点，避免冷僻的记忆式试题，国文与英文必须注重表达能力的检测；第四，试题类型包括论说、问答、解释、填充、演算、翻译等。1954 年和 1955 年，国文、英文、数学 3 科满分 100 分，“三民主义”、物理化学、史地、生物满分各 50 分，1956 年后各科均以 100 分为满分。创立时期的大专联招遵循统一招生、统一录取、统一分发原则，主要根据总分录取入学。

（二）大学联合招生发展演变期的考试评价

自 1972 年起始，台湾的大学联考进入发展与调整期，负责联考的机构、考试科目与内容等都发生了较大变化。1972 年，台湾已有专科学校 76 所，大学和独立学院 32 所。为有利于技术型与应用型人才培养，改变把不同性质的学校硬性合并在一起招生、导致命题顾此失彼的局面，从 1972 年开始大学联考与专科联考分开实施。1976 年，台湾成立了大学入学考试委员会，下设大学入学考试考务委员会、考试研究委员会，由大学入学考试考务委员会负责联考事宜①。这一时期大学联考的主要变化是“高中学生能力评价与辅导”的实施、题型的变革、联招新制的推行等内容。

1. “高中学生能力评价与辅导”的实施

1974 年，台湾师范大学教务长宗亮东在“大学入学考试之改进”的专题研究报告中指出：以成绩为录取依据的大学联招的缺点是学生盲目选填志愿，选校不选系，不重自己的兴趣，入学后常出现转系、休学重考等问题，即使勉强读下去，也因学非所愿而缺乏动力。为此他建议高级中学应在平时有计划地运用客观的评价方法，鉴定学生各种能力与特质，以利教学活动与学业辅导，学校依据学生的能力性向，采取合理的升学与就业辅导措施，协助学生选择适当的发展方向，这对于改进大学入学考试之不足实为治本之途。受此建议影响，台湾于 1973 年公布了《高级中学学生评量与辅导工作实施要点》，明确高中学生评价与辅导的目标是“运用客观评量方法，鉴定学生各种能力与特质，进而明智地选择升学与就业方向，以利于大学及专科学校新生入学考试之实施”。具体内容有四项：第一，依照高级中学教育目标促进各学科教学正常化，使学生获得完整的经验与系统的知识；第二，运用客观的评价方法鉴定学生各种能力，促进教学与学业辅导；第三，依据学生各种能力与性向，辅导、协助学生选择适当的发展方向；第四，实施学生升学辅导，配合大学新生入学考试改进方法，使合格升学的高中毕业生能顺

---

① 韩家勋：《教育考试评价制度比较研究》，人民教育出版社，2010 年 ，第 239 页。

利进入大专院校。根据这一要求，各中学自高二第一学期起，依照智力测验、性向测验、兴趣测验的结果对学生进行有针对性的辅导，对适宜升学的学生实施完整的教育辅导，充分发展其潜能。对不适宜升学的学生则辅导其转入其他性质的学校，或开设职业课程，协助修习各种职业选修科目，培养一技之长或者发展其特殊性向①。此项活动的发起人宗亮东认为，对高中学生的辅导是改进大学入学考试的先决条件，大多数学生拼命向大学挤，家长也望子成龙，以子弟就读大学并且是热门大学、热门科系而显得荣耀。这些都是由于学生对自己缺乏了解以及父母受社会价值观念的束缚而逼迫子女选填热门大学及专业所造成的。学校辅导工作的意义就在于使学生充分了解自己，不致盲目升学，盲目选择大学及科系②。截至 1976 年，台湾全部高中都已实施中学升学与就业辅导。

2. 试题形式的变革与规定主科高低标准

1972 至 1983 年之间，台湾大学联招继续实施统一考试办法，但这一时期的试题形式发生了变化。1954 年联招考试的题型有论说、问答、解释、填充、演算、翻译等，题型颇为多样。为配合光标阅读机阅卷的实施，增加阅卷的公平性，从 1973 年开始，除国文科目的作文题外，大学联招考试其余科目题型全改为客观型的测验题，方便电脑阅卷。此后，测验题型在各科考试中被广泛使用。截至 1983 年，除“三民主义”申论题、国文作文、英文作文及翻译、数学非选择题、物理非选择题、化学非选择题、生物非选择题等部分外，其余部分均采用测验题型考试。

3. 联招新制中的考试评价

1984 年是台湾大学联招的转折点，台湾学者一般将 1984—1992 年称为联招新制时期。到 1984 年，台湾大学联招已经实施 30 年，联招的实施对统筹台湾高等教育发展、确保各校教育质与量的均衡、促进考试公平、减轻考生负担、为大学联招节省人力物力等都发挥了积极作用。但联招的弊病也暴露无遗，如统一考试限制了大学的自由，不利于选拔符合其要求的学生；限制了学生的选择权限，不利于学生选择其倾慕的大学与科系；统一命题无法顾及学校与学生个性，无法更为精准与深入地测评学生的潜质与能力等。经过多次讨论与斟酌，台湾于 1984 年开始实施以“先考试、后填志愿、再统一分发”为主要内容的联招新制。联招新制能兼顾各大学的要求和考生的志

① 杨李娜：《台湾的大学入学考试制度研究》，厦门大学博士学位论文，2003 年。

② 宗亮东：《辅导与教育论文集》，正中书局，1986 年，第 628～629 页。

愿，考生可以自由选填考试科目，可增加志愿的选择机会，大学也可有较多机会选择优秀考生，可招到适合大学教育目标要求的学生。

联招新制仍采用统一考试形式，大学入学考试考务委员会将考试科目划分为四大科目类组，各类组的共同科目有“三民主义”、英文与国文；第一类组包括文、法、商，加考社会组数学、中外历史、中外地理；第二类组包括理甲、工甲，加考自然组数学、物理、化学；第三类组包括理乙、工乙、农乙、医，加考自然组数学、生物、物理、化学；第四类组包括农甲，加考自然组数学、生物、化学①。新制联考与以往联考考试科目的不同之处在于过去是分组考试，学生一旦选定组别就只参加规定的科目考试，没有选择余地。现在赋予考生选科考试的自由，除共同科目“三民主义”、英文、国文3科外，考生还可从中外历史、中外地理、物理、化学、生物、社会组数学和自然组数学等7科中自由选考，各组考试科目为6至7科，跨组考生考试科目最多可达9至10科。联招新制的命题原则仍遵循以往，在力求公平、客观的同时，注重学生分析、记忆、思考、整理、说明、归纳等能力的考查。

（三）大学多元入学评价制度的实施

台湾大学联招实行了30多年，但却一直没有常设机构和专任人员，无法积累考务经验，也没有余力对入学考试制度及命题改进做长期规划。为改变这一局面，1989年7月台湾成立了大学入学考试中心（简称“大考中心”），其主要职能是：研究台湾大学入学制度的改革及大学入学考试命题与测验技术的改进；接受委托办理各项有关的入学考试业务；提供参考题库及相关测验技术服务；提供学生辅导与相关教育服务；办理前述各项有关的研究活动；办理大学入学的其他有关事项。由此可以看出，台湾大考中心不仅是一个办事机构，更是研究机构，它的成立为台湾多元入学评价制度的诞生奠定了基础。

1. 多元入学方案的提出与试行

台湾大考中心成立后的首个创举便是在经过三年研究后于1992年提出了“大学入学制度改革建议书——大学多元入学方案”，建议以多元入学方案代替大学联招。至于为何要废止联招改而实行多元入学，台湾师范大学校

① “联招新制”依照台湾的大学各学系性质的不同，将其分为文、法、商、理甲、理乙、工甲、工乙、农甲、农乙和医10类，考生可从中任选一类或一类以上。

长简茂发博士指出了联招的多项“罪状”。他认为在联招背景下中学升学主义盛行，偏重学生智育或学科知识的评量，考试以记忆性知识为主；题型以客观测验为主，严重忽略了对学生推理思考和过程技能的考虑，评量偏重结果，而忽略了对过程的了解；考试次数太多，考试如上战场，虽身经百战，也未必是常胜将军，学生课业负担重，心理压力大，造成考试焦虑症候群；在人际关系方面，因恶性竞争而对立，存有敌意，猜忌怀疑，彼此疏远，不能相互尊重与合作；纸笔测验以普遍印行的测验卷为评量工具，千篇一律，缺乏对个性的关照与测量；未能充分了解考试分数的意义及其所隐藏的信息，评量的诊断功能尚未发挥；人人竞逐高分，考试沦为竞赛的工具，学生成为考试机器，结果失败挫折者居多，考试的负面效应层出不穷，如作弊、逃学，凡此等等；考试领导教学，高中教学未能正常化，以联招为导向；升学取向，恶性补习，戕害儿童及青少年身心健康，实非培养人才之道①。看来，联招不可不废，多元入学势在必行。

大考中心的多元入学方案提出了三种入学途径，以适应不同学生的需要，即改良式联招、推荐甄选、预修甄试以及命题改进、高中成绩采纳等配套措施。改良式联招借鉴日本的入学考试方案，分两阶段考试，即基础科目和指定科目，最后达成学力鉴定考试和申请入学的目标。改良式联招的招生对象是高中毕业生，其中与考试评价相关的内容是：使每位进大学的学生皆能具备大学所要求的语文、数学、社会与自然学科的基本学力；指定科目考试各科考生将适度减少，便于采用层次较高的考试方式；大学可适度发挥其自主选才功能，有助于发展其特色；基础科目考试（与指定科目考试分开）可试行一年多次考试，增加考生应考的机会；基础科目考试将来有可能引入以能力分级或分成能力级等不同的几个阶段测验，成绩以级分计算，长此以往，学生一般不会分分计较，因而免除过分的竞争心态，养成良好的读书态度与习惯；基础科目考试成绩可供其他机构参考，如空中大学、专科或军事院校招生或学生就业等。推荐甄选制度是指高级中学依据大学各系科选才的条件推荐应届毕业生，经大学自主甄选入学。推荐甄选的招生对象为具有特殊才能与性向的学生、学科成绩特优的学生、大学学院或系科根据其特色所需选取的学生。推荐甄选的改革目标是缓解学生竞争挤进“明星高中”的现象，有助于城乡教育平衡发展，促进高中的所有活动更均衡地发展，有利于

① 简茂发：《多元化评量之理念与方法》，2013 年 8 月 1 日，http://www.bctest.ntnu.edu.tw/betweenus2-1.htm。

各中学发展其特色；扩大大学招生自主权，大学和院系可自行采用最合适的招生方式以招收最合适的学生；学生入学后因所学与意愿相符，学习兴趣高，成就感强。预修甄试主要针对高中毕业后一年并达到基本科目考试的某一“检定”等级的学生。预修甄试的改革目标是失学青年不因离校时间长而影响其进入大学学习的机会①。

命题改进与高中成绩的采纳是多元入学制度的配套措施，其中关于命题的设想是认为命题的品质是否优良、命题过程是否严谨都关系到大学入学考试评价的甄选功能和客观公平，建议大考中心积极研究命题的改进，使命题更具稳定性、鉴别力和预测力；建立各学科内容分析架构，加强试题分析；建立题库电脑化原型及预试工作流程，使试题研究科学化；建立完善的命题制度，编辑命题参考手册，编制参考试卷，建立参考题库等。而关于高中成绩采纳的设想与建议是：高中成绩包括一般学科成绩、艺能表现、操行表现，应按照不同内容与不同方式在大学录取中予以参照使用。此方法是配合大学入学评价学生高中学习成绩的需要，有助于高中教师提升教学品质，积极参与到大学入学考试中②。

大学多元入学方案基于详细、周密的规划而成型，拟采取渐进改革方式予以实施，设想与内容不可谓不完美。但在具体实行和改革过程中由于各方难以达成共识不得不搁浅。其中只有推荐甄选制于 1994 年被实施后一直沿用到 2002 年，与新的多元入学方案接轨。

2. 多元入学方案的付诸实施

虽然 1992 年的多元入学方案内容大多未能实现，但多元入学的理念逐步传播扩散，深刻影响着台湾的大学入学制度。虽然初步方案未能实施，但大考中心并未放弃努力，一直在酝酿新的多元入学方案。1997 年大学招生策进会③的成立对多元入学方案的讨论实施起到推波助澜的作用，与大考中

---

① 台湾大学入学考试中心：《大学多元入学方案的内容与实施建议》，《选才》1992 年第 4 期，第 38～52 页。

② 杨李娜：《台湾地区大学入学考试制度研究》，华中师范大学出版社，2008 年，第 96～97 页。

③ 1997 年 4 月，鉴于大学联招会是每一年度组成的委员会，不易进行长远的改革，于是各大学联合组成大学招生策进会（简称“招策会”），而将每年度组成之“联合招生委员会”作为招策会内之一委员会。1997 年之后，大学招生方式由大学自主，而招策会是协调组织。2000 年 2 月成立了技职招策会，协助技职招生。

心齐心协力，于 1999 年推出大学多元入学新方案，并决定于 2002 年开始实施。新的多元入学方案的目标在于招考分离、多元入学、招生自主，考试由大考中心和术科考试委员会办理。新的考试命题不仅具有评价功能，也兼顾了中学教学。招生由各大学自主决定，自主确定各院系入学条件，招收符合本校要求的学生。考生可申请入学，可通过推荐甄选入学，也可通过考试入学，增加了考生的选择权限与机遇。新的多元入学方案制度框架见表 3-10。

表 3-10　大学多元入学新方案框架表

<table>
<tr><th>入学方式</th><th>方案内容</th><th>考试科目</th></tr>
<tr><td>推荐甄选</td><td rowspan="2">甄选入学制：为推荐甄选与申请入学两者的合并，各校院、系科若限制考生报考资格，就等于实施推荐甄选制，如未限制报考资格，则等于申请入学。甄选方式除了资格审查外，须先参加大考中心主办的学科能力测验，之后再参加各校院、系科所办的甄选考试</td><td>学科能力测验科目包括国文、英文、数学、社会、自然；甄试项目包括面试、口试、学科笔试、小论文、术科笔试、心理测验、英语听力测验等</td></tr>
<tr><td>申请入学</td><td>学科能力测验科目包括国文、英文、数学、社会、自然；各校自定的审查项目</td></tr>
<tr><td rowspan="3">联合招生</td><td>甲案：第一阶段与甄选入学中的学科能力测验相同，成绩高低将影响能否录取；第二阶段参加各大学院系从指定考试科目中择取的 0～3 科的考试</td><td>学科能力测验科目包括国文、英文、数学、社会、自然；指定科目包括国文、英文、数学、历史、地理、物理、化学、生物、“三民主义”、术科等</td></tr>
<tr><td>乙案：第一阶段与甄选入学中的学科能力测验相同，但成绩仅做“检定”用，即只要通过即可，成绩高低不影响能否录取；第二阶段与甲案相同，但须考 2～3 科</td><td>学科能力测验科目包括国文、英文、数学、社会、自然；指定科目包括国文、英文、数学、历史、地理、物理、化学、生物、“三民主义”、术科等</td></tr>
<tr><td>丙案：此案与现行大学联招相同，只参加指定科目考试，考试科目分四类组</td><td>指定科目包括国文、英文、数学、历史、地理、物理、化学、生物、“三民主义”、术科等</td></tr>
</table>

资料来源：杨李娜：《台湾地区大学入学考试制度研究》，华中师范大学出版社，2008 年，第 112 页。

新多元入学方案中考试分两类：学科能力测验与指定科目考试，学科能力测验科目包括国文、英文、数学、社会、自然，指定科目考试包括国文、英文、数学、历史、地理、物理、化学、生物、“三民主义”、术科等。学科能力测验各科考试范围包括高中课程标准中高一、高二必修部分，测验高中学生应具备的基本学科能力，考查学生是否具有接受大学教育所应具备的基本知识和能力，可以用来初步筛选考生。它对考生能力的要求是评价考生的记忆、理解、分析、综合、观察、推理、阅读、文字表达、资料判读以及解决问题等能力①。考试以客观题型为主，国文与英文科还有非选择题，考试时间除国文为 120 分钟外，其他各科均为 100 分钟，成绩以 15 级分计算。考试命题紧密结合学生的学习生活，重视知识的融会贯通与灵活运用，部分试题内容跨学科，以考查考生解答处理综合问题的能力。学科能力测验是对考生基本能力的初步筛选。指定科目考试用来检测考生是否具备大学院系要求的能力，是为大学选才的需要而设计的，各校可依其特色及需要从上述考试科目中指定考试科目。其测验目标在于：测验考生对重要学科知识的了解；测验考生资料阅读、资料判断、推理、分析等能力；测验考生的表达能力；测验考生应用学科知识的能力②。指定科目考试以台湾 1995 年颁布的《高级中学课程标准》为依据，各科测验范围包括必修与选修课程。题型包括选择题与非选择题，二者比重依各科需要安排。无论学科能力测验或指定科目考试，大学院系依招生需求定出成绩处理方式。一般的成绩采纳方式主要有“采计”、“检定”、“参酌”③。

台湾新的多元入学方案采取两阶段考试办法，增加了考试次数，为考生创造了更多竞争机会。多元入学也扩大了大学的招生自主权，激发了招生积极性，大学不仅参与招生，而且着手研究招生，成为使招生科学化、合理化

① 杨李娜：《台湾的大学入学考试中“学科能力测验”述评》，《理工高教研究》2003 年第 2 期，第 6 页。

② 杨李娜：《台湾地区大学入学考试制度研究》，华中师范大学出版社，2008 年，第 121 页。

③ “采计”是指校系选才时纳入评比的考科，可根据其重要性给予不同权重的加重计分方式。“检定”是指设定的考试科目的及格标准，达到一定及格标准者才可取得进一步应考或分发的资格，分“一般检定”（一般要求）和“校系检定”（各校系的单独要求）。“参酌”是指成绩相同而录取学生人数超额时，根据某项资料的评比，以决定录取与否。

的积极推进力量。但是，多元入学仍然招致不少担忧与指责，如考试次数增加，固然学生的选择机会随之增加，但也增加了考生的应考负担。多元入学所倡导的推荐、申请制度在理论架构上很好，但许多人仍质疑很可能产生人情游说、走后门、开假证明等现象，对经济弱势或毫无资源背景者显然不公平。因此，大学多元入学与联考制度相比，其公平、公开性让人怀疑，等等。为此，2002 年以后，台湾在坚持简单、多元、公平等原则的基础上又对新的多元入学进行了多次改革。

二、台湾的大学入学评价体系及内容

经过多次改革，截至 2011 年，台湾多元入学制度设计的多次考试方案，改变了联考“一试定终身”的局面；采取多元化招生方式，以多元化方式评价学生；考招分离，扩大大学的招生自主权，促进了学生与大学之间的多项选择①。从考试评价体系角度看，台湾构建了繁星计划、甄选入学、考试分发入学三维评价方式和入学通道。

（一）繁星推荐

台湾的第一大学入学通道是繁星计划。繁星计划是台湾清华大学于 2006 年为缩减城乡差距而出台的，旨在给予城乡高中平等的机会，采用各高中“推荐保送”方式单独招生。该校在研究历年新生资料后发现，学生来源多集中于几所“明星高中”；而一些偏远山乡中学由于教育资源相对不足，学生在甄选和考试分发中均处于弱势，不利于教育资源均衡。2007 年，台湾开始推动以“平衡城乡差距、鼓励高中生就近入学”为目的的繁星计划，共 25 所大学参加，504 个学系参与招生，提供 1 742 个招生名额②。根据繁星计划，高中全程就读同一学校的应届毕业生只要 5 门学科能力测验成绩符合大学要求，且高一、高二各学期总平均成绩排名在全校前 20％者，就可以由所在中学向大学直接推荐录取，同一所大学只能在每所中学录取一名繁星计划学生。实践表明，顶尖大学通过繁星计划录取的学生，虽入学成绩略低，但入学后的学习表现毫不逊色，这些贫困的优秀学生因教育资源不足而造成的差距可以很快得到弥补。繁星计划已经成为台湾重要的入学方式之

---

① 刘海峰：《高校招生考试制度改革研究》，经济科学出版社，2009 年，第 321 页。

② 台湾中山大学脱离繁星计划，自办“南星计划”，提供 28 个名额录取低收入家庭子女、父母一方来自发展中国家的外籍配偶子女、高雄县市、台南县市、嘉义县市、屏东县、澎湖县及台东县高中职、少数民族。

一，它的实施对于遏制“跨区就学”的“择校风”、推动高中就学社区化、照顾弱势群体、维护教育公平、促进城乡教育均衡发展以及丰富大学校园多元文化等，起到了积极作用。2011 年起，台湾将繁星计划纳入学校推荐而成为繁星推荐，招生方式沿用繁星计划各高中推荐保送的方式，台湾各大学均可参加繁星推荐甄选入学，招生名额大幅扩增，2010 年共有 68 所大学校院、1 397 个校系参与了招生，提供了 7 649 个招生名额，外加 848 个专供少数民族子弟的名额，吸引了来自全台湾 360 所高中近 7 000 名学生参加①。

（二）甄选入学

台湾的第二条大学入学通道是甄选入学。甄选入学由大学甄选入学汇办单位及大学科系办理，将 2002 年实施的学校推荐及个人申请两种大学入学方式简化为甄选入学，兼顾现行甄选入学之特殊取才精神与缩短城乡差距之目的，体现了招生的弹性。学科能力测验、术科考试（包括音乐、体育、美术等组别）成绩通过大学校系“检定”标准后，申请者可申请符合志趣的大学校系，每个申请者最多选择申请 6 个校系。学科能力测验、术科考试成绩的“检定”、“采计”、“参酌”方式及标准由各校系规定。甄选入学的实践证明此类学生进入大学后学习兴趣更浓，对未来较有明确目标与自信；学生对科系的认同度较考试分发入学的学生高；学习成绩较佳，学习表现较优，能逐渐进步；发展较为全面，其他才艺表现较佳，参加活动的办事能力及特殊才艺的表现较为突出。

（三）考试入学

台湾的第三条大学入学通道是考试入学。考试入学的报考资格是凡公立和私立高中毕业生或具有同等学力者，可以其参加的该年指定科目考试或学科能力测验、术科考试等各项考试成绩考试入学。每个考生选填的志愿不得超过 100 个，大学入学考试分发委员会依照各大学校系所定招生条件，按照先“检定”、后“采计”、再“参酌”的程序分发，由大学校系决定录取与否。高中教师认为考试入学较为公平、公正、公开，且省钱、省力、省时，其考试范围涵盖也有助于学生完整地学习高中课程内容②。

---

① 杨东平：《台湾的“繁星计划”》，2011 年 7 月 16 日，http://blog.sina.com.cn/s/blog_492471c80102dqmz.html。

② 张钿富：《大学多元入学机会与压力》，五南图书出版股份有限公司（台北），2006 年，第 89 页。

从图 3-5 可以看出，台湾不仅开辟了三条入学途径，而且实现了三条途径之间的互通。图中两条虚线示意，如果考生在繁星推荐中未被录取，或通过甄选入学被录取的学生对校系不满意，皆可通过考试入学途径实现入学意愿。这一举措显然是在尽最大可能为考生创造入学机会，台湾考试评价体系的多元性与灵活性再次得到彰显。

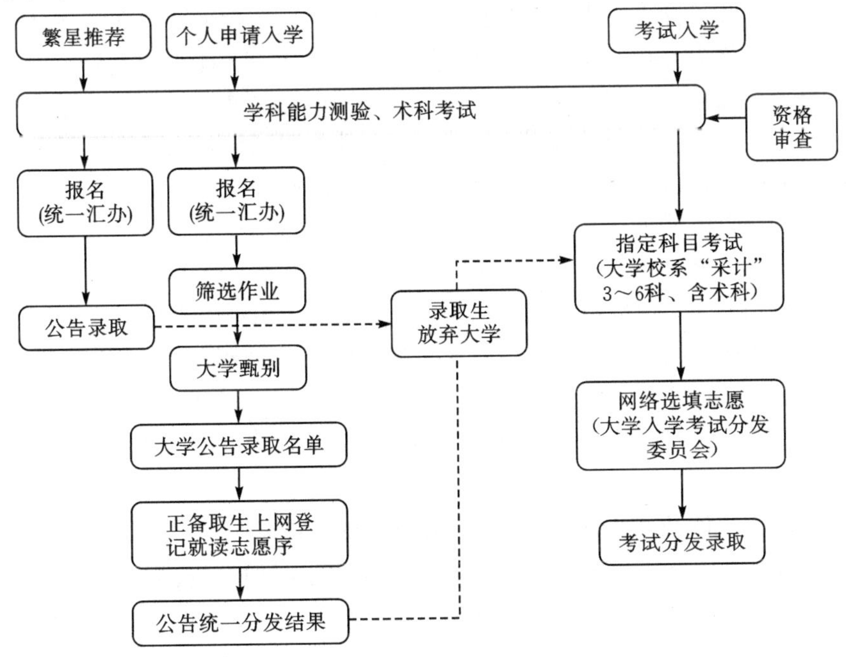

图 3-5 台湾大学多元入学方案架构图

资料来源：http://nsdua.moe.edu.tw/index.php/103flowchart。

三、台湾的大学入学评价的特点

与大陆的高考评价体系及内容比较，台湾的大学入学评价体系及内容既有相似的一面，如坚持统一考试，也有其独特的一面，如统一性与多元化相结合的评价模式，考试评价的公平性，多层面、综合地考查学生的知识与能力，重视高中生的学业与生涯辅导等。

（一）统一性与多元化相结合的评价模式

任何一种制度的出现都有其产生的客观原因，大陆和台湾曾经互相隔绝，政治制度迥异，经济发展程度也不一样，但招生考试却殊途同归，不约而同地于20世纪50年代初在世界上率先建立了大学统一招考制度。这除了当时各自的政治原因和大学招考发展的内在动力驱使以外，还有中华传统文化的因素在起作用①。60多年来，台湾的大学入学考试从未间断，但无论是起先的大学联招，还是改革后的多元入学，统一考试都是一根主线，考试机构统一命题、统一考试、统一阅卷。统一考试以其高效性、公平性而著称，成为台湾设计大学入学考试评价体系的根基。不仅如此，在统一考试架构下，台湾将多元化的考试评价嵌套于统一考试体系，使统一性与多元化有机结合。多元化具体体现为学生可以有多种入学途径选择：繁星推荐、甄选入学或是考试入学。考试内容也体现出多元化与灵活性特点，评价不仅以考试成绩为依据，还注重考查学生的平时成绩、特殊表现及社会责任感等。考试科目设置也体现出灵活多样的特性，不同的大学与校系有不同的考试科目设置与要求，这一方面为不同兴趣与入学意愿的学生创造了多元化选择机会，也有利于大学选拔符合自身培养要求的学生，可谓一举两得，实现了考生与大学间的多项选择。大学多元入学制度与传统大学联招最大的不同，就是强调大学科系的选才特色以及学生可依自己的兴趣及能力，提早规划学习，并选择适合自己能力的大学及科系。即用适宜的方法、选适合的学生、进适当的学系、做适意的发展。

（二）教育机会均等与考试评价的公平性

教育机会均等与考试公平是台湾大学入学考试评价的根本设计理念与长期诉求。教育机会均等是指每一个社会成员在自然、社会或文化方面的不利条件均可以在教育中得到补偿，社会成员不论其种族、性别、宗教信仰、经济地位和政治地位，都享有同等的教育机会。台湾学者对教育机会均等的解读是：每一个体都应享受相同年限的基本义务教育，这种教育是共同性、强迫性的，不因个人家庭背景、性别或地区的差异而有不同；每一个体都应享受符合其能力发展的教育，这种教育虽非强迫性，但含有适性发展的意义②。台湾的大学入学考试评价体现了教育机会均等与考试公平的思想和精神。繁星推荐计划可谓台湾大学入学机会均等的代表之作，其出发点是“平

---

① 刘海峰：《传统文化与两岸大学招考改革》，《高等教育研究》2004年第2期，第80～81页。

② 杨莹：《教育机会均等——教育社会学的探究》，师大书苑有限公司（台北），1995年，第213页。

衡城乡教育资源落差，体现教育机会均等的公平正义”，其设计理念是“照顾弱势，区域平衡”，其实施目标是“高中均质，区域均衡”，以使不同地区、不同身份的学生享有均等的接受同等教育资源的机会。繁星推荐计划面向台湾偏远地区和特种身份的考生，如马祖、澎湖、离岛以及少数民族居住地区的学生，家庭贫困学生，残疾学生等。另外，台湾还通过制定严格的考试规则、规范的考试程序力争使大学入学考试做到公开透明，接受社会监督，避免人情面子、权力因素的介入而危害考试公平的现象发生。

（三）多层面、综合考查学生的知识与能力

在改革与发展中，台湾构建起了多层面、综合考查学生知识与能力的考试评价体系。多层面性是指通过多阶段、多种考试环节考查学生，如既有评价考生是否具有读大学一般所应具备的学科基本能力，用来初步筛选考生的学科能力测验，也有评价考生是否具备校院、系科所要求的专业学科或术科知识与能力，供各系科作为选取学生依据的指定科目考试，还有各大学系科所组织的单独测试、面试等考查环节与内容，几乎是全方位、多层面、立体化地考查考生的方方面面。台湾入学考试评价的综合性则在于不单以成绩论英雄，作为评价与取舍考生的单一标准，而是综合考查考生的素质与能力。基于考试的视角，其考查内容包括高中阶段开设的所有课程，学科能力测验不分文理，指定科目考试由大学院系根据自己的专业特点、培养要求与特色设置，考生考试的科目越多就越具选择机会，考试内容体现出基础性与综合性的特点。基于评价指标体系的视角，台湾以统一考试为基础，构建起了综合性的评价指标体系。从台湾大学入学架构图（图 3-5）可看出，选择不同入学通道的考生除了要参加学科能力测验、术科考试或指定科目考试外，大学系科还需要考生提供社团参与、竞赛成果、学生干部、在校成绩、健康状况、推荐函、自传与读书计划以及能够展现个人人格特质、性向与志趣等的资料，鼓励考生全方位展现自我，方便大学多角度深入了解考生。

（四）重视高中生的学业与生涯辅导

在台湾，高中考生选择大学的途径与机会增多，选择的难度也就随之上升。基于自己的考试成绩及高中发展状况，究竟选择何等大学何种专业才是最佳选择，才最适合自己，是摆在考生面前的难题。为此，早在 20 世纪 60 年代台湾就提出了高中生的学业与生涯辅导命题。生涯辅导不但包括个体之就业准备与职业责任，也包括对未来生活的中长期规划。台湾高中生学

业辅导的内容涵盖协助学生了解高级中学之教育目标并认清各学科之学习目标、学习内容及选课方式与原则；提供相关活动并开设相关课程辅导学生规划生涯蓝图，增进生涯发展；参考评量结果、运用生涯信息进行选课、选系辅导；培养学生主动搜集数据、运用信息的能力；实施学生升学、就业辅导。与升学相关的职业生涯辅导内容则涉及：辅导学生了解升学、就业的意义及其途径；协助学生了解多元入学通道及需要准备的事项；协助学生了解升学目标学校及系科状况；实施相关的心理测验，参考测验结果及其他相关资料辅导学生选择学校系科；协助学生制定升学、就业目标并学习做好生涯规划；辅导学生认识职业世界的现况，建立职业志趣与生涯发展方向等。

台湾的学业与生涯辅导并非停留于经验层面的教师对学生的说教，而是形成了理论体系，建立了较为完备的职业生涯辅导系统。台湾大考中心设有教育服务处，专门研究高中学生的教育、辅导、测量等工作。配合生涯辅导的实施，大考中心开发了“北斗星——选择大学校系电脑辅导系统”和“漫步在大学——网上大学校系查询系统”等服务于升学的辅导软件。基于霍兰德职业发展理论、兴趣理论等现代心理学理论，参照美国劳工部建构的职涯信息系统（Occupational Information Network）的架构，根据对台湾学生学习的长期跟踪研究成果，台湾大考中心还开发编制了兴趣量表、学系探索量表、学业性向测验等职业生涯辅导测量工具，以提高学业与生涯辅导的科学性和适宜性。

第五节　国外及我国台湾地区大学入学考试评价的经验与启示

在全球化时代，世界范围内不同国家和地区之间接触频繁，交流不断，全方位地实现着互通有无。作为对各个国家和地区皆有重要影响的大学入学考试评价制度也不例外，成为相互交流借鉴的重要领域，甚至走在文化、教育交流的前列。当今社会，凡关心中国高考的人很少有不知美国的 SAT、ACT 的。而中国高考也已走向世界，高考的汉语拼音“gaokao”已成为英文中的专属名词，中国的高考成绩也已被多个国家和地区认可，成为申请入学的重要凭据。然而，“这山望着那山高”似乎是人类的普遍心理，中国赞叹于美国等西方国家大学入学考试的科学性、多元性、综合性、公平性等特征，而以美国为代表的西方国家对中国在三天内组织 900 万人的全国统一高考也唏嘘不已，极为欣赏。甚至英国、俄罗斯等国家还在酝酿研究统一大学入学考试。考试作为人类共同的制度文明，其在不同的文化环境中生根发芽，产生出了不同的考试形态。但随着社会的发展变迁，各个国家和地区都在寻求大学入学考试评价的发展与创新，借鉴交流便是实现发展与创新的外部驱力之一。各个国家和地区的大学入学考试评价各有千秋，互有长短。流行于国际范围内的大学入学考试评价改革发展趋势及融合于他国考试制度中的先进做法与经验为中国高考评价改革打开了一扇窗户，成为促进中国高考评价改革的重要信息来源和借鉴范例。

一、综合多元的评价体系

如果说单一的大学入学考试评价适应了早期的大学人才选拔，那么随着高等教育进入大众化乃至普及化发展阶段，大学的类型分化，形态多样，质量成为世界各国高等教育发展的共同诉求与目标。而随着重视人的发展与个性化成长的人本主义思想的传播，学生的个体需求日益凸显，他们的目的不仅只是考上大学，而且要进入符合个人兴趣与意愿的大学学习。对国家建设而言，也不再单纯希望大学只是培养大学生，还希望大学输送给国家、社会的是能力突出、个性化发展、素质全面的高水平人才。鉴于此，各个国家和地区都在致力于建立综合多元的大学入学考试评价体系，以适应大学选拔综合素质优异的多样化人才的需求，适应学生自主选择及个性化发展需求，适应国家对综合发展、能力多样的人才需求。

概览西方主要国家和我国台湾地区的大学入学考试评价体系，无不呈现出综合多元的特色。综合性体现于其突破文化科目考试更多是对学生知识掌握及相关能力考查的局限，从纵向、横向等多个维度考查学生。纵向是指不仅关注学生的现在，还追溯其过去，关注高中时期的成长与发展情况，力图动态、连续地考查学生。横向是指不仅以考试成绩为依据，还综合学生多个方面的成长及活动信息，如中学教师的评语与推荐信、个人心理特性、社会实践活动、体育锻炼、家庭状况、已有成果等。多元性则贯穿于综合性之中，表现在评价主体的多元性，如中学、大学、社会对学生的评价等都可作为录取依据；表现在考试内容的多元与灵活，不局限于书本知识，而是紧密联系社会，贴近学生生活；表现在入学通道的多元化，各国、各地区都以不同方式开辟多个进入大学的通道，如英国的多证书通道，我国台湾地区的繁星计划、个人申请与考试入学通道并行等；表现在录取依据的灵活多样性，在美国，除了学业之外的某一方面表现突出也可被大学录取，如卖饼干别出心裁、业绩优秀者也可被录取等。

各国、各地区综合多元的大学入学考试评价体系及内容很值得中国借鉴参考。我国自统一高考制度建立以来，很长一段时期内高考成绩都是评价选拔学生的唯一指标，“文革”期间以政治合格作为唯一指标。尽管高考中也有身体检查环节，但是每年因身体原因而被拒之门外的考生少之又少。保送生、自主招生制度给单一的评价体系增添了亮点，但一方面录取比例很小，一方面因评价标准设定、考试公平问题而饱受诟病，仍处于探索状态。自1985年起从上海试点开始将会考纳入高考评价，也没能改变高考评价的单一局面。因此，现行的评价体系中高考成绩仍然扮演无可撼动的主角。2010年《规划纲要》提出“分类考试、综合评价、多元录取”的改革导向，开启了中国高考综合评价改革的新纪元。域外的大学入学考试评价体系及内容为中国高考评价体系的重新构建提供了参照和经验，新的高考评价体系不仅以高考成绩为指标，还应包括足以反映学生多方面能力与素质的指标；现行的以高中课本为主的考试内容也应向灵活多样、贴近生活靠近，检测知识水平的同时更加注重能力考查；除了通过考试入学，还应开辟新的入学通道，以适应高中新课改及素质教育发展的需求，适应学生多元化、个性化成长需求，适应大学选拔人才的需求。

二、考试公平的不懈追求

在人类社会生活的许多方面普遍存在着公平问题，大学入学考试评价也不例外①。大学入学考试评价中的公平表现在入学机会公平、考试内容公平和评价过程的公开与公正。具体到考试评价中，评价指标的制定、考试内容的选择应有利于不分种族、地域、身份、性别等所有学生，而评价选拔的过程也应规范、严格，能够被监控，不被权钱地位等外部因素所干扰。在考试公平方面，美国通过“肯定性行动计划”确保入学机会均等，为不同种族、社会地位、经济地位、文化和政治背景的学生创造入学机会，保证大学学生身份的多元化。英国推行“积极差别待遇”理念，以使不利地位的学生得到补偿文化教育不足的机会②。我国台湾地区的繁星计划则是考试公平的表征

① 刘海峰：《高考改革：公平为首还是效率优先》，《高等教育研究》2011年第5期，第1页。

② 李立峰：《中国高校招生考试中的区域公平研究》，华中师范大学出版社，2007年，第146～155页。

性政策，直接面向台湾偏远地区和特种身份的考生，如少数民族居住地区的学生、家庭贫困学生、残疾学生等。这些国家和地区对考试公平的不懈追求为中国化解高考评价中的公平难题提供了视角和借鉴经验。

其实，中国高考制度对公平的不懈追求也不逊色于其他国家和地区，从统一高考制度建立至今，中国一直致力于高考公平的努力，如少数民族加分政策、阳光高考等的推行等。但中国高考评价所面临的复杂形势，重视人情面子的文化习俗，现代化进程中产生的新的问题以及社会诚信的普遍缺失等现状使高考公平问题变得极其纠结与复杂，不容易通过一揽子式的计划彻底解决。中国的高考评价面临区域发展不均衡、全国各地入学机会不够均等的困境，面临进城务工人员子女在就学地参加高考的艰巨难题与挑战。反映在高考评价的微观层面，考试内容、试题素材的城市化倾向明显不利于农村及教育发展落后地区的考生；保送生制度的保送条件设置、自主招生制度中的报考条件、考试内容与形式也都有明显的城市化烙印，不利于农村偏远地区等教育资源匮乏的考生。在考试的公平、公正方面，中国的高考评价依然面临人情面子、权钱地位的持续干扰，危害着考试公平。因此，影响中国高考评价公平的因素既来自制度本身，如考试评价内容的公平性，也来自制度之外，如社会诚信缺失对高考评价的影响。而要解决好这些问题，则必须吸取和借鉴域外国家及地区解决考试公平问题的教训及经验，从国家层面进行顶层设计，宏观考虑多方利益因素，以维护社会弱势人群入学机会与确保高考评价的公开、公正和透明为根本价值取向，经过持续不断的努力使这一难题逐步得到较为圆满的解决。

三、考试研究与科学评价

考试是采用各种测量工具考查学生的知识与能力的活动，科学性是考试的重要属性。只有科学的考试才能更为全面、深入、系统地反映学生的内在素质与能力。毋庸置疑，西方在考试研究及考试的科学化改革中始终位居前列，其关于教育与心理测量理论、考试评价的理论及方法具有世界性影响，基于先进理论与技术而构建的大学入学考试自然也不例外，成为学习、借鉴乃至模仿的对象。美国的 ACT、SAT 等考试拥有一大批专业化考试研究团队服务于考试的改革创新，这些团队先后将经典测量理论、概化理论、项目反映理论、认知诊断模型、增值理论等对考试的科学设计具有决定性意义的心理测量理论与技术应用于考试实践，对考试的设计、考试目标确立、考试内容选择、命题、分数报告等考试评价的核心内容产生重要影响，成为考试科学化改革的持续驱动力与稳固根基。英国、日本以及我国台湾地区也都重视大学入学考试的研究与科学化。我国台湾地区早在1948年就和美国的教育心理学、心理测量学专家合作，引入美国的教育心理理论、心理测量理论与技术，结合台湾教育实际，历经9年研究后推出了台湾教育与考试的教育目标分类体系，将学生的认知水平划分为记忆、了解、应用、分析、评鉴、创造6个维度，并进一步将这一认知目标体系应用于高中教育和大学入学考试命题，对考试的科学化进程具有奠基石的作用①。

西方的心理测量理论、技术与大学入学考试评价对中国高考评价的影响也由来已久，从20世纪80年代的高考标准化改革起始，到今天的先进测量理论与技术的学习与引入、高考命题、高考增值评价、分数报告制度改革等。然而，中国高考评价依然面临着科学化的严峻挑战。基于基础教育视角，高中新课改后，学生的素质逐渐朝多元化、个性化方向发展，高中的学生评价在逐步改革，学生评价的主体、评价内容、评价方法日益多元，评价的动态性、过程性得到强化。这些变化要求高考评价也必须做出反应，进行改革。基于高等教育视角，进入大众化发展阶段，大学的形态多样化，大学分类及其功能定位日趋明朗，提高质量成为根本。在此背景下，大学对高考评价与人才培养质量关系的认识也在逐步加深，开始关注选拔适切性、综合发展、高质量人才。基于学生的视角，学生的个性化发展需求远远快于高考评价改革步伐，这些莘莘学子不仅想考上大学，更想考上“好大学”，进入自己心仪已久的大学，学习自己感兴趣的专业。因此，摆在高考评价科学化面前的任务与难题就是，如何重构高考评价体系，改变评价体系指标单一的现状，更为全面、深入、准确地考查学生的能力；考试评价结果如何帮助学生更加全面地认识自己，帮助学生做出更为合理的生涯发展选择，如何有利于大学选拔符合自身培养理念与培养目标的学生，而不只是拼抢绩优生。

由此，在借鉴国外先进经验的基础上如何加强高考评价研究，尤其是增强省级考试机构的考试研究能力，提高作为招生主体的大学的考试研究能

① 大学入学考试中心：《选才文摘：大学入学考试试题类（上）》，世新大学出版中心（台北），2009年，第18页。

力，重构评价体系，优化考试内容，改进高考命题，丰富高考成绩报告单，发展适合于中国的高考理论与技术等，是中国高考评价改革的紧迫任务和使命。

四、大学权限与自主招生

在大学入学考试评价中，以美国为代表的西方国家和我国台湾地区的大学都拥有极大的招生自主权，在考试评价中扮演重要角色。美国大学类型繁多，办学定位多种多样，各大学可以按照自己的需要制定招生方案、选择考试评价方式。在美国，既有采取“开放录取”的来者不拒式的政策，又有实行自定标准“选拔录取”的原则。不同的大学对 ACT、SAT 及相关考试成绩的要求不尽相同，可自由灵活地设置评价指标，对学生的兴趣、高中学业、社会实践活动、教师推荐书等各大学皆有不同用法①。这些举措能有效保障大学评价并招录符合大学办学与招生理念的学生，大学还可以根据人才培养状况灵活调整考试评价政策。英国、日本以及中国台湾地区的大学也都享有充分的招生权限，各自制定考试评价政策，设定评价指标，选择考试评价内容，决定录取与否。

相对而言，中国大学的招生权限极其有限。长期以来，在统一高考制度框架下，大学几乎是依靠教育行政部门招生，各大学既不承担命题任务，也不决定考试内容。长此以往，大学的招生意识相对淡薄，招生能力建设几近空白，大学在招生中的决定权极小，处于“慵懒”的招生状态②。1998 年《中华人民共和国高等教育法》颁布后关于落实大学办学与招生自主权的呼声此起彼伏，日渐高涨。保送生与自主招生制度的实施赋予了大学一定的招生权限，是大学履行招生自主权的重要尝试。但是中国的大学在高考评价中的被动地位仍未根本改观，依然不是高考评价的事实主体。在高等教育多样化发展的今天，质量成为发展的根本诉求，如何培养符合社会发展需要的多样化、高质量人才，是国家和社会赋予大学的时代使命。赋予大学招生权限

① 李光宇：《条条大路通名校——世界名校录取制度及中国名校自主招生与保送生政策解析》，光明日报出版社，2012 年，第 6 页。

② 李雄鹰：《自主招生改革的难点与突破》，《国家教育行政学院学报》2012 年第 5 期，第 57～60 页。

是国际趋势。大学拥有了招生自主权，就可在高考评价中贯彻各自的办学理念，体现各自的人才选拔与培养特色，引导大学多样化发展；就可加强招生队伍建设，加强考试研究，推进高考评价的科学化进程；还可使目前高考评价中的公平问题显现多种化解办法与途径。2012 年北京大学、清华大学、中国人民大学等在自主招生中纷纷推出了面向农村偏远地区及教育资源薄弱地区考生的自主招生方案，面对高考公平问题具有化整为零而予以解决的功效。总之，大学履行招生自主权其意义深远，影响重大，是高考评价改革创新的核心力量。

第四章　高考评价的理论研究

在国家提出“分类考试、综合评价、多元录取”的高考改革导向之后，高考评价便成为高考改革的新趋势与新内容。高考评价既是一个刚刚付诸实施的实践问题，也是教育考试研究中的理论问题。改革要推行，理论需同行。对高考这项高竞争、高利害、高风险、大规模的影响重大、广受关注的考试进行改革，在积极部署大胆实践的同时，还需从理论视角深化对基本问题的认识与思考。这一方面为确保改革的顺利进行、化解改革难题提供了理论依据，另一方面也丰富和深化了考试理论。本章以高考评价的教育测量与评价理论为基础，从多元智力理论以及公平理论视角对高考评价的核心问题予以分析，以期为高考评价改革奠定理论根基。

第一节　高考评价的教育测量与评价理论基础

高考在其本质上是一项测量、甄别、选拔和评价考生的教育测量与评价活动，教育测量与评价的相关理论是其理论基础，是考试科学性的保障。任何考试都必须依据这些理论确定考试目标、制定考试评价体系、选择考试内容与方式、分析并应用考试结果，高考也不例外。

一、教育测量与评价的基本理论

教育测量与评价是两个既有关联又有区别且极易混淆的概念。一般而言，教育测量是教育评价活动的重要组成部分，是科学、客观、标准化的测试学生知识能力的手段，是提高教育评价水平及科学性的有效保证[①]。教育评价既可以教育测量为基础，也可通过非测量方式展开。在早期发展阶段，

① 涂艳国：《教育评价》，高等教育出版社，2010 年，第 134～135 页。

教育测量与教育评价交织在一起，经历了“测量”等于“评价”的发展时期，评价在本质上被认为是对学生的知识掌握情况进行测定的手段。随着人们对测量与评价研究及对其功能认识的加深，二者开始各自发展，各自形成了完整的理论体系。

（一）教育测量理论

根据 Mislevy 的划分，教育测量理论的发展经历了两个大的阶段，第一阶段是标准测量理论阶段，包括经典测量理论（Classic Test Theory，CTT）、项目反应理论（Item Response Theory，IRT）、概化理论(Generalizability Theory，GT）。第二阶段是以认知诊断（Cognitive Diagnosis，CD）为核心内容的新一代测量理论。这里重点介绍经典测量理论、项目反映理论和认知诊断理论。

1. 经典测量理论

经典测量理论（CTT）以真分数理论为核心理论假设，真分数是测量中不存在测量误差时的真值或客观值，由于真值无法直接获得，其操作定义是无数次测量的平均值，通常用 T 表示[①]。CTT 的数学模型是：

$$X=T+E$$

X 代表观测值，T 代表真分数，E 为测量误差。应用于考试中，可理解为学生的实得分数等于真分数与误差分数之和，实得分数的变化是由测量误差造成的，误差越小，实得分数就越接近于真分数。然而由于测量误差不可消除，该理论有三个基本假设：第一，真分数固定不变，是一个常数。其实质是指真分数代表的被测者的某种心理特质必须具有某种程度的稳定性，至少在特定时间范围内，个体某个特质为一个常数，保持恒定。第二，误差是完全独立的、期望为 0 的正态随机变量，多次测量的误差 E 的平均数为 0，误差分数与真分数的相关度为 0。在多次测量中，误差有正有负，若误差为正值则观测分数高于真分数；若为负值则观测分数低于真分数。但是当重复测量次数足够多时，这种正负偏差会两相抵消，测量误差的平均数为零。第三，人们能够编制出平行测验，当测量同等特质的两个测验具有同等的控制误差的能力时，就被视为平行测验，平行测验的分数的平均数和方差相等。

在以上真分数理论假设的基础上，CTT 构建起了它的理论大厦，主要

---

① 金瑜：《心理测量》，华东师范大学出版社，2001 年，第 175 页。

包括信度、效度、项目分析（难度、区分度）、常模、标准化等基本概念和理论，提出了简便易行的信度、难度、区分度的各种计算方法。CTT 的理论和方法对试题质量分析和科学性分析、考试的标准化、考试分数的解释等发挥了重大作用，具有重要意义。目前，这些概念、理论和方法已为人们所熟知，依然被广泛使用。

但 CTT 有其难以克服的局限性。首先，项目统计量难度、区分度、信度等严重依赖于样本，如项目难度以通过率表示，当被试样本能力高时项目通过率就高，难度便低，被试样本能力低时项目通过率低，难度便高；区分度通常以项目与总分的相关度或高低能力组的通过率之差表示，两组能力差别大时，项目区分度就高，反之则低；测量的信度也依赖于被试样本，当样本能力水平的差异大时，测验分数的分布范围大，信度值高，反之信度值低；等等。因此，当被试样本不同时，项目统计量也不同①。其次，CTT 无法回答可观察的测量分数与不可观察的学生能力之间的关系究竟如何，所谓“测量分数＝真分数＋测量误差”这一模型只是从外部进行现象描述，把真分数假定为反复测量的平均值，并未能从本质上揭示测量分数与学生内部能力之间的关系。CTT 的信度建立在平行测验假设的基础之上，但实践中严格平行的测验很难编制，几乎是不存在的。再次，测量编制的指导策略单一。CTT 的测验编制建立于考生的能力水平为正态分布的前提下，但多数情况下，某些能力或心理特质并不一定接近正态分布。所以，以此为假设会因为考生水平不同而产生测量误差②。CTT 对测验等值、适应性测验、标准参照性测验的编制等问题不能给以满意的解决。

2. 项目反应理论

项目反应理论（IRT）也称为潜在特质理论或潜在特质模型，是为弥补经典测量理论的局限而产生的。20 世纪六七十年代，以 IRT 理论为核心的现代考试理论代替了古典考试理论，着力揭示学生内部能力水平与外部观察分数之间的关系。IRT 是一组具有共同基本思想的试题应答模型或项目反应理论模型的统称，其基本思想是学生对一道题目的应答可以看作是学生的

① 杜洪飞：《经典测量理论与项目反应理论的比较研究》，《社会心理科学》2006 年第 6 期，第 15～16 页。

② 李金波：《让考试更科学——基于命题视角的研究》，武汉大学出版社，2012 年，第 14 页。

特征和试题特征的函数。IRT 假设学生有一种“潜在特质”，在测验中，潜在特质一般是指潜在的能力，学生在测验项目上的反应和成绩与他们的潜在特质有特殊的关系。最简单的 IRT 模型，假定学生在某道题目上的表现只依赖于某一潜在特质，学生在该试题上的表现以及测量的特质之间的关系可以描述为增函数关系。这个函数通常称为试题特征函数，其图形称为试题特征曲线。其数学表达式为：

$$p(\theta) = c + \frac{1-c}{1+e^{-1.7a(\theta-b)}}$$

其中 $p(\theta)$ 为答对概率，θ 为学生能力水平，a、b、c 分别代表区分度、难度和猜测系数。该函数的图形如图 4-1。图形表明，随着考生能力 θ 的不断提高，题目答对概率 $p(\theta)$ 也随之提高。曲线的对称点是曲线的拐点，它在能力水平 θ 轴上的取值为 b。随着拐点位置向右移动，b 值越大，意味着要取得较高的答对概率，就对学生的能力有更高要求。因此，b 代表项目的难度。a 是曲线拐点处切线斜率的函数值，当切线斜率增大时，曲线变得陡峭，试题区分学生能力水平高低的能力强；若斜率减小，曲线变得平缓，则试题区分能力减小。因此，a 代表试题区分度的参数。c 值是单凭猜测答题而成功的概率，直线 $p(\theta)=c$ 是项目特征曲线的下渐近线。意味着能力水平为 $-\infty$ 的学生答对试题的概率，称之为猜测系数[①]。如五选一的题目的猜对概率是 0.2，则 c 值为 0.2。IRT 中的三个参数都沿用了 CTT 中的名称，但其定义的角度与方式都有了质的变化。

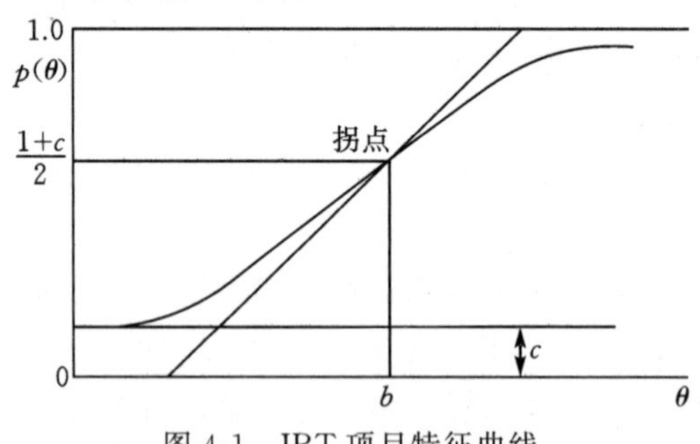

图 4-1　IRT 项目特征曲线

IRT 有三个基本假设：第一，测量的单维性假设。IRT 假定在考生测

① 李金波：《让考试更科学——基于命题视角的研究》，武汉大学出版社，2012 年，第 15 页。

验中，只有单一的能力或特质被测量，而且对项目正确回答的概率仅与所要测量的能力水平有关。第二，局部独立性假设。每一个学生对试卷各项目的回答概率是独立的，不受对其他问题的回答的影响。影响学生对某个题目正确应答的概率完全取决于学生的能力水平和试题特征。第三，试题特征曲线假设。试题特征曲线是试题正确应答概率函数的图形，试题特征曲线假设是指对试题正确应答概率函数或其图形形式所作的假设。不同的试题反应模型有不同的试题特征曲线假设。

IRT 的优点在于：第一，对学生能力水平的估计与试题无关，只要试题符合试题应答模型，无论用哪些试题测试学生，所获得的学生的能力参数 θ 不变。这一特性被称为能力参数不变性。因此，即便学生参加不同的考试，能力水平也可以比较。第二，试题参数的跨群体不变性。在 CTT 中，试题的难度、区分度等都受到参与测试的样本影响。在 IRT 中，用同一批试题测试来自同一总体的不同样本，只要样本覆盖面足够宽，则估计出的试题参数是一样的，这一特性称为试题参数不变性①。第三，能力参数与项目难度参数的配套性。在 CTT 中，学生的能力参数与试题的难度参数不在一个量尺上，无法直接比较。在 IRT 中，学生的能力参数与试题的难度参数被定义在同一量尺上，相互匹配，可以直接比较②。

在国外，IRT 已在考试中广泛应用。目前一些大型的考试如 TOEFL、GRE 等都相继采用了以 IRT 为基础的计算机化适应性测验，一些传统的智力测验如比奈测验、韦氏智力测验、瑞文测验等也使用 IRT 作为分析的理论依据。在国内，虽然起步较晚，但近年来将其应用于考试的研究和实践突飞猛进，发展迅速。具体而言，IRT 在考试中应用于项目分析，估计项目的难度、区分度等参数，由于项目参数估计独立于样本信息而优越于 CTT；应用于测验等值计算，以揭示两等值测验的等值关系为目的；应用于题库建设，依据 IRT 建设的题库不仅便于编制纸笔形式的测验，还可以直接编制计算机化自适应测验；应用于测验编制，由于在 IRT 中引进了信息函数的概念，可以根据不同测验的需要设计不同的测验目标信息函数，从而达到精确控制测验误差的目的；应用于计算机自适应测验（Computerized Adaptive

---

① 王后雄：《教育考试的理论与方法》，北京大学出版社，2011 年，第 48 页。

② 罗照盛：《项目反应理论基础》，北京师范大学出版社，2012 年，第 6 页。

Testing，简称 CAT)[①]，形成了一套题库建设、选题策略等理论和方法；应用于项目功能差异分析（Differetial Item Functional，简称 DIF），检测项目功能偏差[②]，等等。从以上应用领域可以看出，IRT 几乎可以全方位地应用于考试的各个环节，涉猎范围极其广泛。

IRT 的理论体系构建于更复杂的数学模型之上，其概念和理论推导更加严谨。但在实践中，IRT 也存在局限性，一些问题并未实质超越 CTT。第一，IRT 的单维性假设难以满足，这是 IRT 的主要缺陷。单维性是指测验测量的是单一潜在特质，但严格的单维性是难以满足的。应用中的困境是单维性的标准，即单维性需达到什么程度才能应用 IRT，衡量标准尚缺乏充分的理论依据。第二，IRT 建立在更复杂的数学模型之上，依赖更强的假设，计算复杂，不易掌握，理论研究尚可，实际应用受到极大限制。第三，目前 IRT 的应用仍以两级记分模型为主，且局限于单维反应模型，更高级的 IRT 模型尚处于理论探索阶段。第四，IRT 对测验条件要求较严格，样本容量要足够大，被试的能力分布范围要足够广，测题数量要足够多，以上条件不满足便会影响其精确性[③]。由此看来，IRT 只有在克服自身的一些弱点，尤其是变得简单易操作以后，才会广泛应用于考试实践中。

3. 认知诊断理论

随着教育发展与人的成长需求，测量已不再满足于只是给学生一个简单模糊的测量或考试分数，而是希望能够提供针对学生认知结构及变化的诊断结果，提供给学生更丰富全面、直观详细的评价信息，一方面深化学生的自我认知，形成确切的自我概念，一方面为教育教学反馈信息。2001 年美国教育法案“No Child Left Behind”中规定，美国所实施的考试必须给老师、

① 计算机自适应测验（CAT）是以项目反应理论为基础建立题库，并由计算机根据被试能力水平自动选择测题，最终对被试能力作出估计的一种新型测验。计算机自适应测验不同于传统的纸笔测验，它的测验试题的呈现和被试对试题的解答都是通过计算机完成的。计算机自适应测验也不同于一般的计算机化测验，计算机在测验过程中不只是呈现题目、输入答案、自动评分、得出结果，而且根据被试对试题的不同回答，它能自动选择最适宜的试题让被试回答，最终对被试能力作出最恰当的估计。

② 戴海崎：《国内项目反应理论（IRT）应用研究述评》，2010 年 12 月 1 日，http://www.zhaokao.net/ksyj/sanji_article.jsp?weizi=jyclkt&id=17。

③ 杜洪飞：《经典测量理论与项目反应理论的比较研究》，《社会心理科学》2006 年第 6 期，第 16～17 页。

家长和学生提供诊断信息，认为只考试不诊断或只诊断而不采取补救措施都是不负责任的行为，强调诊断对学生发展的重要性。为了实现对学生诊断的目标，伴随认知心理学的发展，克服 CTT 和 IRT 理论的不足，测量逐渐和认知心理学相结合，形成了以认知诊断为核心的新一代测量理论——认知诊断理论。1993 年 Test Theory for a New Generation of Tests 一书的出版标志着新一代测量理论的诞生。

传统的测量理论 CTT、IRT 关注的焦点是测量分数的结果，对测量分数背后隐藏的学生的心理加工过程、加工技能、认知结构等则无法提供进一步的信息。但是，由于心理结构、认知结构在学生之间的个体差异性，即便获得相同分数的学生其心理加工过程也不一样。测量学生，一般把个体认知过程、加工技能、认知结构的诊断评估称为认知诊断。因无法直接看到大脑的思维及运转过程，要实现对人的心理加工过程的测量、诊断、评估并非易事，只能依赖学生对测验项目的应答结果。为此，测量学家与认知心理学家将测量学、认知心理学、数学等理论与方法融合在一起，开发出了具有认知诊断功能的心理计量模型，实现对学生心理加工过程的测量，提供认知诊断信息①。认知心理学与心理测量学是实现认知诊断的直接理论方法基础。认知诊断必须借助于认知心理学的研究方法，对测量任务所涉及的知识、技能、策略、加工过程与成分等各认知变量做认知分析，获得测量任务的实质性的心理模型，这是认知诊断工作的起点。认知诊断的实现要以测量学为工具，强调测验设计，即根据测量对象的实质性心理模型来选择、编制项目和测验，达到详细描述被试间差异的目的。测验设计的核心在于通过项目的设计引发出被试内在认知特点的外在表现，从而实现对内在认知特征的判断。认识诊断还需以数学、计算机科学为强大后盾，认知诊断的模型一般都较为复杂，而且形式高度数学化②。认知诊断理论从认知心理学角度分析学生在题目应答过程中所采用的知识与能力，并将其融入心埋计量模型之中。因此，诊断模型在认知诊断中极为关键。目前，比较成熟的诊断模型有学生模型、概念网络模型、心理测量属性模型三大类。学生模型主要诊断学生是否

① 涂冬波、蔡艳、丁树良：《认知诊断理论、方法与应用》，北京师范大学出版社，2012 年，第 2～3 页。

② 刘声涛、戴海崎、周骏新：《新一代测验理论——认知诊断理论的源起与特征》，《心理学探新》2006 年第 4 期，第 74～75 页。

掌握某一领域中的产生式规则。概念网络模型主要诊断学生对某一知识领域中或某个特定问题的解决过程中所涉及的关键概念及其关系的掌握情况。心理测量属性模型又可分为潜在特质模型和潜在分类模型，前者旨在通过学生获得的分数分析其所具备的潜在特质，后者则按照分数判断学生潜在特质的差异，并根据差异进行分类①。

认知诊断包含一个复杂的过程，由确定诊断目标、划分并验证认知属性及属性层级关系、认知诊断测验编制、诊断信息获取及诊断结果报告等环节组成（图 4-2）②。第一步，确定诊断目标。即确定是哪个学科、什么内容的诊断，如语文科目中的阅读诊断、写作诊断等；属于单元诊断还是终结性诊断。第二步，确定诊断目标所涉及的认知属性及属性间的层级关系。这一步

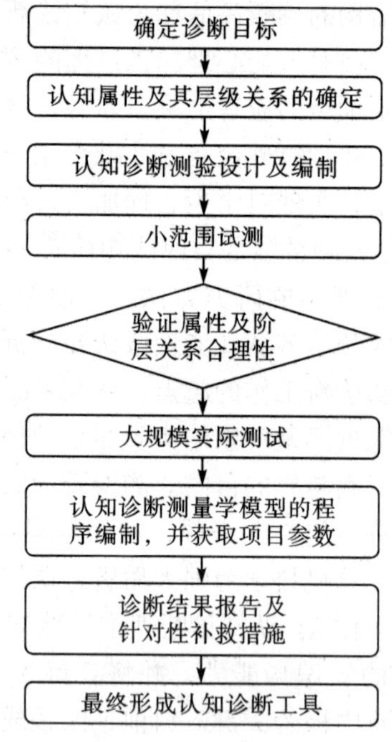

图 4-2　认知诊断的基本程序

① 李金波：《让考试更科学——基于命题视角的研究》，武汉大学出版社，2012 年，第 17 页。

② 涂冬波、蔡艳、丁树良：《认知诊断理论、方法与应用》，北京师范大学出版社，2012 年，第 11～14 页。

主要是根据认知心理学理论分析第一步确定的诊断目标，分析学生在应答这类问题时所需要的知识及经历的心理加工过程，建构解决问题的认知加工模型。属性的确定方法有专家确定法、口语报告法、回顾文献法等。专家确定法是指由对某个学科内容熟悉的专家从学科知识的关系角度给出认知属性；口语报告法是指学生在解答问题时出声报告思维过程，使内部思维等认知过程外显化；回顾文献法主要是遵从前人的研究成果确定认知属性。第三步，认知诊断测验的正式编制。即根据第一步确定的诊断目标和第二步认知属性分析指导认知诊断测验编制。第四步，属性及属性层级关系的验证。即用编制好的认知诊断测验预测，根据学生应答数据来分析验证是否达到事先拟定的诊断目标，测验是否反映了属性间的关系，属性关系是否合理。这一步通过后进入第五步，若未通过，则需要返回到第二步，重新分析确定属性关系。第五步，大规模测试。认知诊断要求样本足够大。第六步，诊断结果报告及针对性的补救措施。

认知诊断理论的产生与发展具有积极意义。一方面，认知诊断能实现测量的促进发展的功能。即运用认知分析的方法描述心理活动的内在机制，据此设计各种形式的测验以探测学生心理活动的机制与相应机制之间是否一致或存在缺陷，以提出补救措施，促进发展。所以，认知诊断是实现测量与发展之间的循环促进作用的关键环节。另一方面，认知诊断有利于提高测验的内容效度。内容效度是衡量测量准确性及科学性的常用指标，也是重要指标。目前，通常以 CTT 或 IRT 理论为指导编制教育和心理测验，对测验内在的知识结构重视不够，难以对测验的内容效度进行分析。认知诊断依据认知心理学的研究成果编制测验，测验的内容效度能得到保证①。另外，认知诊断还有利于推进实施个性化教育。认知诊断能够实现对学生在学习中所存在的认知特点与问题进行诊断，较为准确地定位学生学习中存在的问题，从而为制定补救措施、为下一阶段的教育提供了充分依据②。自认知诊断理论形成以来，除了大量的理论研究与认知模型的开发研究，该理论也已被逐步应用于实践。美国的 PSAT（SAT 考试之前的预考）考试就属于根据认知

① 刘声涛、戴海崎、周骏新：《新一代测验理论——认知诊断理论的源起与特征》，《心理学探新》2006 年第 4 期，第 76 页。

② 涂冬波、蔡艳、丁树良：《认知诊断理论、方法与应用》，北京师范大学出版社，2012 年，第 14 页。

诊断理论编制的大规模的认知诊断测验。基于计算机自适应考试理论与技术的发展，一些研究者也在尝试建立用于认知诊断的计算机自适应考试①。国内的认知诊断理论多处于研究和模型开发阶段，也有小规模的实验与实践，对考试命题的理念产生了重要影响。

新的测量理论必然存在很多值得思考与探讨的问题。认知诊断理论提出了一个很好的构想和理念，目标明确，路径清晰。但要付诸大规模的实践，得到理想的研究结果却有很大难度，仍然面临种种挑战。认知诊断理论以认知心理学、心理测量学、数学为理论基础，但目前认知心理学家对大脑和认知的研究仍以计算机为工具，模拟人的大脑的内部加工机制，其目前的研究结果多属于解释性、描述性的，应用于测量领域的可操作性不强。而心理测量学要开发出合适的、实用的统计模型也很困难。复杂的模型能更好地容纳认知心理的研究结果，所得参数能更精确地解释人的心理特质，但是参数估计等技术难题很难解决。而认知诊断研究与应用中复杂的数学模型令多数人望而却步，对理论的理解、实践和推广也都带来不少障碍②。

以上介绍的 CTT、IRT 和认知诊断理论代表了测量理论的不同发展阶段。从理论、技术及应用角度看，前两者仍在现代考试中大行其道，有着广泛的影响与应用，仍然是考试内容选择、命题、考试质量分析评价、考试分数解释的核心理论。认知诊断理论提出了很好的理论构想，代表着测量理论的未来发展趋势，但大规模应用于考试尚需时日。

（二）教育评价理论的发展

教育评价理论的发展，可划分为四个时期，即测量时期、描述时期、判断时期和建构时期。

1. 测量时期

测量时期（19 世纪末至 20 世纪 30 年代）的教育评价以“测量”理论的形成以及测验技术的广泛运用为标志，教育评价等同于“测量”，以测量为手段了解学生知识掌握及相关情况，追求评价的客观化。19 世纪末 20 世

① 李金波：《让考试更科学——基于命题视角的研究》，武汉大学出版社，2012 年，第 22 页。

② 刘声涛、戴海崎、周骏新：《新一代测验理论——认知诊断理论的源起与特征》，《心理学探新》2006 年第 4 期，第 76 页。

纪初的科学管理运动对学校教育及教育评价也产生了影响，学校被视为工厂，教师被视为产品加工者，学生被视为学校生产的产品。同时人们认为教师教得如何、学生学得如何以及学校教育成功与否都是可以测量的。正如当时对教育测量与评价作出巨大贡献的美国心理学家桑代克所言，“凡是存在的东西都有数量”。后来麦柯尔作了进一步补充，认为“凡是有数量的东西都是可以测量的”[①]。这一断言极大地推动了当时教育测量的发展。随着当时自然科学的发展，各种统计、测量技术得到长足发展，为教育测量提供了工具。在此背景下，一批心理学家致力于测量技术的研究运用，代表人物如高尔顿、冯特、桑代克等。1905 年，在法国诞生了世界上第一个智力测验：“比奈—西蒙智力量表”，此后智力测验、人格测验如雨后春笋，逐一出现并被广泛运用于教育、军事、管理等领域。截至 1928 年，国际上已有标准心理测验和标准学历测验三千余种。人们不仅在学业检查、教育诊断、课程调查等方面应用客观测验，教师在平时教学中也已开始运用。纵观这一时期的教育测验，内容上由单科向综合发展，测验范围由小学向其他学段延伸，教育测量的客观化、标准化得到加强[②]。

这一时期的教育评价等同于教育测量，测量就是评价。由于教育测量从工具制作、测量对象选择、测量实施以及分数解释都有一套规范的程序要求，因此这一阶段的教育评价的客观化、标准化、定量化等特征明显。但由于将测量等同于评价，因而这一时期的教育评价内容多以认知类、记忆性知识为主，而对于非认知类的兴趣、动机等方面的评价受限。

2. 描述时期

描述时期（20 世纪 30 年代至 50 年代）的教育评价的特征是对测验结果进行描述，描述教育目标与教育结果的一致程度，力求标准化。这一时期被认为诞生了实质意义上的教育评价，把教育评价与教育测量区分开，明确提出了“教育评价”的概念，以泰勒（TYLER）提出的以教育目标为核心的教育评价原理即泰勒原理为标志，泰勒被称为“教育评价之父”。

泰勒的教育评价思想来自美国著名的“八年研究”。20 世纪 30 年代，美国的经济大萧条严重影响到教育，许多学校关门，班级减少，青少年犯罪严重。为化解种种社会问题，1930 年美国成立了课程改革委员会，展开了

---

① 罗黎辉、高翔：《教育测量与评价》，云南教育出版社，1996 年，第 14 页。

② 涂艳国：《教育评价》，高等教育出版社，2010 年，第 27 页。

为期八年的课程研究。由于新的课程目标及内容与原有的以测量为主的评价方式不相融，1934年成立了以泰勒为组长的专门评价小组，研究新的评价方法，以检测学生学习新课程之后的变化。针对当时学生评价中的问题，泰勒明确提出了不同于测量的评价新理念。他认为所谓教育，就是使人的行为方式发生变化与改进的过程；学生行为方式的改变就是教育目标；教育评价就是将预定结果与实际结果进行比较，看其在多大程度上实现了教育目标；人的行为是复杂的，因此要从各方面进行评价；评价方法只靠纸、笔是不够的，还应该使用包括行为观察在内的多种手段①。在此基础上，泰勒进一步指出，教育评价的历程在本质上是一种测定教育目标在课程和教学方案中究竟被实现多少的历程②。由此看来，泰勒提出的教育评价就是根据预定的教育目标，通过系统地、有目的地收集资料信息，判断课程活动是否实现了预期课程目标的活动过程。

泰勒认为，必须根据知识、学生、社会三种信息来确定学校教育目标，学校教育目标包括获得信息，培养工作习惯和学习技能，培养有效的思维方式，内化社会态度、兴趣、评价和敏感性，保持身体健康，发展生活哲学六个方面③。在这一思想指导下的教育评价分为八个步骤，即拟定教育目的和目标；把目的和目标进行分类；将目的、目标转换为适合课程实施的形式；塑造可以使具体目标达成的情景；选择和编制客观性、可靠度、有效性较高的测验；收集学生行为表现的资料；把学生的行为表现与既定目标进行比较；根据评价结果修改教育方案。

泰勒的教育评价理论影响重大，甚至延续至今。他提出的教育评价模式具有评价结构严谨、操作性强、评价效率高以及优化教育评价功能的优势。然而他的教育评价模式是一种看重结果的总结性评价，没能突出对教育过程的关注；过于强调目标化的评价活动，对一些非预期的教育目标无法评价；过于强调客观性评价，无法量化的目标难于评价。但瑕不掩瑜，泰勒的评价理论在当今教育活动中仍可见其踪影。

---

① 洪其华：《泰勒的教育评价观述评》，《高教评估》1992年第2期，第19页。

② 泰勒：《课程与教学的基本原理》，黄炳煌译，桂冠图书公司（香港），1981年，第119页。

③ Blaine R W，James R S . Education Evaluation：Alternative Approaches and Practical Guidelines，Longman Inc.，1981，p. 63.

3. 判断时期

判断时期（20 世纪 50 年代至 20 世纪 70 年代）的教育评价除了运用测量手段收集评价信息外，还根据一定的价值取向评判教育，强调价值判断。1957 年，苏联第一颗人造卫星上天给美国以强烈刺激，促使美国投入大量的人力、物力和财力进行大规模的教育改革研究，其中包括教育评价研究。

判断时期的教育评价基于对泰勒模式的质疑与超越而形成。1963 年，克隆巴赫发表了题为《通过评价改进课程》的论文，质疑泰勒评价模式。他认为：(1) 评价者不仅应关心教育的目标，检验教育目标达到的程度，更应关心教育的决策；(2) 评价的重点应放在教育过程之中，而不是在教育过程结束之后；(3) 评价不是决定优劣的过程，而是要作为一个收集和反馈信息的过程①。他对教育评价的定义是作出关于教育方案的决策，收集和使用信息。1966 年，斯塔弗尔比姆认为评价不应局限于评判者所确定的教育目标预期效果的达到程度，而应收集有关教育方案实施的全过程及其成果资料，评价应为决策提供信息。1967 年，斯克里文则发表《评价方法论》一文，提出以下概念是有区别的，即形成性评价与终结性评价；比较评价与非比较评价；专业评价与非专业评价。他认为教学过程中评价的目的是形成适合于教育对象的形成性评价，强调教育过程中的评价。他还提出了旨在评价非预期教育目标的目标游离评价模式②。1977 年，毕比将评价定义为“系统地收集和解释证据，并以此作为评价过程的一部分，进而以行动为取向进行价值判断”③。毕比首次提出价值判断，认为教育评价就是对教育活动包括教育目标的价值作出评判。

这一时期先后出现了斯塔弗尔比姆的 CIPP 模式等多个教育评价模式，评价的多元化趋势出现。斯塔弗尔比姆认为教育者需要一个较为广义的评价定义，而不只是局限于确定教育目标是否达到，认为评价不是为了证明，而是为了改进；认为评价就是为管理者决策提供信息服务的过程④。他创建的

---

① 肖远军：《教育评价原理及运用》，浙江大学出版社，2004 年，第 35～36 页。

② 卢立涛：《测量、描述、判断与建构——四代教育评价理论述评》，《教育测量与评价》2009 年第 3 期，第 6 页。

③ 胡森 T、波斯尔斯韦特 T N：《教育大百科全书（1）》，张斌贤，等译，西南师范大学出版社，2006 年，第 613 页。

④ 陈玉琨、赵永年：《教育学文集：教育评价》，人民教育出版社，1989 年，第 298～301 页。

CIPP 模式（亦称决策导向或改良导向评价模式）包括背景评价（Context Evaluation）、输入评价（Input Evaluation）、过程评价（Process Evaluation）、结果评价（Product Evaluation）四个部分。背景评价就是为确定教育目标提供信息；输入评价是对达到教育目标所需的条件、资源等所做的评价；过程评价是跟踪方案实施过程，以监督、检查和反馈实施效果；结果评价是对教育目标达到程度所做的评价。CIPP 模式主张评价是一项系统活动，为评价者提供系统有用的信息。CIPP 评价模式的优点在于突出评价的发展性功能，整合了诊断性评价、形成性评价和终结性评价方法。这一模式的局限是缺乏价值判断，过于重视信息收集，尚未将评价视为价值判断的过程①。

目标游离模式由斯克里文于 1967 年针对泰勒模式的弊端而提出。他认为，评价者应该注意的是课程计划的实际效应，而不是囿于预期效应。在他看来，目标评价模式只考虑到教育的预期效应，忽视了非预期效应。因此他认为应用目标游离评价方式，把评价的重点从“课程计划预期的效果”转向“课程计划实际的效果”。但是，由于目标游离模式将教育目标搁置一边而去寻找各种实际效果，便很可能会顾此失彼，背离评价的主要目的。

总之，这一阶段教育评价的特点是将评价视为价值判断的过程，评价不只是描述教育的结果；明确提出了评价为决策服务的思想，使评价发挥更为广泛的作用；提出并重视过程评价，关照到教育过程中的变化，提出了形成性评价理念与方法，其影响及意义深远。但这一时期的教育评价将评价对象及相关人员排除在外，评价对象未能参与，评价主体不够多元。评价强调价值判断，但评价者将自身的价值观作为评价活动的唯一标准，影响评价结果的客观与公正。评价过于强调科学实证主义方法，忽视了其他方法的应用，形成了严格、固定的评价程序，缺乏必要的灵活性与弹性，评价方案的适应性较弱，影响评价结果②。

4. 建构时期

建构时期（20 世纪 70 年代以后）的教育评价强调评价是一种“心理建构”过程，提倡价值多元、全面参与和共同建构，也被称为第四代评价理

① 冯生尧：《CIPP 评价模式的理论进展及其启示》，2006 年 9 月 21 日，http://www.pep.com.cn/kcs/kcyj/ztyj/xsyt/201008/t20100824_708329.htm。

② 肖远军：《教育评价原理及运用》，浙江大学出版社，2004 年，第 35～36 页。

论。建构性评价的创立者是美国印第安纳大学教育学院的古巴和维德比尔特大学的林肯，1989 年他们正式出版《第四代教育评价》一书，集中论述了建构性评价的基本观点和理论框架。20 世纪 70 年代初，前三代教育评价受到猛烈攻击，认为传统教育评价中心理实验或心理测验占绝对优势，但这类方法应用范围狭窄，已无法解决教育评价中的复杂问题。古巴和林肯集中阐述了前三代理论的不足和缺陷①，第一，对价值多元化的排斥。认为早先的评价理论要么缺乏价值判断，要么坚持关于评价目标、内容、体系等的唯一的价值标准，这与逐渐显现的多元价值观和多元化思潮格格不入。第二，对已接受范式即科学范式的过度推崇。前三代评价理论受科学化思潮影响而过于推崇科学评价范式，过于控制评价内容、过程及目标，将评价放置于一个事先拟定好的框架中，缺乏弹性和变通，关键是将评价对象视为静态的和被动的，没有参与评价。这样得出的评价结论的价值及其应用范围都值得怀疑。第三，官僚主义弊端。以往的评价中管理者借助资助方式控制着教育评价，决定评价范围、任务和对象。这一模式会造成管理者无责，管理者与评价者关系有失公允，评价者处于无权地位以及评价者与管理者之间达成不幸的默契等不利影响，影响教育评价过程及结果。

建构时期的教育评价植根于建构主义模式，认为描述或理解世界的方式并非只有一座独木桥，而是条条道路通罗马，强调评价的多元化；评价应根据情景而定；应打破量化评价一统天下的局面，让质的方法占有一席之地，发挥重要作用。古巴和林肯对评价作了详细勾画和设想，认为评价描述的是所有评价者与评价对象的共同心理建构，是评价者与被评价者心理互动过程的记述，是对评价对象的主观性认识。评价中应存在多元价值判断，认可评价者对评价对象不同的价值判断之事实，体现价值多元化，认为这是产生心理建构的基础。鼓励学生参与评价过程，体现以生为本的人本主义精神，认为没有学生参与的评价是僵化的、机械的，评价结论会欠缺丰富性和准确性。重视评价结论的推广与应用，评价不应终止于评价结果的获取，为了评价而评价，还应使其对学生的成长、对改进教学发挥实质性作用②。

建构阶段的教育评价有两种基本的方法，即回应性聚焦法和建构性探究

---

① 胡森 T、波斯尔斯韦特 T N：《教育大百科全书：教育评价》，张莉莉，等译，西南师范大学出版社，2011 年，第 60～61 页。

② 涂艳国：《教育评价》，高等教育出版社，2010 年，第 39～40 页。

法。回应性聚焦法与“评价是一种心理建构”、强调评价的价值多元、反权威等理念一致，认为评价是一种民主协商、主体参与的过程，鼓励评价的利益相关方基于自身的价值、用自身的语言表达自己的态度、主张和意见；认为评价应在自然情境中开展，反对控制评价过程，重视评价服务于学生发展的功能。建构性探究是第四代评价理论的核心主张，也是主要方法。该方法认为绝对客观的真实并不存在，我们看到的现实是人们在与对象交互作用中形成的心理建构物。评价并不是“外在于人的”、“纯客观”的过程，它描述的并不是事物的真正的、客观的“状态”，而是参与评价的利益相关者关于评价对象的一种主观认识，评价在本质上是一种心理建构过程①。

基于以上理论架构及方法预设，完整的第四代教育评价包括 12 个基本步骤（实际操作中会出现循环或跳跃一些步骤的情况）：第 1 步，与评价委托人或资助者建立契约；第 2 步，组建评价小组；第 3 步，明确评价的利益相关者；第 4 步，进行解释学练习，确保得到可信的评价信息；第 5 步，以新注入的信息为基础改善、修改甚至替换原有看法；第 6 步，尽可能多地化解评价中存在的分歧；第 7 步，将未解决的问题分出主次，确定优先协商的问题；第 8 步，收集与尚未解决的主张、担心和争议相关的信息；第 9 步，准备分歧的磋商议程；第 10 步，组织评价利益相关者代表，磋商评价中的分歧，以化解分歧，最大程度地达成共识；第 11 步，把经磋商达成的共识统合为报告，让人们身临其境，明确评价的对象、内容、方法，更关键的是存在的分歧及化解过程；第 12 步，循环。第四代评价中总是会发现更多需要明确的问题，可再重复前面的步骤②。第四代评价过程非常复杂，工作强度很大，整个评价过程贯穿着多元、以生为本、开放等理念。

但是，建构阶段的教育评价也存在一些不足。一是以建构主义哲学观和方法论为基础，强调知识和认识的相对性，看轻客观性和绝对性，使评价容易陷入相对主义和主观唯心主义的认识论误区③。二是建构阶段的教育评价

---

① 卢立涛：《回应、协商、共同建构——“第四代评价理论”述评》，《内蒙古师范大学学报》（教育科学版）2008 年第 8 期，第 3 页。

② 胡森 T、波斯尔斯韦特 T N：《教育大百科全书：教育评价》，张莉莉，等译，西南师范大学出版社，2011 年，第 63～64 页。

③ 桑新民：《建构主义的历史、哲学、文化与教育解读》，《全球教育展望》2005 年第 4 期，第 52 页。

方法和流程复杂，操作要求和实施条件较高，对评价者和评价对象有较高要求，实践中的阻力较大。三是建构性教育评价既强调价值多元，又重视达成共识，而事实中的“共识”往往很难达成，这会使所获评价信息资料的整合以及得出评价结论都陷入两难。

纵观教育评价的四个发展阶段可以看出，评价的目的从以决策为中心向以人为中心转变。评价的功能从依凭测量来甄选适合教育的学生发展到评价教育活动是否达到教育目标，再发展到通过评价优化教育决策，提高教育质量，促进学生发展。教育评价的方法从单一的教育测量发展到全面收集信息、定量与定性方法相结合，从静态的终结性评价发展到动态的形成性评价。评价内容则从以课程内容为中心发展到关注学生全面发展的综合评价。评价主体由单一向多元演变，学生逐渐成为平等的评价主体。

二、考试目标的理论基础

考试目标是人类社会根据自身需要与社会发展要求而确定的考试活动的标准、方向和要求[①]。考试目标的核心关涉“考什么”、“怎么考”和考试结果的用途等问题，对整个考试活动具有导向作用，影响考试评价体系的建立、考试内容形式的选择、命题立意以及考试分数的解释应用，不同的考试目标与不同的考试内容、形式、命题立意以及分数解释应用相匹配。因此，科学、全面、清晰、连贯以及体系化的考试目标对考试评价活动的成败具有决定性意义。

（一）考试的教育目标分类学理论

教育考试目标与教育目标关系密切，各类教育考试目标往往来自各级教育目标与课程目标，根据教育目标和课程目标编制。教育目标分类学既是教育目标的理论基础，也是教育考试日标的理论依据。

1. 认知领域的目标

教育目标分类理论源自泰勒在美国“八年研究”中的评价工作，他的学生、著名心理学家布卢姆发展了他的思想，形成了完备的教育目标分类理论。布卢姆将教育目标分为认知、情感、动作技能三个领域，并对认知和情感领域进行了细化研究。其中认知领域的目标分为六个大类（知识、领会、

---

① 王后雄：《教育考试的理论与方法》，北京大学出版社，2011年，第63页。

运用、分析、综合、评价）和十六个亚类。很长一段时间以来，布卢姆的教育目标分类学理论成为世界多个国家教育目标及考试目标的理论基础，从我国现行的各级各类教育目标及多个大规模考试目标中仍可见布卢姆教育目标分类学的影子，高考对考生的考查目标就是按照这一理论设立的。

表 4-1 认知领域教育目标新分类

知识维度	认知过程维度					
	记忆	理解	应用	分析	评价	创造
事实性知识						
概念性知识						
程序性知识						
元认知知识						

2001 年，根据美国教育发展及评价需要，著名课程专家安德森与曾经与布卢姆合作的克拉斯沃尔联合对布卢姆的教育目标分类学中的认知目标分类进行修改，在其基础上提出了新的认知目标分类理论及体系。新的认知目标分类将布卢姆的一维度分类修订为“知识”和“认知过程”二维框架（表 4-1）。知识是指学习中涉及的相关内容，从具体到抽象分别是事实性知识、概念性知识、程序性知识、元认知知识。事实性知识是指学生通晓一门学科或解决问题所必须知道的基本要素；概念性知识是指某个整体结构中发挥共同作用的各基本要素之间的关系；程序性知识是指“如何做”的知识；元认知知识是关于一般的认知知识和自我认知的知识①。认知过程涉及对学习内容的掌握程度，包括记忆、理解、应用、分析、评价、创造 6 个层级、19 种具体认知过程（表 4-2）。

表 4-2 安德森认知过程分类细目表

类别	定 义	相关词
1. 记忆	从长时记忆中提取相关知识	
1.1 再认	在长时记忆中定位与当前材料相一致的知识	识别
1.2 回忆	从长时记忆中回忆相关知识	追忆

① 田友谊：《当代学生评价的理论与实践》，华中师范大学出版社，2012 年，第 97 页。

续表

类别	定　义	相关词
2. 理解	从教学信息包括口头、书面和图形等交流中建构意义	
2.1 解释	从一种表征方式变成另一种方式	澄清、释义、陈述、翻译
2.2 举例	找到具体的例子或者解释概念或原理的说明	举例、例示
2.3 分类	判定属于同一类的事情	分类、归类
2.4 总结	概括一般的主题或者要点	概括、归纳
2.5 推断	从呈现的信息中进行逻辑推断	推断、外推、内推、归纳
2.6 比较	发现两种观点、对象或其他类似物之间的一致性	对比、对应、匹配
2.7 说明	建构一个系统的因果模型	建模
3. 应用	运用不同的程序去完成操练或解决问题	
3.1 执行	对于一个熟悉的任务运用一种程序	执行
3.2 实施	对于一个不熟悉的任务运用一种程序	利用
4. 分析	把材料分解成各个组成部分，确定各部分之间的相互关系以及与总体框架的关系	
4.1 区分	从现有材料中区分出无关和相关、重要和不重要部分	辨别、区别、集中、选择
4.2 组织	确定一个结构中的各个要素是如何作用的	发现、连贯、整合、概述、分解、构造
4.3 归属	确定现有材料中的观点、偏见或者隐含的观点	解构
5. 评价	基于准则和标准作出判断	
5.1 核查	发现一个过程或成果的矛盾或错误；确定一个过程或成果是否具有内部一致性；察觉实施程序的有效性	协调、探测、监控、测试
5.2 评判	发现一个成果或外部准则的矛盾，确定一个成果是否有内部一致性；发现一个给定程序的恰当性	判断

续表

类别	定 义	相关词
6. 创造	把要素放在一起形成连贯的或者实用的整体；重新组织要素，组成一种新的结构	
6.1 产生	基于标准来产生可选择假设	假设
6.2 计划	为完成某些任务设计一种程序	设计
6.3 生成	生产一个产品	建构

资料来源：安德森，等：《布卢姆教育目标分类学》，蒋小平，等译，外语教学与研究出版社，2009 年，第 266 页。

由表 4-2 可见，安德森将每种认知过程细分为具体的、可操作的次级目标，对其进行定义并且列出了可替代的、具有操作性的相关词，构成了一个完整、连贯、体系化、可操作的认知目标分类体系。新的认知目标分类学将重点放在认知过程的理解与创造方面，不仅要求记忆，更强调学习的应用与迁移，体现了现代教育重视培养学生的理解能力与创造能力的精神，融合了认知心理学关于学生认知加工过程的最新研究成果，对于编制科学的教育和考试目标具有十分重要的参考价值。

2. 情感领域的目标

情感领域的目标是根据个体对客观事物的态度和价值内化的过程而制定的，它描述了从外部事物的注意到内部的态度和价值内化以及人格塑造等全部心理过程。布卢姆的合作者克拉斯沃尔将情感领域的评价目标划分为五个逐层递进的层级。第一，注意和接受。注意和接受是指学生注意某种现象，感受到某些现象和刺激的存在，它包括觉察、愿意接受、有控制的或有选择的注意三个次级目标。第二，反应。反应是指学生对出现在他面前的刺激予以主动注意，表现出注意的积极性，它包括默认反应、愿意的反应、满意的反应三个次级目标。第三，价值化。价值化是指学生认可事物或现象的价值，将外在价值内化为自己的价值标准，并且形成了某种价值观或信念，它包括价值的接受、对某一价值的偏好、信奉三个次级目标。第四，组织。组织是学生确立价值间的相互关系及范围，明确占主导地位的价值，它包括价值的概念化、价值体系的组织两个次级目标。第五，性格。性格是指外在的价值已经在学生内在的价值体系中内化和确立，影响学生的行为，成为稳定的性格特征，它包括泛化心向、性格化两个次级目标[①]。

3. 动作技能领域的目标

动作技能领域的目标主要涉及骨骼和肌肉的运用、发展和协调等。1956 年布卢姆等人在创立教育目标分类理论时，仅意识到这一领域的存在，但未能制定出具体的目标体系。1972 年，哈罗将动作技能领域目标分为反射动作、基础动作、知觉能力、体能、技巧动作、有意沟通六类。之后，辛普森将技能领域目标分为知觉、定势、指导下的反应、机制、复杂的外显反应、适应、创作七类[②]。但由于动作技能领域的目标划分较为复杂，目前尚未有普遍认可的目标分类框架。

（二）教育考试目标体系的建构

教育考试目标体系是指根据教育教学实际，遵照社会发展要求，按照课程教材内容及特点，基于学生身心发展规律而制定的考试目标体系[③]。教育考试目标体系的建构不仅要以教育目标分类理论为基础，参照教育目标分类中的知识维度划分层级和认知过程层级，还必须与社会需求、教育实际、学生特点紧密结合，遵循科学、全面、系统、操作性原则。考试目标必须体现教育发展的时代要求，体现国家对人才培养的要求，体现学生个性化发展的要求，遵循考试规律，符合科学性要求。

1. 教育考试目标的来源

雷新勇将考试目标分为测量目标和行为目标。测量目标是抽象的、不可测的，规定着考试的方向。如过去的考试以知识立意为导向，人们对考试的测量目标的理解就是考试考查学生掌握了哪些基本知识和技能。现在以能力立意为导向，人们对考试测量目标的理解是考试考查了学生具备的哪些能力。考试的行为目标是指考试中通过哪些行为或内容来推测学生是否达到了考试的测量目标。因此，行为目标是具体的、可测的，是对测量目标的具体化[④]。在我国，教育考试目标来自课程目标，如高考、中考、学业水平考试

---

① 布卢姆：《教育目标分类学（第二分册）》，华东师范大学出版社，1989 年，第 174 页。

② 加涅：《学习的条件和教学论》，华东师范大学出版社，1999 年，第 109 页。

③ 王后雄：《教育考试的理论与方法》，北京大学出版社，2011 年，第 70 页。

④ 雷新勇：《大规模教育考试：命题与评价》，华东师范大学出版社，2007 年，第 83 页。

的考试目标都来自高中或初中的课程标准。课程标准是国家对各级各类教育所要达到的教育目标的要求，是根据国家发展现状及未来趋势而制定的，对各级各类教育具有规范、导向功能。课程标准贯穿于课程性质、课程体系、课程目标、课程内容、课程实施与管理以及课程评价等环节中。国家层面的课程标准以总纲形式出现，从宏观层面规定了对教育的总体要求。国家课程标准会逐层逐级分解到教育的各个层面、各个学科群，最终到每门课程、每个单元的教学和学习目标。国家层面的课程标准宏观抽象，分解之后的课程标准越来越具体明晰，具有可操作性和可测性。

教育考试的测量目标一般来自课程标准，但不完全等同于课程标准。关键在于二者的目标、功能和作用不同。课程标准是教材编写、教育教学、学生发展、教育评价、学校评估与管理的依准，它的宗旨是权衡教育是否达到了预期目标，是否符合要求。考试目标是对考试要考查的内容的概括性表述，不同的考试有不同的目标。考试目标是考试体系建构、考试内容与形式选择、考试命题、考试分数解释应用的基础。如高考以为高校选拔适合的新生为目的，目标是考查学生的基本知识与能力、发展潜力、创新意识等；高中学业水平考试的目标则是衡量学生是否达到高中学业水平、实现了高中教育目标。课程标准更为宽泛，而考试目标相对更为具体。一些属于课程标准的内容不一定符合考试目标要求，因为一些课程标准要求实现的目标无法通过考试来考查，如道德素养、审美能力、情绪情感等是课程标准要求实现的目标，但是却很难列入考试目标加以考查，即便考查，其考试的信效度和科学性也值得质疑，不一定能达到预期目的。由此，考试目标决不可简单照搬课程标准及目标，如高考目标照搬高中课程标准及目标、中考目标照搬初中课程标准及目标等。而应以考试目的为前提，通过研究分析，明确课程标准及目标中的哪些目标可以作为考试目标，哪些目标适合作为测量目标，哪些目标适合作为行为目标，哪些内容适合通过考试考查，整合成考试目标①。

2. 教育考试目标体系的构建原则

教育考试的测量目标和行为目标构成了考试目标体系。考试的测量目标比较宏观、抽象，一般不可测；而行为目标具体细化，必须具有可测性。考试目标体系的构建要遵循全面、系统、灵活多样及操作性原则。

① 雷新勇：《大规模教育考试：命题与评价》，华东师范大学出版社，2007 年，第 99 页。

全面性原则是指考试目标体系必须全面反映考试目标，反映学生成长发展的成果，反映国家、社会对人才的教育要求。全面的考试目标应有利于引导教育教学的良性发展，促进学生的全面发展。全面性的考试目标应涵盖认知、情感、技能三个领域，包括思想品德、学习能力、学科知识、创新能力、实践能力等要素。片面的考试目标很有可能导致片面的教育，培养出片面发展的学生。如以知识为导向的考试目标可能会导致应试教育，忽略对学生综合素质的培养。

系统性原则是指考试目标应从抽象的测量目标到可测的行为目标逐级分解，连贯衔接，构成一个浑然一体的科学合理的目标体系。由于测量目标不可测，因此必须将宏观、抽象的考试目标细化为可测的、具体的考试目标。如在高考中，选拔“德智体全面发展的学生”属于测量目标，不能直接测试，必须将这一宏观目标分解为各个科目的考查目标，分解为科目下不同考试模块的考查目标，最后细化到每道题目的考查目标。这样才能使整体考试目标落到实处，得以考查。在坚持系统性的同时，逐级分解考试目标必须保持不同层级考试目标间的连贯与衔接，将上一级考试目标分解为次级目标时要科学合理，确保次级目标能够完全支撑、反映上一级目标的内容。

灵活多样性原则是指由于布卢姆教育目标分类学只是给出了一个总体的认知、情感、动作技能领域的认知内容与认知过程，将这一分类目标体系应用于具体考试时也要防止简单照搬。教育考试目标体系的构建要以布卢姆的理论为基础，但也要根据不同考试的特征具体论定。在高考中，不同的考试科目有不同特征、不同内容，必须遵照各个科目在考试中的角色、知识内容特征、考查重点，构建各个科目的考试目标体系，并非所有科目都要一致，避免考试目标的重复。总之，应灵活设置考试目标。

操作性原则是指构建的考试目标体系必须可行，具有操作性。构建符合理论要求、理想的考试目标容易，对考试提出种种考查要求容易，但是构建既有理论基础，又满足多方需求同时具有可操作性的考试目标便有难度。考试目标的操作性原则表现在两个方面，一方面是考试目标必须清晰具体，尤其是分解到最低层级的考试目标，一定是详细可测的。模糊的考试目标会导致理解上的差异，影响考试命题，有偏离考试目标的风险；另一方面，考试目标的构建必须符合社会发展现实，实践中的考试目标是在理想与现实间权衡的结果。过于理想化的考试目标往往会因不具备实施条件而落空。如新的认知诊断理论提出了很好的测量理念，旨在测量学生的内部认知过程，这是人们所期望的。但是就目前的考试理论与技术而言，还无法在大规模考试中实现这一理想的考查目标，只能代表未来的发展方向。

三、考试的类型与功能

根据不同标准可将考试划分为不同类型，不同类型的考试发挥不同的功能。目标单一、内容简单的考试一般只运用一种考试类型，如单元考试，目的是了解学生对单元知识内容的掌握情况，只采用笔试形式。目标复杂、内容多样的考试往往会采用多种考试类型，如国外高校的入学考试，目的是全面了解学生的素质与潜力，则既有笔试，也有面试，还有综合考试等。考试以测量、甄别、评价人的德、学、才、识、体为主要内容，由于人的知识、能力、品格等的个体差异和多样性以及考试目的的多样性，使考试类型也具有多样性。面对多样化的个体和多样化的考试目的，只有用不同的考试才能准确辨明考生孰高孰低①。

（一）笔试、面试与操作性考试

按照考试的方法，可将考试分为笔试、面试和操作性考试三类。笔试也称为纸笔考试，是目前应用最为广泛的考试形式与方法，常见于各类考试之中。无论是古代的科举考试还是现代的公务员考试，无论是西方的高校入学考试还是我国的高考，莫不采用笔试考试形式。之所以被如此广泛地采用，是因为笔试有其独特而又显著的优势。首先是高效性。笔试可以一张试卷同时施考于成千上万人；同一次笔试可以涵盖多项考试内容；笔试中的选择题可用计算机阅卷，大幅提高了阅卷速度与准度等。其次是容易控制。考试的组织者可以根据考试目标有效控制笔试，如内容可简单也可丰富，难度可高也可低，试题数量可多也可少，题型可单一也可多样。更关键的是可以根据教育测量理论与技术控制考试质量。再次是客观性强。客观性体现在笔试的施考有统一要求，笔试中的题型可划分为主观题与客观题两大类，客观题有标准答案，主观题也有参考答案，阅卷、分数的统计转换也都有统一标准。笔试的不足表现在考试内容的局限性上，笔试更适合于考查记忆性、客观性较强的内容，而对于品德、个性等主观性较强的内容则不适合。另外，笔试的考试结果以考试分数的方式呈现，只能了解分数高低，却无法了解考生的

① 廖平胜：《考试学原理》，华中师范大学出版社，2003 年，第 223 页。

思维过程。

面试是主考者与考生面对面提问与作答的考试形式。相对于笔试而言，面试更加灵活多样，问题、内容、深度可灵活掌握。为达到面试目的，必须有一定要求，如时间、面试内容范围等，否则容易离题万里，偏离考查目标。面试包括个别面试和团体面试两种实施方式。个别面试中主考者与考生一对一，可以有效地观察其言谈举止，判断其知识视野、表达能力、逻辑思维能力、应变能力，也可对其性格特征的内向或外向有初步认识。一对一面试主要考查的是个人的知识能力及个性特征。团体面试是一个或多个主考者对多个考生的面试形式，相对于一对一面试而言更为高效。团体面试中除了可以考查一对一的考查内容外，更为关键的是可以观察考生在团体中的表现，考查其是否具有团体意识、参与意识、合作意识，观察其在团体中的表现属于过于积极而目无他人，还是过于消极而被动应付，还是表现极为妥当。团体面试中对个人的特征关注不如一对一模式。面试形式的优势在于可以直接接触考生，有利于更好地了解考生。劣势在于评判标准主观性较强，容易失之偏颇；考试效率较低，考试成本较高，不适合大规模考试。

操作性考试是指让考试对象通过完成一系列操作性任务来判断其知识技能掌握情况的考试形式。操作性考试适合于考查具有操作性质的考试内容，如理工科的实验，音乐、体育、美术中的术科考试等。操作性考试的优势在于可以直观展示考生的动作技能，判断其熟练程度。劣势是考试标准的制定较难，只限于具有可操作性的考试内容。因考试一般需要相关仪器设备，因此考试效率较低，考试成本较高。

（二）学业水平考试、诊断考试与选拔性考试

根据考试目的，可将考试分为学业水平考试、诊断考试与选拔性考试。学业水平考试是检测学生通过一个阶段的学习后是否达到了预期的教育目标的考试，考试内容以相应阶段的课程标准和内容为主，考试结果既可了解学生的知识掌握与能力发展状况，也是评估学校教育教学及办学效益、检测教育质量的主要依据。

诊断考试是在教育教学过程中实施的用于了解教育教学及学生学习情况，反馈信息，发现问题的考试。诊断考试的作用在于及时发现教育教学及学习中的问题，采取措施，及时化解。诊断考试既是对过去的教学及学习的反馈总结，也有助于合理制定下一阶段的教学与学习计划。

选拔性考试是指根据特定的要求，选拔具备接受某种教育的人选的考

试。不同于学业水平考试，选拔性考试具有高竞争性、淘汰性、高利害性、高风险性等特征。选拔性考试的内容根据即将接受的教育的要求来选择。高考是典型的选拔性考试。从理论上讲，高考的考试内容不应局限于高中教学内容，而是要充分反映高校的选拔要求。但目前高考内容基本上是以高中课程内容为主，高校选拔的内容要求几乎无体现。另外，选拔性考试并不具备学业水平考试的功能，但目前高考在事实上既是选拔性考试，也在无形中代替了高中学业水平考试，发挥学业水平性考试的功能，影响了其选拔性功能的发挥。

（三）单科考试与综合性考试

根据考试内容，可将考试分为单科考试与综合性考试。单科考试是某个具体科目的考试，考试目标是判断考生对该科目要求的内容的掌握程度，判断是否达到科目学习目标。单科考试内容边界清晰，命题以该科目内容为主。当需要了解考生某个方面的素质能力时，一般实施单科考试。如高考中的语文、数学、英语考试，就属于单科考试。

综合性考试的考查目标相对复杂、多元，综合了多个考试目标、多项考试内容，一般用于对考生进行全面评价。综合性考试的关键是根据考查目标，重组单科考试内容，分配每个单科内容所占比重，确定命题方式及不同学科内容的交叉深度。高考科目中的文科综合、理科综合具有综合性考试的“形”，但不具备综合性考试的“质”，因为只是将不同科目组合在一起考试，不同科目知识在命题中没有交叉，属于典型的分科合卷考试。山东省现行的“3＋X＋1”高考科目模式中的“1”是指“基本能力”测试，不分文理科，属于综合性考试。命题中不同科目知识交叉，一道题目中融合了多个科目的知识。因存在不同学科知识的交叉，所以对综合性考试的考试目标体系建构和命题要求较高，既要考虑原有科目的特点，又要照顾综合考查目标。尤其是命题中一道题目如何融合多个科目内容具有一定的挑战性，要求每道题目的考查目标必须具体清晰。

（四）常模参照考试与标准参照考试

根据分数解释方式，可将考试分为常模参照考试与标准参照考试。常模参照考试是指以考生的成绩在团体中的相对位置为解释标准的考试，常模即为全体考生成绩的平均数和标准差，高考便属于常模参照考试。常模参照考试主要用于甄别个体差异，衡量考生的相对水平，一般用于选拔。常模参照考试中的个人分数不具有意义，必须放在全体考生中去解释。常模参照考试的内容根据考试目标确定，命题应具稳定性，不宜难易不定。

标准参照考试也称为目标参照考试，是根据预先制定的标准解释考试分数的考试，学业水平考试就属于标准参照考试。标准参照考试关心的是考生是否达到事先制定的某种标准，强调考生对考试目标或内容的掌握程度。标准参照考试的内容必须来自规定的内容范围，并且能够有效区分不同能力水平的考生。

四、教育测量与评价理论、考试理论对高考评价的启发与应用

高考作为一种测量、甄别、评价学生的知识、技能和能力的考试，本质上是一种测量和评价方式，测量和评价理论是它的基本理论基础，考试目标的建构、考试内容形式的选择、高考命题、考试分数的解释应用等莫不以测量和评价理论为依据。测量和评价理论的推陈出新使高考有了新的理论根基，与国内由考试向评价转变相呼应，对高考评价目标建构、评价体系建立、命题均有诸多启发，成为高考评价改革的理论基础和推动力量。

（一）由考试到评价

基础教育新课改的全面启动实施，对中小学的课程评价、学生评价提出了新要求，要求建立全面综合、动态多样以及个性化的评价体系，要求评价以促进学生发展为目标。中学课程及学生评价改革要求高考评价与新课改接轨，延续、拓展、应用高中的评价结果，作为高考录取的参考。随着素质教育理念深入人心、付诸实践，要求高考从侧重考查知识向考查能力转变，强化对考生综合素质、创新能力及发展潜力的考查。时代发展对高校也提出要求，质量成为高校发展的灵魂，创新人才成为高校人才培养的新目标。高校逐渐重视作为质量入口的高考，期望选拔综合发展、素质全面、具有发展潜力的个性化、适切性人才。发达国家高校入学考试的经验及国际性的学生评价项目如 PISA 的理念、方法也刺激着中国的高考。在这种情况下，高考“以考代评”、评价方法体系单一、对考试成绩的发掘利用简单等弊端充分暴露。于是乎，高考的利益相关群体发出了由考试向评价转变的呼吁，希望转变观念，完善考试评价体系，优化考试内容形式，改进高考命题，充分发挥高考的评价功能，让考试结果对考生、对中学教育发挥积极评价作用。这是

高考由考试向评价转变的缘由之一。

另外，在高考由考试向评价的转变过程中，测量评价理论及考试理论既是推动力量，也是理论基础。高考之所以要实现从考转评，除了以上原因之外，测量评价理论的发展演变也是重要原因。回顾历史，测量和评价作为现代教育活动中的两个重要手段，在早期发展阶段曾经历了“测量”等于“评价”的时期，二者混为一谈，功能尚且没有分化。这一时期的特征与不足是测量是唯一方法，测量的数量化结果是唯一依据，测评内容多以认知类、记忆性知识为主，而对于非认知类的兴趣、动机等方面的评价受限，对学生的测评相对单一。随后，测量与评价进入分化发展阶段，各成体系。测量与评价的不同之处在于测量是反映学生水平的一种方式，所收集的信息有限，评价则通过包括测量在内的多种途径收集信息，能够对学生进行全方位的了解与评价。反观目前的高考，仍有明显的“测量”等于“评价”时期的烙印，以考查记忆性、客观性内容为主，评价方法单一，以分数为唯一取舍依据。由此可见，教育的测评理论已经从最早的“测量”等于“评价”，测、评功能不分的初始阶段发展到测量与评价各自成为独立的教育活动，发展出丰富的理论方法体系的今天，高考却依然以最早的测评理论为根基，停留于测评不分的水平。即高考实践远远落后于理论发展，最新理论成果在高考改革中的应用十分欠缺。这一事实与测评理论的发展优化不相符合，与高考利益相关方对高考评价的改革期望相差甚远。这是由考转评的缘由之二。

审视测量与评价及考试理论的发展，最新理论成果已不满足于对学生记忆性、客观性知识的了解，不单纯以数量化方式反映学生的水平，而是希望深入其内部认知过程，揭示学生应答题目时的知识运用、思维方式、逻辑推理、概念关系等认知过程，通过此方式深层反映学生所掌握的知识、具备的能力和潜力。由考试到评价的转变，其实质是要改变以考试为唯一评价学生的手段，改变考试所反映的学生的信息有限的现状，引进更多评价方式，多途径、全方位地考查学生。目前，高考评价距离这一理想图景尚远。但在由考转评的改革呼声下，高考的研究者和实践者已向这一目标进发。其一，是将高考改革写进《规划纲要》，提出了“分类考试、综合评价、多元录取”的改革导向，重视发挥高考的评价功能。其二，高考的相关研究渐显高潮。成立了国家层面的考试指导委员会，研究、指导高考改革。教育测量评价的理论研究受到重视，大量介绍和引进西方的测量与评价理论及最新成果，IRT、认知诊断、第四代评价、增值评价等概念不再陌生。并努力将其中国化，为考试理论研究开阔了视野，奠定了基础。考试的理论研究也逐步受到关注，系统的研究逐步出现。其三，在新的教育测量评价与考试理论指导下的高考改革实践不断涌现。如基于认知诊断理论思想转变命题观念，将 IRT 应用于高考命题，“云海工程”中尝试新的分数报告方法、考试的增值评价等。这是由考转评的希望所在。

（二）高考评价目标体系的构建

高考评价目标对高考实践发挥指导、规范的作用，是高考评价体系建立、考试内容与形式选择、高考命题以及分数解释应用的前提和基础。高考标准化改革之前，高考评价基本处于经验的、传统的封闭状态，考试内容与形式选择、高考命题等以高中课本及教学内容为依据，考试评价目标以选拔“德智体全面发展”的人才为主要内容，现代测评理论、考试理论与技术在高考评价中几乎没有体现，尚未形成体系化的高考评价目标体系①。1985 年，配合高考标准化改革需要，考试目标的标准化也是其中的内容，掀起了对高考评价目标的研究热潮。改革之前，高考扮演双重角色，即既是高中毕业会考又是高考。作为毕业会考，要求高考满足及格率，照顾多数；作为高考，要求选拔优秀人才，区分高低，这使得高考处于两难境地，考试目标模糊不清。“文革”后，随着测量与评价等学科身份的恢复，国外的测评理论被大量翻译介绍进来，当时主要介绍的是经典测量理论（CTT）、布卢姆教育目标分类学理论和评价理论。国内学者一边研究理论，一边试图应用于指导考试实践。广东的改革试验，以布卢姆教育目标分类理论为依据，研究并实践建立高考考试目标体系。通过几年的试验，人们日益认识到考试目标体系的重要性，认为考试目标体系应从人的全面发展的总体要求出发，兼顾德智体美各方面，知情意各个领域，注重学科本身特点，详细编制每个学科的考试目标②。1990 年后，教育部根据布卢姆教育目标分类理论的认知领域，基于高中各学科教学大纲中的目标与内容，开始编制每个学科的考试说明，并将考试目标写进其中，改变了过去“以纲为纲，以本为本”的局面，使考生和命题者有了明确的复习目标和命题准则，提高了命题的科学性、试题难易度的稳定性③。如根据布卢姆教育目标分类理论的认知领域，将高考语文的

① 杨学为：《高考文献（下）》，高等教育出版社，2003 年，第 366 页。

② 杨学为：《高考文献（下）》，高等教育出版社，2003 年，第 369 页。

③ 杨学为：《中国高考史述论（上）》，湖北人民出版社，2007 年，第 298～299 页。

考试目标划分为识记、理解、分析综合、应用和鉴赏评价五个等级层次，数学考试目标划分为逻辑思维、运算、空间想象、分析和问题解决五个等级层次。2001 年启动的新课改中，布卢姆教育目标分类理论依然是高中课程目标和高考评价目标的理论依据，高中课程目标和高考评价目标的建立都参照了教育目标分类理论。

由以上论述可见，从 20 世纪 80 年代高考评价目标受到关注开始，布卢姆教育目标分类学理论一直是指导高考评价目标建立的理论基础。目前，已经形成了从国家目标到学科目标的高考评价目标体系。目前以教育目标分类为依据的高考评价目标依然面临多重挑战。

第一，高考评价目标体系主要以布卢姆的认知目标分类理论为基础，还没有涉及情感领域和运动技能领域。即是说，重点仍以认知考查为主，没有将学生情感及运动技能考查列入考试目标。这与综合、全面评价学生的高考评价改革导向不相一致。近期，受一系列学生身体素质下滑事件的刺激，国家开始重视对高考学生身体素质的考查，并有将体育纳入高考评价体系的意向。由此，如何根据高中体育教学内容与目标，根据高中生身体素质发展的阶段性特征，根据高校对学生身体素质的基本要求，结合布卢姆运动技能领域的目标划分，制定合情合理、简便易行、公平公正的运动技能考查目标便是关键。另外，新课改后，对高中生的综合素质评价中包括情绪情感内容，高中在逐渐完善对学生的情绪情感的评价。但由于情感评价结论的非客观性，成为纳入高考评价体系的障碍和担忧焦点。布卢姆关于情感领域的从注意接受到性格的五个层级的教育目标划分，为高考评价中应用高中学生情感评价结果提供了参考框架，可以据此制定基于高中评价成果、全面反映学生情感特征、符合高校选拔要求的学生情感评价的目标体系。如此一来，便可做到从认知、情感、运动技能三个维度考查学生。这既符合新课改“知识与技能”、“过程与方法”、“情感态度价值观”的课改宗旨，符合高考综合评价的改革趋势，也符合高校全面选才的要求。

第二，长期以来，布卢姆的认知目标理论是我国教育目标、考试目标划分的主要理论依据，甚至一段时间内完全照搬该理论。这其中的问题是，布卢姆的理论是一般意义上的教育目标划分，而我国长期具有按照学科划分教育目标的传统。曾经所有学科都是照搬识记、领会、应用、分析、综合、评价六个层级的目标，没有体现出学科目标特点。这一问题同样存在于高考评价目标的划分上。高考也是按照科目考查学生能力，理论上理想的高考评价目标应是先有国家目标，将国家目标分解到科目目标、内容模块目标、题目目标。其中，不同科目、不同知识内容模块、具体到不同题目分别承担不同的考查目标。所有考查目标关系清晰、层次分明、职责明确，共同支撑总体考查目标。

目前的高考评价目标较为混乱，一是没有处理好高考评价目标与高中课程目标的关系，高考评价目标与高中课程目标的关系不够明确。如新课改后高考语文的考查目标是识记、理解、分析综合、鉴赏评价、表达应用、探究六个层级，高中新课改后语文课程目标是积累整合、感受鉴赏、思考领悟、应用拓展、发现创新五个层级，二者之间有重复的嫌疑，也有不同之处，关系若隐若现，不够明确。二是没有处理好高考不同科目目标间的关系。基于高考以总分选拔人才的现实，高考不同科目承担不同的考查任务，不同科目的考查目标应该是对总体考查目标的分解细化。但就目前实际来看，各个科目的考查目标各不相同，以学科知识体系及特点为出发点设置考查目标，各个科目之间的目标互不关联，没有形成体系。以文科考试科目为例，考查目标的表述体例不一，详略不一，能力划分标准不一。没有形成逻辑清晰、分工合理、易于操作的高考评价目标体系。如语文是按照从识记到探究的由低到高的能力层级编写的，而且不同能力层级之间的关系表述模糊不清，“发展了的能力层级”内涵不清，指向不明，容易产生歧义；数学是按照空间想象能力等并列的能力来编写的，把数学考查目标并列为七种能力；英语则是按照不同的知识模块来编写的，分别列出每个知识模块的考查要求；历史、地理的考查目标表述相同，只是其中的内容要求不同（表 4-3）。这样的高考评价目标照顾了学科特点，但欠缺合力作用，严重影响高考与高中的衔接，也不利于高考全面、综合地评价学生。

表 4-3 新课改高考文科科目考查目标一览表

科目	考查目标
语文	(1) 识记：指识别和记忆，是最基本的能力层级；(2) 理解：指领会并能作简单的解释，是在识记的基础上高一级的能力层级；(3) 分析综合：指分解剖析和归纳整理，是在识记和理解的基础上进一步提高了的能力层级；(4) 鉴赏评价：指对阅读材料的鉴别、赏析和评说，是以识记、理解和分析综合为基础，在阅读方面发展了的能力层级；(5) 表达应用：指对语文知识和能力的运用，是以识记、理解和分析综合为基础，在表达方面发展了的能力层级；(6) 探究：指对某些问题进行探讨，有见解、有发现、有创新，是在识记、理解、分析综合的基础上发展了的能力层级。

续表

科目	考查目标
数学	（1）空间想象能力：能根据条件作出正确的图形，根据图形想象出直观形象；能正确地分析出图形中基本元素及其相互关系；能对图形进行分解、组合；会运用图形与图表等手段形象地揭示问题的本质；（2）抽象概括能力：抽象是指舍弃事物非本质的属性，揭示其本质的属性；概括是指把仅仅属于某一类对象的共同属性区分出来的思维过程；（3）推理论证能力：推理是思维的基本形式之一，它由前提和结论两部分组成，论证是由已有的正确的前提到被论证的结论的一连串的推理过程；推理既包括演绎推理，也包括合情推理；论证方法既包括按形式划分的演绎法和归纳法，也包括按思考方法划分的直接证法和间接证法；一般运用合情推理进行猜想，再运用演绎推理进行证明；（4）运算求解能力：会根据法则、公式进行正确运算、变形和数据处理，能根据问题的条件寻找与设计合理、简捷的运算途径；能根据要求对数据进行估计和近似计算；（5）数据处理能力：会收集、整理、分析数据，能从大量数据中抽取对研究问题有用的信息，并作出判断；（6）应用意识：能综合运用所学数学知识、思想和方法解决问题，包括解决相关学科、生产、生活中简单的数学问题；（7）创新意识：能发现问题、提出问题，综合与灵活地应用所学的数学知识、思想方法，选择有效的方法和手段分析信息，进行独立的思考、探索和研究，提出解决问题的思路，创造性地解决问题。
英语	（1）听力：要求考生能听懂所熟悉话题的简短独白和对话，考生应能理解主旨和要义；获取具体的、事实性信息；对所听内容作出推断；理解说话者的意图、观点和态度；（2）阅读：要求考生能读懂书、报、杂志中关于一般性话题的简短文段以及公告、说明、广告等，并能从中获取相关信息，考生应能理解主旨和要义；理解文中具体信息；根据上下文推断生词的词义；作出判断和推理；理解文章的基本结构；理解作者的意图、观点和态度；（3）写作：要求考生根据题示进行书面表达，考生应能清楚、连贯地传递信息，表达意思；有效运用所学语言知识；（4）口语：要求考生根据题示进行口头表达，考生应能询问或传递事实性信息，表达意思和想法；做到语音、语调自然；做到语言运用得体；使用有效的交际策略。

续表

科目		考查目标
文科综合	政治	(1) 获取和解读信息：能够从题目的文字表述中获取回答问题的有关信息；能够快速、全面、准确地从图、表等形式中获取回答问题的有关信息；能够准确和完整地理解并整合所获取的有关信息；(2) 调动和运用知识：能够根据从题目获取和解读的试题信息，有针对性地调动有关的经济、政治、文化、哲学等方面的知识，并运用这些知识作出必要的判断；能够调动和运用自主学习过程中获得的重大时事和相关信息；能够展现出检索和选用自己“知识库”中有用知识、基本技能的能力；(3) 描述和阐释事物：能够用简洁的语言描述经济、政治、文化、哲学等学科所涉及的基本概念和基本观点；能够运用历史的、辩证的观点和方法，分析、比较和解释有关的政治、经济、文化等现象，认识事物的本质；综合阐释或评价有关理论问题和现实问题；(4) 论证和探究问题：根据有关信息，调动和运用相关知识和技能，发现或者提出体现科学精神和创新意识的问题；综合使用题目提供的信息、课堂学习或自主学习获得的知识、方法，提出比较必要的论据，论证和探究问题，得出合理的结论；能用顺畅的语言、清晰的层次、正确的逻辑关系，表达出论证、探究的过程和结果。
	历史	(1) 获取和解读信息：理解试题提供的图文材料和考试要求；理解材料，最大限度地获取有效信息；对有效信息进行完整、准确、合理的解读；(2) 调动和运用知识：辨别历史事物和历史解释；理解历史事实，分析历史结论；说明和证明历史现象和历史观点；(3) 描述和阐释事物：客观叙述历史事物；准确描述和解释历史事物的特征；认识历史事物的本质和规律，并作出正确的阐释；(4) 论证和探讨问题：运用判断、比较、归纳的方法论证历史问题；运用批判、借鉴、引用的方式评论历史观点；独立地对历史问题和历史观点提出不同看法。

续表

科目		考查目标
文科综合	地理	(1) 获取和解读地理信息：能够从题目的文字表述中获取地理信息，包括读取题目的要求和各种有关地理事物定性、定量的信息；能够快速、全面、准确地获取图形语言形式的地理信息，包括判读和分析各种地理图表所承载的信息；能够准确和完整地理解所获取的地理信息；(2) 调动和运用地理知识、基本技能：能够调动和运用基本的地理数据、地理概念、地理事物的主要特征及分布、地理原理与规律等知识，对题目要求作答；能够调动和运用自主学习过程中获得的相关地理信息；能够选择和运用中学其他相关学科的基本技能解决地理问题；能够运用地理基本技能。如地理坐标的判断和识别，不同类型地理数据之间的转换，不同类型地理图表的填绘，地理数据和地理图表之间的转换，基本的地理观测、地理实验等；(3) 描述和阐释地理事物、地理基本原理与规律：能够用简洁的文字语言、图形语言或其他表达方式描述地理概念，地理事物的特征，地理事物的分布和发展变化，地理基本原理与规律的要点；能够运用所学的地理知识和相关学科的知识，通过比较、判断、分析，阐释地理基本原理与规律；(4) 论证和探讨地理问题：能够发现或提出科学的、具有创新意识的地理问题；能够提出必要的论据，论证和解决地理问题；能够用科学的语言、正确的逻辑关系，表达出论证和解决地理问题的过程与结果；能够运用正确的地理观念，探讨、评价现实中的地理问题。

资料来源：教育部考试中心：《2011 年普通高等学校招生全国统一考试大纲（文科·课程标准实验版)》，高等教育出版社，2011 年。

在新的高考改革趋势及内容中，高考评价目标体系改革首当其冲。新的高考评价目标体系改革需要继续以布卢姆及安德森修订后的教育目标分类理论为指导，针对中国教育特点及高考评价目标体系的问题，一方面，将西方理论中国化，增强理论指导的适切性；另一方面，面对实际问题，加强对考试目标系统化的研究，进一步明确高考评价目标体系和高中课程目标体系的关系，合理设置高考各科目的考查目标，细化目标内容，增强考试目标的指导性与操作性。

（三）能力立意，科学命题

高考命题是高考评价极为重要的一环，对实现考查目标具有决定性意义。受测量与评价理论所限，标准化改革之前的高考命题基本停留于经验水平，缺乏测评理论的指导，命题的科学性、稳定性、试题质量等受到极大影响。高考标准化改革之后，经典测量理论（CTT）、项目反应理论（IRT）等成为指导高考命题的重要理论，信度、效度、难度、区分度等测量参数的引入为试题分析、考试质量分析提供了极大便利，为考试题库建设提供了理论、技术支撑。最新的认知诊断理论所提出的考查学生内部认知过程的理念与追求也极大地吸引了中国学者及高考实践者的眼球，对其高考评价观念产生冲击。现代测量理论在高考命题中的应用实践证明，作为一项大规模、高利害、高风险、高竞争的考试，高考必须以现代测评理论为基础，这是确保考试科学性的根本所在。并且，只有确保了高考的科学性，使其成为一项科学的考试，高考的其他功能也才能够有实现的基础。

在“实现从考试到评价的跃升”的改革背景下，高校对优秀人才求之心切，能力立意的命题呼声日渐高涨，分省命题成为事实，对考试质量具有决定性影响的高考命题面临种种改革压力。第一，分省命题后高考命题的多元化特色明显，适应了各地教育发展差异巨大的实际。为了做好命题工作，各地都建立起了一支专职和兼职相结合的命题队伍。但各省命题的能力及水平差异较大，部分省对作为命题理论基础的现代测评理论掌握较好，拥有一批专业命题人员，能将现代测评理论应用于高考命题，指导命题实践，分析试题质量。但部分省份的专业命题人员缺乏，命题水平受限，依然有明显的经验命题成分。第二，新课改后能力立意的命题呼声日渐高涨，能力立意的命题诉求对命题者的命题观念和技术都提出了新要求。能力立意的命题要体现新课程的理念和要求，注重“知识与技能、过程与方法、情感态度价值观”三维目标的考查；重视考查考生独立思考、发现问题、分析问题和解决问题的能力，重视对知识的应用能力和知识的迁移能力的考查，重视对探究能力的考查；试题素材应力求贴近社会发展实际，贴近学生生活，创设具有鲜明时代感的试题情境；关注知识的内在联系。要实现以上命题目标，从命题技术角度看，需要从题型、作答方式、试题结构、题目数量、试题难度、试题素材、试卷阅读量、书写量等方面予以支撑，改变当前题型单一、结构不甚合理、试题素材远离学生生活实际等不良倾向，需要命题技术的跟进。第三，经典测量理论（CTT）简便易行，易于操作，命题人员对信度、效度、难度、区分度等概念耳熟能详，在命题中的应用广泛。但经典测量理论的试题参数具有依赖于样本的局限，不利于学生的详细比较。项目反应理论、认知诊断理论理念先进，极富诱惑力。但由于复杂的数学统计模型往往使命题人员望而却步，测量理论只被少数研究者所掌握，命题人员对其极其陌生，极大地影响了理论的应用推广。因此，需要从测量理论的视角加强研究，研究基于复杂理论的简便易行、便于操作的命题理论与技术，增强命制高质量试题的能力。

第二节　多元智力理论与高考评价

毋庸置疑，多元智力的概念已传遍全球，多元智力理论已经成为风靡全球的对教育发展具有革命性意义的理论，深刻影响着全球的教育发展与变革①。多元智力理论对我国的教育发展也产生了深刻影响，尤其是新一轮基础教育新课改，直接以多元智力理论为改革的理论基础之一，广泛影响着智力观、学生观、课程观、教学观、教师观、评价观等教育的方方面面。多元智力理论强调情景化的评价、动态的形成性的评价，注重评价的发展性功能。多元评价的思想影响着高中的学生评价实践，也对高考评价改革具有启发意义。

一、多元智力理论的产生与发展

一百多年来，智力的研究者们从不同角度、不同层面提出了多种智力理论。但早期的智力理论仅是对智力结构的一种静态描述，很少涉及内部心理过程。1983 年，哈佛大学教授霍华德·加德纳在《智能的结构》一书中首次提出了多元智力理论，改变了智力研究的传统模式。

（一）多元智力的提出

1905 年，法国心理学家比奈和西蒙为了鉴别智力有缺陷的儿童以让他们接受特殊教育，编制了世界上第一个智力测验量表，从此智力测试风靡全世界。从智力测试产生之日起，关于智力测试局限性的争论就从未停止过，人们对它的批判主要是针对智力测试的潜在理念即智力是一元的、是一种单一的整合的能力而提出的②。

---

① 余新：《多元智能在世界》，首都师范大学出版社，2012 年，第 1 页。

② 朱智贤：《心理学大词典》，北京师范大学出版社，1989 年，第 953 页。

加德纳认为，传统的智力理论以语言能力和数理逻辑能力为核心，以整合的方式存在，没有分化，不够具体。1967 年，美国在哈佛大学教育研究生院创立“零点项目”，研究在学校加强艺术教育、开发人脑的形象思维问题。加德纳在参与此项研究中翻阅了大量资料，集中精力于神童的研究、脑损伤病人的研究、有特殊技能而心智不全者的研究、正常儿童的研究、正常成人的研究、不同领域的专家以及各种不同文化中个体的研究。通过对以上人群的研究，基于对传统智力理论的批判性认识，加德纳提出了自己对智力的独特理论，集中表述于 1983 年出版的《智能的结构》一书中。他对智力的定义是：在某种社会或文化环境的价值标准下，个体用以解决自己遇到的真正的难题或生产及创造出有效产品所需要的能力①。在加德纳的智力定义中，智力与一定社会和文化环境下人们的价值标准有关，不同社会和文化环境下人们对智力的理解不尽相同，对智力表现形式的要求也不尽相同；智力并非像传统智力定义所说的那样以语言能力和抽象逻辑思维能力为核心和衡量标准，而是以能否解决现实生活中的实际问题或生产及创造出社会需要的有效产品为核心内容和衡量标准。多元智力理论认为，就其基本结构来说，智力是多元的，不是一种能力而是一组能力，而且这组能力中的各种能力不是以整合的形式存在而是以相对独立的形式存在。认为支撑多元智力理论的是个体身上相对独立存在着的、与特定的认知领域或知识范畴相联系的九种智力②。认为每个人都至少具备语言、数理—逻辑、空间、身体—动觉、音乐、人际、内省、自然观察、存在九种智力因素。

（二）九种智力

经过不断完善，加德纳先后提出了个体差异、相互独立、多元存在的九种智力③：

(1) 语言智力（Linguistic Intelligence）。是指运用文字思考、用语言表达和欣赏语言意义的能力，主要表现为能够顺利而高效地利用语言描述事件、表达思想并与人交流。诗人、记者、作家、演说家和政治领袖等人通常表现出高度的语言智力。

---

① 加登纳 H：《智能的结构》，兰金仁译，光明日报出版社，1990 年，第 77 页。

② 霍力岩：《多元智力理论及其对我们的启示》，《教育研究》2000 年第 9 期，第 71～72 页。

③ 霍华德·加德纳：《多元智能新视野》，沈致隆译，中国人民大学出版社，2008 年，第 8～19 页。

（2）音乐智力（Musical-rhythmic Intelligence）。是指感知、辨别、记忆、改变和表达音乐的能力，具体表现为个人对音乐美感反映出的包含节奏、音准、音色和旋律在内的感知度以及通过作曲、演奏和歌唱等表达音乐的能力。作曲家、指挥家、歌唱家、演奏家等通常表现出突出的音乐智力。

（3）数理—逻辑智力（Logical-mathematical Intelligence）。是指运算和推理的能力，主要表现为对事物间各种关系（类比、对比、因果和逻辑等关系）的敏感以及通过数理运算和逻辑推理等进行思维的能力。数学家、物理科学家、侦探、律师、工程师、科学家等通常表现出突出的数理—逻辑智力。

（4）视觉—空间智力（Visual-spatial Intelligence）。是指感知、辨别、记忆、重置物体的空间关系并表达思想和情感的能力，主要表现为对线条、形状、结构、方位和空间关系的敏感，能通过图形或者实物表达物体的三维立体关系。画家、设计师、建筑师、雕塑家、航海家等通常表现出突出的视觉—空间智力。

（5）身体—动觉智力（Bodily-kinesthetic Intelligence）。是指运用四肢和躯干的能力，主要表现为能够较好地控制自己的身体，对事件能够做出恰当的身体反应以及善于利用身体语言表达自己的思想和情感的能力。舞蹈家、运动员、外科医生、赛车手和发明家等通常表现出突出的身体—动觉智力。

（6）自知—自省智力（Self-questioning Intelligence）。是指能够进行自我反省的能力，主要表现为能够客观地认识和评价自身的情感、动机、欲望、个性、意志，在此基础上形成自尊、自律和自制的能力。哲学家、思想家等通常表现出突出的自知—自省智力。

（7）人际交流智力（Interpersonal Intelligence）。是指与他人交往并发展人际关系的能力，主要表现为觉察、体验他人情绪、情感和意图并据此做出适宜反应的能力。政治家、教师、律师、推销员、公关人员等通常表现出突出的人际交流智力。

（8）自然观察智力（Naturalist Intelligence）。是指观察、认识、辨别自然世界的能力，主要表现为能认识自然环境的变化规律，适应环境的变化。天文学家、狩猎者、耕作者、生物科学家等通常表现出突出的自然观察智力。

（9）存在智力（Existential Intelligence）。通常是指表现出的对生命、死亡和终极现实问题的思考，关注这些问题的倾向性，思考人们的生存方式及其潜在的能力。

加德纳认为，每个人都在不同程度上拥有上述九种基本智力。不仅包括传统智力理论中的语言智力、数理一逻辑智力，还包括自我反省、人际等智力部分。智力具有多元性，而非传统智力理论认为的一元性。不同智力之间平等相处，无高低之分，数理一逻辑智力与存在智力同样重要。认为智力具有个体差异性，世界上不存在两个智力结构完全相同的人。一些个体在某一个或多个智力方面表现突出，在另一些智力方面则表现平平。但无论是突出的智力表现还是一般表现，都对个体具有重要意义。个体拥有的九种智力的不同组合表现出个体间的智力差异，智力间的万千种组合显现出智力的潜力及巨大的创造性。认为各种智力独立存在，不同智力对应于大脑中不同的部位，由不同的神经活动支配。但在解决问题时共同发挥作用，一个问题的解决需要调动多个智力因素，在独特性的问题解决中表现突出的智力发挥优势作用。

加德纳的智力理论突破了传统的智力范畴，提出了多元智力的理念。他的理论既注重神经生理学证据，又不忽视社会文化作用，从多个角度证实智力的存在，使其理论更具说服力。如今，多元智力理论的影响遍及全球。对于这一点，连加德纳本人都未曾料想到，对于“多元智力如此快速地从美国传播到国外的教育领域而感到惊讶”。而之所以会如此，加德纳在总结 20 多年来多元智力在全球的传播与应用后发现①，一是多元智力激发了人们对于传统的发现与保护意识。在美国，当人们提及多元智力时，会想到如何培养天才和特殊儿童。但在中国，人们会恍然大悟，原来我们曾经忽略了孩子的其他智力。二是多元智力拓宽了人们对于课程、教学方法和学生评价的想象。过去的课程、教学及评价存在严重窄化现象，忽视了人文、艺术、体育类的课程。多元智力理论能够作为一个拓宽教育范围的工具纳入培养学生若干智力以及思维方法的学科，它强调关注个体差异的教学方法。三是关照被忽视的学生，呵护公平。在一维智力理论影响之下，一些学生被认为聪明，而另外一些学生则被认为表现平凡，课程更多面向前者，忽视了大多数学生，帮助较差学生的努力很少。多元智力理论在扭转着这一倾向，促使教

① 陈杰琦、西娜·莫兰、霍华德·加德纳：《多元智能在全球》，多元智能学会译，中国人民大学出版社，2010 年，第 15～17 页。

师、家长和学生转变认识，发现蕴藏于每个学生身上的巨大潜力，使每个学生在学校得到同等的关注，接受同等的教育，得到同等的发展。

二、多元智力理论与教育评价改革

多元智力理论对教育的多个方面都产生影响，冲击着人们的课程观、学生观、教学观、评价观等。这里重点介绍与高考评价密切相关的评价观的变化。

（一）多元智力理论对教育评价的批判

智力是教育评价活动中的重要内容，在传统智力理论中，语言和数理逻辑是核心内容，智力被认为是一元的并以整合方式存在的能力，智力测验以测试学生的认知能力为主，所使用的方法也以纸笔测验为主。基于这一前提的教育评价也具有单一性、统一性。加德纳在其多元智力理论中对此提出了批评①。

首先，片面地评价学生。因传统智力理论以语言和数理逻辑能力为主要内容，基于这一理论的教学以发展学生的认知能力为主，评价只包含认知部分。而将对于学生未来发展具有重要作用的社会适应能力如人际能力、自我认知与反省能力排除在外，片面的评价导致学生片面的发展。

其次，基于传统智力理论的教育评价静态地评价学生，将评价视为对学生发展结果的终结性的评价。这样的评价模式忽视了过程，无法了解学生是如何获取知识、发展潜能、解决问题的，无法反映学生发展的阶段和轨迹。但在学生成长过程中，存在一些重要的关键期和转折点，静态的终结性的评价模式无法捕捉这些信息，错失了教育机会。

再次，认为基于传统智力理论的教育评价无论是内容还是方式都远离学生的日常生活和学习情景。评价内容与生活相去甚远，只以书本知识为主，忽略了丰富多彩的生活内容。评价手段以量化的纸笔测验为主，并在严格限制的条件下实施，极大地挫伤了学生的兴趣与积极性，压抑了学生的创造性。

另外，这一评价模式还忽略了学生的个性。传统的以语言和数理逻辑为

---

① 霍力岩、赵清梅：《多元智力评价的理论与实践》，教育科学出版社，2010 年，第 17～18 页。

单一内容的智力理论和测验无法详细区分每个学生的能力构成，在过于整合统一的评价模式中，那些在某方面具有独特性的学生被忽略，无法发现他们身上存在的可贵潜质，也就无法有针对性地予以培养。

（二）多元智力理论的评价观

在批评传统智力理论及其教育评价的同时，加德纳在多元智力理论的基础上提出了自己的教育评价观。

1. 促进发展

加德纳批评传统智力理论“没有关于过程的观点，没有关于一个人如何解决难题的观点，它有的只是一个人是否得到了正确答案的结果”①，智力测验并不能体现个体进一步发展的潜力。多元智力理论认为智力是在个体的成长过程中逐渐发展起来的，智力是一个动态的发展过程。基于这一理论前提的评价应以促进学生的发展为目的，评价应能体现学生发展的全过程，侧重于评价学生解决问题或创造产品的过程以及他们在此过程中所表现出来的实践能力和创造能力，对学生的评价应该能够清楚地反映他们发展的阶段和轨迹。这不仅对学生有意义，对学校组织符合学生发展需要的教学内容也十分关键。

2. 强调多元

多元智力理论极为显著的特征是打破了一元化的智力观，提出了智力多元化存在的观点，即每个个体同时拥有语言、数理—逻辑、音乐、自我反省等九种智力，在问题解决过程中共同发挥作用。九种智力在每个人身上的分布不同，优势或弱势智力不同，由此构成了能力各异的一个个个体。基于智力多元前提的教育评价也应突破只重视认知评价的一维视角，以智力多元的观念为指导评价学生。多元性在对学生的评价中应表现在多个方面，如目标多元，不只是以学生语言或数理逻辑的发展为目标，还可以有学生的个性发展、社会适应、自我认知等多项目标②。评价的体系与内容多元，多元存在的智力一定要用含有多个指标、多项内容的评价体系评价学生，单一的指标体系和内容几乎难以全面、综合地评价学生，应构建多元化的学生评价体系及内容。评价方法的多元，基于传统智力理论的智力测验、纸笔测试的评价

---

①　霍力岩、赵清梅：《多元智力理论的评价观及其对学生发展评价的启示》，《比较教育研究》2005 年第 4 期，第 46 页。

②　蒋琳：《多元智力理论指导下的学生评价》，《教育探索》2007 年第 1 期，第 68 页。

功能具有局限性，只适合于可以量化、客观性强以及记忆性知识内容的评价考查，无法更广泛地考量学生其他方面的能力。认为应开发多种评价方法，成长记录袋等质性评价方法是加德纳推崇的学生评价方法，认为可以动态、多元地追踪学生发展过程，记录成长经历，可以生动地反映学生多个智力的发展变化。体现在评价主体的多元，可以评价学生的并非只有教师，还有学生自己、同伴、家长等多个潜在的评价主体。针对一项评价内容，不同评价主体从不同角度有不同认识，增强了评价信息的多元性和丰富性，也增强了评价结果的准确性。多元评价还体现在评价结果的解释中，认为应多元和有区别地解释学生的评价结果，而不是用同一标准衡量所有学生。

3. 重视情境

多元智力理论重视社会文化环境与智力的关系。认为智力是“在某种社会或文化环境的价值标准下，个体用以解决自己遇到的真正的难题或生产及创造出有效产品所需要的能力”，智力与社会文化环境密切相关。体现在教育评价中，一方面，加德纳认为“为某一文化背景下的对象所设计的评估材料，不能直接应用于另一文化环境之中。每一种评估方法都反映了各自的文化来源”①。个体智力不是超越社会文化的存在，而是在面对并解决特定社会文化背景之下的问题中不断发展起来的。因此，评价必须是适切于特定社会文化情境的。另一方面，加德纳呼吁承认情境对个体表现的影响，认为评价应该在有意义的真实活动情境中进行。他认为教育要以开发每个学生的九种智力为追求，为学生创造丰富的展现各种智能的情境，给每个学生以多样化的选择。真正的评价应融于培养智力的教学情境中，选择那些真实的、吸引学生兴趣的内容作为指标。这样的评价才能反映学生的真实面貌。

4. 培养独特

多元智力理论认为，每个个体同时拥有九种不同的智力，九种智力在每个个体中的分布不一，优势及弱势智力不同，每项智力的发展速度、顺序也不相同，这就形成了个体的能力差异。由于每个人的智力结构不同，基于这一基础的教育评价就应突出独特性。加德纳在《多元智力：实践中的智力》一书中指出，过于综合模糊或抽象的概念化的评价对学生个体的发展意义甚

① 霍华德·加德纳：《多元智能新视野》，沈致隆译，中国人民大学出版社，2008年，第176页。

微，有意义的评价应能够单独评价某一学生独特的智力特点，比如他的优势智力及发展，弱势智力及表现等。通过对学生独特智力及表现的评价，为学生提供足以促进其发展的独特建议，从而培养学生的独特性[①]。独特性是学生发展的原本状态，是创造性的前提，评价的目的是培养和促进学生个性化的发展，而不是用过于统一、综合的标准和内容评价所有学生，压抑个性、扼杀创造力。

三、多元智力理论对高考评价改革的启示

多元智力理论的影响已遍及全球，多元智力理论的科学性已获得广泛公认，已成为推动世界教育改革的重要理论之一。在我国，多元智力理论的影响与应用有目共睹，该理论是我国基础教育新课改及教育评价的重要理论依据之一，对于万众瞩目的新课程背景下的高考评价改革也具有积极的启发意义。

（一）多元智力理论对新课改学生评价的启示

多元智力理论对我国基础教育新课改具有重要影响，对新课改背景下的教育评价和学生评价具有理论指导意义，引起了基础教育阶段教育评价和学生评价的深刻变化。2002 年教育部颁发的《关于积极推进中小学评价与考试制度改革的通知》（教基〔2002〕26 号）指出，“现行中小学评价与考试制度与全面推进素质教育的要求还不相适应，突出反映在强调甄别与选拔功能，忽视改进与激励的功能；注重学习成绩，忽视学生全面发展和个体差异；关注结果而忽视过程，评价方法单一”。教育部对基础教育阶段存在的学生评价问题的分析与多元智力理论对传统教育评价的批评如出一辙，其中渗透出多元智力理论评价观的影响痕迹。在多元智力理论的指导下，结合中国基础教育实际，中小学实施了一系列旨在改变学生评价现况的举措。如转变评价观念，树立促进学生发展、多元化、个性化、动态性以及综合评价等新的学生评价理念；逐步建立起评价体系、内容、方法、主体等多元化、综合性的学生评价制度；高度重视发展性、过程性评价，将评价与学生发展紧密结合；重视学生评价的研究工作，新课改之后多元智力理论及多元评价理

① 霍力岩、赵清梅：《多元智力评价的理论与实践》，教育科学出版社，2010 年，第 22 页。

念在中小学广为人知，有关学生评价的研究成果批量涌现，为推进和深化学生评价改革奠定了基础；多元智力理论所倡导的成长记录袋等学生评价方法得以大范围实施，综合素质评价已经制度化，各个省区市纷纷出台了综合素质评价制度，详细规定了评价的目标、体系、内容、方法以及评价结果的使用等。

从基础教育阶段学生评价改革的举措可以看出，学生评价的一些内容和方法直接来自多元智力理论。多元智力理论及其所倡导的学生评价观对我国基础教育阶段的学生评价理论和实践都产生了积极而深刻的影响，引起了学生评价的一系列变化。

(二) 多元智力理论对高考评价改革的启示

多元智力理论及其所倡导的评价理念不仅对基础教育新课改产生了影响，也对与基础教育有枢纽连接关系的高考评价产生了影响，与高考评价的改革方向相契合。

1. 多元智力理论与高考评价改革相契合

“分类考试、综合评价、多元录取”是高考改革的目标和要求。教育部副部长杜玉波在介绍高考改革思路时指出，高考不是最好的制度，但却是最适合中国国情的制度。对于这项关乎千万家庭和学生利益、关乎大学人才培养质量、关乎基础教育阶段素质教育和新课改推行的重要制度，改革是根本出路。目前，高考存在评价导向不够具体、评价体系及内容单一、评价方式不够科学合理、评价过程不够公平公正等问题。对于这项制度，“一是要改革考试内容和形式，推进分类考试，努力解决评价导向不够合理的问题，促进高考与素质教育的衔接；二是改革考试评价体系，推进综合评价，努力解决评价手段不够丰富的问题；三是改革招生录取模式，推进多元录取，努力解决评价方式不够科学的问题；四是改革高考管理制度，推进‘阳光工程’，努力解决评价过程不够公正的问题，切实维护考试公平公正”①。

以上内容从高考与基础教育的关系、评价导向、考试内容与形式、综合评价、评价的科学性、多元评价以及评价的公平性等多个角度概括了高考评价改革的内容和方向，集中表达了对高考评价改革的要求。这些方向性的要

① 吴静：《教育部副部长：高考不是最好制度　但尚无法代替》，2012 年 7 月 7 日，http://www.edu.ifeng.com/gaokao/news/detail_2012_07/07/15854202_0.shtml。

求所折射出的综合评价、多元评价、科学评价、公平评价的观念和内容与多元智力理论的内容及其主张的评价观念高度契合，具有相似之处。多元智力理论倡导全面、动态地收集学生各种智力发展情况的信息，对学生作出全面评价；认为学生同时拥有九种智力，对他们的评价应包括九种智力的评价，而不是一种；主张有针对性地、个性化地评价每个学生，使评价结果对其发展更具科学性和指导意义；认为每个学生拥有九种智力的不同分布结构，每个学生的优势智力与弱势智力不同，应用多元标准评价不同的学生，而非用统一标准评价所有学生，将部分学生置于不利地位，对他们不公平。

由此可以看出，高考评价改革的方向及内容与多元智力理论及其倡导的学生评价理念有着高度的契合关系。多元智力理论可被视为指导高考评价改革的基本理论基础之一，而高考评价改革实践则推进了多元智力理论在中国的应用与推广。

2. 多元智力理论对高考评价改革的启示

多元智力理论研究智力的新视角以及对学生评价的新观念对高考评价既具有理论基础作用，又具有改革启示意义。表现在评价理念转变、评价目标树立、评价体系建构、评价内容与形式选择、高考命题以及考试分数的解释应用等高考评价的方方面面。

(1) 对高考评价理念的启示。

对高考评价理念转变的启示在于多元智力理论所秉持的是以促进学生发展为目的的多元化评价理念。多元智力理论认为每个学生都拥有九种智力，每个学生的智力分布结构各异，即优势智力与弱势智力各不相同。教育的作用在于创造适合智力培养的最佳情景，促进智力发展。学生评价的意义不在于简单判断其对课程内容的记忆与掌握程度，而是在于看其在学习过程中哪些智力得到发展。学生评价的目的是判断评价结果对促进学生智力发展具有何种指导意义。这对仍然以考查系统学科知识为内容、以单一的标准化纸笔形式的考试为方法、知识立意的命题理念仍然存在、考试分数报告方式简单概化、以甄别选拔为目的的高考评价具有重要启发意义。高考是连接高中与高校的枢纽，影响高中教育教学、高校选拔人才以及人才个性化成长多个方面。在实施素质教育、促进学生个性化成长以及培养创新人才等时代背景下，高考的功能不应停留于仅仅用一个总分将学生分出高低；还应充分发挥其评价功能。高考也应树立起旨在促进学生发展的评价理念，进一步发挥高考对高中教育教学的积极“指挥棒”作用，通过对高考评价结果的详细、科学和综合分析，判断学生在高中阶段获得了怎样的发展，发展了哪些素质与能力，为进一步优化高中教育教学提供决策依据；通过建立体系化、综合化的评价体系，全面收集足以反映学生素质能力的信息，为学生未来的个人发展规划与决策提供充分依据，帮助他们科学合理地选择高校和专业，这在客观上也有助于高校选拔适切性人才。

对高考评价理念最具冲击力的是多元智力理论的“多元”思想，它打破了长期以来一维智力观对人们思维的禁锢，对智力的认识更加具体细致。九种智力有助于从多个角度认识个体的能力，其中渗透的智力是多元、平等的思想很值得高考评价借鉴。反观传统的高考评价，一维、单一的理念与做法占据主流，表现为评价目标单一模糊，评价体系简单、指标单一，考试内容以科目知识为主，考试评价方法以纸笔方式为主，分数报告只有总分等。一维、单一的高考评价理念严重限制着高考评价功能的发挥，不利于全面系统、科学合理地评价学生，而其结果也不利于高中教育教学和高校选拔人才。高考评价应树立多元化评价理念，建立多元化评价目标，构建包含多元化指标的综合评价体系，考试内容与形式多元灵活，考试结果的解释和应用不拘一格，体现出个性化和多样性。

评价理念的转变是高考评价改革的前提，发展性、多元化评价理念不仅是多元智力理论、第四代教育评价理论共同倡导的学生评价理念，也是流行于世界各国的学生评价理念，更是我国高考评价改革的重中之重。发展性、多元化评价理念的树立将有助于深刻认识高考功能，建立多元化考试评价体系，发挥高考促进学生发展的作用。

(2) 对高考评价体系、内容与方法的启示。

多元智力应用多元化的指标体系、内容与方法去评价，用单一的评价体系和方法评价多元智力，等于否认了多元智力的存在，无法确认每种智力的详细发展情况。多元智力理论对高考评价体系、内容与方法的启示作用体现在以下方面，即构建包括多项指标内容、足以全面综合反映学生素质能力的考试评价体系，评价内容足以全面反映学生素质能力，评价方法多元灵活。

目前，高考还没有建立起涵盖多个指标的考试评价体系，仍然以文化科目考试成绩为唯一评价和取舍依据，带有明显的局限性，表现为高分低能。尤其是在高中新课改之后，高中课程目标、内容以及评价方法都传递出加强培养学生素质能力、注重个性发展、培养创新能力的信息，高中课程内容、教学方法、评价方法的多元化特征逐步凸现，高中的学生评价体系基本形成。进入大众化发展阶段的高等教育以质量为根本诉求，也希望从入口把握招生质量，招收适切性人才。这些变化与高考仍以科目分数和总分评价学生的现状格格不入，无法适应和满足高中教育教学的需要，无法满足高校的评价选拔要求，对于考生也没能做到全面评价，评价结果对学生的决策意义甚微。即是说，目前的高考评价难以满足多个高考利益群体的需求。

构建多元、综合的评价体系是高考的改革导向与主要内容，进入新课改的省份都在新的高考方案中规划构建包括高考分数、学业水平考试和综合素质评价三项内容的“三位一体”的高考评价体系，完善评价内容，发挥评价功能。高考评价体系的构建要有问题意识，系统深入地研究分析目前存在的问题；要有实践精神，敢于探索创新；也要有理论依据，参照多元智力理论及学生评价观的内容。既然学生拥有九种智力，评价方法也应不拘一格，单一的评价指标显然难以奏效，需要有多个指标从不同角度反映学生的素质能力。高考成绩局限于反映学生文化科目知识的学习与掌握，评价内容有限，以记忆性、客观性的书本知识为主，评价方法单一，只有纸笔考试。这与综合、多元、发展性的评价学生的高考评价目标相悖，也不符合多元智力理论精神及学生评价观。新的高考评价体系应包含多项评价指标内容，每项指标各有评价目标，各自发挥不同评价功能，力求从不同角度全面展现学生的素质能力。

总之，多元智力理论无法分析、解决高考评价中的所有问题，但其智力是多元存在的新的智力观和基于此而提出的学生评价观对于深入分析、解读高考评价改革问题，树立“以生为本”、促进学生发展的评价观念，构建多元、综合的高考评价体系，用多元化的内容方法评价学生等皆具启示作用与理论指导意义。

第三节 高考评价的公平性分析

公平是社会大众对高考最为关注的一个方面，也是高考制度的基本功能和精神之所在①。公平是高考改革中的恒久话题。2012 年，关于进城务工人员子女就地参加高考的话题讨论以及北京、上海、广州三地政策中的模糊态度使人们再次认识到公平对于高考的重要性，高考公平依然是高考改革中

① 刘海峰：《高考改革首重公平》，《光明日报》2005 年 6 月 22 日。

的难题与挑战。目前的高考制度难以兼顾科学与公平，难以选拔出有创新能力和潜力的中学生[①]。高考不仅要能够科学合理地评价学生，还应确保制度公平，为所有学生创造同等机会。高考公平体现在多个方面，如招生名额的划拨、区域性考试公平、入学机会公平、考试内容公平、招录过程公平等。高考评价中的公平问题主要表现在评价标准与内容、考试方法、考试结果的分析应用、考试评价过程等有利于享有优势教育资源的学生，而不利于处于教育资源欠缺地区的学生；目前的高考评价仍不能较好地测度、甄别和评价具有不同能力和发展潜力的学生，产生了新的教育不公。教育公平理论是深入认识和分析高考评价中的公平问题的理论工具，可为化解教育公平问题提供指导。

一、西方社会两种教育公平观

西方社会在对教育公平问题的长期探讨中，逐步形成了自由至上主义和自由平等主义两种教育公平观。前者捍卫个人自由，认为教育就在于个人基于能力的选择，重视培养社会精英；后者要求教育面向社会大众开放，使社会各阶层都能受到平等的教育，获得均等的发展机会。现实中的教育公平博弈于二者之间，在追求公平与卓越之间谋求最佳平衡点。罗尔斯和诺齐克分别是两种教育公平观的典型代表人物。

（一）罗尔斯的正义论

哈佛大学教授约翰·罗尔斯是当代西方最具代表性的正义论者，是自由平等主义的代言人。他的思想集中表现于1971年出版的《正义论》中。《正义论》是一部对“二战”后西方社会产生广泛影响的巨著，引发了西方学界对公共理性与社会行为、个人价值与社会正义、自由与平等等问题的深入讨论[②]。罗尔斯认为，正义一般是指“所有的社会益品如自由和机会、收入和财富、自尊的基础等都必须平等地分配，除非对某一种或所有社会益品的不平等分配将有利于最少受惠者”[③]。在崇尚自由等众多社会美德中，正义是所有美德之首。正义是社会制度的首要价值，正像真理是思想体系的首要价

① 雷嘉：《现行招生制度未兼顾科学与公平》，《北京青年报》2011年4月26日。

② 万俊人：《比照与透析：中西伦理学的现代视野》，广东人民出版社，1998年，第160～161页。

③ John R W. A Theory of Justice，Oxford University Press，1971，p. 303.

值一样。一种理论，无论它多么精致和简洁，只要它不真实，就必须加以拒绝或修正；同样，某些法律和制度，不管它们如何有效率和条理，只要它们不正义，就必须加以改造或废除。每个人都拥有一种基于正义的不可侵犯性，这种不可侵犯性即使以社会整体利益之名也不能逾越。因此，正义否认为了一些人分享更大利益而剥夺另一些人的自由是正当的，不承认许多人享受的较大利益能绰绰有余地补偿强加于少数人的牺牲。在一个正义的社会里，公民基于正义的权利是确定不移的[①]。罗尔斯认为，正义的主题是社会的基本结构，或更准确地说，是社会主要制度分配基本权利和义务，决定由社会合作产生的利益之划分的方式。或更准确地说是分配正义，即正义是社会通过构建基本制度，确定社会合作的利益和负担、权利和义务的适当分配而实现的[②]。罗尔斯属于分配正义论者。

基于对正义的认识，罗尔斯提出了著名的“正义原则”。第一个原则是：每个人对与其他人所拥有的最广泛的基本自由体系相容的类似自由体系都应有一种平等的权利。第二个原则是：社会的和经济的不平等应是基于这样的安排：①它们所从属的公职和职位应该在公平的机会平等的条件下对所有人开放；②它们应该有利于社会之最不利成员的最大利益[③]。第一个原则被称为最大均等自由原则，第二个原则中的①被称为机会均等原则，②被称为差别原则。按照罗尔斯对两个公平原则的解释，第一个原则用于确保公民的基本自由权利，第二个原则用于收入和财富的分配以及那些利用权力、责任方面的不均等或权利链条上的巨大差异。罗尔斯认为两个原则有先后顺序，第一个原则优先于第二个原则，即首先要确保一切制度的自由平等，其次是维护社会经济利益。当二者冲突时，要优先维护第一个原则。

基于罗尔斯的正义理论的教育公平观认为，首先必须确保每个人都应该享有的平等接受教育的自由权利和机会，其次保证每个人在资源分配中具有公平的份额，当分配不平等教育资源时要符合最少受惠者的最大利益。首

---

① 约翰·罗尔斯：《正义论》，何怀宏，等译，中国社会科学出版社，1988年，第1～2页。

② 王作印：《关于诺齐克正义观的再审视》，《当代世界与社会主义》2010年第4期，第151页。

③ 约翰·罗尔斯：《正义论》，何怀宏，等译，中国社会科学出版社，1988年，第56～57页。

先，接受教育作为人的一项基本权利，具有不可侵犯性，每个人享有平等的受教育机会。在一个正义的社会中，基本的自由与权利被看作是理所当然的，社会的每一成员都具有一种基于正义或者说基于自然权利的不可侵犯性，这种不可侵犯性是任何别人的福利都不可逾越的。受教育权利作为人的一项重要的权利，是任何人以任何理由都不能剥夺的。接受教育获得文化知识和技艺的机会不应当依赖于一个人的阶级地位，学校制度的设计应有助于填平阶级的沟壑①。

其次，应公平分配教育资源，保护社会不利群体的利益。罗尔斯的正义观体现为分配的正义。与自由至上主义者不同，罗尔斯反对根据天赋才能分配教育资源。他认为，没有人应得他在自然天赋的分配中所占的优势，正如没有一个人应得他在社会中的最初有利的出发点一样。一个人的应得能够培养他的优越个性的断言是成问题的。因为人的个性在很大程度上依赖于幸运的家庭和环境，而对这些条件个人是没有任何选择权利的②。罗尔斯认为由于人们自然天赋的差异而导致不平等的待遇，这不具有道德合法性。这种基于自然差别的所得是不应得的，不平等不能得到道德上的应得证明，所以必须予以解决③。因此，天赋才能不能成为教育资源分配的应然标准。根据罗尔斯的分析，社会中最需要帮助的是处于社会底层的人们，他们拥有最小的机会和权利、收入和财富，社会的不平等最强烈地体现在这些人群中，被罗尔斯称为“最不利者”④。为保护社会不利人群的利益，罗尔斯提出了“补偿原则”，认为对于出身和自然禀赋的不利者都要给予补偿。补偿原则认为，为了平等地对待所有人，提供真正平等的机会，社会必须更多地注意那些天赋较低和出生于弱势的社会地位的人们……遵照这一原则，较大的资源可能要花费在智力较差而非较高的人们身上，至少在某一阶段，比方说早期教育期间是这样⑤。

---

① 冯建军：《三种不同的教育公正观——罗尔斯、诺齐克、德沃金教育公正思想的比较》，《比较教育研究》2007 年第 10 期，第 37 页。

② 约翰·罗尔斯：《正义论》，何怀宏，等译，中国社会科学出版社，1988 年，第 104 页。

③ 文长春：《罗尔斯、诺齐克与德沃金权利正义论比较》，《学术交流》2006 年第 3 期，第 19 页。

④ 姚大志：《何谓正义：当代西方政治哲学研究》，人民出版社，2007 年，第 32 页。

⑤ 约翰·罗尔斯：《正义论》，何怀宏，等译，中国社会科学出版社，1988 年，第 101 页。

罗尔斯是自由平等主义的代表，坚持分配的正义性，主张集体主义倾向的平等分配原则，实施平等的大众化的教育。他首先确定一切人的自由权利和在社会资源分配中的机会均等，同时他站在社会不利人群的立场上，主张在自由平等的基础上关注“最不利者”对社会公共资源的分享，意图通过公平的分配来消除家庭等不利因素对儿童的不平等影响，实现社会公平，体现社会正义。他提出的“补偿原则”旗帜鲜明地保护社会弱势人群的权益，得到相关人群的广泛拥护。但由于他认为对不利者进行教育资源的补偿只能通过抵消自然禀赋占优势者的教育资源而获得，被认为是一种“反向歧视”，因此受到指责①。

（二）诺齐克的正义论

哈佛大学教授罗伯特·诺齐克是自由至上主义的代言人，他的思想集中反映在1974年撰写的《无政府、国家与乌托邦》一书中，集中反驳了罗尔斯《正义论》的观点。诺齐克的正义观是建立在批判罗尔斯分配正义观念基础之上的，属于持有正义论。诺齐克认为个人权利神圣不可侵犯，个人拥有权利。有些事情是任何他人或团体都不能对他们做的，做了就要侵犯到他们的权利②。自由至上主义捍卫市场自由，反对运用再分配的税收机制去贯彻自由主义的平等理论。罗尔斯分配正义论主张国家进行再分配，这必然侵犯个人的权利，因而必然是不正义的。真正的正义是持有正义，只有持有正义才能更好地保障个人权利。

根据持有正义的基本前提，诺齐克提出了持有正义的三原则：第一，一个符合获取的正义原则而获得一个持有的人对那个持有是有权利的；第二，一个符合转让的正义原则，从别的对持有拥有权利的人那里获得一个持有的人，对这个持有是有权利的；第三，除非是通过上述两条获得的持有，无人对一个持有拥有权利③。持有的获取原则、转让原则和矫正原则构成了诺齐

① 冯建军：《三种不同的教育公正观——罗尔斯、诺齐克、德沃金教育公正思想的比较》，《比较教育研究》2007年第10期，第37页。

② 罗伯特·诺齐克：《无政府、国家与乌托邦》，何怀宏，等译，中国社会科学出版社，1991年，第1页。

③ 罗伯特·诺齐克：《无政府、国家与乌托邦》，何怀宏，等译，中国社会科学出版社，1991年，第157页。

克的持有正义理论的一般纲要，即如果一个人按获取和转让的正义原则，或者按矫正不正义的原则对其持有是有权利的，那么他的持有就是正义的。如果每个人的持有都是正义的，那么持有的总体即社会分配也便是正义的。社会正义实现的根本途径是让每个人得其所应得，公平与否的关键在于有没有人的权利受到侵害。

诺齐克基于持有正义的教育公平思想，认为个体对教育资源的自我所有权不容侵犯，任何人都具有同等的接受教育的权利。个人的自我所有权不仅贯穿在政治权利方面，同样体现在社会资源分配中。个人应按照天赋获取应得的教育资源，天赋与能力是分配教育资源的依据，教育应向才能开放。我拥有自己，我就拥有自己的天赋，因而也就拥有依靠我的天赋通过我的劳动所产出的东西，即个人的财富①。诺齐克批判罗尔斯的差别原则，通过社会资源再分配把天赋高者的产出转向天赋低者，侵犯了自我所有权，有悖于个人权利的优先性。同罗尔斯一样，诺齐克认为受教育权利作为一种基本的人权不能被任何人以任何理由侵犯。不同之处在于诺齐克认为不能牺牲个人在教育资源享有中的权利，通过将天赋较高者的利益转让给最不利者，将较大的资源花费在智力较差而非较高的个体身上。这种做法侵犯了个人自由发展天赋的受教育权利。由于我对自己持有自我所有权，处于自然劣势中的人就不能对我或我的天赋提出正当的要求。一切旨在对自由市场的交换实行强制性干预的措施都有违于此②。教育机会的多少应视学生课程学习水平的高低而定，对某些学生来说，所达到的课程水平越高，所获得的机会就越多，教育就是对才智优秀的精英进行更多更好的教育，促进其更好地发展③。

总之，诺齐克坚持的是持有正义观，强调个人权利的不可侵犯性，认为应按照个人天赋与能力分配社会资源，享有资源的多少取决于其才能的高低，主张实施精英主义教育。诺齐克的分配正义原则属于典型的程序正义论，以某些适用于一切人的普遍化的规则为前提，一般不重视分配的结果。

---

① 冯建军：《三种不同的教育公正观——罗尔斯、诺齐克、德沃金教育公正思想的比较》，《比较教育研究》2007年第10期，第37～38页。

② 威尔·金里卡：《当代政治哲学（上）》，刘莘译，上海三联书店，2004年，第203页。

③ 冯建军：《教育公正：追求卓越，还是追求平等》，《大学教育科学》2007年第6期，第8页。

只要竞争中遵循了同一规则，程序公正，做到规则面前人人平等，竞争结果无论怎样都是公平的①。尽管才能的差别会造成资源分配的差别，这对才能较低者是一种不幸，但不是不公正。自由至上主义的教育公正以个体天赋为基础，使教育向有才能的人开放，进行精英教育，认为不能因为追求平等而牺牲卓越人才的发展②。

罗尔斯和诺奇克的正义观是现代西方社会具有代表性的公平理论，也是针锋相对的理论，可以说诺奇克的理论就是基于对罗尔斯的批判而产生的。两者的理论有共同之处，如认为每个人都有平等的权利、享有同等机会。但也有不同之点，各有长短。罗尔斯站在分配正义的立场上，维护社会弱势人群的权益，认为应通过社会再分配平衡天赋等因素造成的不公，将较多的社会资源投向不利人群。这十分有利于维护不利人群的利益，但是也会影响卓越人才的发展。诺齐克从持有正义立场出发，认为任何人的权利都不可侵犯，以天赋才能作为分配社会资源的凭据。这一观点有助于精英人才的成长，但却忽视了社会不利人群的利益。因此，将罗尔斯和诺奇克的公平理论结合在一起，则能够较全面地认识教育公平问题。在精英教育与大众化教育并存的当今社会，确保所有人接受教育的机会是教育公平的底线，同时应在科学、卓越、平等、适切的框架下，既考虑社会不利人群的利益，也考虑个体差异性，关照不同人群的发展权益。

二、高考评价中的公平问题

西方发达国家的教育公平理论对我国教育公平问题的探讨与解决极具启发意义，解决我国教育发展中的公平问题应当充分研究与借鉴西方的经验和思路。但是，在借鉴西方理论和经验的同时，也应特别注意我国教育公平问题的特殊性。

（一）我国对教育公平的认识与问题表现

《规划纲要》对教育公平问题的基本认识是“教育结构和布局不尽合理，城乡、区域教育发展不平衡，贫困地区、民族地区教育发展滞后”。这是我国目前教育公平问题的主要方面，也是引起教育不公的根本原因。除此之

---

① 顾肃：《自由主义基本理念》，中央编译出版社，2005年，第361页。

② 冯建军：《三种不同的教育公正观——罗尔斯、诺齐克、德沃金教育公正思想的比较》，《比较教育研究》2007年第10期，第38页。

外，还有地位、身份和权钱等因素对教育公平的干扰和妨碍。围绕教育领域中的公平问题，国内学者在借鉴西方公平理论、吸取化解教育公平问题经验的基础上，结合我国实际，对教育公平的内涵、表现以及成因等进行了研究探讨。

1. 对教育公平内涵的认识

教育公平是一个内涵丰富的概念，不同学者从不同角度进行了不同的解读，有不同理解，可谓见仁见智。有学者认为，教育公平是指每个社会成员享有同等的受教育权利和机会，享有同等的公共教育资源服务，享有同等的教育对待，享有同等的取得学业成就和就业前景的机会。受教育机会和公共教育资源向社会弱势群体倾斜。教育公平包括受教育权利和受教育机会公平、教育过程公平和教育结果公平①。有学者从不同视角解读了教育公平内涵，认为：在法律上，是人人享受平等的教育权利；在教育政策领域，是人人平等地享有公共教育资源；在教育活动中，是人人受到平等的教育对待，人人具有同等的取得学业成就和就业前景的机会。在实践中，为了真正体现和维护教育公平所蕴含的平等精神，教育公平还必须包括公共教育资源配置向社会弱势群体倾斜，反对和遏制旨在破坏教育权利平等和机会均等的教育特权②。有学者认为，教育公平包括教育权利平等与教育机会均等两个基本方面③。也有学者运用教育平等的概念，认为教育平等是指“受教育权利的平等和受教育机会的平等”，教育公平应遵循人即是目的、教育权利平等原则、教育机会均等原则和差别性原则④。还有教育公平社会说，认为教育公平是社会公平的延伸；教育公平差异说，认为教育公平应是个体所受教育与其社会权利和自身素质之间的相称，教育公平的最终目标是使每个个体都能得到充分的自由的发展⑤。

概览不同学者对教育公平的理解，尽管表述不同，包括的内容不同，但多种理解与解读综合起来，大概反映了教育公平的全部内容。一是强调接受

① 周洪宇：《教育公平论》，人民教育出版社，2010 年，第 11 页。

② 石中英：《教育公平的主要内涵与社会意义》，《中国教育学刊》2008 年第 3 期，第 1 页。

③ 杨东平：《从权利平等到机会均等——新中国教育公平的轨迹》，《北京大学教育评论》2006 年第 2 期，第 2 页。

④ 袁振国：《当代教育学》，教育科学出版社，2004 年，第 341 页。

⑤ 袁敏：《教育公平研究综述》，《现代教育科学》2010 年第 3 期，第 39 页。

教育的权利与机会均等，即所有人都享有接受教育的权利和均等的机会。二是目前国内存在较为严重的教育资源配置的差异，由此引发一系列教育公平问题，因此强调人人对公共教育资源享有的权利与机会均等。三是保护弱势群体接受教育的权利和机会，认为应向他们倾斜。四是承认个体差异，认为在教育实践中应有区别地对待，让不同人都得到充分发展。五是在教育实践中防止地位、身份、特权等对教育公平的破坏。这五项几乎囊括了国内教育公平的所有内容，这些内容的提出基本是按照罗尔斯的平等自由原则、机会公平原则、差别原则和补偿原则等公平原则展开的。

2. 教育公平的问题表现与成因

教育公平是社会公平的重要内容，关系到人民群众的切身利益，关系到国家发展与社会和谐。目前，教育公平问题已经成为我国社会的焦点问题之一，表现在接受教育机会不均等、教育资源配置失衡、地区间教育发展差距继续扩大、教育发展中公平与效率的矛盾、特权等因素对教育公平的破坏等方面。

首先，目前国内继续存在接受教育机会不平等的事实。表现为农民工子女在父母务工城市接受教育的问题，矛盾突出集中于就地参加高考的问题。2012 年，是集中讨论农民工子女就地参加高考的一年，教育部要求各省市区于 2012 年年底之前出台政策。多数省份已经出台相关政策，但矛盾集中的北京、上海、广东的政策被指缺乏解决问题的“诚意”，政策缺乏实质性内容和可操作性，仍看不到较好解决问题的希望。原因在于北京、上海和广州三地有诱人的就业机会和优质的教育资源，又是“高考洼地”，成为流动人口的首选地。如果放开政策允许农民工子女就地参加高考，在确保农民工子女权益的同时，本地人担心影响他们子女的权益，认为是反向歧视，因而极力反对。教育机会的问题还表现在特殊儿童受教育水平远落后于普通儿童，部分地区的学生接受高等教育机会少等。

其次，长期以来，我国存在着教育资源配置失衡的问题，地区间教育发展差距继续扩大。东部与西部、城镇与农村、中心城市与边远地区、不同类型的教育，在人力、物力、财力的投入上都相差甚远，优质教育资源的分布极不均衡。研究表明，我国的教育发展存在城乡差距，表现为城市的教育经费多于乡村，师资配备与水平高于乡村，升学率高于乡村而辍学率低于乡村；表现为地区间的差距，如教育经费与投入、办学条件、不同层次教育的发展等差距；表现为教育的阶层差距，强势群体占有优质教育资源，特权因素破坏教育公平；表现为教育的类别差距，如重点学校与非重点学校、重点班与非重点班、普通教育与职业教育、研究型高校与一般高校、公办学校与民办学校之间的差距①。

再次，教育发展中存在公平与效率的矛盾。对于公平与效率的关系，学界有很多争议，有人认为应“效率优先，兼顾公平”，有人主张“公平优先，兼顾效率”，还有人主张“公平与效率并重”。理论上教育公平与效率有四种可能关系，即高公平、高效率，高公平、低效率，低公平、高效率，低公平、低效率。经过30多年的改革和发展，我国教育的公平性和效率状况大为改善，但与发达国家相比，我国尚处于“低公平、低效率”的教育发展阶段。这与我们追求的高公平、高效率的教育相差甚远。因此，实现教育公平的任务与提高教育效率如实施素质教育、提高教育质量、提升教育贡献率等的任务同样艰巨②。

最后，是诸种特权因素对教育公平的干扰和破坏，由此引发社会舆论对教育公平的抱怨和指责。教育公平的实现要求反对各种形式的教育特权的介入，以免影响和破坏教育公平。特权是崇尚身份差别和阶级不平等的传统社会的产物，特权的实质是崇尚特殊待遇，要求公共教育资源的分配违背公平正义原则，按照权力大小、财富多少或关系远近来分配，以满足个别人的特殊教育需求。直到今天，拥有特殊身份和特权的个别人或少数强势利益团体仍然热衷于利用自己手中的权力、身份或社会关系，试图影响或牺牲公共教育资源的公平合理分配，以实现自身教育利益的最大化③。教育公平仍受到来自身份、特权等因素的挑战和破坏。

（二）高考评价与教育公平

高考是教育领域中的重要实践活动，是连接高中教育与高等教育的枢纽。教育公平的诸种表现也延伸到高考活动中，成为影响高考功能正常发挥的障碍。由于人们对高考制度的高度关注及其高利害关系，高考中的公平问题也变得极其敏感，影响甚广。高考评价中的公平问题既来自考试本身，也

---

① 袁振国：《教育均衡发展：构建和谐社会的基础》，《教育发展研究》2005年第2B期，第8～10页。

② 褚宏启：《关于教育公平的几个基本理论问题》，《中国教育学刊》2006年第12期，第4页。

③ 石中英：《教育公平的主要内涵与社会意义》，《中国教育学刊》2008年第3期，第3页。

有社会不良风气等因素的影响。鉴于高考扮演的特殊角色，对高考评价中公平问题的研究分析与化解不仅有利于正常发挥高考的评价功能，也有助于推进教育公平乃至社会公平的改革步伐。

1. 高考评价中的公平问题

高考在其本质上是一种测量、甄别、评价学生的知识和能力的活动，目的在于全面、科学地反映学生的知识能力，为学生的自我认知、为高校选拔新生、为评价高中的教育教学等提供详细、丰富、全面、科学的依据。高考评价中的公平问题主要关涉两个大的方面，一个来自考试本身，即由于我国幅员辽阔，各地社会经济、文化、教育等发展差异巨大，由此导致各地学生在素质和能力上的差异。因此而生发的公平问题便是，高考如何在考试资格限定、评价目标确立、评价体系建构、考试内容与形式选择、高考命题、考试分数的报告中既考虑科学性与卓越性，充分发挥考试的功能，又关照学生素质和能力发展差异的现实，做到考试公平。城乡差异、不同地区的发展差异成为困扰高考、影响考试功能发挥、影响考试公平的主要因素。高考评价中的另一个公平问题来自权钱因素对考试评价过程的干扰和破坏，企图以此获取优质教育资源，表现在高考加分、自主招生、保送生等活动中。

城乡差异、不同地区的发展差异对高考公平的影响表现在多个方面。首先表现在考试资格的限定中，即考试机会均等问题。根据教育公平的基本内涵，机会均等是公平问题的首要内容，是最基本的公平。在高考评价中，享有同等的参加考试的机会是最基本的权利。但在自主招生、报送生制度中，对于报考资格和相关条件的规定明显不利于农村和偏远地区的学生。如很多高校将获奖、参加各类学科竞赛等作为保送和自主招生报名的条件，这对很少或几乎没有机会参加竞赛的农村和偏远地区的学生造成不公。在保送和参加自主招生的条件中，也并未单独制定适合农村学生的指标和内容，未能体现公平的差异原则，影响农村学生的考试机会。这一问题同样表现在高考评价目标的确立中。“德智体全面发展，择优录取”是现行的普遍的高考评价目标，表面上看似乎没有任何问题，要求学生全面发展，“分数面前人人平等”。但是在农村，学生全面发展目标的实现受到教育经费、教学资源、师资水平等多个不利因素的影响。且不说全面发展，中西部落后地区的部分学校因经费欠缺、教学资源严重不足，就连课本中要求的教学实验都做不了，至于课本之外的有助于学生综合素质发展的目标就更无法实现。

城乡差异、地区差异的影响还表现在高考评价体系的构建中。高考评价改革的核心内容之一便是改变评价体系内容和指标单一的现状，构建包括多项指标内容、能够全面考评学生、反映学生素质和能力的综合评价体系。“高考成绩+学业水平考试+综合素质评价”是目前多个省市区旨在建立的新的高考评价体系，其中第一项指标对农村学生相对公平，但后面两项内容如何落到实处，成为对新的考试评价体系的公平性考量。这表现在考试形式与方法的选择上。多种考试形式与方法的结合有助于考试功能的发挥，是高考评价改革的方向之一。但是其中也必须考虑农村学生的实际。如在自主招生中，面对面试形式，面对自主招生中五花八门的考题，农村学生由于信息闭塞、交流与表达机会少而极不适应。这同时说明，高考命题中的素材、内容和试题呈现形式等也是影响高考评价公平的因素。

另外一个影响高考评价公平性的因素来自社会不良风气，权钱因素的介入破坏了考试公平，对一部分人造成不公。教育公平是社会公平的基础，同时社会公平的现状已形成对高考的包围之势，严重影响着高考作为一种考试的本质功能的发挥。高考制度的任何一项改革如设计不够严密，必然遭到权钱因素介入。如由于加分制度设计本身不够严密，由于对权力的制约监督形同虚设，由于运作过程的不透明不公开，高考加分政策在一些地方被严重异化，成了权钱交易的腐败通道，极大损害了其他考生的正当权益和整个社会的公平正义①。由 2012 年高考中一些地方打出“考过高富帅，战胜富二代”等标语也可见一斑，折射出社会对高考公平的疑虑。

2. 教育公平理论对高考评价公平性的启发

以上从城乡及地区差异的视角分析了高考评价对农村学生考试公平的影响。但也有相反的意见和诉求，认为：为了公平，所有考题必须客观，不能让阅卷老师有太多主观介入，题目越来越只需要记住标准答案，因为无论哪里的学生，记忆力是人最原始的能力，最接近公平；不能搞真正意义的自主招生，因为名校看中孩子的那些素质，农村孩子是不可能具有的；现在学生几乎已经到了真正“裸考”的地步：只考几个有限科目，有限教材，有限题目和有限答案②。认为高考不可被公平“绑架”，让高考回归考试本身，发挥其应有功能③。由此看来，高考改革中科学与公平的矛盾的确根深蒂固，

---

① 叶铁桥、来扬，等：《透视高考加分乱象：政策被异化　权钱交易损公平》，《中国青年报》2010 年 7 月 28 日。

② 顾骏：《高考公平的悖论》，2011 年 6 月 9 日，http://edu.ifeng.com/gundong/detail_2011_06/09/6903417_0.shtml。

③ 王长乐：《高考应走出保证“社会公平”的误区》，《全球教育展望》2012 年第 9 期，第 6 页。

实属两难[①]。根据教育公平的理论，教育公平的实现要遵循平等自由原则、机会公平原则、差别原则和补偿原则等多项公平原则。高考评价的改革目的在于更好地发挥高考作为考试的评价功能，全面综合、科学合理地评价考生。所以，就考试本身而言，高考评价是旨在提高考试的科学性的改革。但由于科学性与公平性具有天然的联系，不可分割，因此在新的高考评价制度设计中，必然要遵循教育公平的基本原则。应遵循自由平等原则，为所有考生提供均等机会；遵循差别原则，承认考生的发展差异，使不同发展水平的学生都能通过考试充分展现其才能；遵循补偿原则，对那些社会经济发展落后地区的学生予以政策倾斜。另外，高考评价改革还需要良好的社会公平环境和氛围作为支撑。

以上兼顾公平与科学的高考评价改革目标在现有高考评价框架下难以实现，需要完善现有以文化科目为主的单一的考试评价体系。因为，用单一的评价指标很难反映出不同能力水平的学生的差异，用相同的题目很难区别不同发展水平的学生。教育测量关于准确度与区分度的理论认为，高水平的学生要用高难度的题目测试，中等水平的学生要用中等难度的题目测试，而较低水平的学生则要用低难度的题目测试，只有如此才会既保证考试的准确度也保证区分度。高考评价的改革方向就是要为不同发展水平的学生创造科学、公平的考试机遇和平台。

① 刘海峰：《高考改革的理论与思考》，华中师范大学出版社，2007年，第117页。

第五章　高考评价的实证研究

在我国，对高考的评价向来是众说纷纭、莫衷一是，可谓“横看成岭侧成峰，远近高低各不同”。这一状况同样出现在对高考评价的认识与评价中。随着素质教育理念的深入人心，伴随高中新课改的付诸实践，在国家重视提高高等教育质量的时代背景下，学生的个性化发展需求也日渐迫切。这些社会大小环境的变革都向作为高中与大学连接枢纽的高考制度发起挑战，要求其不断适应时代发展的潮流。回顾我国高考评价的演变历史，纵观国际发达国家和地区大学入学考试评价的改革趋势，我国长期以高考成绩作为单一评价标准的现状已难以为继，其局限和弊端日渐显现，无论是对高中教育，还是对大学人才评价、选拔都已产生不利影响，急需改革。在我国，高考有着多个利益相关主体，为了能够充分了解各个利益主体对当前高考评价的意见与建议，全面了解与分析存在于高考评价中的问题，本章借助于调查和实证研究方法，从问题视角切入，深入分析高考评价的相关核心问题，以为高考评价制度改革提供有关依据。

第一节　高考评价实证研究设计

在这一部分，主要运用调查法和实证研究方法，一方面通过问卷调查和访谈研究高中生、大学生等高考直接利益群体对高考评价的认识与改革诉求，一方面通过计算高考成绩与高中成绩、大学成绩的相关性分析高考评价的科学性。这一节主要介绍调查及实证研究的设计和实施情况。

一、调查与实证研究目的

高考评价改革是高考改革的新趋势与新内容，现行高考评价中存在不少问题，通过调查研究，可从数量化角度了解相关人群对高考评价的认知、态度与改革诉求。而高考成绩是否能够很好地检测考生的水平，是否能够很好地预测考生在大学的发展，是事关高考评价的重中之重。如果高考既很好地检测了考生的实际水平与能力，又很好地预测了学生在大学期间的发展，则表明高考评价具有较高的科学性。因此，本研究通过实证研究，基于高考成绩与高中学业成绩、高考成绩与大学学业成绩的相关统计，分析高考评价的检测力和预测力，判断高考评价的科学性。

二、高考评价调查研究设计与实施

本研究中的调查研究包括问卷调查和访谈两部分，对两项调查研究的样本选择、工具制作、调查实施及数据统计情况介绍如下。

（一）调查工具制作

关于高考评价并没有成型的可直接使用的标准化测量工具，本次调查研究在前期了解高考评价相关问题的基础上，经与高中生、大学生、高中教师、高考研究专家、考试机构人员等的摄入性会谈，自行编写制作了调查工具，包括调查问卷和访谈提纲两部分。调查问卷共 3 个，分别是高考评价《高中生问卷》、《大学生问卷》、《“云海工程”调查问卷》。访谈提纲包括高考评价《中学生访谈提纲》、《大学生访谈提纲》、《中学教师访谈提纲》、《考试机构人员访谈提纲》、《考试研究专家访谈提纲》、《“云海工程”大学生访谈提纲》、《“云海工程”考试机构人员访谈提纲》、《“云海工程”中学教师访谈提纲》8 份。

《高中生问卷》包括基本情况和问卷题目两个部分。经过预测与修改后，问卷主体包括 32 道封闭式选择题（其中多项选择题 1 道）和 1 道开放式题目，封闭式题目包括对高考评价的认知与态度等 4 个维度，开放式题目供调查对象进一步补充相关意见。问卷采用 5 级量表评分，问卷内部一致性信度系数为 0.83，信度较为理想。《大学生问卷》包括基本情况和问卷题目两个部分。经过预测与修改后，问卷主体包括 34 道封闭式选择题（其中多项选择题 1 道）和 1 道开放式题目，封闭式选择题包括高考与大学学习的关系等 5 个维度，开放式题目供调查对象进一步补充相关意见。问卷采用 5 级量表评分，问卷内部一致性信度系数为 0.826，信度较为理想。《“云海工程”调查问卷》包括基本情况和问卷题目两个部分。经预测与修改后，问卷主体包括 17 道封闭式选择题，包括对“云海工程”的认知与态度等 3 个维度。问卷采用 5 级量表评分，问卷内部一致性信度系数为 0.86，信度较为理想

(表 5-1)。8 份访谈提纲主要从不同角度了解不同群体对高考评价的认知、态度、改革意见等信息，深化调查问卷数据信息，与调查问卷结合使用。

表 5-1 调查问卷内容与结构表

问卷名称	问卷内容		评分	信度
	基本信息	问卷结构		
《高中生问卷》	性别、专业类型、生源地、高中学业班级排名、未来报考大学类型	对高考评价的认知与态度；对新课改后高考评价的态度；对保送生和自主招生制度的态度；对高考评价改革的需求		0.83
《大学生问卷》	性别、专业、生源地、大学成绩班级综合排名、就读高校类型、高考成绩、志愿选择	高考与大学学习的关系；对高考评价的认知与态度；对新课改后高考评价的态度；对保送生和自主招生制度的态度；对高考评价改革的需求	5级评分	0.826
《“云海工程”调查问卷》	同《大学生问卷》	高考与大学学习的关系；对高考评价的认知与态度；对“云海工程”的认知与态度		0.86

(二) 样本选择

尽管我国实施统一高考制度，但由于新课改、分省命题、各地经济文化与教育等因素的介入，致使高考南北各异、东西不同，因此在调查样本的选择中考虑了地域、性别、农村和城市、学业水平等因素。本研究的具体调查对象包括高中生、大学生，访谈对象包括高中教师、考试机构人员、考试研究专家等群体①。

《高中生问卷》调查样本选自东、中、西部共 5 个省份，共 1 257 人。样本分布是福建省 308 人，广东省 244 人，甘肃省 235 人，江苏省 269 人，湖北省 201 人；高一 238 人，高二 482 人，高三 537 人；男生 599 人，女生 658 人；文科生 612 人，理科生 645 人；农村学生 639 人，城市学生 618 人；班级综合排名为“上”的 234 人，为“中”的 733 人，为“下”的 290 人；

① 根据调查单位及对象的研究，调查中不出现单位与个人名称，均以字母代替。

未来想报考重点高校的 528 人，一般高校 653 人，职业类高校 76 人。

《大学生问卷》的调查样本选自与《高中生问卷》样本相对应的 5 个省份，共 1 201 人。样本分布为福建省 285 人，广东省 293 人，甘肃省 198 人，江苏省 301 人，湖北省 124 人；大一 318 人，大二 338 人，大三 378 人，大四 167 人；男生 593 人，女生 608 人；文科 657 人，理科 544 人；农村学生 791 人，城市学生 410 人；班级综合排名为“上”的 332 人，为“中”的 700 人，为“下”的 169 人；重点高校 638 人，一般高校 563 人；所学专业为自选志愿的 906 人，为学校调配专业的 295 人。

《“云海工程”调查问卷》的调查样本选自海南、云南两省首次参加此项工程的高校 2011 级新生，共 268 人。其中 D1 大学 96 人，D2 大学 77 人，D3 大学 95 人；男生 102 人，女生 166 人；文科 82 人；理科 186 人；城市 92 人，农村 176 人，班级综合排名为“上”的 37 人，为“中”的 200 人，为“下”的 31 人；一般高校 216 人，重点大学 52 人；所学专业为自己填报的 200 人，为学校调剂的 68 人。

8 份访谈提纲为半结构式提纲，访谈内容主要包括对目前高考评价的内容、形式等的认知、意见、改革诉求及建议等。具体访谈对象构成是高中生 6 名，大学生 6 名，高中教师 3 位，考试机构管理与研究人员 3 位，考试研究专家 3 位，“云海工程”相关教师、学生、考试机构管理与研究人员 4 位。具体构成及身份见表 5-2。

表 5-2　访谈对象表

类别	编号	身份描述	类别	编号	身份描述
高中生	G1	农村中学高三文科生	大学生	D1	高校一年级数学专业
	G2	农村中学高三理科生		D2	高校二年级文学专业
	G3	农村新课改高三文科生		D3	高校二年级化学专业
	G4	城市新课改高三文科生		D4	高校一年级历史专业
	G5	省会城市高三文科生		D5	高校三年级经济学专业
	G6	省会城市高三理科生		D6	高校四年级物理专业
考试机构	K1	省考试机构管理人员	专家	X1	大学高考研究专家
	K2	教育部考试中心专家		X2	大学基础教育研究专家
	K3	省考试机构命题研究者		X3	大学教育考试研究专家

续表

类别	编号	身份描述	类别	编号	身份描述
高中教师	J1	农村中学高三语文教师	“云海工程”	Y1	省考试机构人员
	J2	城市中学高三物理教师		Y2	中学高三班主任
	J3	新课改中学高三数学教师		Y3	高校一年级管理学专业
				Y4	高校一年级医学专业

（三）数据回收与数据统计

本次调查共发放问卷 3 300 份，其中《高中生问卷》1 500 份，回收并筛检后有效问卷 1 257 份，有效率 84%；《大学生问卷》1 500 份，回收并筛检后有效问卷 1 201 份，有效率 80%；《“云海工程”调查问卷》300 份，回收并筛检后有效问卷 268 份，有效率 89%。对回收的调查数据采用 SPSS 16.0 统计软件进行统计分析；对访谈录音与资料首先进行转录整理，然后根据内容编码分类。

三、高考实证研究设计与数据处理

高考是连接高中教学与大学人才培养的枢纽，对高中学习内容具有检测功能，判断学生知识掌握与能力发展状况，对大学学习则具有预测功能，预期经由高考选拔后进入大学学习的学生学业发展状况。目前，常用的分析高考评价科学性的方法包括对试卷的文本分析（难度、区分度）、高考的效度研究等。由于前一种研究方法需要获得高考每科每题的分数方可进行，而这些数据一般属于保密资料，难以获得，因此本研究采用第二种方法，即高考效度研究方法。

效度是考试结果达到考试目的的程度，是衡量考试的准确性与有效性的指标，即考试能够测出它所欲测内容的程度。效度一般分为内容效度、结构效度、效标效度三种。本研究拟采用内容效度与效标效度方法分析高考评价的科学性。内容效度是指测量实际测到的内容与所要测量内容之间的吻合程度，这里所要测量内容是依据测量目标而定的，通常包括欲测的知识范围以及该范围内各知识点所要掌握的程度两个方面。内容效度适合于某些选拔和分类的测量。内容效度的评估方法包括专家判断法，即请相关专家对测量题目与原定内容的吻合度做出判断；统计分析法，即从同一个教学内容总体中抽出两套独立的平行测验，用于测量同一被试，分析两者的相关度，若相关度低，则表明两个测验中有一个内容效度较低[①]。本研究采用第二种即统计分析法计算高考成绩的内容效度。一列数据是考生的高考成绩，一列数据是考生高中三年 9 门功课的考试成绩，二者的相关系数即为内容效度系数。因高考和高中期中、期末考试都是以高中教学内容为依据命题的，因此可将其视为内容选自同一样本的两个分测验。从理论上讲，高考成绩与高中学业成绩应有相关性，效度系数高则表明高考的内容效度高，否则相反。效标效度是考试对考生行为估计的有效性，即通过实践效果检验一个考试是否科学有效。高考的效标效度是指高考对考生未来发展的预测性及其程度，高考是要为大学选拔有发展潜力的学生，高考的科学性可通过大学生大学期间的学业发展来反证。具体计算中，可将大学成绩视为高考成绩的效标[②]，以大学成绩来检测高考的效度，高考成绩与大学成绩的相关系数即为高考的效标效度系数[③]。效度系数高，表明高考成绩对学生进入大学后的学业发展具有较高预测性，否则相反。

高考效度研究收集的数据包括高考成绩、高中学业成绩、大学学业成绩三部分。其中计算内容效度收集了一所高中 452 名学生（文科 118 名，理科 334 名；女生 228 名，男生 224 名）高中三年 9 门课程的 11 次期中、期末考试成绩（高一 4 次，高二 4 次，高三 3 次），高考总分及分科成绩（包括语文、数学、英语、文科综合 /理科综合）。效标效度计算收集了一所大学文学（63 人）、数学（57 人）、土木工程（72 人）三个专业分别一个班级学生的高考成绩、大学专业课成绩作为样本。由于主要检测高考成绩对专业学习的预测力，这里只采集了专业课成绩，不包括体育、英语、政治等通识课程。由于每门课程的学分不一，在分数的合成时采用加权方法，即用专业课程成绩乘以相应学分得到加权成绩，再将所有加权成绩相加除以总学分数，得到专业课加权平均分。

---

① 戴海崎、张锋、陈雪枫：《心理与教育测量》，暨南大学出版社，2008 年，第 61～68 页。

② 估计考试效标效度的首要条件是必须有效标，效标是衡量考试是否有效的外在标准，是独立于考试并且能够从实践中获得的可以反映个体行为的内容。

③ 吴根洲：《高考效度研究》，华中师范大学出版社，2008 年，第 4～5 页。

第二节　高考评价目标与内容形式的问题分析及改革诉求

高考评价的理念是人们对以高考为工具评价考生的活动的理性认识，高考评价目标是高考评价理念的具体化，其内核是高考应评价考生的哪些方面或什么内容。高考评价的理念与目标影响着高考评价实践活动，如评价体系的建立、评价内容与形式的选择、评价结果的应用等。高考作为连接高中与大学的枢纽，其评价理念及目标的形成与确立是高中与大学人才培养理念及目标共同作用的结果，高考评价理念与目标又影响着高考的内容与形式等。在高考评价的理念与目标方面，长期存在着“知识”还是“素质”、“书本”还是“生本”的博弈与争辩，也是社会长期诟病高考的主要所指。这些指责具体到高考评价方面，表现为考试中仍未彻底解决的高考评价的知识导向与能力立意问题以及评价目标的模糊性、单一性和趋同性问题。

一、高考评价理念的确立及其对高考内容形式的影响

（一）素质导向与能力立意的高考评价理念的发展

在高考评价改革实践中，素质导向与能力立意的确立历经了错综复杂的改革历程。经过数十年的努力，加强素质考查、综合评价考生能力的高考评价理念已基本确立，成为高考利益各方之共识。但由于高考的高利害性、复杂性、高风险性、公平性以及高考身兼为高校选拔人才和评价高中教学的双重属性，加之受中国考试传统与文化及人情、社会风气的影响，使素质导向与能力立意的高考评价理念的践行并不那么容易，人们形象地将其概括为“素质教育叫得轰轰烈烈，应试教育搞得扎扎实实”。所以，如何切实确立并践行以考查素质与能力为导向的评价理念仍然任重道远。

考试与教育是“子体”与“母体”的关系，是检查和评价教育教学效果的一种手段①。学校考试受到诸如教学目标、教学内容、教育思想、教育目的等因素的影响和制约，必须服从教育教学目标的需求，考试的内容也必然受制于教学内容②。高考作为连接高中与大学的枢纽，具有选拔性考试与教

① 郑若玲：《试析高考的指挥棒作用》，《厦门大学学报》2002 年第 2 期，第 8 页。

② 廖平胜：《考试学》，华中师范大学出版社，1988 年，第 8 页。

育考试的双重属性，扮演双重角色，兼具为大学选拔人才和评价高中教学的双重任务①。理想层面的高考评价标准既要以高中人才培养理念与目标为基准，也必须考虑大学人才培养与选拔理念，兼顾双方。但在实践中，高中与大学的培养理念及目标既有一致的一面，也有矛盾的表现。《中华人民共和国高等教育法》规定，高等教育的目的是使受教育者成为德、智、体等方面全面发展的社会主义事业的建设者和接班人，高等教育的任务是培养具有创新精神和实践能力的高级专门人才，发展科学技术文化，促进社会主义现代化建设。《中华人民共和国教育法》关于高中教育目的的表述同样是培养德、智、体等方面全面发展的社会主义事业的建设者和接班人。在实践中，比较一致的看法是高中教育既为大学培养合格新生，也为社会培养合格劳动者，具有“升学”与“就业”的双重任务②。但由于高考强大的磁力作用，高中教育面临趋近高考评价标准的趋势，核心体现是高考评价中考查知识与重视能力的矛盾运动。

在长期实践中，高考成为一把利弊兼具的“双刃剑”，其对高中教育与大学选才的正、负面效应均极其显著③。但高考对高中教育和大学选才的正向功能往往被一带而过，而将其对高中教育的负向作用与影响一再放大，不断发挥，备受关注。这其中，知识与能力、应试与素质、“书本”与“生本”等是高考评价中长期存在并被社会诟病的问题，也是急需改进的问题。自20世纪80年代素质教育被提出并在中小学推行后，高考与素质教育的矛盾便一直存在，一再升温。高考成为素质教育的“绊脚石”，高考不改素质教育便难以推行的议论、指责、报道随处可见，一度甚至白热化至欲废止高考的境地。事实是，作为一种考试方式，高考本身具有一定的局限性，存在不少弊端，如导致高中只抓智育而片面追求升学率、文理偏科、学生学习压力过大负担过重、影响求异思维和个性发展、学校办不出特色、部分扭曲了高中教育的目标与理想④。现行的高考制度具有简单性和片面性特征，忽略了学生高中期间的发展过程和日常信息，忽略了对学生的全面评价⑤。

---

① 刘海峰：《高校招生考试制度改革研究》，经济科学出版社，2009年，第83页。

② 刘清华：《高考与教育教学的关系研究》，华中师范大学出版社，2007年，第62页。

③ 刘海峰：《高考改革的教育与社会视角》，《高等教育研究》2002年第5期，第36页。

④ 刘海峰：《高考改革与素质教育》，《红旗文稿》2006年第17期，第9页。

⑤ 曹振宇：《关于高考改革和素质教育》，《中学化学教学参考》2000年第1～2期，第4～5页。

围绕高考在一定程度上消解了中学素质教育效果的事实，国家曾多次研讨并出台文件化解高考与素质教育的矛盾。对这一问题的重视最早可追溯至统一高考制度建立之初的1955年，教育部曾下发《关于减轻中小学学生过重负担的指示》①，认为考试使得学生疲于应付作业及考试，严重影响了身心健康，建议加强对学生平时成绩的考查，完善考试制度。此后，又多次讨论“减负”问题，化解高考与中学教育的矛盾。1999年中共中央、国务院《关于深化教育改革，全面推进素质教育的决定》中明确指出应加快改革招生考试和评价制度，推进中小学校全面实施素质教育，按照有助于高等学校选拔人才、中小学实施素质教育和扩大高校办学自主权的原则，积极推进高考制度改革。这一文件以三个“有利于”定格了高考与高校、高中及素质教育的关系，提出了高考应有利于素质教育的观点。2001年国务院《关于基础教育改革与发展的决定》要求改革考试评价和招生选拔制度，加强对学生能力和素质的考查，改革高等学校招生考试内容，探索多次机会、双向选择、综合评价的考试、选拔方式。2002年颁布的基础教育新课改的配套文件教育部《关于积极推进中小学评价与考试制度改革的通知》进一步指出高考内容改革将更加注重对考生素质和能力的考查，积极引导中学加强对学生全面素质的培养；高考科目设置改革要将统一性与选择性相结合，在满足高等学校选拔人才的同时，促进学生全面发展与个性发展；鼓励高等学校探索建立在文化考试基础上综合评价、择优录取的办法。2008年教育部《关于普通高中新课程省份深化高校招生考试改革的指导意见》要求新课改省份逐步建立和完善在国家统一考试录取基础上的全面、综合、多元化的考试评价制度。2010年《规划纲要》提出了“分类考试、综合评价、多元录取”的改革导向。可见，面对高考“一试定终身”、不利于素质教育实施等的指责，国家在积极部署，接连出招，显现出对高考评价改革的重视和坚定信念。

概括、梳理10多年来如此密集的与高考改革相关的文件和政策，可深切感悟到高考评价理念的变化，“注重素质”、“加强能力”、“发展个性”以及“综合评价”、“多元录取”等足以概括高考评价新理念的词语浮现出来。而且这些理念也已逐步付诸高考改革实践，以或快或慢的速度成为现实。如“3＋X”高考科目改革趋于灵活开放，适应了高中新课改的需求；分省命题格局的形成体现了高考评价改革多元化理念，适应了全国各地教育发展差异

① 杨学为：《高考文献（上）》，高等教育出版社，2003年，第117～120页。

巨大的现状；高考命题中的能力立意的确立，一些自主命题的省份增设了选做题目，题型和内容更加注重对考生能力和素质的考查；浙江等省份试点建立集高考成绩、综合素质评价、学业水平考试于一体的“三位一体”综合高考评价新体系，代表着高考评价改革的新趋势；“云海工程”综合采集考生多方面信息，对信息进行科学、综合的分析处理，全面考查考生的素质与能力，丰富与细化高考成绩报告单，使高考成绩与结果对考生和高中教育教学的评价性能倍增，等等。可以看出，这些改革实践贯彻着高考评价的新理念，探索着高考评价新方法，是高考改革取得的不可轻视的成就。这些变化对改善高考与高中教育教学的关系、对加强考生素质与能力的考查、对深化高考制度改革都尤为重要，意义深远。

（二）高考评价理念的践行困境及其对高考内容形式的影响

素质与能力导向的高考评价理念已被确立，也在逐步践行，但要彻底兑现依然面临种种挑战，问题多多，改革任重道远。

首先，强调素质与能力考查的高考评价理念面临统一考试形式的限制。目前，统一考试仍然是整个高考制度的基础，保送生、自主招生只是点缀，没能撼动统一考试的根基。而要保证统一考试的公平性，就必须以考试成绩为取舍标准，即不管家世出身和平时水平如何，在考试分数面前人人平等。此种模式的优点在于唯才是举，公正客观，排除了人为因素的介入和干扰，但不足之处也极其明显，此等“才”只是考场上发挥出来的才学，更大的缺点是重知识轻能力，重才轻德①。自主招生是为弥补统一考试的单一、僵化而设置，实施的初始阶段被高调评价，极其看好，认为是高考评价改革的必然方向。不可否认，自主招生的确打破了统一高考“一统天下”的局面，对于改变单一的考试评价方式、提高大学招生选拔的积极性、体现大学招生理念与特色都具有积极意义。但从 10 多年的实践看，自主招生同高考制度一起成为社会诟病的对象。具体指责包括仍然以统一高考为基础，考试内容没能逃脱高考科目及内容的窠臼，不利于对考生素质、能力的考查；自主招生的题目灵活多样，貌似具有创意，但有些“偏难古怪”，试题的科学性颇受质疑；面试是自主招生不同于统一高考的重要环节，也被指不够公开透明，公平性受到质疑。

---

① 刘海峰：《高考改革中的两难问题》，《高等教育研究》2000 年第 3 期，第 36 页。

本研究的调查与访谈对象也表达了对于高考评价理念的态度和看法，其中大学生中，75.2％的人认为高考不能科学地评价考生，92.4％的人认为高考不能全面地评价考生；56.6％的大学生认为高考科目组合仍不合理，60.2％的人认为高考仍以知识考查为重点，对能力考查不足。高中生对以上问题的认识的对应比例是68.8％、87.7％、53.8％、59.2％，大学生与高中的认识具有一致性（图5-1）。关于高考评价理念，访谈对象大学生D3认为，“高考改来改去，还是主要考知识，题型很死，考生的自由空间太小……到大学里来才知道，考的那些东西基本没用，考过的也忘了，还得重新再学……建议增加主观题，题型更灵活一些，内容不要局限于高中课本，多与社会实际联系，与要解决的问题联系，增强现实感，也引导后面的（考生）多思考，少背书，少做题”。关于自主招生是否有助于改变和弥补统一高考的局限，考试机构的K2、专家X1和高中教师J1都一致认为，目前的自主招生考试内容仍然不利于综合、全面地考查学生的素质和能力，缘由一方面是受制于大学的自主命题能力，随意性太强，科学性、系统性、综合性不足；另一方面是自主招生制度没有摆脱统一高考的影子，仍然重视考试成绩，距离让更多文化科目不够优秀但综合素质较高或某方面潜力突出的考生通过自主招生进入重点大学仍然遥远。

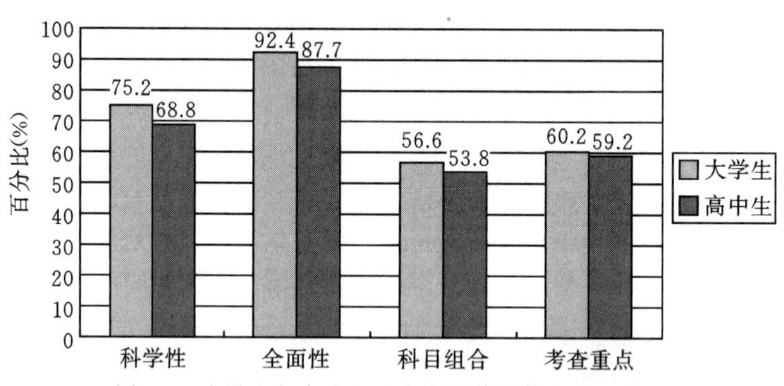

图5-1　大学生与高中生对高考评价总体态度比较图

其次，新课改后高考与高中教学的矛盾仍然存在，以成绩为主要评价与录取依据的高考仍然指挥着高中教学，使高中教学逐步偏离了新课改设定的改革目标，应试教育仍然大行其道。受此影响，新课改后高中的课程与教学评价改革也有式微化倾向，事先拟定的学生评价成长记录袋、反映学生综合发展的相关评价环节与资料信息并未实质执行与积累，在高考“指挥棒”的作用下都成为形式，即便需要也是临时拼凑。高中生G6反映，她报考的自主招生大学需要提供高中三年的个人成长记录袋，但是她们学校根本没有做，为应付考试，只好临时突击补充了一个，结果在面试时被老师一眼看穿，很是尴尬，最后没能获取自主招生资格。不仅如此，教师J1认为，“高考的‘指挥棒’作用在继续发威，新课改不仅未能制止这一趋势，而且愈演愈烈，新课改方案中的一些基本教学与培养环节及要求都要给高考让道，讲书、题海战术、补课等固有招数已成套路，环环相扣，弄得教师很累，学生也很累”。教师J3则借用了那句顺口溜，认为“上级把素质教育叫得轰轰烈烈，但我们把应试教育搞得扎扎实实”。对此，大学生中，68.5%的人认为新课改高考评价仍不够科学，急需改进，85.8%的人认为新课改后的高考评价变化很小，88.6%的人认为新课改后对考生的评价仍不全面，仍以考查知识为主；高中生对应的比例是86.3%、80.6%、86.2%（图5-2）。可见，在教师和学生心目中，新课改后的高考评价仍然没能从实质上改变，新课改的理念和高考评价的新理念在高考评价中的应用仍有局限。

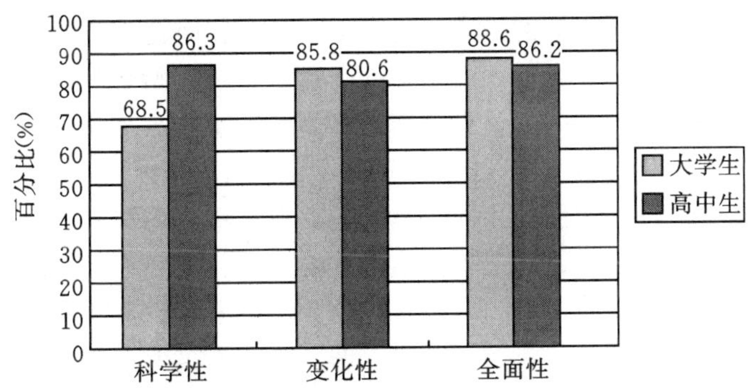

图5-2　大学生与高中生对新课改后高考评价态度比较图

再次，命题是落实高考评价理念的根本环节，命题的指导思想与立意是高考评价理念的根本体现。目前，统分结合的命题格局已经形成。从积极角度看，分省命题满足了素质教育阶段性和区域性的特点，可以更好地发挥高考“指挥棒”对基础教育的积极导向作用，发挥地方教育行政部门统筹高校人才选拔和推进素质教育的作用，根据各地实际，在考试科目、内容、形式等方面进行改革和探索。从实施素质教育的整体战略大局来看，分省命题绝不是权宜之计，而是一项重要的战略性制度改革①。但分省命题中各省命题

① 但昭彬：《高考“分省自主命题”之利弊分析》，《湖北招生考试》2006年第2期，第47页。

机构及人员的专业化水准、命题队伍的稳定性、命题的权威性都受到挑战。分省命题固然可以在一定程度上照顾到各省教育实际和考生个性成长需求，但要达到与统一高考命题同样的水平却并非易事。分省命题后各省因缺乏命题技术管理经验，导致命题队伍结构不甚合理，缺乏有经验的命题及心理测量学专家，很难保证高考试题的信度、效度和区分度①。而高考命题质量的高低直接关系到选拔人才的科学性，关系到素质、能力导向的高考评价理念的贯彻落实。因此，如何提高分省命题的能力与命题水准，就成为新的高考评价理念践行的前提与根基。

对此，35.0%的高中生和42.9%的大学生认为应继续加强高考命题改革，题型应更多样灵活，内容足以反映考生的全面素质和能力。访谈对象K1也认为，“纵向来看，我们国家的高考命题比建国初有了很大进步，那时主要是经验式的，也缺乏专业的命题人员，我们对国外的测量理论了解很少，缺乏必要的理论基础和命题技术参照……应该说现在的高考命题在朝有利于考查学生素质与能力的方向努力，尤其是分省命题和新课改后的高考命题，变化还是很大的。但对我们也是一个挑战，老百姓的需求在不断上升，要求更加完美，但我们的人员有限，大多是行政编制，专业命题力量不足。而且单独命题的各省市水平差距也很大，距离理想目标还有一定差距。但是目前都在积极引进这方面的人才，我们最近几年新招聘的人员都要求是心理测量学、统计学方面的，都在加强这方面的力量”。

总而言之，以素质与能力、多元与综合、注重学生个性发展为主旨的新的高考评价理念已经确立，但要将这一理念彻底落实于高考评价实践却仍需时日，需要从考试形式、考试内容、高考命题等角度综合考虑，逐步探索。

二、高考评价目标的不足及其对高考内容形式的影响

高考评价目标是评价理念的具体化，它指向高考欲测试的要素与内容，对高考评价的体系、形式、内容、命题皆有重要影响，对高考评价具有指导性，至关重要。根据教育评价与测量的理论，越是具体明晰的评价目标就越具可操作性，模糊的评价目标往往会导致测量与评价结果的偏差；评价目的与要求不同，评价目标也会不同。反观当前的高考评价目标，具有模糊性、单一性与趋同化等不足。

---

① 李立峰：《高考自主命题利弊论析》，《湖北招生考试》2004年第2期，第9页。

模糊性是指高考评价目标过于抽象概括，不够具体，不易操作。因为高考的考试内容以高中教学内容为依据，因此高考评价目标的模糊性与高中人才培养目标的模糊性相关。在我国，教育的培养目标由国家制定，最早可追溯至由毛泽东讲的“使受教育者在德育、智育、体育几方面都得到发展，成为有社会主义觉悟、有文化的劳动者”。1978 年，这段话被写入国家宪法，成为我国教育基本法的主要内容。1990 年全国教育工作会议把“劳动者”改写为社会主义建设者和接班人。邓小平也谈到过教育的培养目标，他提出要培养有理想、有道德、有纪律、有文化的人。之后，1995 年颁布的《中华人民共和国教育法》对教育培养目标的表述是“培养德、智、体等方面全面发展的社会主义事业的建设者和接班人”。2003 年高中新课改方案中对培养目标（不包括政治素养要求）的表述是使学生“具有终身学习的愿望和能力，掌握适应时代发展需要的基础知识和基本技能，学会收集、判断和处理信息，具有初步的科学与人文素养、环境意识、创新精神与实践能力；具有强健的体魄、顽强的意志，形成积极健康的生活方式和审美情趣，初步具有独立生活的能力、职业意识、创业精神和人生规划能力；正确认识自己，尊重他人，学会交流与合作，具有团队精神，理解文化的多样性，初步具有面向世界的开放意识”。由以上教育目标的演变可见，培养目标以高度概括的形式出现，在一定层面具有普遍指导意义。而且，教育培养目标也显现出日益具体、细化的倾向，新课改后高中教育的培养目标将之前的“德、智、体”细化为不同维度和方面，体现出了人才培养的时代性。

高考评价目标应是基于大学人才选拔要求的对高中教育目标的延续、拓展与具体化，应从教育部、各省市到各高校层层递进，逐渐清晰细化。但目前高考的相关政策文件中对评价目标的表述要么轻描淡写，要么几乎是对高中培养目标表述的翻版，不够具体，操作性不强。2008 年教育部《关于普通高中新课程省份深化高校招生考试改革的指导意见》中对高考评价目标的表述是“选拔综合素质高、有创新精神和潜质的人才”；2009 年教育部《关于做好普通高等学校招生工作的通知》中重复表述了新课改评价目标；2010 年相应文件中的表述是“积极选拔各类优秀人才”；2012 年的表述是“坚持德智体美全面衡量、综合评价、择优录取”。可见，在对全国高考具有指导意义的教育部考试招生文件中，对高考评价目标的重视不够，轻描淡写一句带过，而且表述过于概括模糊。

再看各省市的高考评价目标表述。北京市 2010 年公布的新课改后的高考新方案中对评价与选拔目标的表述是“选拔培养综合素质高、具有创新精神和特殊潜质的人才”，重复了新课改方案中的表述。江苏省 2011 年《普通高等学校招生工作意见》中的表述是“德智体美全面考核，综合评价，择优录取”。陕西省 2010 年公布的考试招生办法中的表述是“德智体美全面考核、综合评价、择优录取”。由此看出，各省市基本在简单重复教育部关于高考评价目标的表述，没有延展，没有创新，也没有细化。同时暴露出评价目标单一和各地趋同化的倾向。

再看各高校的高考评价选拔目标。高考是为高校选拔人才的考试，高校的评价选拔目标是最终层级，也应是最清晰具体的层级，是高考评价的最后操作层面。但事实并非如此。以 2012 年为例，北京大学 2012 年招生章程中对评价目标的表述是“德智体全面考核、综合评价、择优录取”；清华大学的表述与北大相同；复旦大学的表述是“德智体全面衡量，择优录取”；南开大学的表述是“德、智、体全面考核，择优录取”；浙江大学的表述是“德、智、体、美全面衡量，综合评价，择优录取”；厦门大学的评价目标表述是“德智体美全面考核、综合评价、择优录取”；中国科技大学的表述是“德智体全面衡量，择优录取”，等等。以上大学是我国顶尖大学的部分代表，它们分属不同类型，有着不同的办学历史、办学传统和办学特色，理应有不同的高考评价选拔理念和评价目标表述，但事实证明，它们对高考评价选拔目标的表述不仅简单重复了教育部、各省市区的表述，而且不同大学之间鲜有区别，基本雷同，千篇一律，高考评价目标的单一性和趋同性暴露无遗。所以，社会对我国大学的定位重复、办学特色不明、千校一面、严重趋同的指责并非空穴来风，而是切合事实的。

最后从命题角度看对高考评价目标的理解与表述。高考评价目标最终要贯彻于命题中，将评价标准细化为总体命题原则和各个学科的命题细则，确保命题不偏离既定的评价选拔理念和目标，确保每个学科从不同角度承担考查考生不同能力的任务。以新课改省份公布的高考新方案中对命题的要求为例，北京市的新课改命题要求是“充分体现新课程理念，注重基础，突出能力，强调理论与实际的联系”；天津市对命题的要求是“试卷命制贴近社会、时代和考生生活，注重适应终身学习和时代发展必须具备的经典知识和学习能力的考查”；浙江省的命题要求是“命题工作以推进素质教育为主旨，以准确、规范、科学、公平为目标，正确处理理论与实践、知识与能力的辩证关系，体现能力立意”，等等。应该说，这些省市区在高考命题要求中表达的评价目标是相对清楚的，评价的导向比较明确，如要求体现新课改成果，普遍重视素质与能力考查，考试评价应贴近生活等。

以上从教育部、各省市区、大学以及命题角度举例展现了高考评价目标的表述，其模糊性、趋同化以及单一性等不足一目了然。如果说国家层面的评价目标应宏观陈述，以达到传递高考评价普遍要求的目的，则各省市区、大学以及高考命题中的高考评价目标应层层递进，逐步细化，更加清晰，越来越具有操作性。但目前，一方面各省市区和大学在简单重复教育部的表述，没有逐级细化，致使即便在执行层面的高考评价目标仍然表述抽象、概括，没有可操作性；另一方面，高考评价目标没有形成一套完整的体系，没有形成从国家层面到省市区、到大学的递进关系，没有将国家统一的评价目标逐层分解到各个执行层面。因此，高考评价目标显得模糊、凌乱和片段化。还有，各省市区和大学层面的高考评价目标的差异性不足，不利于各地根据教育实际制定适切的高考评价方案，不利于大学根据各自办学与人才培养特色选拔符合要求的适切性人才。

本次研究调查数据显示，56.5％的高中生和 70.2％的大学生认为目前大学的选拔目标不够清晰，简单重复，急需改革。高考研究专家 X2 也认为："整个高考评价的理念是不清楚的，还是在围绕知识呀、素质呀、能力呀打转转，没有具体下去，感觉从重考查知识向重考查素质转变是不容易的，缺乏探讨，好像也没有什么理论依据。比如高中通过三年对学生的教育，究竟学了哪些知识，发展了哪些能力，或者说高中毕业生具备了哪些能力、素质，而大学又看重的是什么（素质），然后再来说高考如何评价大学要求的东西，这样才能理清高中和大学的关系。所以呀归根结底还是目前的研究跟不上需要，理论研究落后于实践需要，这也说明我们研究高考评价是很有意义的。"

总之，高考评价目标是高考实践的前提和基础，影响到高考评价活动的方方面面。模糊性使得高考评价理念和目标难以操作，或者在操作中走形变样；单一性使得考试评价体系、考试形式与内容、考试结果的应用等均显单一，已经不适合当前教育发展差异巨大的现状；而趋同性则与多元化考试改革趋势相违背，不利于地方和大学充分发挥自主性，改革创新高考评价制度，评价选拔多样化、个性化人才。因此，高考评价理念与目标面临的改革难题便是如何加强研究，总体设计，逐层分解，化整为零，确保系统性与衔接性，落到实处；如何使其清晰明了，便于操作；如何发挥地方与大学的自主性，改革创新，树立多元化、适切性的高考评价目标。

第三节　高考评价体系的问题分析与改革诉求

高考评价理念与目标的单一性和趋同化导致高考评价体系的单一趋同，或者说目前我国还没有建立起一套系统、综合、多样的高考评价体系，仍以文化科目考试及高考成绩作为核心评价指标。随着国家提出“分类考试、综合评价、多元录取”的高考改革导向，随着大学对多元化、综合性人才选拔的要求以及随着学生个性化成长的发展需求，现有的单一的高考评价体系的局限性便显现出来，如何完善成为高考评价改革的当务之急。

一、单一高考评价体系的局限与问题

长期以来，我国的高考评价基本上是以文化科目考试及其成绩作为评价考生的唯一依据，这是目前高考制度遭到诟病的主要原因。如果说单一的高考评价体系适应了中华人民共和国成立初期基础教育发展落后、高等教育发展水平较低情况下的人才选拔要求，那么随着知识经济时代的到来，随着高等教育进入大众化发展阶段以及人才成长的个性化需求进一步彰显，这就要求建立足以满足新形势所需要的高考评价体系。

（一）创新人才培养与单一高考评价体系的矛盾

创新人才是一个国家的核心竞争力所在，关乎国家的持续发展、民族的全面振兴。培养创新人才是新时期教育所担负的重要使命，是一项功在当代、利在千秋的大工程，高校在创新人才培养中肩负重要使命。围绕创新人才培养，国家频频出台政策，部署落实这一重大工程。2010 年《规划纲要》指出：“我国正处在改革发展的关键阶段，经济建设、政治建设、文化建设、社会建设以及生态文明建设全面推进，工业化、信息化、城镇化、市场化、国际化深入发展，人口、资源、环境压力日益加大，经济发展方式加快转变，都凸显了提高国民素质、培养创新人才的重要性和紧迫性。中国未来发展、中华民族伟大复兴，关键靠人才，基础在教育。”提出了创新人才培养面临的形势与环境，挑战与任务。为贯彻落实胡锦涛在庆祝清华大学建校 100 周年大会上的重要讲话精神和《规划纲要》政策精神，2012 年教育部出台了《关于全面提高高等教育质量的若干意见》（教高〔2012〕4 号）（简称“高教 30 条”），明确高校在创新人才培养中的角色，安排部署高校创新人才

培养。其中第十九条就是关于改革高校考试招生制度的内容，明确提出了高考改革与提高高等教育质量、培养创新人才的关系。其中重申了“分类考试、综合评价、多元录取”的改革导向，要求“改革考试评价方式，推进综合评价，探索形成高考与高校考核、高中学业水平考试和综合素质评价相结合的多样化评价体系”。所以，高考评价改革与高等教育质量紧密相连，因为它是把控高等教育质量的入口；与高校创新人才培养休戚相关，因为它为高校输送创新人才培养的“苗子”。

恢复高考30多年，它已成为我国选拔人才的一项重要制度，对于许多人来说，它是一生中最公平竞争的机会，它一再证明“知识改变命运”的真理，成千上万的考生通过高考这个“拐点”走向新的人生，追寻着自己的梦想①。但高考评价制度及体系“一试定终身”、评价形式与内容单一等弊端日益凸显，与创新人才培养格格不入，改革呼声日益高涨。当前的高考评价体系与创新人才培养的矛盾之处在于，第一，不能说应试教育的一切罪责都在于高考制度，但的确也有不可推卸的责任。很长一段时间以来，高考一直以文化科目考试成绩为评价学生的唯一依据，其他什么政治审核（“文革”期间除外）、体检、会考成绩等在评价中并不发挥实质性和决定性作用。这一做法给高中传递的信息便是，在向高校进军的奋战中，只有文化科目成绩最重要，其他都可忽略。由此导致教师以高考为依准教书，学生以高考为依准学习，高考成绩与升学率成为评价高中教育的“GDP”，应试教育也因此而生。

第二，单一的高考评价体系不利于创新人才的选拔与培养。心理学的新近研究表明，每一位学生身上都蕴藏着丰富的创新潜能，教育的作用在于创造激发与培养潜能的环境和条件。创新人才培养的本质与内涵也就是将每位学生的创新潜能激发出来。创新意识、创新思维、创新能力等是创新性人才的主要表征，但仅有创新意识和创新能力还不能算是创新人才。创新人才首先是全面发展的人才，应有广阔的知识视野；是个性自由独立发展的人，能够追随自己的兴趣不断探索与钻研。而被作为“工具”的人、模式化的人和被套以种种条条框框的人不可能成为创新性人才。现有的高考评价体系恰恰是套在高中生脖子上的“枷锁”，使学生的注意力和精力全部投放于课本和考题，限制了学生博览群书的空闲时间；使学生的思维围绕考题而运转，沉

① 贺祖斌：《高考改革与创新人才培养》，《广西日报》2010年4月16日。

溺于高分数的竞争和记忆性知识的重复之中，扼杀了学生的奇思妙想，想象力日渐收缩而不是更加开阔①。面对单一的以考试成绩为决定性因素的高考评价体系，具有一定创新能力的考生便再次受挫，他们的优势难以凸显，有巨大的创新潜能却无用武之地。

对此，从事考试研究的专家 X3 认为，“高考毕竟只是一种考试方式，它还是很有局限的，不要企图它什么都能考。考查知识、记忆、基本的思维它是可以的，但要考查综合素质、创新能力，它就很难行得通，比如非智力因素，它怎么考，但就是考不了”。为此他建议“应给高考‘减负’、‘松绑’，高考的负担太重啦，承受了它难以承受之重。有些对它的期望是它完成不了的，那就得靠开新口子，通过其他途径和办法来考查高考考不了的内容，弥补高考的缺陷”。大学生 D1 也认为，“希望今后的高考不要太强调应试能力的考查，不要培养做题的机器，增加一些创造力、动手能力的考查。到大学一上课就知道，跟不上老师的节奏，对老师的提问往往就事论事，发散不开来，上大一第一学期的课太痛苦啦，往往被批，很不适应”。大学生 D3 认为，“不能光靠考试成绩进行选拔录取，应该综合考虑学生其他各方面的素质……应该更进一步地针对不同学生的不同能力和长处，选择多种不同的评价方式。我觉得考试不应该是暴露短处，而是发现长处”。由此看来，现有的评价体系的局限性十分突出，与创新人才培养的矛盾也很尖锐。但高考并非万能的“救世主”，可以满足一切社会期望和承受所有改革重任，在现有高考评价体系的基础上，继续完善评价指标体系及内容，与高校评价选拔创新人才相协调，应以多样化的评价指标体系选拔多样化的创新人才，这或许是高考评价体系改革的唯一选择。

（二）高中新课改对单一高考评价体系的反拨作用

不仅高考对高中教育具有“指挥棒”作用，高中教育的改革发展也会对高考改革产生反拨作用，要求高考改革适应高中教育改革。高中新课改是我国高中教育进入 21 世纪以来的重大变革，这次改革以“大力推进教育创新，努力构建充满活力的普通高中课程体系”为目的，以培养学生掌握现代社会基本知识的能力、创新精神与实践能力、培养学生的健全人格和健全体魄、培养学生的团队合作意识与社会责任意识等为目标，为造就数以亿计的高素

① 孙武臣：《是什么束缚了想象力的翅膀》，《光明日报》2009 年 8 月 20 日。

质劳动者、数以千万计的专门人才和一大批拔尖创新人才奠定基础[①]。高中新课改不仅是思想、观念上的一次革命，在课程设置、教学内容、教学方式、教学管理、考核和评价方式等方面与以往相比也有了很大的变化，其特征是体现基础性、强调时代性、突出选择性。这种变化既是全面推进素质教育的需要，也向高校选拔人才提出了新的要求[②]。其中，关于课程评价和学生评价的改革内容对高考评价体系改革具有直接反拨作用，要求高考评价联动改革。

新的高中课程与学生评价要求实行学生学业成绩与成长记录相结合的综合评价方式，要求学校根据培养目标多元、培养方式多样、注重培养过程的评价原则，综合运用观察、交流、测验、实际操作、作品展示、自评与互评等多种方式，为学生建立综合、动态的成长记录手册，全面反映学生的成长历程。即是说，新的高中课程与学生评价已一改过去只重视知识、静态的、单一的评价模式，改而树立新的评价理念，综合、多元、动态、个性化地评价学生。高中新课程强调对学生身心发展和终身学习意识的培养，加强了课程的综合性及其与社会发展和学生生活的联系；改革过分注重接受记忆、模仿学习的倾向，倡导学生主动参与、交流、合作、探究等多种学习活动；改革学生评价过分强调甄别与选拔的功能，发挥评价促进学生发展的功能；突出“以生为本”的课程设计路线，围绕学生素质及潜能发展这一核心，构建指向学生发展的整合的课程结构[③]。这些课程理念、内容以及评价方式的革新在考试评价体系、内容与形式、高考命题、考试成绩的分析与使用等方面都对现有高考评价体系带来不小的冲击。但是，轰轰烈烈的高中新课改的成果能否得以发扬光大，产生实质性作用，还必须面对高考的挑战与考验。如果新课改遭遇了高考“任你千变万化，我自岿然不动”的架势，则基础教育改革对高考改革的反拨作用无以发挥。因此，如何适应新课改的变化，采纳高中新课改后的课程与学生评价成果，建立一套科学、合理、权威的评价体

---

① 《教育部关于印发〈普通高中课程方案（实验）〉和语文等十五个学科课程标准（实验）的通知》（教基〔2003〕6号）。

② 姜钢：《建立多样化考试评价体系　推动高考综合改革》，《中国高等教育》2009年第3期，第12页。

③ 陈雄高：《新课改的评价体系与高考的矛盾》，2012年7月7日，http://club.feixueli.teacher.com.cn/topic.aspx?topicid=969501。

系便成为高考评价体系改革的突出矛盾和重点内容。

对此，专家 X2 认为，“新课改的理念是好的，方向也是对的，它对提高学生素质的作用是毋庸置疑的。但就目前中国的国情而言，高考仍然是比较可行的方法，如果没有高考都不知道会乱成啥样子。因此不可能因噎废食，像一些人讲的废除高考，这是很不理性的瞎嚷嚷。的确，高考和新课改有些冲突还没解决好，新课改后以一张试卷考学生的问题还没解决，分数还是评价学生的唯一标准，这就和新课改注重培养学生素质、能力的做法相矛盾了，抵消了改革效果”。高中教师 J1 认为，“现在还是拿高考成绩看我们的水平，升学率还是我们头上的‘剑’，上面来检查还得看高考成绩，所以你不围着它转怎么办”。

针对高考评价体系与新课改剧烈冲突的现状，教育部考试中心主任姜钢则认为，高中新课改是建立基础教育与高考综合改革的联动机制的良好契机，新课改正在建立起一套完整的高中课程和学生评价体系，这其中主要包括高中学业水平考试和综合素质评价两个关键内容。它们发挥的作用，一是作为监控中学教学水平和教育质量的指标，二是对学生在高中阶段的学习发展情况进行综合客观的评价，三是在相对成熟以后与高考评价适度挂钩，成为不同层次、不同类型高校录取的基本依据之一，从而改变过去用高考成绩作为评价选拔的唯一依据的局限性①。

（三）人才成长的个性化需求对高考评价改革的诉求

以学生发展为本，尊重人才成长与发展规律，尊重个体差异与学生个性化发展需求是现代教育发展的核心理念。2010 年《规划纲要》中把“育人为本”作为教育改革工作的方针之一，要求以学生为主体，充分发挥学生的主动性，把促进学生健康成长作为学校育人工作的出发点和落脚点；要求关心每个学生，促进每个学生主动与生动活泼的发展；要求尊重教育规律和学生身心发展规律，为每个学生提供适合的教育，促进学生个性化成长②。以生为本及学生的个性化发展需要尊重学生人格，尊重学生的个性差异，在教育中做到因人而异与因材施教；要求突出学生的主体地位，塑造民主、开

---

① 姜钢：《建立多样化考试评价体系　推动高考综合改革》，《中国高等教育》2009 年第 3 期，第 11～13 页。

② 《教育规划纲要》工作小组办公室：《教育规划纲要辅导读本》，教育科学出版社，2010 年，第 9～10 页。

放、和谐的校园与课堂环境，将课堂和学习主动权交还学生；要求塑造和谐氛围，让学生与同学、教师之间平等交流，融洽相处，培养学生健康人格；要求创设探究与讨论的和谐氛围和机遇，激发学生潜能，培养主动、积极思考的习惯等①。

以上内容与要求就是目前高中教育正在追求的培养目标和践行的改革内容。然而现行的高考评价体系却不适应这些内容，从对高考评价体系的一些批评指责中便可见一斑。统一高考单一的评价体系和内容一直是社会表达不满的焦点，一些社会舆论观点将其与学生的个性发展联系起来，认为统一高考阻碍学生个性化发展。2000 年《全国青少年创造能力培养情况调查报告》显示，高达 71.2%的被调查者认为在中小学阶段高考和升学是排在最重要位置的事，44.2%的被调查者认同“学校不重视学生素质的培养，感觉课业负担很重”。越来越多的中国青少年正在失去个性和创造发明的兴趣，这与统一高考不无关系②。也有观点称在应试教育笼罩下，学生并无心关心个性与能力，而只关注考题和成绩。在各种复习资料和接踵而至的名目繁多的考试的重压下，那些或许还有些许喜欢独立思考、富有个性、创造性较强的学生早被“斩尽杀绝”③。有人将高考与诺贝尔奖相关联，认为当下的教育已沦为一部利益机器，它不知淘汰了多少个比尔·盖茨，毁灭多少创业的种子。学生从小到大被灌输一个“标准答案”，大一统的高考令中国人缺乏独立思考能力和想象力，个性尽失，何以拿诺贝尔奖④。

本次调查研究发现，72.4%的大学生和 70.3%的高中生认为目前高考评价考生的依据太单一，还是分数决定一切，没有顾及学生的差异与个性。对此，农村教师 J1 认为，“现在农村的教育也在变化，有个性的、有特长的农村学生也多了，但是没用。高考的那些加分项目都是为城里学生而设的，农村学生沾不上边，对他们就只有分数。这样也不好，考查不全面，有个性特长的学生在分数面前没有优势。但是如果要弄些新的考查项目，我们又担

① 红三中：《以生为本　全面发展》，2009 年 5 月 4 日，http://www.ha.e21.cn/Article/ShowArticle.asp? ArticleID=5106。

② 马抗美、翟立原：《2000 年全国青少年创造能力培养情况调查报告概述》，2004 年 3 月 19 日，http://www.cast.org.cn/n35081/n35668/n35728/n36419/10196393_1.html。

③ 舒云：《高考殇》，《北京文学》2005 年第 10 期，第 31 页。

④ 《调查称超三成人后悔读大学　过半认为没学到东西》，2012 年 6 月 26 日，http://edu.qq.com/a/20120626/000068.htm。

心对我们不利，会不公平。所以感觉挺难的”。高中生 G1 认为，“重点高校应该录取那些单科成绩优秀但其他方面不突出的学生，这些学生对自己喜欢的科目情有独钟，兴趣很浓，会投入很多时间专门学习。虽然是偏科，但这就是偏才，他会钻得很深”。G5 认为，“我相信大学不只需要综合成绩高的全才，还需要单项优秀的顶尖人才，大学应该有各种各样的学生，美国的大学里什么样的学生都有，他们可以互相学习”。大学生 D2 认为，“应尽快减轻高中生不必要的课程负担，更多尊重个体兴趣，发展个人的优势，让每个学生都能拥有快乐的明天，学自己感兴趣的内容，做自己感兴趣的事情。一年多的大学生活告诉我，没有方向、不知自己的兴趣所在是多么迷茫，而硬着头皮去学习自己并不感兴趣的内容是何其艰辛”。

以上评论难免过激，但也不乏真知灼见。毋庸回避的事实是，统一高考更适合评价选拔一般性人才，特殊人才需要有特殊的评价选拔办法，而非常人才必须用非常办法评价选拔。若用评价普遍性人才的方法去评价个性突出的独特性人才，必然会抹杀个性，其个性化的成分也就难以凸显。因此，统一高考与个性化人才评价的矛盾就在于统一评价标准是为更广泛的大多数考生设定，照顾了多数考生的利益，却难以兼顾少数考生的需求。2010 年，复旦大学 8 名教授请求破格录取对国学情有独钟的偏科生孙见坤但却被陕西招办拒绝的事实再次表明，现有评价体系与个性化人才选拔的冲突极其尖锐，已不可不改了。

二、完善高考评价体系的纠结与担忧

现有高考评价体系的不足与局限已很是明显，它与高中新课改显得格格不入，不利于高校选拔综合性、个性化及多样性人才，不利于体现高中新课改的成效，促进素质教育发展。关于如何改革，教育部在多个文件中指出要建立和完善高中综合素质评价制度和学业水平考试，鼓励高校积极探索基于统一高考的、结合高中学业水平考试与综合素质评价结果的综合性考试评价体系。2013 年，教育部将“完善高校招生考试综合评价改革试点”作为高考改革的重点内容之一予以强调。实践中，对于将学业水平考试与综合素质评价纳入高考评价体系，有人称好，有人担忧，在用与不用之间显得极其纠结。

（一）学业水平考试与综合素质评价在新高考评价方案中的角色

进入新课改的省市区公布的新的高考方案中都有将学业水平考试和综合素质评价纳入高考评价的内容。如北京市高考改革目标是“加强对高校招生考试、录取和学生综合评价的统筹，逐步建立和完善在国家统一考试录取基础上的全面、综合、多元化的考试评价制度和高等学校多样化的选拔录取制度”。对学业水平考试（会考）和综合素质评价的应用是“会考成绩以等级形式，综合素质评价以统一表格形式记入考生电子档案，提供给高等学校作为参考依据。高校在以高考成绩为录取主要依据的前提下，结合学生会考成绩和综合素质评价，择优录取”。

广东省高考改革目标是“积极探索建立符合本省实施普通高中新课程实际的全面、综合、多元化的考试评价制度和科学、合理、多样化的高校招生制度，促进高校招生考试改革与中学课程教学改革相结合”；改革原则之一是“注重人才评价的过程性和综合性，满足多元化的人才选拔要求和多样化的高校招生制度需求，综合进行考试内容和方式、学生评价和录取办法改革”；同时要求高中确保学业水平考试和综合素质评价可信可用，积极探索“高校统一招生考试、普通高中学业水平考试、综合素质评价、招生学校测试相结合的多元化的评价选拔办法”；对综合素质评价结果的应用是“把综合素质评价内容以写实性文字表述方式，分项目记入考生电子档案，为高校择优录取提供真实、全面、可靠的依据”。

浙江省已经大张旗鼓地公布了其新的高考评价方案，并被媒体称之为“绿色评价体系”。其核心内容是“实行在全科会考基础上的分类测试、分批选拔、综合评价、全面考核、择优录取的选拔模式。逐步建立学业水平测试、综合素质评价和统一选拔考试三位一体的多元化的招生考试评价体系”，采集学生会考等第记入综合素质评价表，由招生院校自主确定是否对学生相应学科的会考成绩提出等第要求；把高中学生综合素质评价作为高校选拔新生的重要内容，高校录取新生时对学生高考成绩、会考成绩和综合素质评价结果实行全面考核、择优录取。2011年，浙江省已经在浙江工业大学、杭州师范大学尝试深化综合评价招生制度，探索把会考成绩和综合素质评价纳入高考评价体系，作为报考条件；将考生的会考成绩、高校综合测试成绩、高考成绩按一定比例合成综合成绩，安排在本批次的提前批择优录取[①]。

① 张莉贝：《浙江：高考评价体系不再单一》，《台州日报》2011年5月27日。

从新的高考评价方案中可以看出，在国家“分类考试、综合评价、多元录取”的改革导向号召下，各地方已经具有综合、多元、个性化评价选拔考生的意识，并已经体现于新的方案中。其中均包括将学业水平考试和综合素质评价纳入统一高考评价体系的内容，以体现高考与高中的连接关系。但目前，学业水平考试和综合素质评价与统一高考仍是“软挂钩”关系，还没有“硬挂钩”，即只是作为评价和录取的参考，而非决定性指标。随着更多省份逐步采用“三位一体”的高考综合评价模式，统一高考与高中学业水平考试和综合素质评价的关系势必成为高考评价改革的焦点和难点。

（二）学业水平考试纳入高考评价体系的问题与担忧

学业水平考试是对过去会考的优化，目前部分省市区还叫会考，部分改称学业水平考试。当初的会考之所以没有坚持下来，就是因为没有与高考挂钩，新的学业水平考试会更加权威①。将学业水平考试纳入高考评价的优势在于，一方面明确了高考与高中新课改的关系，另一方面不用另起炉灶，为高考评价改革节省了成本。但谈及此事，人们自然会敏感地想到学业水平考试的前身会考与高考的关系，由于会考制度设计、考试内容、考试的信效度与区分度等科学与公平性问题，最终并没能与高考“硬挂钩”。因此，在新的高考制度设计中，学业水平考试再次被启用，将纳入高考评价体系，对此引发不少担忧。

1. 对学业水平考试纳入高考评价体系的问题分析

对此，表示担忧者认为，我国的学业水平考试存在五大问题，即学业标准缺位，考试内容改革的思路欠清晰，试题编制和组卷未能遵循基本的教育测量原理，考试成绩的等级分类决策缺乏科学依据，分数报告不能提供有用信息。学业水平考试是基于标准（高中新课程标准）的考试，它的实施受制于目前的教育体系，也受现代教育测量学基本原理的制约。学业水平考试的问题使其结果的有效性大打折扣，纳入高考评价体系应谨慎行事②。有学者认为学业水平考试存在考试性质、考试科目与功能定位均不统一等问题。教育部《关于实施普通高中学业水平考试的指导意见》（征求意见稿）对学业

---

① 姜钢：《建立多样化考试评价体系　推动高考综合改革》，《中国高等教育》2009年第3期，第12页。

② 雷新勇：《我国学业水平考试的基本问题及反思》，《教育测量与评价》2010年第1期，第4～13页。

水平考试的定位是："普通高中学业水平考试是在教育部指导下由省级教育行政部门组织实施的国家考试，是依据普通高中课程标准实行的终结性考试，旨在全面反映高中学生在各学科所达到的学业水平。"但从已实施的省份来看，上海市将其性质定位为"是以学科课程标准为依据的全市统一的水平考试"。福建省认为"是鉴定普通高中学生相关科目学习质量的水平考试，不同于具有选拔性质的高校招生考试，也不同于旨在考查学生学习量和学习过程综合表现的学分认定考试考核"。山东省认为"是省级普通高中学生文化课学习水平考试"。由此可见，教育部和各个省份的定位有差异，学业水平考试基本上属于省级考试，尚未成为国家级考试；从教育测量学的角度看，有些定位为标准参照考试，有些则属于常模参照考试。因此，学业水平考试制度目前还处于试行阶段，许多实质性问题尚待研究、细化与解决，此时不适宜将其纳入高考，否则定会让高考"雪上加霜"①。

支持者则认为，尽管学业水平考试起源于会考制度，但高中新课程标准的实施赋予其新的意义和内涵，建议按照新课程的理念和要求对学业水平考试重新进行功能定位，发挥其对教学质量的监控和评价作用，同时为高考的多元学业评价改革提供基础信息。学业水平考试考核全面，有效纠正和防止了高中由于片面追求升学率而在教学中采取的"文不学理"和"理不学文"的做法，不仅有利于课程计划的落实，也有助于学生素质的全面提高②。有支持者认为，引入学业水平考试和综合素质评价是当前高考改革的两大亮点，前者颠覆了选拔性考试一元学业评价的传统格局，后者填补了非学业的素质多元评价的空缺③。也有支持者认为，纵观发达国家和地区的高校招生，一般都重视中学学业成绩在高校入学中的评价作用，如美国高校非常重视考生的高中成绩，在计算考生学业指数时包括入学考试成绩和平时成绩；俄罗斯中学毕业生必须参加两次人的高校招生考试，一次是中学毕业考试，一次是大学入学考试；澳大利亚以学生高中两年的综合成绩加上一次地区性

① 刘决生：《我国普通高中学业水平考试存在的问题与对策》，《上海教育科研》2010 年第 3 期，第 39～42 页。

② 岳伟：《普通高中学业水平考试与高考改革》，《天津师范大学学报》（基础教育版）2007 年第 2 期，第 44 页。

③ 乔丽娟：《高等教育五关键点的突破推动高考改革上新台阶》，《中国教育报》2006 年 11 月 30 日。

的全澳等级考试成绩来决定考生是否被录取等。这为我们提供了很好的参照①。

2. 高中生的态度调查

本次调查研究结果显示，63.0％的高中生反对将学业水平考试纳入高考评价，25.8％的高中生则同意纳入。不同省份的高中生中，中部省份 3 的选项比较分散，态度不够集中，反对与赞成比例旗鼓相当；其余 4 个省份持反对意见的学生比例明显偏高，分别占到 61.7％、48.8％、80.7％、78.6％（表 5-3）。某省考试机构 K3 认为之所以出现如此状况，原因在于“西部省份的高考改革态度一直比较保守，省份 4 和省份 5 则是因为在过去的高考改革中过于激进，搞过很多试点，但少数成功，多数以失败告终，惹了好多麻烦，里外不是人，现在不得不谨慎了”。

表 5-3　不同省份高中生对是否采纳学业水平考试的态度　　单位：%

省份	选　项				
	很不必要	不必要	不清楚	必要	很必要
省份 1	47.1	14.6	12.3	20.8	5.2
省份 2	33.2	15.6	17.2	27.4	6.6
省份 3	17.0	28.9	13.2	30.3	10.6
省份 4	69.5	11.2	6.3	10.8	2.2
省份 5	66.2	12.4	6.5	12.4	2.5

说明：省份 1 为西北某省，省份 2 为东部某省，省份 3 为中部某省，省份 4 为东南沿海某省，省份 5 为南方某省。

不同年级的高中生中，高一至高三的反对比例分别是 82.4％、81.4％、38.0％，赞成的比例分别是 12.6％、11.6％、44.3％（表 5-4）。由此结果可以看到，高一、高二的学生反对比例很高，高三学生赞成者比例上升很多。综合访谈中的教师和学生观点，其原因在于高一、高二学生正处于高中学习关键阶段，他们希望高中课程学习结束后只参加高考，不要再参加学业水平考试，增加负担。根据多数省份的安排，高三学生已经结束了学业水平考试，他们即将面对高考，希望有更多足以展现其水平与能力的指标，因此赞成者比例有所上升。从中可以看出高中学生既想减轻学业负担，又想全面

① 李松林：《发达国家高考改革新动向》，《中国教育报》2007 年 1 月 2 日。

展示自己的矛盾心理和功利化心态。

表 5-4　不同年级高中生对是否采纳学业水平考试的态度　　单位:%

年级	选项				
	很不必要	不必要	不清楚	必要	很必要
高一	76.1	6.3	5.0	10.1	2.5
高二	68.5	12.9	7.1	8.7	2.9
高三	14.0	24.0	17.7	35.4	8.9

在不同生源地的高中生中，来自城市的学生 54.3%反对纳入，32.7%则赞成；农村学生中反对者所占比例高于城市学生，为 71.4%，赞成者低于城市学生，占 19.1%（表 5-5）。其原因是高考加分等优惠政策导致的不公平心理影响了农村学生的判断，他们认为“裸考更好，免得那些有钱有权的人霸占好机会，不要把什么都往里加，加的越多就越不公平”（访谈对象 G2）。

表 5-5　不同生源地高中生对是否采纳学业水平考试的态度　　单位:%

生源地	选项				
	很不必要	不必要	不清楚	必要	很必要
城市	31.2	23.1	12.9	27.2	5.5
农村	61.5	9.9	9.5	13.8	5.3

另外，不同性别的高中生对高考评价中是否纳入学业水平考试的反对与赞成比例相当，没有明显差异。

3. 大学生的态度调查

对大学生的调查结果显示，84.0%的大学生反对纳入学业水平考试，反对者的比例高于高中生，14.9%的大学生则持赞同态度。在不同年级的大学生中，随着年级的升高，持反对意见的人数比例呈现下降趋势，支持者的比例相应上升。大一、大二的反对者比例分别高达 96.6%和 92.6%，大四学生持赞同态度的比例最高，为 38.3%，大一最低，为 3.4%（表 5-6）。在对大学生的后续跟踪访谈中发现其原因在于，认为“加来加去还是换汤不换药，高考成绩就足以说明问题了，干吗还要再加入一个一样的考试成绩，要加就加一些能反映学生综合素质的内容。进入大学后成绩并不能说明什么问题，但综合能力很重要，学一段时间后学生的能力差异就表现出来了”（D4）。

表 5-6 不同年级大学生对是否采纳学业水平考试的态度 单位:%

年级	选项				
	很不必要	不必要	不清楚	必要	很必要
大一	95.0	1.6	0.0	2.8	0.6
大二	91.4	1.2	0.6	5.3	1.5
大三	66.7	9.5	2.4	17.2	4.2
大四	42.5	18.0	1.2	29.3	9.0

在不同专业的大学生中，文科专业学生持反对态度的比例高达 99.1%，远高于理科学生的 65.6%（表 5-7）。对于如此巨大的差距，本研究追踪访谈部分文科专业学生以探寻原因，部分学生认为“高中时候每天就是学呀学，但都围着课本转，学完后还要参加两个重复的考试，大家的结果都差不多，你怎么加，加多少，加与不加有啥区别。但为了应付那个考试（学业水平考试）很浪费精力，完全可以不要，把时间节省出来做些感兴趣的事会更好”(D5)。

表 5-7 不同专业大学生对是否采纳学业水平考试的态度 单位:%

专业	选项				
	很不必要	不必要	不清楚	必要	很必要
文科	70.5	28.6	0.2	0.5	0.2
理科	51.8	13.8	2.2	25.4	6.8

在对不同类型大学学生的态度调查中，重点大学学生反对将学业水平考试纳入统一高考评价的比例为 97.2%，高于一般大学学生 69.1%的比例；赞成的比例一般大学高于重点大学，分别为 28.6%和 2.8%（表 5-8）。相比较而言，一般大学的学生更愿意在高考中有多个指标展示自己的能力。

表 5-8 不同类型大学学生对是否采纳学业水平考试的态度 单位:%

学校类型	选项				
	很不必要	不必要	不清楚	必要	很必要
一般大学	57.4	11.7	2.3	22.6	6.0
重点大学	95.8	1.4	0.0	2.2	0.6

另外，不同省份、性别、生源地的大学生对高考评价中是否纳入学业水平考试的反对与赞成比例相当，没有明显差异。

通过以上调查结果发现，在不同类型的高中生和大学生中，普遍特征是反对将学业水平考试纳入高考评价的人数比例普遍偏高，高于赞成者的比例，出现一边倒的现象。综合分析其原因，第一，将会考与高考“软挂钩”的失败经验使人们存有“吃一堑，长一智”的戒备心理，害怕学业水平考试重蹈会考覆辙，给高考改革增添新的混乱，毕竟高考事关重大，影响深远。第二，高中生学业负担普遍偏重，高考已经使其疲惫不堪，不堪增添新的学习任务与内容。但他们又希望在面对大学选拔时更加充分地展现其才能，因此在加与不加之间显得矛盾与纠结。第三，大学生进入大学学习的经历使他们认识到，高考与学业水平考试同属考试，以考查知识为主。而大学学习生活重全面发展与能力比拼的事实告诉他们成绩已成“浮云”，综合素质与个人能力更重要。因此在评价对于自己曾经经历过的高考时，一方面是以“过来人”的身份发表体悟谈论经验；另一方面，面对高中与大学学习的巨大差异及学习发展中的困惑迷茫，多少有些不满情绪融入其中，对其评价的客观性产生一定影响。

总之，高考利益相关群体对于是否将学业水平考试纳入高考评价的担心主要来自会考的失败经验和其与高考是“软挂钩”还是“硬挂钩”的关系，来自学业水平考试的科学性、质量高低及其在高考评价中的可用性，来自纳入高考评价体系后究竟会如何操作等方面。这对于在国家政策号召之下已经决意建立高考成绩、学业水平考试加综合素质评价“三位一体”高考评价体系的省市区来说，块块都是“硬骨头”。

（三）综合素质评价纳入高考评价体系的问题与担忧

高中综合素质评价是2008年教育部推出新课改后的高考方案中要求纳入高考评价体系的另一个指标，各省市区在新的高考方案中也都将其列入新的高考评价体系，与高考成绩、学业水平考试一起构成“三位一体”的高考评价体系。但由于综合素质评价在我国还是一件新生事物，学界对综合素质评价制度的基本定位和框架进行深入和系统思考的还不多，已有政策、实践大多也还处于试误阶段，因此对这一制度本身的探讨和质疑声不断涌现。加之现在又要将它与已经敏感得不可再敏感的高考放置一起，作为高考评价的指标之一，自然会一石激起千层浪，引发各种讨论与关注。综合素质评价设计的初衷是适应新课改的理念与要求，改变高中教育的应试倾向，改变依然把考试分数作为评价学生唯一标准的做法，推进素质教育，推广新课改成果，同时改变高考以成绩为唯一录取依据的单一模式。

1. 综合素质评价存在的问题分析

就目前实施情况，综合素质评价存在不少问题急需研究解决。首先是综合素质的内容边界问题。根据教育部在《关于积极推进中小学评价与考试制度改革的通知》中的规定，高中学生的综合素质评价包括道德品质、公民素养、学习能力、交流与合作、运动与健康、审美与表现等六个方面。具体实施中，各个省份参照教育部的内容又各有调整。但无论如何调整，虽然对综合素质的具体内涵存有大的偏差，有一点认识却是高度统一的，即都把综合素质大体等同于学生所拥有的非学术性能力。尽管教育部提出的六大领域中包括学习能力，但从具体的描述中可以看出，这里的学习能力更多的是指学习兴趣、动机、愿望和学习习惯的养成等内容，而不是指学业成就[①]。因此，确定综合素质评价究竟包括哪些内容是实施这一制度的前提，对后续的操作具有关键性影响。其次是综合素质评价的定位问题，即它在高中教育中扮演何种角色，与统一高考的关系又如何处理，是参照式的“软挂钩”还是具有决定意义的硬标准，都是各方关注的关键问题。再次是综合素质评价的操作性与技术性问题，如何对学生的品质进行评价，收集哪些足以反映学生行为及品质的样本资料，定性描述还是定量评分，怎样评定成绩或等级等都是各地在实践中遇到的技术难点，也是人们质疑综合素质评价操作性与可行性的焦点。

最后，也是极为重要的是人们综合素质评价公平性的担忧。综合素质评价遭遇到文化传统及城乡差异等社会性问题，导致评价发展性原则、主体性原则、导向性原则、差异性原则和操作性原则等有可能被异化，从而导致教育不公[②]。综合素质评价与其所处的环境和能够接受的教育有很大关系，与学生所享有的教育资源息息相关。城市学生享有丰富的教育资源，能够接受到更加优质的教育，各方面潜能都得到激发，能力得到发展，开展综合素质评价的内容也会丰富多彩。而地处边远山区的农村学生由于经济条件限制和

---

① 崔允漷、柯政：《关于普通高中学生综合素质评价研究》，《全球教育展望》2010年第9期，第3页。

② 符太胜、谢章莲：《高考改革中综合素质评价的两难困境与政策建议》，《教育理论与实践》2011年第2期，第14页。

教育资源匮乏，很多潜能和素质都难以体现，综合素质评价难于开展，内容也极其贫乏。如果将综合素质评价与高考评价捆绑在一起，势必会对农村学生更为不利，使原本已经不在一条起跑线上的差距进一步扩大①。而高考作为一项选拔性考试制度，公平、公正应该是其首要的价值取向。由于综合素质评价多以软标准为特征，因而极易受到权钱、面子等人为因素干扰，影响评价的公平、公正与客观。综合素质评价需要坚持公平原则，有效防范教育教学评价和招生考试评价中的各种弄虚作假行为②。因此，公平性也考验着综合素质评价能否纳入高考评价体系。

2. 高中生的态度调查

调查结果显示，对于是否将综合素质评价纳入高考评价体系，高中生的总体态度是40.8%的认为没必要，46.4%的学生则认为有必要。与高中生对是否将学业水平考试纳入高考评价体系的态度相比，持赞同态度的人数比例要高出20.6个百分点（图5-3）。即是说，与学业水平考试相比较，高中生更愿意将综合素质评价结果纳入高考评价体系。

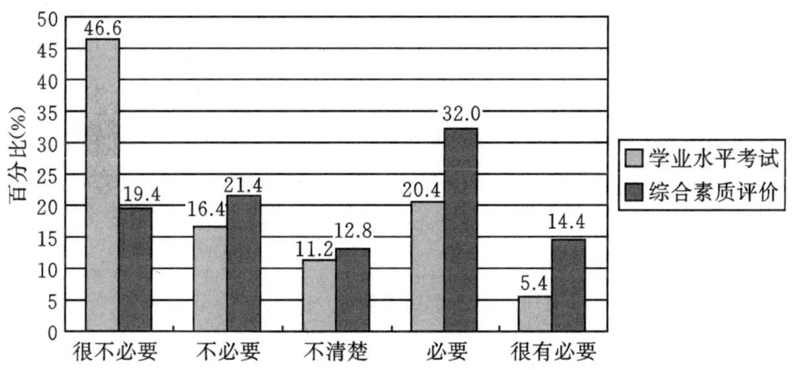

图5-3　高中生对学业水平考试与综合素质评价纳入高考评价的态度比较

分类分析不同地区、不同类别高中生对是否将综合素质评价纳入高考评价的态度发现，不同省份中，省份1的高中生中反对者与赞同者的比例相当，分别为40.3%和44.4%；省份2与省份3支持者的比例（分别为

① 饶燕婷：《综合素质评价在高考改革中的应用》，《教育科学研究》2009年第12期，第37～38页。

② 张亚群：《高考改革中的综合评价问题》，《湖北招生考试》2006年第10期，第4页。

54.5%和63.8%）高于反对者的比例（分别为33.6%和23.4%）；省份4和省份5则是反对者的比例（分别为55.0%和51.8%）高于支持者的比例（分别为32.7%和37.3%）（表5-9），原因与对学业水平考试的态度相同。但各省支持将综合素质评价纳入高考评价体系的比例均高于学业水平考试。

表5-9　不同省份高中生对是否采纳综合素质评价的态度　　单位：%

省份	选　项				
	很不必要	不必要	不清楚	必要	很必要
省份1	15.6	24.7	15.3	30.8	13.6
省份2	16.0	17.6	11.9	39.3	15.2
省份3	8.9	14.5	12.8	42.1	21.7
省份4	29.7	25.3	12.3	23.0	9.7
省份5	27.9	23.9	10.9	24.9	12.4

不同年级高中生对综合素质评价纳入高考评价体系的态度与对学业水平考试的态度趋势相仿，即高一、高二两个年级反对者的人数比例较高，分别是59.7%和58.1%，但高三年级支持者的比例骤升至65.5%（表5-10）。原因是高一、高二学生学业负担过重，无暇关注与课程不相关的内容，因此反对者居多；而高三学生即将面对高考，具有全面展示自己的心理诉求，因此赞同者居多。同样，与学业水平考试相比，不同年级学生皆更愿意支持将综合素质评价纳入高考评价体系。

表5-10　不同年级高中生对是否采纳综合素质评价的态度　　单位：%

年级	选　项				
	很不必要	不必要	不清楚	必要	很必要
高一	26.9	32.8	8.8	23.9	7.6
高二	29.3	28.8	9.5	23.7	8.7
高三	7.3	9.7	17.5	43.0	22.5

不同生源地高中生对高考评价体系中是否纳入综合素质评价的态度与对学业水平考试的态度相同。考虑到公平性问题，农村学生持反对态度的人数比例（49.8%）高于支持者的比例（37.7%）；城市学生则相反，支持者的

比例（55.3%）高于反对者的比例（31.5%）（表5-11）。但无论是城市学生还是农村学生，都更支持将综合素质评价纳入高考评价体系。

表5-11　不同生源地高中生对是否采纳综合素质评价的态度　　单位:%

生源地	选项				
	很不必要	不必要	不清楚	必要	很必要
城市	14.2	17.3	13.1	38.0	17.3
农村	24.4	25.4	12.5	26.1	11.6

另外，不同性别的高中生对高考评价体系中是否纳入综合素质评价的反对者与赞成者的比例相当，没有明显差异。但支持综合素质评价的比例均高于学业水平考试。

对于不同类别的高中生普遍更支持将综合素质评价结果纳入高考评价的倾向，分析其原因，第一，与综合素质评价相比，学业水平考试与高考的雷同性更高，都是基于高中教学内容的文化科目考试。尽管高考属于常模参照考试，是选拔性考试，而学业水平考试是标准参照考试，为水平性考试，但从学生的角度看他们要参加两次形式与内容相差不大的考试，显得重复。因此对于在高考评价中纳入综合素质评价的态度更积极。第二，新课改推行后，多数高中已经开始实施综合素质评价，学生也已参与其中，所以他们对于综合素质评价这样的新事物颇有感情。尤其是当得知它与梦寐以求的大学相关联时，更是有些兴致，也抱有较高期望，希望有助于帮自己圆大学梦。对此，访谈对象G3的感受是，“从一开始班主任就要求我们每个人制作了个人成长记录袋，说是要随时收集我们的表现资料，并且要保存到高三，说是现在大学招生都看这个，有用，要求我们认真对待。当时老师说的时候也不明白啥意思，但都做了。后来每到期中和期末考试结束后，老师都要把袋子打开，要求我们写个人自评，同学互评，还要家长写对我们的意见，班主任、任课老师都要写。现在我们每个人的袋子里都装得满满的，有考试成绩、个人自评、同学评价、老师评价、家长评价，还有参加社区活动和劳动的信息，每个人的德育得分和操行评语，还有获奖情况……现在真的希望大学招人时能用我们的袋子，它记录了我们高中的成长过程，有时候自己打开看看都觉得挺激动的，觉得自己的生活还是很丰富的”。第三，高中生有着越来越强烈的自我展示和个性发展的需求，他们除了学习文化科目，也注重培养自己的兴趣、个性等，并且希望享有更多发展和展示的机遇。以成长记录袋为主要载体的综合素质评价的出现为他们发展自我和展示个性创造了平台。正如高中生 G4 所言，“只拿高考成绩评价太简单了，只能反映学习方面。如果做得好，成长记录袋可以反映我们另外的方面，我们很希望大学能做到不只看成绩，而是多了解一下每个人的不一样的方面，兴趣不一样，能力不一样”。

3. 大学生的态度调查

大学生中，总体上支持将综合素质评价纳入高考评价的比例是 57.9%，反对者的比例是 31.5%。与其对学业水平考试的态度相比，支持纳入综合素质评价的比例更高，高出 26.4 个百分点（图 5-4）。即是说，大学生也在总体上更支持将综合素质评价纳入高考评价体系之中。

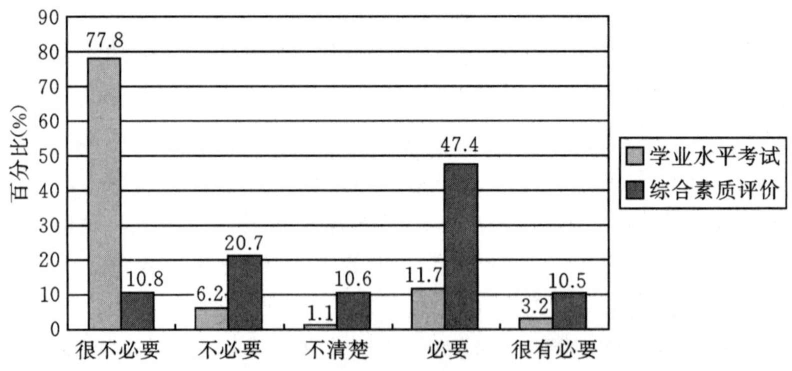

图 5-4　大学生对学业水平考试与综合素质评价纳入高考评价的态度比较

进一步分类分析不同类别大学生对纳入综合素质评价的态度，不同年级的学生中，从大一至大四，支持将综合素质评价纳入高考评价体系的人数比例持续上升，大一为 48.1%，大四达 70.7%；反对者的人数比例则呈现下降趋势，从 35.8%降至 24.6%（表 5-12）。与其对学业水平考试的态度相比较，不同年级的大学生也更支持纳入综合素质评价。对此，大学生 D6 认为，“我是物理专业的，开始的时候觉得很好，进入了自己理想的学院，学习很忙，基本在学习专业的东西。但是四年中越来越觉得自己除了学物理也再没啥别的兴趣，有些遗憾。我觉得你刚才介绍的那个档案袋挺好，我们上高中时没有，但我觉得它可以帮助学生更多地了解自己，帮助大学更多地了解学生。大学都快要毕业了，我才意识到这一点，有些晚，也很遗憾。希望后面的学弟学妹早些知道，大学里不光要学专业知识，兴趣能力也很重要，我很支持用档案袋综合评价学生”。

表 5-12　不同年级大学生对是否采纳综合素质评价的态度　　单位：%

年级	选　项				
	很不必要	不必要	不清楚	必要	很必要
大一	11.9	23.9	16.1	42.1	6.0
大二	11.5	22.5	10.7	46.7	8.6
大三	10.8	18.0	8.5	49.2	13.5
大四	7.2	17.4	4.7	54.5	16.2

不同专业的大学生中，文理科学生支持纳入综合素质评价的比例分别为50.2%和67.1%，理科高于文科；反对的比例为36.2%和25.9%，文科高于理科（表5-13）。对此，专家X3认为，“相对而言，文科生的生活要比理科生更丰富一些，文科学习更具发散性，需要活泼兴奋一些，理科学习相对严密，注重逻辑。这对学生的思维呀、兴趣呀是很有影响的。我们做的一个调查结果显示，大学里理科生选人文社科课程的比例要远高于文科生选理科课程的比例，这一方面和课程难度有关，理科选文科容易，文科选理科难，但同时也说明理科生更有了解人文社科知识的需求，他们对综合素质的兴趣会更大一些”。与对学业水平考试的态度相比，不同专业的大学生也都更支持纳入综合素质评价于高考评价体系中。

表 5-13　不同专业大学生对是否采纳综合素质评价的态度　　单位：%

专业	选　项				
	很不必要	不必要	不清楚	必要	很必要
文科	13.2	23.0	13.6	43.2	7.0
理科	7.9	18.0	7.0	52.4	14.7

在不同类型的大学中，一般大学学生支持纳入综合素质评价的比例为61.5%，重点大学为54.7%；反对者的比例为29.5%和33.4%（表5-14）。这与他们对学业水平考试纳入高考评价的态度相差较大，重点大学97.2%的学生反对纳入学业水平考试，但对综合素质评价的支持态度却升至54.7%；一般大学对前者的反对比例为69.1%，对后者的支持比例升至61.5%。这一结果表明，不同类型大学的学生更支持将一个与高考的性质和内容区别较大的综合素质评价纳入高考评价体系，而反对再纳入一个与高考性质、内容都相近的学业水平考试。

表 5-14　不同类型大学学生对是否采纳综合素质评价的态度　　单位：%

学校类型	选项				
	很不必要	不必要	不清楚	必要	很必要
一般大学	9.6	19.9	9.0	46.9	14.6
重点大学	11.9	21.5	11.9	47.8	6.9

另外，不同省份、性别、生源地的大学生对高考评价中是否纳入综合素质评价的反对与赞成比例相当，没有明显差异。

鉴于目前学生身体素质下降并发生多起猝死事件，有人呼吁将体育作为指标纳入高考评价体系，以引导中学重视学生的身体素质培养。但对此褒贬不一，尚未达成共识。2012 年 10 月，国务院办公厅转发教育部等部门《关于进一步加强学校体育工作若干意见的通知》（国办发〔2012〕53 号），强调加强学生身体素质培育的重要性，指出“广大青少年身心健康、体魄强健、意志坚强、充满活力，是一个民族生命力旺盛的体现，是社会文明进步的标志，是国家综合实力的重要方面。体育锻炼是提高学生健康素质的有效途径，对青少年思想品德、智力发育、审美素养和健康生活方式的形成具有不可替代的作用。加强学校体育，增强学生体质，对于提高学生综合素质，实现教育现代化，建设人力资源强国，培养德智体美全面发展的社会主义建设者和接班人，具有重要战略意义”。要求相关部门和学校尽快完善学生体质健康测试和评价制度，“积极探索在高中学业水平考试中增加体育科目的做法，推进高考综合评价体系建设，有效发挥其对增强学生体质的引导作用”。

此文一发，立刻引发社会热议。有观点认为，由于应试教育的深度影响，虽然有了“校园长跑令”这样的尝试，但在高考的指挥大棒下，对体育的重视也仅停留在口头上。长期强调学业成绩的倾向无形中剥夺了学生体育锻炼的机会。对此进行制度层面的矫正，让体育真正被重视起来，具有长远意义。但将体育纳入高考评价，必须解决考什么和如何考的问题。在我国，城乡与地域差异巨大，学生先天体质和体育教育资源分配不均等因素制约着考试科目设置与内容选择，更受权钱、面子、社会的困扰。因此，如何兼顾各地差异，科学选择考试项目内容，又能不被公平问题所异化等就成为最关键问题①。有观点认为，将体育成绩纳入高考评价体系，归根结底，还是希

① 《国务院办公厅：体育科目成绩或纳入高考》，2011 年 11 月 2 日，http://edu.qq.com/a/20121102/000239.htm。

望能够通过高考这根指挥棒来调动学校在体育教育方面的积极性，从而起到增强学生体质的作用，纳入高考评价体系也会发挥一定作用。但高考这剂“止痛药”并不是根除学生体质之殇的“良药”，不要把中学教育的一切不能为的和失范的都装进高考的框框。在现有应试教育体制下，体育教育始终扮演着素质教育“突破口”的角色，如果将体育也纳入应试教育，通过考试的办法以引起重视，很可能让体育也陷入应试教育的“泥潭”，难以实现改革初衷，也会异化体育教育①。由此看来，对于高考评价体系中增设体育指标，总体上各方观点担忧多于理解，认为即便有效也是短视行为，会治标不治本。

基于前文的数据及多方观点分析，在“分类考试、综合评价、多元录取”的高考改革导向影响下，高考评价体系的改革完善势在必行。这不仅是高中新课改的需要，是学生个性化成长与发展的需要，是大学综合、多样化选拔人才的需要，也是世界各国和地区的普遍趋势。纵观西方发达国家和我国台湾地区的高校入学考试评价，也都建成了拥有多个指标的入学考试评价体系，其中不仅包括入学考试成绩，还有高中学业、教师推荐信、社会实践活动、获奖情况以及学生的兴趣、潜力等个性心理特征指标。相比之下，我国长期以单一的考试成绩为评价录取依据，其偏颇与局限已日益明显。面对我国高中教育发展现实，面对各级考试机构建设与考试研究现况，另起炉灶构建新的高考评价指标显然唐突，不符合实际。而高中学业水平考试和综合素质评价是两个相对成熟的、可用的指标，将这二者纳入高考评价体系，既具有节省成本的效益优势，也可通过高考使高中新课改以及素质教育的成果得以延展。对此，从高考相关利益各方的态度和社会舆论观点可以看出，第一，较高比例的高中生、大学生更希望纳入综合素质评价结果，而反对纳入学业水平考试。第二，综合素质评价和学业水平考试的质量和科学性成为多方担忧的焦点之一，对其可用性有所怀疑，尤其是对综合素质评价，如何让其内容真实反映学生成长历程成为关键问题。第三，以上两个指标与高考评价的关系也是纠结的焦点之一，其与高考评价是“软挂钩”还是“硬挂钩”涉及新的高考评价体系建构的实质性内容。如果只是“软挂钩”，只作为高考评价与录取的参考，则极有可能形式化与式微化；如果选择“硬挂钩”，加一定权重的分数于统一高考成绩，则极有可能导致高中的应试行为，学业水平考试人人皆“A”，综合素质评价人人优秀。第四，由于综合素质评价

① 《体育进高考：学生体质“止痛”更要“治本”》，2012年11月16日，http://news.china.com.cn/live/2012-11/16/content_17184669.htm。

中包含多项软指标，一些评价项目和内容难以量化，因此高考利益相关方极为担心纳入后的公平性，担心被优势阶层“绑架”而对弱势人群不利。

第四节　高考评价的科学性问题与分析

科学性是考试的根本属性，考试的科学与否决定着考试功能的发挥，影响考试结果的应用和说服力。考试之所以能够从一千多年前历经变迁延续至今，就因其具有科学、公正的特性。高考作为一项具有高利害、高风险及关乎千万学子前途命运的考试，其科学性与权威性自不待言。高考的科学性与考试技术有关，因高中教育的改革、大学人才评价选拔要求的变换以及人才的个性化发展要求还具有时代性与发展性，常面临新问题新挑战，需不断优化提高。本节通过内容效度、效标效度两种方法研究高考的科学性；由于“云海工程”代表着高考评价及科学性改革的新趋势，这里还将从不同角度分析人们对它的认识与态度以及存在的问题。

一、高考内容效度分析

高考考试内容选择以高中课程大纲和教学内容为依准，高中的语文、数学、外语在高考中分科考试，政治、历史、地理和物理、化学、生物分别以文科综合和理科综合方式实施模块化考试。因此，既可以计算高考总分的内容效度，也可以分科计算内容效度。

以高中 11 次考试总分的平均分构成高中学业总分，计算其与高考总分的内容效度系数，结果显示，内容效度系数为 0.629，在 0.01 显著性水平通过检验，表明高考总分具有较高的内容效度。具体分析高考总分与高中每次学业考试总分的关系可看出（表 5-15），高考总分对 11 次高中学业成绩总分均具有内容效度，效度系数在 0.01 显著性水平通过检验，表明高考较为准确地测度了高中教学内容，具有较好的内容效度。其中，高考总分与高三第一学期期末和第二学期期中考试总分的内容效度系数最高，分别为 0.635 和 0.545，与其他 9 次考试的内容效度系数均在 0.5 至 0.6 之间（表 5-15）①。

① 一般标准化测验的效度系数在 0.4～0.7 之间。效度系数最大等于 1，表明测试完全反映了所要测验的内容；最小等于－1，表示测验结果与受试者的实际水平完全相反。参见华中师范大学精品课程网，http://jpkc.ccnu.edu.cn/sj/2010/hxjxl/resource/web_word/page7a11.html。

之所以如此，是因为目前几乎所有高中在高三第一学期就已结束全部教学内容而进入高考总复习阶段，因此包括高三第一学期期中考试在内的前 9 次考试内容均以阶段性学习内容为考试内容，而高三第一学期期末考试和第二学期期中考试内容则包括了高中阶段所有学习内容，带有高考模拟考试的性质，其与高考总分的内容效度也高。

表 5-15 高考内容效度系数表

		高考总分	语文	数学	英语	文科综合	理科综合
高一学业成绩总分	第一学期期中	0.545**	0.187**	0.296**	0.418**	0.196*	0.564**
	第一学期期末	0.521**	0.140**	0.290**	0.421**	0.207*	0.539**
	第二学期期中	0.544**	0.127**	0.245**	0.423**	0.117	0.584**
	第二学期期末	0.527**	0.169**	0.237**	0.452**	0.186*	0.615**
高二学业成绩总分	第一学期期中	0.556**	0.139**	0.141**	0.435**	0.244**	0.618**
	第一学期期末	0.596**	0.110**	0.164**	0.451**	0.224*	0.630**
	第二学期期中	0.551**	0.176**	0.106**	0.408**	0.199*	0.630**
	第二学期期末	0.609**	0.273**	0.277**	0.495**	0.344*	0.634**
高三学业成绩总分	第一学期期中	0.561**	0.236**	0.331**	0.399**	0.368**	0.614**
	第一学期期末	0.655**	0.289**	−0.066	0.534**	0.206*	0.650**
	第二学期期中	0.545**	0.291**	0.251**	0.548**	0.547**	0.685**

注：** 在 0.01 显著性水平显著；* 在 0.05 显著性水平显著。

分科目对高考内容效度进行分析，其结果显示，高考语文对高中 11 次语文考试评价成绩的内容效度系数为 0.264，高考数学内容效度系数为 0.240，高考英语内容效度系数为 0.534，文科综合内容效度系数为 0.289，理科综合内容效度系数为 0.699。以上效度系数均在 0.01 显著性水平通过检验。可见，理科综合科目的内容效度系数最高，语文、数学和文科综合的内容效度系数均较低。具体到每个学科与高中平时考试的内容效度，因受平时考试内容及命题等因素影响，效度系数有所起伏变化。如高考数学与高三第一学期期末考试成绩相关系数为－0.066，高考文科综合与高一第二学期期中考试成绩相关系数为 0.117，相关不显著，表明内容效度很低。由此表明，部分高考科目较好地实现了考试目标与内容要求，但部分科目则不够理想，存在内容效度较低的问题。

二、高考效标效度分析

高考内容效度主要检测高考对其考试目标与内容的实现程度，而效标效度则是以学生大学期间的发展情况来检测高考作为评价选拔手段的科学性和预测力，反映以高考成绩作为决策依据分配专业的科学合理性。简而言之，如果在高考中获得较好成绩的学生在大学期间同样发展较好，则表明高考的评价选拔功能良好，即用大学期间的成绩来反证高考的科学性。这里选择大学汉语言文学、数学与应用数学、土木工程三个专业来验证高考的效标效度。

1. 以汉语言文学专业学生为例的高考效标效度

汉语言文学专业以培养具备一定的语言理论素养和系统的汉语言文学知识，能在新闻文艺出版部门、高校、科研机构和机关企事业单位从事文学评论、汉语言文学教学与研究工作以及文化、宣传方面的实际工作的汉语言文学高级专门人才为目标[①]。该专业的学习要求学生具备较扎实的语文基础，几乎所有高校汉语言文学专业招生时都要求语文科目的高考成绩达到一定标准。因此，以该专业学生大学期间的专业课成绩为效标来检测高考语文科目的效标效度很具适切性。

计算结果显示，以大学四年专业课总分为效标的高考效标效度系数为0.267（$P<0.05$），以大一专业成绩为效标的效标效度系数为0.327（$P<0.01$）。但以大二、大三、大四专业成绩为效标的效度系数很低，未通过显著性检验（$P>0.05$），即高考总分对大学专业总分和大一专业成绩具有预测力，但对大二、大三、大四的专业成绩预测力很低。重点分析语文科目的效标效度，由表5-16可以看出，以大学成绩为效标的高考语文效标效度系数呈现出由高到低、由显著到不显著的变化趋势。以大学专业总分为效标的高考语文效标效度系数最大，为0.368（$P<0.01$），以大四专业成绩为效标的效标效度系数最小，为0.195（$P>0.05$），表明高考语文科目对大学专业总分以及大一至大三的专业成绩具有预测力，对大四成绩没有预测

① 《汉语言文学专业人才培养方案》，2012年4月10日，http://xxj.hxu.edu.cn/wxy/html/jyjx_rcpy/1552.html。

力（表 5-16）。由此说明，高考语文科目对汉语言文学专业学生大学期间总体专业学习成绩具有较好的预测力，对不同年级的专业学习成绩预测力则逐年下降。关于高考效标效度在大学期间逐年下降的变化趋势研究结论与吴根洲高考效度研究的结论一致①。

表 5-16　汉语言文学专业高考效标效度系数表

大学成绩＼高考成绩	总分	语文	数学	英语	文科综合
总分	0.267*	0.368**	0.211	0.154	0.195
大一成绩	0.327**	0.355**	0.187	0.115	0.287*
大二成绩	0.092	0.302*	−0.017	0.096	0.010
大三成绩	0.195	0.255*	0.197	0.141	0.134
大四成绩	0.177	0.195	0.025	0.134	0.141

注：** 在 0.01 显著性水平显著；* 在 0.05 显著性水平显著。

另外，以汉语言文学专业成绩为效标的高考数学、英语科目的效标效度系数很低，并且未通过显著性检验，表明对于该专业学生，高考数学和英语对其专业学习成绩的预测力很低；文科综合只对大一专业成绩具有预测力，而对学业总成绩及大一以后的成绩预测力很低。高校在招收汉语言文学专业学生时，都会对高考语文科目提出要求，实证研究表明，高考语文对该专业学生的学习具有较好的预测力。

2. 以数学与应用数学专业学生为例的高考效标效度

数学与应用数学专业培养具有良好的数学基础和数学思维能力，牢固掌握数学与应用数学的基本理论、方法和技能，具有应用数学知识、使用相关软件解决实际问题的能力，受到科学研究初步训练的专门人才，主要学习数学与应用数学的基础理论、基本方法，受到数学建模、计算机和数学软件方面的基本训练，在数学理论及应用两方面都受到良好的教育②。同样，该专

① 吴根洲：《高考效度研究》，华中师范大学出版社，2008 年，第 60 页。

② 《数学与应用数学专业本科人才培养方案》，2011 年 9 月 19 日，http://www.ms.ynu.edu.cn/jyjx/bksjx/4754.htm。

业学习对数学基本素养具有较高要求，高校在录取该专业学生时对高考数学成绩有一定要求。因此，以该专业大学期间的专业课成绩为效标检测高考科目，尤其是数学科目的效度就具有适切性。

表 5-17　数学与应用数学专业高考效标效度系数表

大学成绩＼高考成绩	总分	语文	数学	英语	理科综合
总分	0.231	0.060	0.388**	0.077	0.191
大一成绩	0.358**	0.345**	0.383**	0.322*	0.212
大二成绩	0.062	0.045	0.293*	0.055	−0.026
大三成绩	−0.001	−0.116	0.158	−0.132	0.036
大四成绩	0.157	−0.088	0.096	−0.016	0.239

注：** 在 0.01 显著性水平显著；* 在 0.05 显著性水平显著。

计算结果显示（见表 5-17），高考总分的效标效度系数最高为 0.358（P<0.01），即高考总分只对大学一年级的专业成绩具有较好的预测力，但对大学期间的学业总分和大二至大四的成绩预测力则很低。与汉语言文学专业相同，高考数学科目对数学与应用数学专业学生大学期间学业成绩的预测力呈现出由高到低、由显著到不显著的变化趋势。效标效度系数最大为 0.388（P<0.01），最小为 0.096（P>0.05）。另外，高考语文科目对大一专业成绩具有较好的预测力，效标效度系数为 0.345（P<0.01），对其余年级的预测力很低，效度系数没有达到显著性水平；高考英语科目对大一专业成绩具有较好的预测力，效标效度系数为 0.322（P<0.05），对其余年级的预测力很低，效度系数没有达到显著性水平；高考理科综合则对该专业大学学业成绩的预测力均很低。从年级角度看，除理科综合科目之外，高考总分及其余科目对大一学业成绩均具有较好预测力，对其余年级预测力均很弱。高校在招收数学与应用数学专业学生时，都会对高考数学科目提出要求，实证研究表明，高考数学科目对该专业学生的专业学习具有较好的预测力。

3. 以土木工程专业学生为例的高考效标效度

前面以两个与高考科目中有直接对应关系的汉语言文学和数学与应用数学专业为例分析了高考效标效度，这里再选择一个与高考科目没有直接对应关系的专业土木工程专业分析效标效度，与前两个专业形成对比，从多个角度研究高考效标效度。土木工程专业以培养掌握土木工程学科基本理论和基础知识，具有较强的计算机能力、外语能力和实践动手能力，具有获得注册工程师所必需的土木工程设计、施工和管理等方面基本训练的应用型高级专门人才为目标①。与前两个专业有所不同，高校在招收该专业学生时，没有直接对应的可要求的高考科目。据访谈对象 K1 介绍，除了总分要求，部分高校会对数学或者理科综合分数提出要求，也有部分高校只看总分，对单科分数无要求。

计算结果显示（见表 5-18），高考总分的效标效度系数最高为 0.390（$P<0.01$），最低 0.115（$P>0.05$），表明高考总分对大学专业成绩总分和大学一、二年级的专业课成绩具有较好的预测力。其余高考科目对大学专业课的预测力均十分有限，效度系数均未通过显著性检验。由此说明，只有高考总分在土木工程专业的学生招生及学校专业决策中具有实质性意义。

表 5-18　土木工程专业高考效标效度系数表

高考成绩 / 大学成绩	总分	语文	数学	英语	理科综合
总分	0.255 *	−0.033	−0.131	0.072	0.041
大一成绩	0.390 **	0.103	−0.204	0.052	0.113
大二成绩	0.284 *	0.054	−0.196	0.135	−0.002
大三成绩	0.115	−0.050	−0.017	−0.046	0.057
大四成绩	0.149	−0.112	0.044	−0.049	0.023

注：** 在 0.01 显著性水平显著；* 在 0.05 显著性水平显著。

4. 高考效度的分析

大规模教育考试的目的是为教育决策提供决策依据，高考是为高校评价选拔新生提供依据，因而具有高利害性，关乎学子未来发展，影响考生家庭利益，也与高校人才培养质量休戚相关。高考的目的及其重大影响决定了它必须尽可能减少误差，具有高度的可靠性（信度）和有效性（效度）。提高高考的科学性是高考改革最为基础也最具决定性的内容，科学性不保也必将会影响赋予高考的其他功能的发挥。本次调查研究发现，75.2%的大学生和68.8%的高中生认为高考评价不够科学，68.5%的大学生和86.3%的高中

① 《土木工程专业培养方案》，2009 年 11 月 1 日，http://www.100exam.com/WebSpecF/EnrolDetail.aspx? id=60469。

生认为新课改后的高考评价依然不够科学，高中生的比例还有增加。因此，高考评价的科学性问题事关重大，但依然面临严峻挑战。

前面从内容效度和效标效度两个视角分析了高考效度。内容效度的研究结果表明，从高考总分角度反映出的信息是高考较好地测试和实现了考试内容与目标，但不同学科的内容效度不够均衡，理科综合、英语科目的内容效度较高，而文科综合、语文、数学科目的内容效度较低。由此，一方面可以看出考试内容的客观性较强的科目内容效度相对较高，而考试内容主观性较强的科目其内容效度则相对较低。表明高考在语文、文科综合等科目的考试评价及命题方面需要改进，加强对主观性较强的考试内容的施测研究，深入研究侧重素质考查的考试内容选择与施测技术。另一方面，本研究中运用统计方法计算内容效度，即假定高中阶段的期中期末考试和高考考试内容都是来自高中教学大纲及内容的两个分测验，以二者间的相关系数作为内容效度系数。因此，效度系数会受到两次考试内容样本、命题、施测、阅卷等环节的影响。相比较而言，高考在以上环节的科学性明显要优于高中平时考试，这也就从侧面证实了高中平时学业考试的科学性欠佳。但在国家倡导的新的高考评价体系中，建议将高中学业考试和综合素质评价作为指标予以应用，这就意味着必先提高其科学性，方可发挥实质性作用。

高考内容效度还受考试目标的影响。考试目标可分为理论和操作两个层面，理论层面的考试目标相当于考试理念，是对考试目标的抽象概括，操作层面的考试目标则直接关涉考试内容的边界限定与选择①。前文已经分析，高考的评价选拔理念和目标存在过于模糊抽象的问题，具体而言就是没有将理论层面的考试目标具体化为操作层面的考试目标。在目前的命题中，存在将高中的课程标准和培养要求当作高考命题直接依据的现象，简化了必要的由课程标准到高考考试目标、到科目评价目标、再到命题指标的环节。模糊而不具有操作性的考试目标会严重影响考试内容选择，也就影响了高考内容效度。目前，高考是为高校选拔人才的入学考试，其考试目的在于判断学生是否具有进一步学习的潜能与基础，但长期以来高考制度形成了以高中课程及教学内容为命题依准的传统，政策要求高考改革应有利于高校行使招生自主权、有利于高校招生，但高校对招生的要求并没能实质上体现于高考内容

① 雷新勇：《大规模教育考试：命题与评价》，华东师范大学出版社，2007 年，第 1 页。

之中，所谓“有利于高校”成为形式。因而，如何兼顾高中与高校，切实考虑高校选拔人才的素质能力要求，科学、系统、连贯地将高中课程大纲及教学目标转换为高考考试大纲中的考试目标，再细化为各个科目的评价目标，最后具体化为各个科目命题的指标，对于高考内容选择、命题以及提高内容效度都极为重要。在高考命题中，为确保其内容效度与科学性，需要客观定位高考的功能与角色，不要企图将一切考查目标都经由文化科目考试完成[①]。否则，不仅额外奢望的考查目标无法实现，就连其本质评价功能发挥也要受到影响，这也是导致高考负担过重的根本原因。因此，未来改革中需要舍弃那些不宜通过考试测度的内容，通过完善高考评价体系、增加新的评价指标的方式为高考分忧。

以文、理、工三个学科专业为例的效标效度研究表明，高考总分只对大学低年级的专业学习成绩具有预测性；作为汉语言文学专业学习基础科目的高考语文对大学期间的学业成绩总分具有预测力，对一至三年级的专业课成绩具有预测力；文科综合只对一年级的专业课成绩具有预测力；数学、英语对汉语言文学专业专科成绩缺乏预测力；数学与应用数学专业中高考数学对专业课总分和一、二年级的专业课成绩具有预测力，高考语文、英语对一年级的专业课成绩具有预测力，高考理科综合对该专业学习缺乏预测力；土木工程专业除高考总分之外的其他科目均对专业课成绩缺乏预测力。由此看出，高考成绩作为考生报考高校选择专业的决策依据，在不同专业表现出不均衡性，高考总分对考生进入大学后的学习预测力表现出不稳定性，即对某些专业具有预测力，而对一些专业其预测力极低。具体科目中，由于高考语文、数学科目与汉语言文学、数学与应用数学专业学习的直接对应性，因而具有较好的预测力，其他高考科目对大学期间的专业课成绩预测力极低。

以上高考效标效度研究的结论在一定程度上反映出目前高考科目设置及分科评价并按总分录取学生的弊端。研究表明，除总分外，与大学专业具有直接对应关系的高考科目如语文、数学对相应专业课学习具有预测力，而不具有对应关系的科目其预测力则很低。但目前，多数省份均实行“3＋X”科目模式，而实际已简化为“3＋综合”模式。由此，高考科目的有限性、学生选择科目的局限性与大学专业的多样性及学生选择专业的适切性矛盾便凸现出来，学生依现有考试科目如何正确决策选报专业成为难题。而高考科

① 吴根洲：《高考效度研究》，华中师范大学出版社，2008 年，第 165 页。

目设置的历史经验表明，增加科目会增加考生负担，减少科目则会因测试目标单一而降低考试效度，如何通过有限的高考科目为高校多样化的专业评价选拔人才便成为对高考评价的挑战。自高考制度建立以来，高考科目历经变换，改来改去。尤其是“3＋X”方案实施的前几年，多个省份的高考科目频繁变更，引起社会不满。但对此问题多是从科目设置会增加学生负担、对高中教学产生影响、影响考试公平等角度分析，却缺乏从考试评价的信度、效度等科学性角度分析。然而事实证明，减少高考科目并非减轻学生负担、纠正学生偏科的“良方”，反而使偏科愈演愈烈①。所以，在高考评价改革中，增减高考科目应考虑考试的科学性、合理性与可行性等多个因素，切不可因满足其他需求而牺牲了考试的科学性。研究表明，以信度和效度都很低的考试作为评价录取依据是低效甚至无效的，对学生后续发展有重大不利影响②。

三、“云海工程”的调查与利弊分析

高考评价的科学性不仅体现于评价理念、体系、内容和方法方面，还表现于考试结果的报告与应用中。现行的“成绩条”式的分数报告过于笼统，考生无法依据分数深入了解自身的知识和能力状况，教师也很难据此发现教学中的不足而采取有针对性的补救措施，高校更是无法全面了解考生的知识、能力等。随着社会的发展与教育进步，尤其是高中新课改中课程评价改革的深入实施以及高等教育多样化、个性化发展，高考利益相关方不仅希望从高考中得到考生的总分和单科成绩，更想看到每个考生的知识、能力分布及掌握情况③。云南、海南两省开展的以高考分数报告制度改革为起点的高考评价科学性改革，对于改变自统一高考制度建立以来的单一、简单的分数报告制度具有里程碑意义。改革后，学生拿到的是一份信息全面、内容丰富、能够对学生作出综合评价的高考成绩报告，而不再是过去的成绩条。不仅如此，两省也已着手探索基于高考成绩的等值、增值评价探索，将高考对

① 郑若玲：《苦旅何以得纾解——高考改革困境与突破》，江苏教育出版社，2011年，第28页。

② 吴根洲：《高考效度研究》，华中师范大学出版社，2008年，第165页。

③ 葛为民、李金波：《高考成绩报告方式的改革研究》，《教育科学研究》2012年第9期，第37页。

中学的“指挥棒”作用明确化，发挥高考对中学教育的积极导向作用。然而，由于“云海工程”尚处于探索阶段，对于这一新生事物，人们除了对其抱有期望，也有些许担忧。本次研究以参加过“云海工程”的 268 名 2011 级大学生为主要调查对象，以分析实施“云海工程”的作用及问题。

（一）“云海工程”实施的积极意义

2011 年“云海工程”方案出台后，引发社会广泛讨论，其中以支持者为主。支持者认为，“云海工程”是国家改革传统高考分数报告办法，建立全方位、多层次、发展性、个性化评价体系并依托网络化成绩分析报告体系的新尝试，是对《规划纲要》中提出的“改革教育质量评价和人才评价制度”、“推进考试招生制度改革”的积极响应①。“云海工程”能为考生提供内涵丰富、具有诊断与发展导向功能的成绩评价报告，帮助考生更加全面、清晰地认识自己，方便学生报考院校和专业；为高校提供丰富的多维度的考生评价信息，推动多元化录取；利用考试成绩信息监控高中教育教学质量及学生评价成果的有效性，改善高考与高中教育的关系，缓解应试教育与素质教育的矛盾②。“云海工程”中的升学指导测验和学生问卷调查是实施多元评价的良好开端，打破了单一的成绩评价局面，有助于对学科能力以外的素质进行评价，使高考分数报告的内涵更充实③。“云海工程”的积极意义远不只是考试成绩报告方式的变化，更为重要的是充分发挥高考评价的积极作用，其核心价值取向是建立绿色评价，充分挖掘高考分数中蕴含的评价信息，为学生服务，为高中教育教学服务。“云海工程”还使农村学生心里“亮堂”了。长期以来农村教育资源匮乏，信息闭塞，考生、家长甚至部分教师对高校专业极其陌生，填报志愿缺乏充分信息和依据，容易偏听偏信。有了高考成绩分析报告和指导测验，农村学生大致可以明确未来的职业方向，对精确填报志愿也充满了信心④。

---

① 周元、王素英：《海南试点“云海工程”成招生改革试验田》，《海南日报》2011 年 6 月 29 日。

② 魏月蘅、王晓樱：《教育部：试水“非考试”人才评价制度》，《光明日报》2011 年 6 月 30 日。

③ 郑若玲、万圆：《“云海工程”：从单一考试向多元评价转变》，《中国教育报》2011 年 8 月 24 日。

④ 刘见：《云海工程：人尽其才的评价导向》，《中国教育报》2011 年 8 月 24 日。

本次调查结果也显示，78.7%的大学生认为高考测试的内容与大学对学生的能力要求不甚一致，高考还是侧重知识的考查，而大学对学生的能力要求是综合多元的。为此，82.9%的学生支持“云海工程”改革，希望改进现有高考评价制度和体系，加强对学生素质、能力的多元化评价；84.7%的学生认为“云海工程”有助于增强高考评价的科学性；79.1%的学生认为“云海工程”有助于自己较为全面地了解高中学业及高考中的利弊得失；79.9%的学生认为“云海工程”中的高考成绩报告单能为自己填报志愿提供比较细致全面的参照信息（图 5-5）。

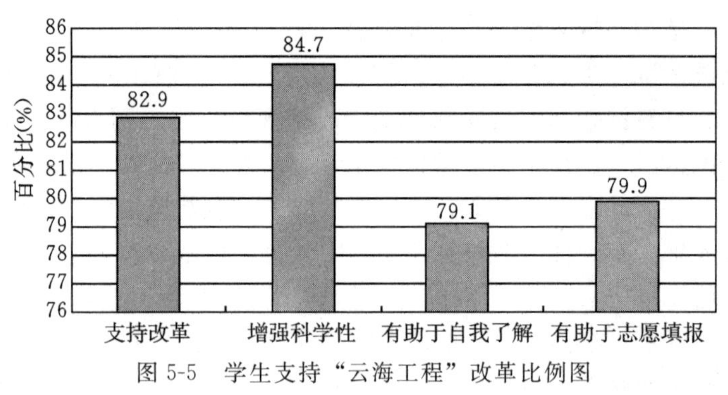

图 5-5　学生支持“云海工程”改革比例图

考试机构人员 Y1 认为，“‘云海工程’中的相关内容是我们思考多年的事情，是一项系统改革。2011 年我们主要推出的是成绩报告的改革，同时进行了增值评价和等值评价试点，今后还将继续与新课改相配合，深化高考科目改革，改进科目组合，增强命题的科学性，完善升学指导测验和学生问卷调查，争取能够全面地评价学生。同时衔接高校与中学的关系，帮助高校招好学生，帮助中学培养好学生，大家受益”。班主任 Y2 认为，“这是个新内容，高考报名时学校就开会通知要学生做问卷，当时还不太明白，就让学生做了。高考结束后学生从网上打印出成绩报告单才觉得很新奇，和过去的完全不一样。这些学生挺幸运的，这个让他们了解了自己的潜质，报志愿时不再去‘赌’了，而是有了充分的信息依据”。学生 Y3 认为，“网上打印的报告挺全面的，现在回想起来考试前就做过问卷。报告里有分数，还有全省排名，这个很有用，知道了自己的位置，再参考各个大学往年在我们省的录取名额和分数线，就能比较准确地选择学校和专业，不再那么盲目了”。

以上多方观点表明，“云海工程”的实施产生了很好的社会影响，得到多方高考利益主体的支持，为高考评价改革营造了良好氛围。同时表明，“云海工程”符合民心，顺乎民意，代表了高考评价的改革方向。它改变了几十年来单一的成绩报告方式，在高考中增加了升学测验和考生信息调查环节，对于综合、全面、多元评价考生意义重大。

(二)“云海工程”的不足

“云海工程”由于推行时间不长，作为代表高考评价改革方向的制度设计，也在理论基础、改革宣传和具体实施环节遇到阻力，显现不足。第一，尽管新的高考成绩报告内容较为详细，可为学生自我了解及志愿填报提供较为充分的信息，但是，受当前“热门”与“冷门”专业划分及就业形式所困，考生未必按照成绩报告单的专业建议填报志愿，功利性超越了科学性。本次调查结果显示，269 名调查对象中 89.6%的学生并未采纳成绩报告单建议的专业，而是选择热门的、目前容易就业的专业。Y3 讲到，“按照报告单的专业建议，说我最适合从事旅游工作，其次还有社工类的工作。我爸一看就急了，说那个专业没前途，还是坚持让我报了管理学专业。我说我们班一些同学就是按照这个建议报的，他说你报你的，别管他们”。由此看来，新的高考成绩报告具有较好的科学性，但却遭遇不被学生尤其是家长接受的困境。对于考生和家长，还是以自认为实惠的理由作为填报志愿的依据，而将科学性抛之脑后。

第二，“云海工程”首次实施，缺乏广泛的政策宣讲与说明，教师、考生及家长并不十分清楚该项改革，影响了改革成效。据 Y4 回忆，“高考之前我们就做了两份调查问卷(《升学指导测验》和《学生调查问卷》)，当时忙于备考，老师让上网去做，说高考报名要求必须做，否则报不了名，但要干什么我们并不知道。直到考试结束后才大概知道当时的意图。‘云海工程’这个词我是后来（上大学后）才在网上看到的，当时并不知道。成绩公布后上网查看了一下分数报告，主要记录了总分和单科分数，后面的内容也没详细看。现在回想起来觉得我们作为学生应该知道当时改革的内容和意图”。班主任 Y2 也提到，“学校开会曾说明年我们省的高考要改革，重点是成绩报告单会和以往不一样。因为不涉及考试科目和内容变化，也没详细关注。学校让学生做什么我就通知去做，详细的内容当时并不是很了解”。因此，高考作为一项事关多方利益主体的考试，政策的变动除了向媒体公布外，还应重点向教师、学生和家长宣讲，消除误解，以正视听，化解矛盾，赢得支持。

第三，“云海工程”的制度设计理念有着明显的西方痕迹。《升学指导测验》以霍兰德职业测评理论为基础设计，在原有六种职业类型中增加了自然型；高考成绩报告则参照了美国 ACT 考试成绩报告单内容与格式；增值评价理论也来自美国。这一方面表明我国高考改革日益具有国际视野，能及时吸纳科学的理论与技术于高考评价改革，以提高考试的科学性。另一方面，由于以上理论皆来自西方，考虑到文化适切性问题，需要经历“中国化”的过程。加之一些理论在西方已经引发诸多问题，遭到反对，如果我们又直接引用过来，难免重蹈覆辙。高考评价改革是高考改革的核心内容之一，是提高高考科学性和考试质量的根本路径，它的改革不仅是考试技术的简单运用，更需要有坚实的理论基础作为支撑。因此，高考评价改革中的国际视野固然不可或缺，但也需修炼“内功”，加强考试理论研究与技术开发，弥补限制我国考试改革的短板，从而使高考评价改革有理可凭，有据可依。

第六章　高考评价改革研究

高考是适应中国国情的国家教育考试制度，高考制度必须坚持，高考改革势在必行①。时至今日，高考评价改革已是大势所趋，建立高考综合评价体系成为国家倡导的核心改革内容和目标。继《规划纲要》中提出“综合评价”的改革导向后，2013 年 1 月 9 日，时任教育部部长袁贵仁在全国教育工作会议的讲话中指出，在人才培养模式改革方面，重点推进招生考试制度改革，今年要研究提出高考改革总体思路和框架，积极推进普通本科与高等职业教育分类考试，开展高中学业水平考试及综合素质评价改革试点和高校招生考试综合评价改革试点②。可见，高考评价改革已由专家学者及社会的呼吁写进《规划纲要》，进而成为教育行政部门的工作重点，成为高考改革中的核心议题。

第一节　高考评价改革的基础

高考评价改革是一项系统工程，涉及与高考活动相关的多个方面。既要从考试本身入手重组高考评价的诸多构成要素，使其发挥新的功能，也要从外部创造条件，奠定改革基础。为了确保此项改革科学、可行、有效，首先应具备一定的改革基础。树立新的评价理念，明确改革目标，遵循基本的改革原则，提供相应的保障条件等是必要之基础。

一、高考评价改革的理念基础

改革要推行，理念需先行。考试评价理念反映了考试与人及社会的关

① 刘海峰：《文化国情决定高考模式》，《中国教育报》2013 年 3 月 22 日。

② 《教育部：今年将研究提出高考改革总体思路和框架》，2013 年 1 月 11 日，http://www.edu.cn/gzzc_xgdt_8574/20130111/t20130111_892654.shtml。

系，决定着考试评价的内容和方法等。在新的背景条件下，需要重新认识高考评价活动及其本质，明确高考评价的基本内容和问题，树立以生为本、综合多元、科学评价等新的高考评价理念，以此指导改革实践。

（一）以生为本的评价理念

回顾改革开放30多年来的历程，我国的教育理念发生了重大转变，逐步树立了以生为本的教育理念，日益关注学生的发展。以生为本是一个内涵丰富的概念，教育活动中的以生为本是指将“一切为了学生、为了学生的一切和为了一切学生”的理念贯彻于学校教育活动中，为学生创造和提供一切可能之条件，把培养学生成长、成才作为学校的根本任务和一切工作的出发点和归宿；促进学生全面发展，将学生发展视为教育活动的核心，将学生视为教育活动的主体①。高考评价中的以生为本，就是要改变高考评价过于重视分数、强调测度选拔以分数为本的评价现状，改而重视学生发展，通过评价促进其发展，充分展现学生个性，为拥有不同能力的学生创造发展机遇。以生为本和以分数为本的高考评价理念的区别在于，前者的着眼点在于提高学生素质，促进学生全面发展、个性化和多样化发展。表现在考试目标树立、内容与形式选择、高考命题、分数报告等皆以学生为出发点，充分考虑学生实际和发展需要，注重考查学生的基本素质和能力。以分数为本理念支配下的高考评价则过于强调考试的测度和选拔功能，忽视促进学生全面发展；评价主体单一，忽略多元评价；考试内容偏重于对智力的评价，忽视了学生发展的其他方面；评价方式方法以纸笔考试为主，忽略了其他评价方式；重视考试评价的结果——分数，静态而非动态地评价学生。更为重要的是由于高考的强大作用力，还形成了高考“指挥棒”的负面效应——应试教育，即高考考什么就教什么、学什么。以分数为本的高考评价理念不适应人才选拔和培养的新诉求。素质教育的发展、高中新课改的推行、学生个性化发展的需要以及高校选拔人才的新要求和新趋势都要求树立以生为本的高考评价理念，要求在高考评价目标、评价体系、评价内容与形式、评价方法、评价结果报告及应用中充分体现对学生发展的关注，以促进学生发展为目标。

---

① 翁琴雅：《新时期我国学生评价的价值观——从“以分为本”向“以生为本”的转变》，《当代教育科学》2009年第21期，第36页。

（二）综合多元的评价理念

综合多元的评价理念与单一的评价理念相对应，是针对高考评价中的目标、体系、内容及方法等过于片面单一而提出的。自从《规划纲要》中明确提出“综合评价”的高考改革方向之后，高考的综合评价改革就成为趋势，浙江、上海、广东、江苏等多个省市区先后出台了新课改后的高考综合评价方案，“三位一体”、“绿色评价”等方案纷纷出台，旨在推进高考综合评价改革。高考综合评价要求健全和完善对学生的综合评价机制，不再仅仅依据一次考试的成绩评价学生；要求健全和完善学生综合能力评价制度，综合考查学生的多方面才能和日常学习中所反映出的素质①。高考综合评价改革实践需要树立综合多元的评价理念，改变在单一评价理念支配下的考试内容偏重于知识考查、考试方式以统一的纸笔测验为主、考试评价体系只包含考试成绩等现状，综合、多元地评价学生。树立综合多元的高考评价理念是高考评价改革实践的需要。一是高中实施新课改之后，培养学生的目标趋于综合多元。正确的世界观、人生观和价值观，爱国精神、民主与法制意识，社会责任感，学习能力，科学与人文素养、创新精神与实践能力，强健的体魄、顽强的意志，独立生活的能力与职业意识、创业精神和人生规划能力，交流与合作能力等，都成为学生培养目标。高中课程结构与内容趋于综合多元，增设了选修课程模块和内容，课程内容涉猎广泛等。学生评价也趋于综合多元，表现为评价目标、评价体系、评价内容、评价方法、评价主体、评价结果及应用的综合多元。高中教育教学中的综合多元改革趋势反作用于高考，要求高考也应建立综合多元的评价体系。二是学生的多样化和个性化发展需求。随着素质教育的深入实施和以生为本的教育理念的深入人心，学生的自我发展需求和个性化、多样化发展需要日渐强烈。表现在高考评价中，如今的学生不仅希望能够考取大学，而且希望进入符合个人兴趣的大学和专业学习，升学的个性化需求日渐强烈。学生的多样化发展态势也日渐凸显，具有不同兴趣、拥有不同学识、具备不同能力的学生同时存在。根据考试基本原理，多样化的人才需要用综合多样的方法和内容去评价，这就要求高考必须建立综合、多样的评价制度，适应学生多样化、个性化发展需求。三是我国

---

① 《教育规划纲要》工作小组办公室：《教育规划纲要辅导读本》，教育科学出版社，2010 年，第 133 页。

的高等教育已经进入大众化发展阶段，高等教育的发展模式不断分化，形态多样，不同类型和层次的高校人才培养目标不同，选拔人才的标准和要求也存在差异。因此，如何制定出既能够全面综合地评价学生的素质和能力，又能够满足不同类型高校选拔人才需求的灵活多样的高考评价体系就成为对高考评价改革的考验。

鉴于此，需要重新认识高考评价的境域，认识高考评价综合多元化改革的必然性和重要性，树立综合多元的高考评价理念。综合多样的人才用综合多样的方法和内容评价，方才具有实效性。在新的人才培养、人才成长以及人才选拔的格局下，高考评价目标、评价体系、评价内容与形式、评价方法、评价主体、评价结果的报告与应用等都应呈现出综合多样的特征，以促进高考综合评价改革。

（三）科学评价的理念

科学性是考试的首要原则，科学评价的理念与经验式评价理念相对应，针对以经验为指导开展高考评价的不足而提出。自统一高考制度形成以来，高考评价先后经历了“文革”之前的经验评价阶段、1985 年开始的标准化考试评价改革阶段和 21 世纪以来的科学综合评价改革阶段。经验评价阶段的高考评价以经验为参照开展相关工作，尤其是对考试评价具有决定意义的考试内容与形式、命题、阅卷与评分等皆以经验为基础，导致试题难易不定，分数忽高忽低，考试质量受到严重影响。高考的标准化考试评价改革是以现代教育测量与评价理论为基础和指导的旨在提高考试评价的科学性和考试质量的改革，是将教育测量与评价的科学理论与方法引入高考评价，指导高考评价的目标确立、考试内容与形式选择、命题以及分数报告等考试评价的重要环节。标准化考试评价改革在一定程度上提高了高考的客观性、科学性和考试质量，对推进高考功能的发挥起到积极作用。但是，由于人们对高考标准化改革的认识不一，科学评价的理念尚未完全树立，由于考试标准化改革所需要的教育测量与评价的理论与技术尚不成熟以及全国各地教育发展差异巨大等原因，高考标准化改革的预期目标和内容并未完全实现，高考标准分等制度昙花一现，未能持久实施。如今，高考评价仍然存在评价目标不够明确、评价体系极为单一、考试内容偏重知识考查、考试形式与方法不够多样、命题倚重经验和试题质量高低不一以及分数报告不够细化等不足。

以上问题涉及高考评价的核心内容和环节。高考评价的改革与发展历史以及国外高校入学考试评价的先进经验表明，在教育测量与评价等理论和技术较为发达的背景下，需要树立科学的理念，借助科学理论和方法化解这些问题。科学评价的理念包括科学的态度、科学研究和科学设计与实施等方面，具体指以科学的态度认识高考评价中存在的问题，引入教育测量与评价的理论、技术和方法，研究、分析高考评价目标、评价体系、评价内容与形式、考试命题、评价方法、考试分数报告等考试评价的核心内容和环节，科学合理地设计和实施新的高考评价制度。

二、明确高考评价改革的内容与目标

推进高考评价改革需要明确改革内容与目标，以指导改革实践。高考评价是以考试为基本方式，综合全面、科学合理、公平公正地评价学生的知识与能力，为高校选拔适切性人才的活动。借鉴世界发达国家高校入学考试评价的经验，回顾我国高考评价的改革发展历史，直面高考评价中存在的现实问题，高考评价改革成为必然。就国内而言，高考评价改革是在高中实施新课改、学生的个性化发展需求以及高校选拔人才的多样化需求等外在因素和高考自身的改革完善等多种因素的共同作用下而生发的高考改革新命题，高考评价改革的内容涉及高考评价的各个方面。高考评价改革的总体目标在于在测度、选拔等功能的基础上，发挥高考的评价功能，实现高考从考试到评价的转变。《规划纲要》和 2013 年教育部工作重点中所倡导的高考评价的改革内容和目标是以“综合评价”和“推进高中学业水平考试及综合素质评价改革试点和高校招生考试综合评价改革试点”为主要内容，带动高考评价改革。在各省市区的实践层面，构建高考成绩、高中学业水平考试和综合素质评价相结合的“三位一体”的高考综合评价模式成为主要改革内容和目标。

高考评价改革是一项系统工程。为了切实发挥高考的评价功能，实现从考试到评价的转变，实现国家所倡导的“综合评价”的改革目标，将其分解开来，高考评价具体改革内容和目标包括：第一，研究新的高考评价目标体系，制定出层次清晰、科学可行、系统连贯、公平公正的新的高考评价目标体系，新的评价目标应能反映高中教育教学的内容，反映学生综合全面发展的成果和要求，反映高校选拔人才的要求。第二，完善高考评价指标体系，即在现有的以文化课考试成绩为唯一评价指标的基础上，以考查学生的知识和能力为宗旨，增加新的评价指标和内容，综合全面、科学合理、公平公正地考查学生的知识和能力。从目前的基本实践模式看，构建“三位一体”的高考综合评价模式成为主要内容和目标，高中学业水平考试成绩和高中学生综合素质评价结果是目前试图被纳入高考评价体系的新指标内容，高考成绩与二者的关系成为改革焦点。第三，优化考试内容与形式，即通过考试科目的优化组合，通过改进高考命题、提高试题质量，丰富考试方式方法等，增强考试评价的综合性、科学性、多样性和公平性，将考查学生的知识与能力的改革目标和内容落到实处。第四，推进高考分数报告改革，以“云海工程”中高考成绩报告改革为样板，以为改进高中教育教学、为学生了解自我和选填志愿以及为高校选拔适切性人才服务为宗旨，丰富和细化高考分数报告内容，通过考试分数和描述评价等多种信息全面展示学生的知识和能力。

三、高考评价改革的基本原则

由于高考评价改革涉及内容丰富，既包括评价体系完善，也包括考试内容与形式的优化；参与部门与主体广泛，既包括教育行政部门，也包括中学和大学，加之全国各省市区教育发展差异巨大，情况不一，为推进高考评价改革，确保如期、有效实现全部改革内容与目标，高考评价改革必须遵循系统性、科学性、渐进性和公平性的基本改革原则，以规范和引导改革实践。

（一）系统性

高考评价改革是一项系统工程，必须遵循系统性改革原则。遵循系统性原则的缘由之一是，高考评价改革关涉内容广泛丰富，既有考试内容本身的改革，如完善评价体系、优化考试内容与形式等；也包括考试评价之外的因素，如需要教育行政部门、中学和高校同步参与，鼓励高中继续完善和优化学生评价内容，为高考评价提供充分、科学和可用的评价信息，调动高校招生积极性和利用招生自主权，主动参与高考评价，协调不同参与主体和不同改革内容之间的关系等。另外，全国各省市区教育发展差异巨大，高考评价面临的改革环境、条件和基础不尽一致。改革中既要鼓励部分省市区先行先试，发挥改革的龙头作用，也需要关照教育发展相对落后地区，全面推进高考评价改革。针对以上内容，唯有遵循系统性原则，做到系统设计，通盘考虑，有条不紊，步调一致，方可为高考评价改革奠定基础。二是高考评价改革的总体目标是切实发挥高考的评价功能，实现由考试向评价的转变。但要实现以上改革目标，必须将总体目标层层分解，细化至可操作的一项项改革内容和任务，以支撑总体改革目标的实现。总体改革目标对改革实践具有导向作用，系统分解之后的改革目标才具有可操作性和可实现性。只有实现了系统分解后的每项高考评价改革目标，如研制新的考试评价目标体系、完善考试评价指标、优化考试内容与形式、推进分数报告改革等，高考评价改革的总体目标和任务才能实现。因此，高考评价改革必须遵循系统性的改革原则。

（二）科学性

高考评价是以考试为基本手段测度和评价学生的知识和能力的活动，高考评价改革的目标是要引入现代教育测量和评价理论与技术来改造考试，实现高考由考试向评价的转变，发挥高考的评价功能。高考评价本身就是一项以科学理论和方法为基础的实践活动，对于这样一项活动的改革，必然要遵循科学性改革原则。科学性原则的表现之一是科学决策。高考是一项大规模、高利害、高风险、社会关注度高、影响巨大的社会活动，高考评价改革的成与败都会产生极为广泛的社会影响。因此，必须树立科学先进的改革理念，以科学的教育测量和评价等相关理论为指导，加强研究，科学决策，确保实现高考评价改革目标。表现之二是高考评价改革必须遵循社会发展规律、人的身心发展规律和考试基本规律，满足社会发展需要，促进人才健康成长，优化考试制度[①]。高考评价改革必须符合社会发展需要，满足社会发展对各类人才的选拔和培养要求，高考评价目标研制、评价体系完善、考试内容与形式优化、分数报告制度改革等都应服务于社会人才选拔、培养以及应用的需要。考试评价改革必须适应社会发展现状，不冒进，也不局限于现有生产力与科学技术发展条件，积极稳妥地推进。高考评价改革必须适应学生身心发展规律及促进学生全面健康成长的需要，教育之本是学生，是人才，高考评价改革的一切举措均应指向学生，基于对学生认知结构、兴趣、情感、态度等的研究和掌握设定高考评价目标、选择评价指标和考试内容形式，通过评价促进发展，使考试真正成为学生成长发展的推手。高考评价改革还必须遵循考试基本规律，除了适应社会发展与人才成长及选拔需要之外，还应基于教育测量与评价理论和考试理论，科学设定高考评价目标、评价体系、评价内容与形式等，并使相互之间的关系协调一致，共同支撑改革目标的实现。

（三）渐进性

高考评价改革是一项系统而又复杂的工程，高考改革的历史经验表明，

① 廖平胜：《考试学原理》，华中师范大学出版社，2003年，第211页。

“渐进性的改革优于突发式的革命”①，只有遵循渐进性改革原则，逐步推进，才能够实现预期的改革内容和目标。激进突发式的改革容易吸引眼球，引发关注，也容易在短期内获取显著的改革成效，但也极容易顾此失彼，昙花一现。“文革”期间停止统一考试、推行标准分数制度、“三南模式”高考科目改革等经历足以证明，高考评价改革必须循序渐进，稳步推行。首先，高考在我国具有特殊地位和影响力，可谓牵一发而动全身。高考制度自身的改革往往受到制度之外因素的牵制，必须考虑政治、经济、文化、教育等诸多要素，权衡多方利益主体需求。高考评价改革需要具备一定的外部社会条件基础方可进行。如异地高考问题已是争议多年的难题，但它的化解却要综合考虑城市发展、既得利益群体、户口制度等复杂要素，需要等待相关条件的成熟。其次，改革就意味着新理念的推广和新方法的应用，而人们对于新事物的接受、理解和认同需要一定周期，因此也必须经历从问题提出、理念形成、制定方案、改革试点到付诸实践全面推广的过程。如高考标准分制度，原本是符合考试规律旨在提高考试科学性的改革举措，但却因为对其功能作用的认识不一，人们对按照卷面原始分数简单相加模式已经默认习惯，不得不在试行后搁浅。由此，高考评价改革必须具备一定的群众基础和社会舆论基础。再次，此次高考评价改革涉及内容广泛，需要以教育测量与评价理论、考试理论为指导全面改造高考，需要重新研制考试评价目标，构建评价体系，优化考试内容与方法，改革分数报告制度等。这些改革内容一方面需要具备坚实的理论和技术基础，需要开展大量研究工作；一方面需要将改革内容层层分解，分步骤有序展开。另外，高考评价改革需要教育行政部门、高中和高校全面参与，需要全国各省市区协调一致，共同推进。但由于各地教育发展水平存在差异，高考评价改革对考试技术、专业人员也有更高的要求，因此只能先在具备条件的省市区展开，试点成功之后再推广至全国。

（四）公平性

公平是高考评价改革绕不开的话题，必须将维护公平贯穿于高考评价改革始终。高考评价改革的公平性原则主要体现在政策制定、考试评价改革内容和评价实施过程等方面。首先是政策制定的公平性。国家的高考评价改革

① 刘海峰：《高校招生考试制度改革研究》，经济科学出版社，2009年，第386页。

政策制定应充分考虑全国各地教育发展差异巨大的事实，照顾教育发展欠发达地区和教育资源分布薄弱地区的学校、考生及家长的利益，通过宏观政策倾斜加快以上地区教育发展，确保考生考试机会均等，促进教育公平和考试公平。其次是考试评价改革内容的公平性。高考评价改革涉及评价目标研制、评价体系构建、考试内容与形式优化、分数报告制度改革等多项内容，社会对高考公平性的诉求要求在以上内容的改革中应关注考试公平，确保考试评价内容与形式、评价方法、评价结果对所有考生公平公正。以往的高考评价内容与形式在一定程度上存在有利于教育资源丰富的城市学生而不利于教育资源欠缺的农村学生的倾向，产生考试公平问题。新的高考评价改革除了保护农村学生的考试利益、促进考试公平之外，还应防止产生对于农村学生的过度保护而形成对城市学生的反向歧视和考试不公平，协调不同学生的考试利益，妥当处理高考评价中卓越与公平的关系。再次是高考评价实施过程中的公平性。长期以来，高考公平一直是社会关注高考、诟病于高考的焦点议题，但需要明确的是，一些高考公平问题源自制度本身，由于制度设计的局限性而产生，但也有相当部分的高考公平问题却是来自高考制度之外的社会因素，来自权钱等因素的介入对高考评价公平性的干扰和破坏。因此，在高考评价改革过程中，需要从优化评价制度设计和防止社会不良因素的介入等多个角度入手严防考试公平问题的产生，切实做到阳光高考，提升高考评价的公平性。

四、高考评价改革的保障条件

除了明确高考评价改革的内容和目标、树立新的评价理念、遵循基本的改革原则之外，为夯实改革基础，确保改革顺利进行，还需要通过明确高考评价功能与其他功能间的关系，完善高中学生评价，加强高考评价研究以及落实高校招生自主权等途径为高考评价改革提供必要的保障条件。

（一）明确高考的评价功能与其他功能的关系

高考评价改革重点强调实现由考试向评价的转变，发挥高考的评价功能。这一提法主要是针对以往过于重视高考的测度和选拔功能，忽视其评价功能，由此导致偏颇的以文化科目考试分数评价学生的不足和局限，导致应试教育，引起高中、考生、高校以及社会等高考相关利益群体的不满。在提倡改革高考评价之际，需要明确强调发挥高考的评价功能并非舍弃其他功能，评价功能与其他功能间存在密切关联。考试的本质以及高考的发展历史表明，高考具有测度、选拔、评价、诊断、预测、督导、行政、文化、经济等多项功能①。对于其中的多个功能人们已耳熟能详，评价功能是原本具备的但最近才被重视的功能。高考是由考试主体、考试客体、考试中介等诸多要素构成的一个系统，其中考试中介又包括考试目标、考试评价指标体系、考试内容与形式、考试结果呈现等内容。高考的功能决定于系统内部构成要素之间的结构及交互制约关系，其结构与关系的变化引发功能的变化。高考评价改革就是要以全面综合、科学合理、公平公正地评价学生的知识和能力为宗旨，以通过评价促进学生发展和为高校选拔适切性人才为目标，克服以往过于强调高考的测度和选拔功能，片面地以考试成绩评价学生的局限性，不利于全面深入地了解学生等不足，重新调整高考评价目标、考试评价体系、考试内容与形式等高考构成要素及其之间的关系，使其更具有评价功能。

高考评价功能的发挥会引发其他功能的变化，会对一些功能提出更高要求，会使一些功能更加优化。高考在其本质上是一种测度活动，其评价功能的发挥对测度功能提出了新的要求，要求更加全面深入、客观公正、人性化、动态化地测度学生的知识和能力，以为学生评价提供丰富多样、科学可信的资料依据。同样，高考评价功能的发挥会使其预测、督导、行政、文化、经济等功能得以优化，成为以上功能优化的基础。因此，切勿将高考的评价功能与其他功能相对立或者相隔绝，正确理解和处理它们之间的关系成为高考评价改革的保障条件。

（二）完善高中学生评价体系与内容

无论是国外的高校入学考试，还是我国的高考，莫不与中学保持密切的不可剥离的关系，主要表现在考试内容基本来自中学的教育教学内容，中学的评价结果往往为高校选拔人才提供了评价依据。在我国的高考评价改革中，需要通过继续完善高中学生评价体系与内容，为促进高考评价改革提供基本保障。以往，为人们所熟知的是高考对高中教育教学的消极“指挥棒”作用，认为高考导致高中的应试教育，片面以成绩为主考查学生，成为素质教育改革发展的障碍。高考与高中教育的关系成为中国一切教育问题的承载，成为社会舆论表达对教育和高考之不满的泄愤口。其实，既然高考与高

① 杨振德：《考试理论与实践》，辽宁民族出版社，1998 年，第 9～19 页。

中教育具有天然联系，也可通过改革发挥高考对高中教育的积极“指挥棒”作用，引导高中教育发展。从源头上，高中新课改尤其是学生评价改革反作用于高考，要求高考适应高中新课改而进行相应的改革。在实践中，高中学生评价体系与内容改革和高考评价改革则表现为双向互动关系，相互影响，彼此推进。具体是，高校应结合自身人才培养与选拔要求、人才的个性化成长要求以及高中新课改的理念与精神提出高考评价理念与要求，为高中学生评价传递积极信息，引导高中全面综合、科学合理地评价学生；高中学生评价结果则为高校人才选拔提供必要的评价资料和依据；高考评价结果不仅应用于学生自我了解和选填志愿，也可应用于评价高中教育教学效果。因此，在高考评价改革中，需要进一步优化和理顺其与高中学生评价的关系，通过进一步改革完善高中学生评价体系和内容，为高考评价改革奠定基础，提供保障。

直面高考评价改革的核心内容，研制评价目标、完善评价体系、优化考试内容与形式以及改革分数报告制度等，样样都与高中教育教学有关，需要高中支持配合。如在高考评价目标研制中，需要与高中人才培养目标相一致、相延续，科学连贯、富于逻辑性的高中人才培养目标是高考评价目标研制的基础，高考评价目标扮演衔接高中与大学培养目标的角色。目前的高中学生培养目标和高考评价目标以及不同学科之间的考试评价目标有些各自为政，之间缺乏基本的逻辑和关联，是高考评价改革的首要任务。

高考评价体系的完善有赖于高中学生评价体系和内容的完善。在各省市区公布的新课改后的高考评价方案中，由考试成绩、高中学业水平考试和综合素质评价构成的“三位一体”的综合评价模式成为基本范式，将被逐步付诸实践。由此可以看出，在国家“综合评价”改革导向的影响下，借助高中学生评价结果完善高考评价体系成为基本思路，高中学生评价结果将在高考评价体系中发挥重大作用，产生深刻影响。其实，在高考改革发展史上也尝试过类似模式，那就是高考成绩加高中会考成绩的考试评价模式。但会考在高考中功能作用的逐渐式微宣告了这次改革尝试的失败，原因在于会考内容及考试成绩的科学性和可操作性受到质疑，无法在高考评价录取中被实质性参照。在新的高考评价体系中，参照高中学生评价结果依然是基本改革思路，在三项评价指标中高中占两项，由此可见高中学生评价在未来对高考评价的影响。这就要求高中学生评价应吸取会考制度改革的经验教训，在新课改所倡导的综合评价、多元评价、个性化评价、发展性评价等学生评价理念的引导之下，进一步优化学生评价内容及体系，完善评价过程，综合多样、科学公正地评价学生，使其评价结果更具科学性和可用性。“工欲善其事，必先利其器”，要想使高中学生评价结果在高考评价中发挥持续稳定、科学可靠以及实质性作用，定当以其改革完善为先决条件。

高考评价内容与形式的优化有赖于高中。高考评价的内容基本以高中教育教学内容为主，高中新课改后教育教学内容的革新必然引起高考评价内容的变化。高中新课改后的课程内容涵盖了语言与文学、数学、人文与社会、科学、技术、艺术、体育与健康和综合实践活动八个学习领域，课程内容强调时代性，要求课程内容的选择应能体现社会进步、科技发展成果及发展趋势，应有利于培养学生的实践能力，增强课程内容与社会生活的联系。课程内容强调基础性，要求学生掌握必需的经典知识及灵活运用的能力；注重学生学习兴趣和求知欲的培养，激发学生的探索精神；注重培养学生搜集和处理信息、获取新知识、分析和解决问题以及交流与合作等能力。强调课程内容的可选择性，为适应社会对多样化人才的需求，满足不同学生的发展需要，在保证每个学生达到共同基础的前提下，各学科分类别、分层次设计了多样的、可供不同发展潜能学生选择的课程内容，以满足学生对课程的不同需求①。由此可以看出，高中新课改后的课程内容符合社会发展变化以及人才成长的新需求，课程内容丰富全面，富有时代性和个性化特征。以上内容的改革与实践可为高考评价内容改革奠定基础。

另外，高考分数报告制度改革也需要高中的支持配合。要想给学生提供一份信息全面、内容丰富、科学可靠的具有实际指导意义的高考分数报告单，采集学生相关信息是关键前提。目前“云海工程”的策略是在高考之前通过发放《学生调查问卷》和要求学生参与《升学指导测验》收集相关信息，与高考分数相结合进行综合分析，构成分数报告数据信息内容。这其中离不开高中的参与和支持。

（三）加强高考评价研究

高考评价改革是一项以科学的教育测量和评价理论以及考试理论、技术和方法为基础和指导的综合性、系统性改革，改革目的在于提升高考评价的

---

① 《教育部关于印发〈普通高中课程方案（实验）〉和语文等十五个学科课程标准（实验）的通知》（教基〔2003〕6号）。

科学性。加强高考评价相关研究是改革顺利实施的根本保障。我国是考试古国、考试大国，有着悠久的考试历史，积淀了深厚的考试文化。但面对现代考试改革，我国对考试的研究却显得相对薄弱，许多考试研究方法，尤其是量化的研究方法，还远远落后于世界先进水平。我国的大规模考试（包括高考等）更多的还是采用经验式的考试命题模式，缺少系统的测量理论与技术的指导，考试质量得不到显著的提升。如何改造我们的考试，使我们的考试更加科学，成为当前教育测量学界、教育考试机构、命题工作人员思考、研究和努力解决的重大问题[①]。目前，关于高考的研究报道可谓铺天盖地：报名时关注异地高考，呼吁考试公平；自主招生启动后就紧随其后，从报名、考试联盟、考试时间到考试内容与形式等均成为新闻热点；考试过程中则围绕考题（尤其是作文题目）、考试作弊、高考绿色通道等展开报道和论述；考试结果揭晓后，高考状元自然而然地成为热点，尽管教育部一再强调切勿炒作高考状元，但从科举制度时期延承至今的状元文化难以抑制人们的激动情绪，集体性地将关注的目光投向每年900多万考生中的不足百名状元学生身上。如此看来，高考研究似乎已经做到了全程化，研究内容涉及报名、考试、录取等每一个环节。但细数高考研究成果，一般性的论述和报道居多，深入的分析研究较少；零散的研究居多，系统的研究较少；思辨性的定性研究居多，实证性的定量研究较少；宏观论述居多，操作性强、足以支撑改革付诸实践的研究较少。这一研究现状难以满足对考试理论和技术皆有很高要求的高考评价改革的需要。

高考评价改革不是简单的考试技术和方法的改革，不是修补式的改革，而是一项系统的对考试评价目标、评价体系、考试内容与形式、分数报告及结果应用的改革，以上每项内容都需要从理论和实践两个层面进行研究探索，需要多个研究主体参与。从研究主体视角，应实现现有国家级、省级和校级考试招生机构的职能转变，增强考试招生管理机构的研究职能和能力。在已经基本成型的“国家—省级—校级”三级考试机构体系中，不同层级的考试机构承担不同的考试任务，相应的考试任务也都需要通过研究进一步科

① 李金波：《让考试更科学——基于命题视角的研究》，武汉大学出版社，2012年，第1～2页。

学化、合理化[①]。目前，就考试研究能力而言，不同层级考试机构的高考研究能力不一，各省市区和高校的高考研究能力普遍较低，且发展不够均衡。这与省级和高校考试招生机构所要承担的高考评价任务极不相称。在“分类考试、综合评价、多元录取”的高考评价改革导向下，省级和高校考试招生机构将承担更多考试评价任务，如综合评价体系探索、高考命题改革、考试内容与形式改革、部分科目多次考试、自主招生改革等。对于以上改革内容，省级和高校应承担起考试研究职能，将高考评价的理论研究和改革实践相结合，将学生需求与各省、各高校实际相结合，探索和创新高考评价制度。

从研究内容视角，首先需要重视和加强教育测量和评价、考试理论与技术研究。以上理论与技术是高考评价改革的理论基础，对高考评价具有指导意义。但目前相关理论和技术的研究应用极为有限，多数理论和技术仍只为少数高校教师所掌握，对于广大高考改革实践者，高深的理论、晦涩的术语、复杂的公式、庞大的数学统计等往往令他们望而却步，无法将新的理论和技术应用于高考评价实践。项目反映理论（IRT）、认知诊断理论等代表教育测量新发展、新内容的理论符合新时期对学生的测量与评价要求，有助于深入、全面以及个性化地测评学生。以上理论在美国等西方国家的高校入学考试中有着广泛的应用，但在我国高考评价中的应用极为有限，仍处于尝试性探索阶段。与高考评价改革相关的理论与技术的研究、普及和应用推广是奠定高考评价改革理论基础的首要之举。高考评价研究的具体内容比较广泛，应以考试评价目标研制、评价体系构建、考试内容与形式优化、考试分数报告与应用改革为重点研究内容。以上研究内容与目标的实现能够为高考评价改革奠定扎实的理论基础。

（四）充分行使高校考试招生自主权

高考是为高校选拔适切性人才的考试活动，高校理应是高考评价活动的主体，扮演核心角色。但实践中高校仍处于“慵懒”被动的招生状态，未能成为考试招生主体。在传统的高考录取模式下，高校招生是无法“自己主动作主”的。高考成绩一公布，高校招生办公室根据招生计划人数划一条录取分数线，招生工作就完成了。高校无法在这个录取模式中发表自己的意见，

---

① 李雄鹰：《自主招生改革的难点与突破》，《国家教育行政学院学报》2012 年第 5 期，第 59 页。

表达自己的需求特点，体现自己的意志[①]。高考评价改革要求赋予高校较为充分的招生自主权，高校也应通过加强考试招生能力建设切实行使这一权利，改变“慵懒”被动的招生状态，成为高考考试招生的真正主体。

高校应根据社会发展对人才的需要，结合自身条件提出富有个性、展现特色的人才培养和选拔理念，进一步明确考试招生目标，指导考试招生实践。应构建涵盖考试分数在内的高考评价体系，积极探索分数之外的评价学生的内容指标，力争全面、深入、科学、公平地评价学生[②]。应加强考试内容与形式的研究和改革，结合社会发展需要和自身人才培养要求，以加强对学生综合素质的考查为宗旨选择考试内容；应促进考试形式改革，借鉴西方国家多通道高校入学考试选拔的成功经验，整合保送生、自主招生等现有考试招生形式，提高考试招生的科学性和效率，探索推荐入学、考试入学、免试入学等多种入学通道，为各类学生创造多元的进入高校学习的通道和机会。应重点加强考试招生研究工作，建立一支专职、兼职结合的考试招生专家队伍和管理队伍，加强考试招生能力建设，确保充分行使高校招生考试自主权，实现高考评价改革目标，提高高考评价的科学性和人才选拔质量。

第二节　高考评价改革的内容与路径

基于高考评价发展历史的回顾以及高考评价改革的背景和要求分析，高考评价的内容涵盖了高考考试环节的方方面面，可谓包罗万象，极为复杂。《规划纲要》中倡导的是“综合评价”的改革导向。然而，要发挥高考的评价功能，实现综合评价的改革目标，必然会牵一发而动全身，引起高考评价的系统性变革。根据历史回顾、国际比较、实证研究以及理论分析等研究基础，本研究认为，高考评价的改革本质是发挥高考的评价功能。为发挥高考的评价功能，首当其冲的改革内容应包括研制高考评价目标体系、完善高考评价指标体系、优化考试内容与形式、推进高考分数报告制度改革，涵盖了高考评价的“评价目标—指标体系—评价过程—评价结果”等所有环节。对以上四项改革内容的研究分析，有助于较为全面地认识高考评价改革的本质和内容，探索可行的改革路径。

---

① 秦春华：《自主招生改革不能再修修补补》，《中国教育报》2013 年 1 月 30 日。

② 李雄鹰：《自主招生改革的社会期待与大学应对》，《考试研究》2012 年第 2 期，第 24～25 页。

一、研制高考评价目标体系

高考评价目标是高考评价理念的具体化，是指高考究竟应评价学生的哪些方面、哪些素质，是高考评价要实现的目标。当前的高考评价目标体系缺乏明晰的层次性，与高中人才培养目标和高校人才培养目标之间缺乏有效的衔接，不同考试科目的评价目标没有形成有机整体。高考评价目标对高考评价活动具有导航塔的作用，指导考试评价指标体系构建、考试内容与形式选择、考试分数报告改革等。在“国家—省级—校级”三级高考评价体系架构中，评价目标也应以体系化的方式存在，从国家级到校级逐层分解，逐层细化，形成国家级评价目标、省级评价目标和校级评价目标。不同层级的评价目标与其在高考评价中扮演的角色和承担的考试评价任务相对应。高考评价目标是时代发展的产物，反映社会发展对人才的要求，反映学生成长的要求，反映高校选拔和培养人才的要求，伴随时代发展不断改革完善。高考评价目标体系的研制是一项重大、复杂、系统的改革任务，深入系统的研究是高考评价体系改革的核心，因此应在国家统一领导部署下有序开展。

研制高考评价目标体系的关键是确定评价目标内容，即高考究竟评价学生的哪些方面和哪些素质。因为高考是连接高中与高校的枢纽，是教育活动的关键环节，社会对教育的要求随着时代发展变迁而不断变化，要求高考考查学生的目标和内容也随之改变。回顾高考发展历史，中华人民共和国成立之初，国家将干部和各行各业高级人才的培养视作政治任务，确立了“政治、文化、健康”的评价三标准，其中尤为重视对政治素质的考查，被称为“政治挂帅”。“文革”期间，在“自愿报名，群众推荐，领导批准，学校复审”的招生模式下，对政治素质的重视达到顶点，几乎成为唯一评价目标和标准。统一高考制度恢复后，又恢复了“文革”前的评价目标，从德、智、体三个方面评价学生。1999 年国家决定实施素质教育之后，对高考评价目标也提出相应要求，要求高考应侧重于对学生的能力和素质的评价，从德、智、体、美等方面综合评价学生。2010 年《规划纲要》中指出教育的发展任务是全面实施素质教育，加快我国从教育大国向教育强国转变、从人力资源大国向人力资源强国迈进的步伐。对高考改革的要求是“完善高等学校考试招生制度，深化考试内容和形式改革，着重考查综合素质和能力”。由此可以看出，高考评价目标与时代发展相呼应，对评价目标的要求逐步提高，评价目标的内容构成逐步变革，朝丰富多元、综合全面地评价学生的方向发展。

高考评价目标的内容应富有时代性，体现时代发展需要。环顾全球，世界正处于大发展大变革的调整时期，经济全球化深入发展，科技进步日新月异，人类社会进入知识经济时代，人才竞争日趋激烈。而我国正处于改革发展的关键阶段，社会政治、经济、文化建设全面推开，解决社会发展变革中的环境、人口、资源问题迫在眉睫，经济发展方式转变刻不容缓。这一切急需提高国民素质，培养创新人才。党的十八大报告指出，教育发展要以“培养德智体美全面发展的社会主义建设者和接班人”为目标，全面实施素质教育，重视培养学生的创新精神。高考评价目标的内容应反映时代发展的要求，从这些背景和要求中提炼出评价目标的内容。纵览各种文献资料对新时期高校人才选拔和培养的表述，德、智、体全面发展人才，创新人才，高素质人才，优秀人才，复合型人才，领军人才，未来人才等提法不一而足。这些表述从不同侧面展现了对新时期人才素质构成及选拔的理解，人才的知识、能力、创新等综合素质成为普适性的评价目标，彰显出鲜明的时代特色。

以上反映时代发展对人才素质构成的理解都属于抽象模糊的概念，根据教育测量与评价的原理，越是模糊抽象的概念越是难以测评，教育评价目标应是一个金字塔式的由宏观模糊到细致可操作的自上而下的逐层分解的体系。要实现对以上概念的测量和评价，需要进一步明确概念的内涵及相互间的关系，对概念下操作性定义①，通过科学的程序将其逐层分解为国家级、省级、校级、考试科目以及每个科目每个模块的评价目标。唯有如此，宏观抽象的概念和人才选拔要求才能落实到每道考题上去。这是一项重要而又宏大的工程，需要在现有的以 20 世纪 80 年代中期高考标准化改革期间引入的布卢姆的教育目标分类理论为依托构建的高考评价目标体系的基础上（记忆、理解、应用、分析、评价、创造），结合人才选拔与培养的时代要求，以教育测量与评价、考试理论及技术研究为基础，深入加工分析庞大的高考成绩数据库，全面反映高中和高校人才培养与选拔要求，反映学生全面发展以及个性化成长要求，研制出一个理念先进、内容新颖、层次清晰、系统连贯、科学合理、易于操作的高考评价目标体系。

---

① 操作性定义又称操作定义，是根据可观察、可测量、可操作的特征来界定概念（变量）含义的方法。即从具体的行为、特征、指标上对概念的操作进行描述，将抽象的概念转换成可观测、可检验的项目。

目前，教育部考试中心每年颁布的考试大纲、各省市区根据考试大纲编制的考试说明以及高校公布的招生简章是高考评价目标的主要载体，但目前三者的关系有失妥当，考试说明和招生简章中的评价目标几乎是对考试大纲的重复。新的高考评价目标体系应有层次之分，考试大纲中的评价目标应具有宏观性，代表国家对人才选拔和培养的目标和要求，考试说明和招生简章中的评价目标应更为细致具体，属于操作层面的评价目标，用于指导命题、面试等。高考评价目标体系研制中应重新界定不同考试科目的评价功能和作用，根据不同科目的内容与性质，将总体评价目标分解至各个科目，使不同科目具备各异的评价功能。

在高考评价体系研制中，应进一步突出高校的角色，引导高校积极行使招生自主权，研制出符合各自人才培养和选拔要求的考试评价目标，让高校回归评价主体。目前高校的评价目标存在表述抽象模糊、趋同一致、难于测评等不足，这一现状一方面显示出高校办学定位不准、特色不明等趋同化发展问题，影响高等教育质量及多样化发展，一方面会影响适切性人才选拔，导致“千人一面”的人才培养困境；还会导致高校盲目招生，拼抢“状元”等高分学生。如果将高校人才培养及质量把控划分成入口、过程和出口三个环节，高考则是高校人才培养和质量把控的入口，是高校培养有特色的高质量人才的重要环节。高校应综合考虑学校办学传统、办学优势、学科专业特色及人才培养目标等因素，在实践中逐步探索适合自身的高考评价目标。并以此为指导，构建有特色的综合评价体系，优化考试内容和形式，提高命题质量，帮助学校招收适切性人才。

高考评价目标体系及内容还应具有人性化色彩。高考评价目标对人才选拔具有全局性的影响，评价目标的内容应该反映人才培养和成长的多元化要求，有助于全面深入、科学合理、公平公正地评价各类学生。根据多元智力理论观点，每个学生同时具有 9 种智力因素，高中新课改以多元智力理论为基础，促进学生全面与多样化发展。另外，我国幅员辽阔，各地政治、经济、文化、教育发展差异巨大，学生发展水平不一。即是说，高考评价目标的研制既要考虑拥有不同才华和能力的学生，也要考虑不同发展水平的学生，使各类学生的知识与能力都能被客观公正地评价。

二、完善高考评价指标体系

高考评价目标是对高考欲评价学生的哪些方面和哪些素质的表述，高考评价指标体系则是以上评价目标的具体承载，通过评价指标承载和实现评价目标。目前高考制度的明显不足是以考试成绩作为唯一评价指标评价学生，这与国外多元化高校入学考试评价指标体系形成鲜明反差，与国内社会发展、人才选拔与培养要求格格不入，也往往是社会诟病高考制度的把柄，亟待改革。根据教育测量与评价理论，评价目标要通过评价指标来实现，评价指标具有可测量性，不同的指标具有不同的测评功能，能够量化的内容需要通过量化指标测评，无法量化的指标则需要通过定性化指标评价。根据评价内容的重要性，赋予不同评价指标以不同权重，重要的评价内容所占权重较高，反之亦然。简单的评价目标用简单的评价指标测评，综合多元的评价目标则需要采用多个评价指标测评。

基于前文对高考评价目标的分析，新的高考评价目标具有综合多样性，要求全面评价学生的知识和能力。评价目标的综合多样性决定了评价指标的多元性，要求构建能够测评学生多个方面能力的综合评价指标体系。高考综合评价指标体系的构建同样是一项系统而又复杂的工程，需要将高考评价目标和内容分解成不同模块，再根据不同模块的内容和性质选择恰当的评价指标。由于高考在我国的特殊地位和特殊影响，高考评价指标体系的构建不仅应遵循教育测量与评价理论，还必须符合国情和现状。符合测评理论的指标不一定符合实际，不一定具有可操作性。从测评内容视角，高考评价指标体系应该全面反映和承载高考评价目标和内容，根据人才选拔和培养要求，从德、智、体等方面全面测评学生的综合能力。

高考评价实践中，考试成绩是目前唯一具有决定性意义的评价指标，偏重于对知识的考查评价，却无法全面评价学生，尤其是无法对难以量化的综合素质内容予以评价。只用书面笔试来测量人的才干存在很大的片面性和局限性，因为很多能力是无法用笔试来测量的。一个人能否在逆境中获取成功，这种品质不是写一篇励志作文就能够检验出来的，还需要事实来证明①。高考评价指标体系改革即是在现有评价指标（高考分数）的基础上，增加新的旨在测评学生成绩以外的综合素质和能力的新指标。高考评价指标是对评价目标的落实和体现，德、智、体全面评价的目标决定了评价指标也应包括德、智、体等方面。智育的考试评价内容和标准能够量化，容易测

① 郑若玲：《苦旅何以得纾解——高考改革困境与突破》，江苏教育出版社，2011年，第184页。

评，这一评价指标相对稳定、成熟。高考综合评价指标体系构建的关键和核心内容是如何增设承载测评学生德育、体育等综合素质的评价指标。对此，《规划纲要》中给出的导向性的改革策略是“以统一入学考试为基本方式，结合学业水平考试和综合素质评价，择优录取”。

在国家政策的导引下，多个省市区纷纷公布了基于统一考试、学业水平考试和综合素质评价的“三位一体”的高考综合评价模式。即是说，学业水平考试和综合素质评价将成为新的高考评价指标。对于以上两个评价指标，人们并不陌生。学业水平考试几乎是原有高中会考的翻版，综合素质评价是新课改之后的产物。对于将学业水平考试和综合素质评价纳入高考评价指标体系，各方反应不一，可谓喜忧参半。其积极意义在于：第一，新的评价指标的纳入打破和改变了自统一高考制度建立以来形成的单一评价指标的模式，有利于高考多视角地评价学生，丰富了评价内容，也在一定程度上增强了评价结果的多元性和科学性。第二，以上两个指标能够反映高中新课改的成果，将其纳入高考评价指标体系有助于建立高中、高考与高校的一体化联动机制，将三者相衔接，有助于人才选拔与培养的一体化。第三，可以扭转“唯分数是举”的应试导向，有利于素质教育的全面推进。第四，学业水平考试和综合素质评价是现实存在的指标，采纳它们可以减少改革成本，采纳现成的指标总比另起炉灶重新设立指标更为现实可靠。

然而，由于有将会考纳入高考评价但以失败为结局的阴影，执行新的评价指标会面临种种挑战。其一，“三位一体”的评价指标体系中各指标的测评功能分配不尽合理。高考成绩是偏重于对学生知识的测评，承担对智育的评价功能。学业水平考试是对学生高中阶段文化科目学习所达水平的测评，也属于对知识的测评。在三个评价指标中，两个指标属于知识类评价指标，似乎依然流露出高考重视知识考查的倾向。因此，如何协调处理两个同时测评知识的评价指标间的关系便值得思考。其二，三个指标间的关系界定及权重分配是改革成败的关键。即学业水平考试和综合素质评价是以“硬挂钩”方式按照一定权重换算成分数计入高考总分，还是以“软挂钩”方式仅仅作为评价和录取参考，不发挥决定性作用，这关乎“三位一体”的评价指标体系是否能具有根本性改革意义。如果为“硬挂钩”关系，必然引起高中的高度重视和连锁反应，存在优评所有学生的倾向，导致“你好我好大家好”的结果，使学业水平考试和综合素质评价指标失去意义。如果为“软挂钩”关系，也会因不发挥实质性作用而难以引起高中重视，逐渐成为“鸡肋”，功能式微。其三，学业水平考试和综合素质评价的科学性和公平性颇受质疑。学业水平考试的前身会考曾经被纳入高考评价，但由于考试结果日渐高度趋同，区分度极低而被迫从评价指标中剔除。如今又要和难以量化的综合素质评价一起作为评价指标纳入高利害关系的高考评价体系，人们仍然担心其结果是否可用。与此相关的是人们对其公平性的质疑，尤其是对难以量化的综合素质评价，担心招致权钱、地位等不良社会因素的介入，影响弱势考生利益，有损考试公平。

另外，围绕对学生体育的考查评价，考虑到学生体质普遍下降的事实，2012 年 10 月 22 日，国务院办公厅转发《关于进一步加强学校体育工作的若干意见》，其中在健全学校体育监督与评价机制部分指出，要把学生体质健康水平作为学生综合素质评价的重要指标，积极探索在高中学业水平考试中增加体育科目的做法，推进高考综合评价体系建设，有效发挥其对增强学生体质的引导作用。针对将体育纳入高考综合评价体系的改革意向，引发各方议论和各种反响，总体是一片反对声，看来要实现这一改革意向尚需时日。

由此可见，完善高考评价体系面临重重考验，是一项重要而又复杂的任务。吸取历史经验教训，借鉴国际普遍做法，权衡种种利弊，以“三位一体”的评价模式为基本原型构建高考评价指标体系相对更具有现实性。但必须具备一定基础，提供相应的保障条件方可。首先，“三位一体”的评价模式提供了一种改革思路，那就是在高考评价中吸纳高中学生评价结果，这既是国外高校的普遍策略，也符合我国新课改后高中学生评价的改革趋势和多元化评价理念。但需要在学业水平和综合素质的基础上进一步开发、拓展高中学生评价成果，如各种证书、社会实践记录、推荐信等。也可借鉴美国的 AP 课程经验，由高校和高中合作开设部分选修课程，增强高中与高校的联系，为高考评价提高更加丰富的评价指标，为高等教育作准备。为高等教育作准备并不等于为高考作准备。普通高中教育应在保留其培养学生综合素养的基础上，增加自主性、选择性和学术性，以便与高等教育衔接①。评价指标的建设应以有助于综合多元、科学合理、公平公正地反映学生多方面素质和能力为原则，改革之后的高考评价指标或许不再是“三位一体”，而是多项评价指标并存，供高校选择。

---

① 杨桂青：《2012 普通高中定位之辩——对普通高中教育定位讨论的回眸》，《中国教育报》2013 年 1 月 2 日。

其次，“三位一体”的评价指标体系改革的关键是提高学业水平考试和综合素质评价的科学性和公平性，这是社会关注的焦点，也是这一评价模式改革成败的关键所在。只要以上两个指标的科学性和公平性得到保障，它们在高考评价中的功能角色和所占权重问题也就自然化解，不同高校可根据人才选拔侧重任意确定。所幸的是，在高中新课改以及国家“综合评价”政策倡导之下，高中日益重视学生综合素质评价工作，各省市区也纷纷出台政策逐步规范学业水平考试和综合素质评价，这为“三位一体”评价模式的逐步推行奠定了基础，也为以“三位一体”评价模式为原型继续探索和完善高考评价指标体系奠定了基础。随着学业水平考试和综合素质评价的科学性和公平性的提高，可逐步实现其与高考成绩关系的“硬挂钩”，能够量化的部分按照一定权重计入高考总分，不能量化的部分则作为评价录取的依据发挥决定性作用。

三、优化考试内容与形式

如果说完善高考评价指标体系属于宏观层面的改革内容，优化考试内容与形式则属于微观层面的改革内容，目的在于提高考试本身的科学性，发挥评价功能。考试内容与形式改革是高考改革老生常谈的话题，高考评价改革对高考内容与形式改革提出了新要求。推动高考评价改革，实现发挥高考评价功能的改革目标有赖于考试内容与考试形式改革。《规划纲要》要求“深化考试内容与形式改革，着重考查综合素质和能力。以高等学校人才选拔要求和国家课程标准为依据，完善国家考试科目试题库，保证国家考试的科学性、导向性和规范性。探索有的科目一年多次考试的办法，探索实行社会化考试”。由此可见，在“综合评价”的改革背景下，发挥高考的评价功能对考试内容与形式提出改革要求，有利于考查学生综合素质与能力，有利于考试的科学化和公平性。

（一）改革考试内容

高考考试内容集中反映在考试科目和命题两个方面，改革考试内容主要关涉如何组合考试科目、改进命题等内容。如今，在高考评价改革背景下考试内容仍然存在的问题是，科目组合中综合科目实质上只是分科合卷考试，各科目的评价功能定位和科目间的关系不够清晰，并未实现大综合目标，不利于考查学生的综合能力；高考命题中的经验成分仍然存在，教育测量与评价理论在命题中的应用有限；各省市区命题水平不一，高校的命题能力有待提高；考试内容选择中依然存在考试公平问题，有待改善。在高考评价改革要求全面考查学生综合素质与能力的背景下，高考内容也应朝这一方向努力。

1. 优化科目组合

改革考试内容，一是要优化科目组合，以有利于考查学生的综合素质与能力。在科目改革中，长期存在全面考查学生能力与增加学生负担的矛盾。表现为随着素质教育的广泛推行和深入人心，更多人日渐认识到高考内容应注重考查学生的综合素质和能力。基于这一认识，曾在部分省市区试行“3＋X”科目改革，朝评价学生的综合能力方向迈进。起初的“X”为大综合，涵盖了除高中语数外之外的其他六门课程，以考查学生综合素质为目标。但由于这一模式被指增加了考生负担和压力、引起高中教学混乱而逐渐背离改革初衷，发展演变至今天的“3＋文科综合/理科综合”的小综合模式。原本体现综合评价精神的“X”成为分科合卷考试，与综合评价改革目标相去甚远。根据教育测量与评价理论，要想评价学生的综合素质和能力，就必须全面收集足以反映学生素质和能力的信息，评价内容越全面，评价结果相对更为客观和科学。但是，高考科目改革的历史表明，通过简单增减考试科目调节全面评价学生综合能力和减轻学习负担之间关系的策略无法化解二者之间的矛盾。增加考试科目有助于全面考查学生素质和能力，但会增加考生学习负担和考试压力；减少考试科目有助于减轻学生负担，但却不利于全面评价。这一矛盾成为高考科目改革的焦点和难点。

在高考科目改革中，还存在一个认识误区，即通过科目考试实现一切评价目标。由于长期以来文化科目考试是高考唯一评价学生的指标，导致人们产生通过文化科目考试实现一切评价目标的认识误区，使科目改革负重前行，背负了其难以承受之重，也将科目改革导入误区。根据教育测量与评价理论，任何测评方式都有其局限性，特定的测评方式只适用于特定测评目标和内容，将一种测评方式用于不适合其测评的内容也可达到一定目标，但是会导致测评结果的低效，这在教育测量中被称为效度的相对性。在新的高考评价指标体系中，科目考试只是评价学生的指标之一，只能承担部分评价任务。评价学生综合素质与能力的目标还必须借助更多其他评价指标来实现。

以上矛盾和认识误区成为长期以来困扰高考科目改革的羁绊，高考评价改革要求从有助于发挥考试的评价功能、有助于评价学生综合素质视角思考问题，寻求策略。从考试科目与内容发展的国际经验来看，以高校所需能力为标准组织考试内容和科目的自由组合与选考是普遍发展趋势。美国和我国台湾地区，都实现了考试科目和内容的选考制，即高校根据人才培养与选拔要求提出不同专业所需参加的考试科目和内容，考生根据报考需求选择参加不同科目的考试。考试科目与高中课程不完全对应，以高校所需要的能力为维度组织考试科目和内容，如 SAT Ⅰ 的考试科目有写作、阅读和数学，主要考查学生是否具备在大学阶段所必需的思维能力与分析、解决问题的能力。这一模式的优点在于学生拥有充分的选择权利，可根据自己的兴趣自由选择考试科目，充分展示学生能力；有助于高校根据不同专业人才培养特点和要求选拔适切性人才，从而培养高素质人才；有助于引导高中全面实施素质教育，实施旨在促进学生全面发展的教育计划。

反观我国高考科目的现实模式，“3＋X”是普遍采用的模式。这一模式的设计思想与高考评价改革的宗旨相一致，即全面评价学生的素质与能力。但在具体操作中，存在将原有科目模式简化变形的问题，X 科目简化成了文科综合和理科综合，文科综合和理科综合也异化成如今的分科合卷考试，而不是当初的包含多个科目的、学科间交叉命题的大综合。这一改变严重影响了“3＋X”科目模式评价学生综合能力的效能。全面评价学生素质与能力的改革内容要求重新审视高考科目设置，在科目设置时贯穿综合评价、科学评价、个性化评价以及公平评价等理念。科目设置应该有助于高中实施素质教育，吸纳高中新课改成果；增加学生的选择权限，有助于学生个性化成长；有助于全面评价学生素质和能力，便于高校选拔适切性人才。高考科目设置应以测评学生能力为目标，应用教育测量与评价理论及技术，系统设计科目构成及科目间的关系，准确定位不同科目扮演的角色和所承担的评价功能，使整个高考科目构成浑然一体。

实践中，应以“3＋X”的基本思路设计考试科目，其中“3”所代表的语文、数学、英语科目为基础科目，以考查学生基本能力为目标，凸显基本评价要求。但是，由于在基本科目中的语文和英语都属于语言能力考查，有重复评价考生语言能力之嫌疑，而关于高考中英语科目的争议由来已久，有取消之说，社会化考试之说，降低权重之说，录取中部分专业不做要求之说等，反映出改革的呼声。因此，基于英语科目的学科特点和考试技术的成熟度考虑，可逐步推行社会化考试，实行一年多次考试的办法，用等级制和百分制两种办法计分，学生根据不同高校要求提供等级或者分数。即是说，对英语有要求的高校，基本科目依然为 3 科，而对英语没有要求的高校，基本科目则为 2 科。“X”则代表充满变数的科目，从科目构成数量上可以是 1 科，也可以是多科；可以是指定科目，也可以是供高校和学生选择的不定科目；可以是分文理科的小综合，也可以是不分文理科的大综合。综合考虑高中课程与教学、学生发展需求以及高校人才选拔等因素设置，以是否有利于评价学生综合素质与能力为取舍依据，充分展现高考科目的综合性、选择性与倾向性。

未来高考科目改革的重点在于 X 科目的设置。“3＋X”的高考科目设计思想与高考评价改革的宗旨相一致，如果能够实现事实意义上的“3＋X”科目模式，也就有助于实现评价学生综合素质与能力的改革目标。但是，要实现真正意义上的“3＋X”科目模式，尚需具备一定条件。其一，应系统研究现有高中科目与内容、高中学生的能力构成以及高校对人才的能力构成要求，权衡多种因素确定“X”科目，明确定位每门科目的角色与评价功能，避免不同科目重复评价同一能力。科目构成不一定是高中现有的特定课程，也可根据高校人才评价和选拔要求，开设不以高中特定课程为考试内容的类似于综合素质评价的考试科目。其二，目前高校对于究竟要评价学生的哪些能力和究竟要选拔什么样的人才的认识并不清晰，依然停留于拼抢高分学生的状态。这是急需解决的问题。应确立高校的招生主体地位，行使招生自主权，研制符合自身的、具体可行的考试内容与能力考查要求。高校也可与高中联合开发足以展示学生发展倾向的课程和内容，帮助学生了解自己，帮助高校评价学生。其三，高考科目的改革也有赖于高中新课改的深化与实施，只有高中课程及内容具备了灵活性、综合性、选择性等特征，才能为灵活设置高考科目奠定基础。当然，高考科目改革与设置也离不开对考试公平的关照，增强考试科目及内容的灵活性与选择性，为不同学生展现其才华创造同等机遇。

2. 改进高考命题

高考内容改革的第二项是改进高考命题。高考评价改革要求用教育测量与评价理论指导命题，提高命题质量。自 1985 年高考标准化改革在高考命题中引入教育测量与评价理论起始，以经验为依托、以知识考查为目的的高考命题大有改观，教育部每年颁布考试大纲，指导学生复习，指导高考命题；命题中编制双向细目表确定考试内容与权重，引入难度、区分度等参数鉴别试题质量，命题质量逐步提高。但是，不可否认之事实是，高考命题中依然存在经验命题的烙印，项目反映理论、认知诊断理论等教育测量与评价理论在命题中的应用有限；在统分结合的命题模式下，各省市区命题水平不一，试题质量高低不等；部分高校自主招生试题质量不高。

命题是实现高考评价目标的最微观环节，试题质量的高低直接决定着高考能否全面综合、科学合理、公平公正地评价学生。改革高考命题，第一，应加强命题研究，尤其是命题理论研究与技术开发工作。命题是高考评价的关键环节，是一项技术活动，但也需要理论支撑。命题的最直接的理论基础是教育测量与评价理论，命题相当于教育测量中的测验编写，需要根据特定测量目标，基于相应的理论基础，遵循基本原则，按照一定程序进行。命题的核心目标是如何通过特定的题目测评学生特定的知识与能力。测量活动具有间接性，题目是将学生内在素质与能力外化的刺激中介，因此题目的质量直接决定着考试能否准确测评学生特定的素质与能力。信度、效度、难度、区分度等是为人们所熟知的经典测量理论中衡量试题及考试质量的重要指标，这些指标的引入大大提高了命题的科学性和试题质量。近年来，教育测量理论又有了新发展与新突破，伴随认知心理学对人的认知结构及过程的研究，伴随人本心理学的发展，项目反映理论、认知诊断理论等测量理论相继产生，倡导更加精确、深入、人性化和动态化测量人的内在心理结构。这些理论在美国等西方国家的高校入学考试中的应用趋于广泛，为试题的多样性、灵活性、人性化、科学化奠定了基础。

我国从 20 世纪 80 年代初开始命题的理论研究工作，时至今日，命题理论研究仍落后于命题实践需要，高考命题中的经验成分仍占主导地位。命题理论与技术的局限性影响高考评价目标的实现，影响考试内容的选择、题型开发、试题结构、试题质量检测、分数报告、考试形式等命题与考试过程。高考评价改革要求通过考试综合全面、科学合理、公平公正地评价学生的素质和能力，这一改革目标的实现要求加强命题研究，提高命题质量。加强命题研究应及时关注教育测量理论的最新发展，紧跟国际发展趋势；应注重在与考试相关的人群中普及教育测量基本知识，鼓励更广泛的人群参与教育测量理论与技术、考试命题研究工作；应充分利用海量的高考考试分数数据，挖掘蕴藏其中的宝贵信息。总之，命题研究是命题科学化和提高命题质量的基础。从近期看，命题研究有助于改善经验式命题现状，提高试题质量；从未来发展看，则将为高考题库开发与建设以及实现计算机自适应考试等奠定基础。

第二，应推动各省市区高考命题水平均衡发展，尽快提升高校自主命题水平。当前，分省命题与全国统一命题的格局已基本形成。但是，受人力、物力、财力等因素制约，各省市区的命题水平发展不够均衡，影响高考命题质量。对此，一方面应实行命题资格准入制度和弹性制度，加强对分省命题的监管，鼓励具备条件的省市区分省命题，也允许部分省市区退出分省命题。另一方面，应以教育部考试中心为主导，引领各省市区加强命题能力建设。应转变考试机构职能，加强考试机构的专业化建设；引进专业化人才，进行考试命题的理论与技术培训，建立一支稳定的专业化命题队伍。

自 2001 年实施自主招生改革试点以来，先后有多所高校相继实施自主招生，开始承担考试命题任务。回顾高校自主招生命题的历史，自主招生的试题每年都成为社会关注的热点，伴随社会的质疑、批评与期望逐步改革。高校自主招生的试题已呈现出一些特色，如题目灵活多样，题型新颖，试题内容不拘泥于高中教材，与时代发展息息相关等。高校命制的自主招生试题在一定程度上体现了高校人才评价与选拔的要求，要求学生不仅拥有基本的知识点，还要求具有宽广的视野，具备基本的思维能力与分析能力，具有创新潜质，表现出独特的个性与能力倾向等。但是，自主招生试题也招致不少诟病，值得反思，需要改进。首先，高校在未来高考评价改革中将逐渐成为事实主体，发挥主体作用。高校应在深入研究的基础上，以学生评价与选拔目标指导命题，通盘考虑，系统设计。其次，应加强考试命题研究工作，建立一支稳定的专业化命题队伍。命制试题是一项科学性活动，不仅需要熟悉相关学科内容，还需要掌握基本的命题理论与技术。高校教师富于学科知识与理论，但欠缺命题的基本理论与技术，需要培训学习。再次，高校命题教师还必须了解高中教学内容与学生素质和能力发展状况，了解高校人才评价与选拔要求，命题中应将二者紧密结合。最后，自主招生命题应改变偏、难、古、怪的命题倾向。单就一道题目而言，自主招生的题目固然新颖独特。但是， 套试题是基于相应评价目标的整体设计，每道试题都承担特定评价任务。试题命制中不仅要考虑每道题目的科学性与合理性，还要顾及整套试题的质量与测评功能。

（二）优化考试形式

形式为内容服务，高考评价改革对高考内容改革的要求也相应要求进一步优化考试形式，以更好地实现高考评价目标。相对于考试内容“考什么”，考试形式则关注“怎么考”。宏观层面的考试形式主要指组织形式，即考试由谁来实施。微观层面的考试形式主要指题型、考试评价方式等①。

就宏观层面的考试形式改革而言，根据综合全面、科学合理、公平公正评价学生的改革要求，在高考中应进一步整合优化现有考试评价形式，重组考试入学、保送入学、自主招生、定向招生等考试评价形式，以为各类学生创造多元入学机会为宗旨，遵循卓越与公平原则，重新设定考试评价形式。借鉴国际经验，根据我国教育与社会发展状况，目前可按照考试入学和免试入学的基本思路设计高考考试评价形式。考试入学作为绝大多数学生入学的基本通道，免试入学则作为高校的灵活入学通道，面向在某方面表现出独特潜质的学生和弱势学生群体②。在考试入学通道之下，还可再细分为统一高考入学、自主招生入学等形式；在免试入学通道下还可有申请入学、推荐入学等形式。这样，不同学生可根据自身发展情况选择特定入学形式，足以体现考试评价的灵活多样、科学合理与公平公正。微观层面的高考形式改革是指应丰富考试题型，采用多种考试评价方式评价学生。要全面、多元、科学地评价学生就必然要求考试内容多元化，而丰富多元的考试内容只有用多种题型去呈现，方可实现其评价意图。因此，高考评价改革也需要不断开发新题型，将多种题型相结合，发挥不同题型的评价优势。需要丰富考试评价方式，将笔试与面试相结合，发挥不同考试评价方式的功用。

四、推进高考分数报告改革

高考分数报告是考试结果的载体和呈现方式，分数报告的形式与内容决定我们从其中可获知多少学生的评价信息。我国传统的高考分数报告是纸条式的，评价信息只有考试分数，考试分数也只有分科目分数和总分，对学生的信息呈现极为模糊，不利于学生自我认知，不利于高校区分选拔学生，也不利于以此为依据评价高中教育教学。高考评价改革的一系列内容与举措要求改革分数报告方式，丰富、详细、多维度、个性化地呈现考试评价结果。如果高考评价目标、指标体系、内容形式、命题等都发生了变化，而分数报告仍沿用传统模式，那之前的精心设计也都会成为枉然。因此，在高考评价改革背景下，高考分数报告也不得不改。

---

① 张耀萍：《高考形式与内容改革研究——基于利益博弈的视角》，华中师范大学出版社，2008年，第5页。

② 这里的“免试”是指不用参加统一高考，不包括由高校自行组织的考试。

“云海工程”开启了我国高考分数报告改革之先河，率先拉开改革帷幕，成为改革样板。“云海工程”在学生评价信息的输入和信息深加工方面作出了重要变革，从信息输入角度看，不仅有学生的文化科目考试分数，还通过《升学指导测验》和《学生调查问卷》采集学生发展的倾向性信息和个人基本信息，丰富了单一的考试成绩信息。从信息的深加工角度看，引进多种统计分析方法，按照能力结构分项呈现学生表现，可为学生学科专业志愿填报提供参考；通过考试分数的等值处理，还可以评估高中教育教学情况，使高考分数发挥对高中教育的积极“指挥棒”作用。“云海工程”的举措对于全面评价学生具有重要意义，对于改进传统分数报告方式具有创新价值。但是，“物之初生，其形必丑”，要使“云海工程”的设计理念和基本措施逐一得到落实，还必须奠定扎实的改革基础，创造必要的实施条件。

首先，应奠定改革的认识与理念基础。所谓“吃一堑，长一智”，曾经符合教育测量与考试要求，代表高考标准化改革的具有科学意义的标准分数，由于人们认识不一，最终以失败告终。高考评价分数报告改革应从中吸取教训，广泛宣传，使高考的相关利益群体对此有正确的认识。本研究对“云海工程”的调查结果显示，教师、学生、学生家长、教育管理人员等对此认识不一，普遍不是十分了解改革的相关内容。教师、学生等只是按照教育行政部门的要求按时完成相关测试，但对为什么要这么做、有何作用与价值、有何意义等的认识并不清晰，只是被动参与改革。这对充分发挥分数报告的作用构成障碍，需要通过反复的宣讲与宣传统一认识，奠定观念基础，确保改革稳步实施。

其次，高考分数报告改革涉及评价理念、测评技术、统计技术、评价分数的解释应用等多项内容，需要通过加强研究夯实理论与技术基础，确保分数报告结果的科学性。通过研究要解决以什么理论为指导和从哪些维度采集学生信息的难题，只有在科学理论指导下系统、全面地采集学生相关信息，才能使分数报告内容丰富、结论科学。“云海工程”需要进一步丰富学生信息来源，全面采集学生德、智、体等方面的发展信息。因此，也需要通过研究制定信息分析框架，以学生能力构成和种类繁多的信息为前提，系统化、多维度、多层面地展示学生的素质和能力。另外，分数报告改革中会涉及复杂的统计公式和统计学语言，如果以此种方式报告数据分析结果，恐怕大多数人不懂其含义。因此还需要通过研究将其通俗化，无论信息统计分析过程多么高深复杂，但呈现给学生的应是通俗易懂的分数报告结果。分数报告中对相关数据普遍采用标准化统计方法，应用百分等级等标准分数，分数报告用标准分数呈现考试结果。从教育测量与统计学视角，标准分数的科学性远高于原始分数，便于对考试结果进行深度分析。

最后，在确保分数报告结果科学性的基础上，鼓励学生、高校和高中充分应用分数报告结果。再精美的设计也要付诸实施才能体现出其价值。长期以来，高考以文化科目考试成绩为唯一评价指标和按照总分评价录取的模式使学生和高校形成固定思维模式，只重视考试分数，只看总分。综合多样、科学合理、公平公正的高考评价改革要求深入细致、灵活多样、多维度、个性化地评价学生，这是适应高中新课改、适应人才的个性化发展需求以及高校评价、选拔适切性人才的需要。因此，在高考提供了丰富多样、科学合理的分数报告之后，还要鼓励学生、高校和高中应用这一报告。应培养学生设计个人职业生涯的习惯与能力，帮助学生利用分数报告从多个角度认识自我，引导学生以个人兴趣与能力等为依据选择职业发展方向，填报学科专业志愿。高校不应简单以文化科目考试总分为依据评价、录取学生，要充分发挥高考分数报告的功能，利用其中包含的丰富的学生能力信息，评价、选拔符合其人才培养目标的适切性学生。也可以报告中的信息数据为依据，尤其是利用报告中各科目的能力结构及分项数据，采用增值评价方法评估高中教育在促进学生发展中的实际效用，比较不同学校、不同地区教育发展差异，诊断高中教育发展中存在的问题，为改进高中教育提供科学依据。

结　　语

高考综合评价改革是高考领域新生的理论与实践问题，是在国家社会经济发展对人才的新要求、高中新课改、学生个性化发展需求、高校评价选拔人才的新要求以及高考制度自身的完善等多个因素共同作用下催生的改革议题。建立健全高校招生录取综合评价制度是我国高校招生制度改革的发展方向。高考综合评价改革应包含如下内容。

一、树立“综合评价”的理念

高考综合评价改革的本质是实现由重视测度与甄别向重视评价的转变，充分发挥高考的评价功能，综合多样、科学合理、公平公正地评价考生。现行高考制度要求考试科目统一，中小学课程设置也大同小异，追求共性教学模式，学生千人一面，否定了人才培养的多样性，扼杀了人才的个性，抑制了学生多元潜质的发挥。回顾高考改革与发展历史，文化科目考试及其成绩基本是评价学生的唯一指标，考试成绩为评价录取学生的唯一依据。考试内容也基本局限于高中教材，高考考试大纲以高中课程标准为依据编写，高考命题以考试大纲为指导实施。考试命题依然存在经验性成分，1985 年起始的高考标准化改革内容未能全部实现，考试题库建设等足以根本改变高考评价的关键性目标未能很好地实现。在统分结合的命题格局之下，16 个自主命题的省市区命题水平不一，试题质量参差不齐，影响高考的评价功能。在以往的制度中，高考分数报告及其功能被长期忽视，报告单中只有总分和各科目考试成绩，不利于全面展现考生的素质和能力，不利于高校综合认识与评价考生。

以往对高考综合评价功能的忽视，不适应高中新课改、学生个性化发展、高校选拔适切性人才以及高校入学考试评价的国际发展趋势。高中新课改是高考综合评价改革的直接推动力量，新课改后高中学生培养目标、课程内容、课程实施以及学生评价的诸种变革对高考产生反拨作用，要求高考评价必须适应高中新课改，在高考评价中使用高中学生评价成果。在以生为本、重视人才的多样化与个性化发展的时代背景下，学生的个性化发展需求进一步彰显，学生的意愿不再是有学可上，还希望进入符合自己兴趣和发展潜能的学府，学习自己喜欢的专业，这就要求高考能够科学合理地评价学生的素质和能力，为其自我认知与选填志愿提供参考。在重视高等教育质量、强调高校多样化发展的时代背景下，高校不再满足于拼抢考试成绩优秀的学生，而越来越重视选拔符合自身人才培养要求的适切性人才。相应地，要求高考能全方位、多角度、多层次地评价和展现学生的素质和能力，为高校评价选拔人才提供充分的依据。再从高校招生的国际视野看，美国、英国、日本以及我国台湾均以综合、多元、科学、公平、灵活的学生评价体系而著称，构建起了一套高中与高校相衔接、由多项评价指标构成的综合化评价体系，代表着学生评价的国际发展趋势，成为我国高考综合评价改革的动力来源和借鉴范本。

二、科学性是高考综合评价改革的根本诉求

考试在其本质上是一种教育测量活动，教育测量与评价理论是其最基本的理论基础，是考试科学性的根本支撑。我国是考试大国，但教育测量和评价的理论研究较为滞后，统一高考制度的运作长期停留于经验阶段，命题等考试评价活动以经验为指导。1985 年高考标准化改革中曾引入教育测量与评价理论，研究高考评价目标、考试命题、标准分等内容，但是这些科学理论在高考评价中的应用远远不够，当年设定的高考标准化改革的目标也尚未如数实现，现行高考制度中仍然存在不够科学合理的因素，表现在评价理念与目标、评价指标体系、考试评价内容与形式、考试分数报告等多个方面。

目前，考试成绩仍然是评价学生并决定是否录取的唯一依据，综合评价的理念虽初显端倪，但未对考试评价产生实质性影响，尚未发挥指导作用。评价理念对评价改革实践具有支配作用，高考评价改革首先需要树立科学、综合、公平的评价理念。高考评价目标显得过于宏观模糊，表述不够清晰，未能形成层次鲜明、符合逻辑、可操作的高考评价目标体系。根据教育测量与评价理论，越是清晰、具体的评价目标越容易测评，宏观模糊的评价目标不利于考试内容与形式的确定，不利于考试命题，不利于提高考试的效度，影响考试的科学性。具体而言，现有的高考评价尚未构建起一套相对完备的

指标体系，考试成绩仍是主要评价指标；其他足以反映学生发展及素质与能力的指标尚未建立；高中学业水平考试和综合素质评价等内容与高考评价属“软挂钩”关系，在评价录取中仅作为参考，不发挥实质性作用。

多样化人才需要用多样化、综合性指标评价，单一指标很难达到综合评价的目标，还会影响高考评价的科学性。考试内容与形式一直是高考改革的核心，虽然历经多次改革，考试内容仍以高中教学内容为主，作为考试主体的高校的评价选拔要求几乎没有体现，重在评价学生素质与能力的内容凤毛麟角；考试形式仍以笔试为主，显得刻板单一。分数报告是展现考试结果的重要载体，考试评价的一切设计与成效都将通过分数报告来体现。但高考分数报告一直过于简单，甚至在恢复高考制度之前的一段时期不报告分数，只告知考生录取结果，严重影响了高考评价的科学性。

因此，高考综合评价有待进一步引入教育测量与评价理论加以完善。现代教育测量与评价、多元智能等理论的新发展为高考评价改革奠定了充分的理论基础，有利于系统全面、持续深入地研究高考评价中的评价目标、体系、内容与形式、分数报告等相关问题。西方发达国家以现代测评理论改造高校入学考试的先例为我国提供了样板。作为一种考试，科学性是其根本属性，是其功能发挥的决定因素。考试评价的科学性不足，必然也会影响其社会、文化、教育、督导、公平等功能的发挥。要提高高考综合评价的科学性，必须加强教育测量与评价、考试理论与技术研究，及时引进国际先进理念与技术，加速教育测量、教育统计、教育评价等理论与技术的中国化与普及化进程，发展适合中国国情的教育考试理论和技术，让其在考试评价中发挥实质性指导作用，改造高考评价，科学回答高考“考什么”、“怎么考”以及“考试结果如何用”等关键问题，为高考评价目标研制、评价指标体系构建、考试内容与形式改革以及分数报告制度改革等提供扎实的研究基础和理论指导。

三、高考综合评价改革必须兼顾公平性与卓越性

公平是高考改革的重要原则，高考综合评价改革要求协调处理好人才评价选拔的公平性与卓越性的关系，要求高考评价既要有利于优秀学生的脱颖而出，也要顾及弱势学生的成长发展。我国教育发展的巨大差异和社会诚信的缺失，使公平问题在高考制度中长期存在，高考评价中一切议题的讨论都必须首先考虑考试公平，一切政策的出台实施都必须有利于促进教育公平，

维护弱势学生群体之利益。社会舆论、网络媒体权衡与评论高考相关政策的主要焦点也集中在是否有利于维护考试公平上。回顾高考改革历程，考试公平一直是热门话题，考试内容与形式、高考命题、保送生制度、异地高考、自主招生、加分政策等制度措施中的公平问题饱受关注与诟病。

毋庸置疑，现有高考政策的优化在一定程度上化解了考试公平问题，使弱势学生群体的考试利益不断得到维护。但教育公平理论的新发展以及高考评价的现实需求给考试公平增添了新内容，要求在关注弱势学生群体之考试利益的同时，不得以牺牲卓越人才的评价选拔为代价，应兼顾二者。过去高考公平问题主要指向考试有利于教育资源分布发达地区的考生而不利于教育资源匮乏的农村偏远地区的学生，指向权钱、地位等社会不良因素介入高考，影响考试公平。高考评价改革中对考试公平的新要求，除了避免权钱、地位等社会不良因素介入高考而影响考试公平，保护教育资源匮乏地区学生的考试利益之外，还要求顾及教育资源发达地区优秀学生的利益，在评价目标研制、评价指标体系构建、考试内容与形式选择以及分数报告中协调好卓越与公平的关系，以有利于优秀人才的脱颖而出。面对卓越与公平的双重要求，模糊的评价目标、单一的评价指标体系、偏向知识考查的内容与单一的考试评价形式、过于简化的分数报告办法显然难以实现。彻底化解高考评价中公平与卓越的矛盾有赖于通过提高高考评价的科学性、进一步优化考试评价的甄别功能、研制多元化评价目标、构建综合评价指标体系、优化考试内容与形式、完善分数报告制度等途径予以实现。

四、促进高考制度创新，有效衔接高中教育与高等教育

高考是连接高中教育与高等教育的枢纽，高考对高中教育具有“指挥棒”作用，高考综合评价改革受高中新课改的反拨作用，也与高校选拔培养高素质的创新人才有关，是高校人才培养的入口，影响人才培养质量。我国现行高校招生录取只以高考成绩为依据，“唯分是举”，这种“以考代评”的评价方式不仅不能综合、科学、真实地反映考生的整体情况，而且还对基础教育产生了误导作用。高考评价改革需要进一步优化其衔接功能。高考评价改革既有赖于高中的支持，对高中教育发挥积极的“指挥棒”作用，也有赖于高校的积极参与，发挥招生主体作用，推进高考评价改革。

一方面是高考综合评价与高中教育的关系。以往的高考评价也与高中教育休戚相关，但仅限于以高中教学内容作为考试内容，并且由于高考以考试

分数为唯一评价指标，引发了关于高考导致高中片面追求升学率和热衷于应试教育的讨论与指责。高考评价改革必须适应高中新课改的变化，优化考试内容与形式，充分利用高中新课改之后学生评价的种种成果，丰富高考评价的指标内容。同时，根据综合多样、科学合理、公平公正地评价学生综合素质和能力的改革内容及要求，高考评价还必须有利于引导高中实施素质教育，进一步深化课程改革，完善综合素质评价、学业水平考试等与学生评价相关的指标及内容，以便为高考评价提供客观、科学、多元、可用的、足以全面反映学生素质与能力的信息。

另一方面是高考综合评价与高等教育的关系。高考是为高校选拔人才的活动，高校应是考试评价的主体，发挥主导作用。但目前的考试评价中，高校几乎是被动招生，高校未能表达明确的招生意愿，提出确切的招生要求，由此导致的结果便是仅以高考总分录取学生。高考评价改革要求改变高校慵懒被动的招生状态，鼓励高校积极行使招生自主权，加强招生能力建设，承担考试评价任务，明确招生目标与要求，制定综合评价选拔体系，提高命题能力，等。

五、科学分解高考综合评价改革目标与内容，逐步改革推行

高考是一项大规模、高风险、高竞争的影响重大、至关重要的教育考试，旨在增强其评价功能的高考评价改革自然涵盖多项内容，涉及多个方面。根据教育测评与考试理论，考试评价是从理念树立到得出评价结论的体系化的活动，高考综合评价改革也应当从树立评价理念、研制评价目标体系、构建评价指标体系、优化考试内容与形式、完善分数报告制度等方面入手。

一是研制高考评价目标体系，形成层次分明、清晰明确、科学合理、易于操作的考试评价目标体系。高考评价目标体系对高考评价活动具有指导意义，是高考评价活动的出发点和归宿，它能够让人们明确高考究竟要评价学生的哪些方面以及哪些素质和能力。

二是构建高考评价指标体系，改变以考试成绩为唯一指标评价、录取学生的现状。新课改之后高中强调重视培养学生的综合素质和能力，培养学生的创新精神与实践能力，鼓励学生个性化发展。高校也希望多维度、多视角、全面深入地了解学生，以选拔适切性人才。这就要求完善高考评价指标

体系，在考试成绩的基础上增加新的评价指标内容，力争全面评价学生。“三位一体”模式为高考评价指标体系构建提供了思路，成为普遍实践模式，实施前提是高中学业水平考试和综合素质评价具有科学性和公平性。但究竟如何确立高考成绩与高中学生评价结果之间的关系，如何合理应用高中学生评价结果依然是改革难题。理论界和媒体的忧虑焦点在于高中学生评价结果的科学性和在高考评价中应用这些结果的公平性。另外，借鉴国外 AP 课程经验，高校也可尝试与高中联合开发有助于全面深入评价学生素质、能力及发展倾向性的课程内容，作为评价学生的指标内容。

三是优化考试内容与形式。改革高考评价、发挥高考的评价功能要求进一步优化考试内容和形式，以有利于考查学生的综合素质和能力。表现在考试科目中，应坚持贯彻“3＋X”科目模式的设计初衷，基本科目“3”中可将英语考试社会化，由高校根据实际情况提出要求。要充分发挥“X”科目的魅力和作用，充分体现出科目设置的灵活性、综合性、科学性、人性化等特色。优化考试内容要求改进命题，以教育测量与评价理论为指导研究高考命题，提高试题质量；要求促进各省市区命题能力均衡发展，提高高校自主招生命题能力，提高命题质量。多样化的人才应用多样化的形式评价，高考评价改革要求考试形式应有利于不同学生展现其才华，以考试和免试为基本形式设计高考评价形式。

四是改革考试分数报告制度。分数报告是考试评价的最后环节，传统的分数报告办法内容过于单一，形式过于简单，不利于学生自我认知和选填志愿。过去，考生拿到的高考成绩单上只有总分和分科分数，给考生的信息十分有限。高考评价改革也要求改进分数报告办法，以展现高考评价改革的成果，为学生、高中和高校提供全面细致、科学客观的评价信息。2011 年“云海工程”实施之后，云南、海南两省考生的高考成绩报告单内容就较为丰富，高考成绩报告单包括两大部分内容。通过第一部分，考生不仅可以看到自己的总分和分科分数，还可以知道自己的总分和分科分数在全省考生中的位置以及自己在每个科目中每个能力维度上的得分。通过第二部分，考生可以了解自己的职业倾向以及自己适合学习的学科和专业，为考生填报志愿提供参考。这样的分数报告就更加人性化和个性化。

参考文献

一、基础文献

[1] 夏征农. 辞海：缩印本 [M]. 上海：上海辞书出版社，1999.
[2] 顾明远. 教育大辞典 [M]. 上海：上海教育出版社，1990.
[3] 朱智贤. 心理学大词典 [M]. 北京：北京师范大学出版社，1989.
[4] 马克思，恩格斯. 马克思恩格斯全集：第19卷 [M]. 北京：人民出版社，1963.
[5] 马克思，恩格斯. 马克思恩格斯全集：第26卷 [M]. 北京：人民出版社，1974.
[6] 中央文献研究室. 建国以来毛泽东文稿 [M]. 北京：中央文献出版社，1996.
[7] 中央教育科学研究所. 周恩来教育文选 [M]. 北京：教育科学出版社，1984.
[8] 中央教育科学研究所. 中华人民共和国教育大事记（1949—1982）[M]. 北京：教育科学出版社，1984.
[9] 潘懋元，刘海峰. 中国近代教育史资料汇编 [M]. 上海：上海教育出版社，1993.
[10] 蒋超. 中国高考史 [M]. 北京：中国言实出版社，2008.
[11] 杨学为. 高考文献：上 [M]. 北京：高等教育出版社，2003.
[12] 杨学为. 高考文献：下 [M]. 北京：高等教育出版社，2003.
[13] 杨学为. 中国考试通史：第五卷 [M]. 北京：首都师范大学出版社，2004.
[14] 杨学为. 中国高考史述论 [M]. 武汉：湖北人民出版社，2007.
[15] 杨学为，等. 中国考试制度史资料选编 [M]. 合肥：黄山书社，

1992.
[16] 中央人民政府高等教育部．一九五四年暑期高等学校招生考试大纲 [M]．北京：商务印书馆，1954.
[17] 中国教育年鉴：1949—1981 [M]．北京：中国大百科全书出版社，1984.
[18] 教育部基础教育司，教育部师范司．新课程的理念与创新 [M]．北京：高等教育出版社，2004.
[19] 教育部基础教育司，教育部师范司．新课程与学生评价改革 [M]．北京：高等教育出版社，2004.
[20] 国家中长期教育改革和发展规划纲要：2010—2020 年 [M]．北京：人民出版社，2010.
[21]《教育规划纲要》工作小组办公室．教育规划纲要辅导读本 [M]．北京：教育科学出版社，2010.
[22] 旭源，史琼，单雄，等．建国四十年高考试题大全 [M]．石家庄：花山文艺出版社，1990.

二、著作

[1] 刘海峰．中国考试发展史 [M]．武汉：华中师范大学出版社，2002.
[2] 刘海峰．高校招生考试制度改革研究 [M]．北京：经济科学出版社，2009.
[3] 刘海峰．高考改革的理论与思考 [M]．武汉：华中师范大学出版社，2007.
[4] 刘海峰．刘海峰演讲录 [M]．武汉：华中师范大学出版社，2012.
[5] 刘海峰．科举考试的教育视角 [M]．武汉：湖北教育出版社，1995.
[6] 廖平胜．考试是一门科学 [M]．武汉：华中师范大学出版社，2003.
[7] 廖平胜．考试学原理 [M]．武汉：华中师范大学出版社，2003.
[8] 廖平胜．考试学 [M]．武汉：华中师范大学出版社，1988.
[9] 杨学为．中国考试改革研究 [M]．北京：北京大学出版社，2001.
[10] 于信凤．考试学引论 [M]．沈阳：辽宁人民出版社，1987.
[11] 王秀卿．高等学校招生考试理论研究 [M]．北京：航空工业出版社，1994.
[12] 王后雄．教育考试的理论与方法 [M]．北京：北京大学出版社，2011.

[13] 李金波. 让考试更科学：基于命题视角的研究 [M]. 武汉：武汉大学出版社，2012.

[14] 戴家干. 从考试到评价 [M]. 北京：高等教育出版社，2009.

[15] 韩家勋. 教育考试评价制度比较研究 [M]. 北京：人民教育出版社，2010.

[16] 康乃美，蔡炽昌. 中外考试制度比较研究 [M]. 武汉：华中师范大学出版社，2002.

[17] 张民选. 高校招生考试制度改革研究 [M]. 上海：上海教育出版社，2008.

[18] 于钦波，杨晓. 中外大学入学考试制度比较与中国高考制度改革 [M]. 成都：四川教育出版社，2000.

[19] 雷新勇. 大规模教育考试：命题与评价 [M]. 上海：华东师范大学出版社，2006.

[20] 雷新勇. 基于标准的教育考试：命题、标准设置和学业评价 [M]. 上海：上海科学技术出版社，2011.

[21] 雷新勇. 考试数据的统计分析和解释 [M]. 上海：华东师范大学出版社，2007.

[22] 张亚群. 高校自主招生与高考改革 [M]. 北京：中国社会科学出版社，2012.

[23] 杨振德. 考试理论与实践 [M]. 沈阳：辽宁民族出版社，1998.

[24] 郑若玲. 苦旅何以得纾解：高考改革困境与突破 [M]. 南京：江苏教育出版社，2011.

[25] 郑若玲. 科举、高考与社会之关系研究 [M]. 武汉：华中师范大学出版社，2007.

[26] 周彬. 教育考试与评价政策 [M]. 上海：上海教育出版社，2011.

[27] 周青. 化学教育测量与评价 [M]. 北京：科学出版社，2006.

[28] 漆书青. 现代测量理论在考试中的应用 [M]. 武汉：华中师范大学出版社，2003.

[29] 涂艳国. 教育评价 [M]. 北京：高等教育出版社，2010.

[30] 金瑜. 心理测量 [M]. 上海：华东师范大学出版社，2001.

[31] 戴海琦. 心理与教育测量 [M]. 广州：暨南大学出版社，1999.

[32] 戴海琦. 心理测量学 [M]. 北京：高等教育出版社，2010.

[33] 王孝玲. 教育测量 [M]. 上海：华东师范大学出版社，2004.

[34] 王汉澜. 教育测量学 [M]. 开封：河南师范大学出版社，1987.

[35] 王汉澜. 教育评价学 [M]. 开封：河南大学出版社，1995.
[36] 黄光扬. 教育测量与评价 [M]. 上海：华东师范大学出版社，2002.
[37] 金娣，王刚. 教育评价与测量 [M]. 北京：教育科学出版社，2002.
[38] 肖远军. 教育评价原理及应用 [M]. 杭州：浙江大学出版社，2004.
[39] 郑日昌，漆书青，马世晔. 考试的教育测量学基础 [M]. 北京：高等教育出版社，1990.
[40] 张厚粲，刘昕. 考试改革与标准参照测验 [M]. 沈阳：辽宁教育出版社，1997.
[41] 凌云. 考试统计学 [M]. 武汉：华中师范大学出版社，2002.
[42] 教育部考试中心. 高考数学测量理论与实践 [M]. 北京：高等教育出版社，2004.
[43] 教育部考试中心. 高考化学测量理论与实践 [M]. 北京：高等教育出版社，2004.
[44] 教育部考试中心. 高考物理测量理论与实践 [M]. 北京：高等教育出版社，2004.
[45] 教育部考试中心. 高考生物测量理论与实践 [M]. 北京：高等教育出版社，2004.
[46] 贾非. 考试与教学 [M]. 吉林：吉林教育出版社，1994.
[47] 黄新宪. 中国考试发展史略 [M]. 福州：福建人民出版社，1992.
[48] 熊明安. 中华民国教育史 [M]. 重庆：重庆出版社，1990.
[49] 高军峰，姚润田. 新中国高考史 [M]. 福州：福建人民出版社，2009.
[50] 李世伟. 新课程高考命题研究：课标版与大纲版对比研究 [M]. 武汉：湖北人民出版社，2011.
[51] 王伟宜，王晞. 考试与评价 [M]. 福州：福建教育出版社，2008.
[52] 臧铁军. 考试评价分析及诊断基础与实务 [M]. 北京：首都师范大学出版社，2011.
[53] 张千帆，曲相霏. 大学招生与宪法平等：国际经验与中国问题 [M]. 南京：译林出版社，2011.
[54] 刘清华. 高考与教育教学的关系研究 [M]. 武汉：华中师范大学出版社，2007.
[55] 唐滢. 美国高校招生考试制度研究 [M]. 武汉：华中师范大学出版社，2007.
[56] 罗立祝. 高校招生考试政策研究 [M]. 武汉：华中师范大学出版社，

2007.
[57] 王立科. 英国高校招生考试制度研究 [M]. 武汉：华中师范大学出版社，2008.
[58] 杨李娜. 台湾地区大学入学考试制度研究 [M]. 武汉：华中师范大学出版社，2008.
[59] 李立峰. 中国高校招生考试中的区域公平研究 [M]. 武汉：华中师范大学出版社，2007.
[60] 樊本富. 中国高校自主招生研究 [M]. 武汉：华中师范大学出版社，2010.
[61] 吴根洲. 高考效度研究 [M]. 武汉：华中师范大学出版社，2003.
[62] 张耀萍. 高考形式与内容改革研究：基于利益博弈的视角 [M]. 武汉：华中师范大学出版社，2008.
[63] 黄全愈. “高考”在美国：旅美教育学专家眼里的中美“高考” [M]. 北京：北京师范大学出版社，桂林：广西师范大学出版社，2003.
[64] 张向众. 中国基础教育评价的积弊与更新 [M]. 北京：教育科学出版社，2009.
[65] 赵必华，查啸虎. 课程改革与教育评价 [M]. 合肥：安徽教育出版社，2007.
[66] 吴世淑. 国外高等学校招生制度 [M]. 海口：海南出版社，1992.
[67] 吴向明. 美国高等院校招生制度研究 [M]. 北京：中国社会科学出版社，2008.
[68] 吴中全. 当今美国教育概览 [M]. 郑州：河南教育出版社，1994.
[69] 贾飞. 各国大学入学考试制度比较研究 [M]. 沈阳：辽宁教育出版社，1990.
[70] 李光宇. 条条大路通名校：世界名校录取制度及中国名校自主招生与保送生政策解析 [M]. 北京：光明日报出版社，2012.
[71] 罗照盛. 项目反应理论基础 [M]. 北京：北京师范大学出版社，2012.
[72] 涂冬波，蔡艳，丁树良. 认知诊断理论、方法与应用 [M]. 北京：北京师范大学出版社，2012.
[73] 罗黎辉，高翔. 教育测量与评价 [M]. 昆明：云南教育出版社，1996.
[74] 陈玉琨，赵永年. 教育学文集：教育评价 [M]. 北京：人民教育出版社，1989.

[75] 田友谊. 当代学生评价的理论与实践 [M]. 武汉: 华中师范大学出版社, 2012.
[76] 余新. 多元智能在世界 [M]. 北京: 首都师范大学出版社, 2012.
[77] 霍力岩, 赵清梅. 多元智力评价的理论与实践 [M]. 北京: 教育科学出版社, 2010.
[78] 梁启超. 中国历史研究法 [M]. 北京: 中华书局, 2011.
[79] 万俊人. 比照与透析: 中西伦理学的现代视野 [M]. 广州: 广东人民出版社, 1998.
[80] 姚大志. 何谓正义: 当代西方政治哲学研究 [M]. 北京: 人民出版社, 2007.
[81] 顾肃. 自由主义基本理念 [M]. 北京: 中央编译出版社, 2005.
[82] 周洪宇. 教育公平论 [M]. 北京: 人民教育出版社, 2010.
[83] 袁振国. 当代教育学 [M]. 北京: 教育科学出版社, 2004.
[84] 宗亮东. 辅导与教育论文集 [M]. 台北: 正中书局, 1986.
[85] 台湾大学入学考试中心. 各国大学入学制度介绍: 国家篇 [M]. 台北: 世新大学出版中心, 1999.
[86] 财团法人大学入学考试中心基金会. 各国大学入学制度介绍: 国家篇 [M]. 台北: 世新大学出版中心, 1998.
[87] 财团法人大学入学考试中心基金会. 各国大学入学制度介绍: 学校篇 [M]. 台北: 世新大学出版中心, 1998.
[88] 张钿富. 大学多元入学机会与压力 [M]. 台北: 五南图书出版股份有限公司, 2006.
[89] 杨莹. 教育机会均等: 教育社会学的探究 [M]. 台北: 师大书苑有限公司, 1995.
[90] 大学入学考试中心. 选才文摘: 大学入学考试试题类 (上) [M]. 台北: 世新大学出版中心, 2009.
[91] 大塚丰. 现代中国高等教育的形成 [M]. 黄福涛, 译. 北京: 北京师范大学出版社, 1998.
[92] 田中耕治. 教育评价 [M]. 高峡, 田辉, 项纯, 译. 北京: 北京师范大学出版社, 2011.
[93] 罗伯特·蒙哥马利. 考试的新探索 [M]. 黄鸣, 译. 南宁: 广西人民出版社, 1984.
[94] 拉夫尔·泰勒. 课程与教学的基本原理 [M]. 施良方, 译. 北京: 人民教育出版社, 1994.

[95] 胡森 T，波斯尔斯韦特 T N. 教育大百科全书：1 [M]. 张斌贤，等译. 重庆：西南师范大学出版社，2006.
[96] 克罗克 L，阿尔吉纳 J. 经典和现代测验理论导论 [M]. 金瑜，等译. 上海：华东师范大学出版社，2004.
[97] 安德森，等. 布卢姆教育目标分类学 [M]. 蒋小平，等译. 北京：外语教学与研究出版社，2009.
[98] 马克·伊克斯坦，夏洛·诺亚. 迈向大学之路：各国的考试政策与实务 [M]. 陈坤田，等译. 台北：心理出版社，1996.
[99] 布卢姆. 教育目标分类学：第二分册 [M]. 上海：华东师范大学出版社，1989.
[100] 加涅. 学习的条件和教学论 [M]. 上海：华东师范大学出版社，1999.
[101] 加登纳 H. 智能的结构 [M]. 兰金仁，译. 北京：光明日报出版社，1990.
[102] 约翰·罗尔斯. 正义论 [M]. 何怀宏，等译. 北京：中国社会科学出版社，1988.
[103] 罗伯特·诺齐克. 无政府、国家与乌托邦 [M]. 何怀宏，等译. 北京：中国社会科学出版社，1991.
[104] 威尔·金里卡. 当代政治哲学：上 [M]. 刘莘，译. 上海：上海三联书店，2004.

三、论文

[1] 刘海峰. 高考改革的突破口：自主招生的一个制度设计 [J]. 中国高等教育，2011 (9)：43-45.
[2] 刘海峰. 1977 年高考：一次空前的招生考试 [J]. 教育发展研究，2007 (7-8A)：1-5.
[3] 刘海峰. 2007：中国的“高考年”[J]. 湖北招生考试，2007 (8)：1.
[4] 刘海峰. 1952—2012：高考建制的花甲记忆 [J]. 高等教育研究，2012 (6)：78-84.
[5] 刘海峰. 研究考试制度推进考试改革 [J]. 湖北招生考试，2002 (2)：6.
[6] 刘海峰. 高考改革何去何从 [J]. 教育研究，2005 (3)：29-31.
[7] 刘海峰. 高考改革与素质教育 [J]. 红旗文稿，2006 (17)：9.

[8] 刘海峰. 素质教育与高考改革 [J]. 校长阅刊, 2007 (1-2): 23-24.
[9] 刘海峰. 高考改革的教育与社会视角 [J]. 高等教育研究, 2002 (5): 36.
[10] 刘海峰. 高考改革中的全局观 [J]. 教育研究, 2002 (2): 21-25.
[11] 刘海峰. 高考改革中的两难问题 [J]. 高等教育研究, 2000 (3): 36.
[12] 刘海峰. 高考改革: 公平为首还是效率优先 [J]. 高等教育研究, 2011 (5): 1.
[13] 张敏强, 高艳红. 高考的评价功能不可缺失 [J]. 中国考试, 2011 (2): 11.
[14] 姜钢. 建立多样化考试评价体系　推动高考综合改革 [J]. 中国高教研究, 2009 (3): 10-13.
[15] 廖平胜. 论中国考试的起源 [J]. 华中师范大学学报 (哲学社会科学版), 1991: 4.
[16] 廖平胜. 现行高考制度与教育内外关系的五大矛盾 [J]. 教育研究与实验, 1989 (2): 20-24.
[17] 廖平胜. 试论高考中送才与选才的衔接 [J]. 华中师范学院学报, 1984 (1): 73-79.
[18] 潘懋元, 覃红霞. 高考: 从选拔性考试到适应性考试 [J]. 湖北招生考试, 2003 (12): 22-23.
[19] 张亚群. 从单独招考到统一招考: 民国时期高校招生考试变革的启示 [J]. 中国教师, 2005 (6): 24-26.
[20] 张亚群. 大学自主招生考试的制度选择 [J]. 复旦教育论坛, 2006 (3): 8-11.
[21] 张亚群. 高校自主招生不等于自行考试 [J]. 教育研究, 2005 (3): 34.
[22] 张亚群. 高考的"改"与"不改" [J]. 社会观察, 2006 (9): 22-25.
[23] 张亚群, 巨玉霞. 高考改革观点述评 [J]. 基础教育参考, 2005 (6): 10-13.
[24] 张亚群. 高考制度改革的重要进展: 透视 2007 年五省区高考改革新方案 [J]. 中小学校长, 2007 (9): 25-26.
[25] 张亚群. 高考改革中的综合评价问题 [J]. 湖北招生考试, 2006 (10): 4.
[26] 戴家干. 创新型人才培养与我国教育考试评价制度改革 [J]. 中国考试, 2009 (1): 3-8.

[27] 戴家干. 从教育考试看教育考试机构的职能与定位 [J]. 中国考试, 2006 (2): 5-7.
[28] 郑若玲. 自主招生改革何去何从 [J]. 华中师范大学学报 (人文社会科学版), 2010 (4): 135-142.
[29] 郑若玲. 高考改革必须凸显公平 [J]. 教育研究, 2005 (3): 36-37.
[30] 郑若玲. 高考改革须首重公平 [J]. 湖北招生考试, 2011 (8): 1.
[31] 郑若玲. 教育公平: 高考改革永恒的目标 [J]. 河南教育, 2011 (7-8): 47-50.
[32] 郑若玲. 高考改革的理想与现实 [J]. 上海机电技术高等专科学校学报, 2004 (6): 130-135.
[33] 郑若玲, 陈为峰. 美国名校本科招生方式及其启示 [J]. 外国教育研究, 2010 (10): 56.
[34] 郑若玲. 保送生制度: 异化与革新 [J]. 教育发展研究, 2002 (6): 43-46.
[35] 郑若玲. 试析高考的指挥棒作用 [J]. 厦门大学学报 (哲学社会科学版), 2002 (2): 8.
[36] 张远增. 考试评价: 考试研究的新领域 [J]. 考试研究, 2005 (1): 5-6.
[37] 苏武银. 考试评价新探 [J]. 教育科学研究, 2011 (11): 25.
[38] 王长乐. 高考应走出保证"社会公平"的误区 [J]. 全球教育展望, 2012 (9): 6.
[39] 李雄鹰. 从教育评价心理谈高考评价 [J]. 教育与考试, 2010 (2): 18-21.
[40] 李雄鹰. 自主招生改革的社会期待与大学应对 [J]. 考试研究, 2012 (2): 20-26.
[41] 李雄鹰. 自主招生改革的难点与突破 [J]. 国家教育行政学院学报, 2012 (5): 56-60.
[42] 刘清华. 高校招生考试评价体系改革的思路. [J] 东南学术, 2007 (4): 21-25.
[43] 方增泉. 试论高考招生改革与高校自主招生权 [J]. 高等教育研究, 2002 (2): 41.
[44] 王蕾. PISA 在中国: 教育评价新探索 [J]. 比较教育研究, 2008 (2): 7-10.
[45] 王蕾. PISA 对大规模教育质量的评价解读 [J]. 考试研究, 2009

(3)：1-13.
[46] 王蕾. Rasch 测量原理及在高考命题评价中的实证研究 [J]. 中国考试，2008 (1)：32-39.
[47] 张敏强，高艳红. 高考的评价功能不可缺失 [J]. 中国考试，2011 (2)：11-15.
[48] 张维平. 高校招生自主权的滥用与规约 [J]. 现代教育管理，2009 (11)：41.
[49] 翁琴雅. 新时期我国学生评价的价值观：从“以分为本”向“以生为本”的转变 [J]. 当代教育科学，2009 (21)：36.
[50] 房列曙. 论抗战时期国统区高考模式的改革 [J]. 安徽史学，1997 (1)：89-91.
[51] 臧铁军. 解析 30 年高考模式的改革 [J]. 中国教师，2008 (12)：13-15.
[52] 臧铁军. 新高考改革的六项原则 [J]. 教育研究，2010 (3)：52-56.
[53] 雷新勇. 大规模教育考试科学属性之理论和实践思考 [J]. 教育与考试，2007 (1)：31-32.
[54] 雷新勇. 我国学业水平考试的基本问题及反思 [J]. 教育测量与评价，2010 (1)：4-13.
[55] 中国考试编辑部. 恢复高考 30 年大事记 [J]. 中国考试，2007 (8)：53-64.
[56] 王后雄. 全球视域下教育考试及其功能述评 [J]. 中国考试，2008 (1)：16-24.
[57] 覃红霞. 高考不是素质教育的对立物 [J]. 校长阅刊，2007 (1-2)：24-25.
[58] 章为群，翁国伟. 开放了考试评价制度才能开放课堂 [J]. 江西教育，2004 (1-2)：61-62.
[59] 葛为民，李金波. 关于高考内容、形式改革的思考 [J]. 教育发展研究，2012 (6)：2.
[60] 葛为民，李金波. 高考成绩报告方式的改革研究 [J]. 教育科学研究，2012 (9)：37.
[61] 毛竞飞，盛兰芳. 论高考命题指导思想 [J]. 中国考试，2012 (3)：28-31.
[62] 毛竞飞，盛兰芳. 新课改条件下的高考改革思考 [J]. 中国考试，2011 (11)：27.

[63] 叶宏. 新课程视野下实现高考的评价功能 [J]. 教育理论与实践, 2012 (2): 23.

[64] 叶宏. 论高考命题质量控制机制的建设 [J]. 中国考试, 2011 (7): 3-8.

[65] 马金科. 谈高考"3+X"改革 [J]. 人民教育, 2000 (3): 17-19.

[66] 张亚南. 基于评价的命题 [J]. 中国考试, 2011 (7): 9-14.

[67] 江畅. 研究命题理论与实践, 提高高考质量与公正性 [J]. 湖北招生考试, 2011 (8): 4-6.

[68] 边际. 试题评价与考试评价 [J]. 中国考试, 2007 (7): 1.

[69] 王晓华. 多种测量理论相结合的命题质量评价 [J]. 中国考试, 2010 (6): 14.

[70] 许健, 马世晔, 何晓群. 标准化试题的评价与 IRT 模型的应用 [J]. 中国考试, 2000 (12): 15-17.

[71] 陈海利, 付孝泉. 新课改背景下普通高校招生考试评价体系改革面临的问题与对策 [J]. 高教论坛, 2010 (12): 11.

[72] 陈士俊, 陈畅. 高考命题质量评价体系的缺陷及对策分析 [J]. 天津师范大学学报 (社会科学版), 2011 (1): 75.

[73] 张厚粲, 余嘉元. 中国的心理测量发展史 [J]. 心理科学, 2012 (3): 514-521.

[74] 杨向东. 教育测量在教育评价中的角色 [J]. 全球教育展望, 2007 (11): 15.

[75] 王琰春. 西方教育评价观的演进及对我国的启示 [J]. 教育与现代化, 2003 (1): 74-78.

[76] 孙景峰, 杜可鸣, 侯昭海, 等. 高考质量评价分析方法研究 [J]. 齐齐哈尔医学院学报, 2011 (7): 1133-1134.

[77] 孙景峰, 张旭春, 李春杰, 等. 相关性分析在高考质量评价研究中的应用 [J]. 齐齐哈尔师范高等专科学校学报, 2011 (5): 27-28.

[78] 宋红霞, 陈国岗, 崔文军, 等. 大学生成绩跟踪分析的招生质量评价方法 [J]. 西安交通大学学报 (社会科学版), 2007 (6): 84-88.

[79] 温忠麟, 罗冠中. 高考分数的转换、校准和合成 [J]. 中国考试, 2010 (11): 9-15.

[80] 陈阳. 国外高考模式比较研究 [J]. 理论观察, 2006 (2): 121-122.

[81] 杨思帆. 国外高考改革趋势: 比较与启示 [J]. 世界教育信息, 2006 (5): 41-43.

[82] 杨光富. 当今国外高考制度改革荟萃 [J]. 外国中小学教育, 2003 (4): 1-4.
[83] 宋海龙. 国外高考制度改革趋势及启示 [J]. 中国社会导刊, 2007 (10): 20-21.
[84] 李松林. 国外高考改革的最新动向及其启示 [J]. 教育科学论坛, 2007 (5): 20-24.
[85] 杨光富. 美国高考制度的三大特色 [J]. 中小学管理, 2003 (5): 55-56.
[86] 杨光富, 沈岚霞. 韩国高考新举措打破一卷定终身 [J]. 外国中小学教育, 2002 (6): 12-13.
[87] 黄全愈. 美国的"高考"和高招制度 [J]. 中国社会导刊, 2005 (13): 57-58.
[88] 黄全愈. 高考招生制度改革的追问: 兼谈美国高考招生制度的启示 [J]. 全球教育展望, 2005 (5): 70.
[89] 吕可红. 日本高考制度改革综述 [J]. 湖北招生考试, 2002 (24): 60-63.
[90] 卢苏燕. 法国人是怎么考大学的? 法国高考制度简介 [J]. 世界中学生文摘, 2003 (6): 10-11.
[91] 吴计生. 中日高考制度改革之比较 [J]. 世界教育信息, 2007 (11): 79-81.
[92] 熊晓亮. 新世纪美国 SAT 改革对我国高考改革的启示 [J]. 教育探索, 2009 (2): 70-71.
[93] 夏欣茁. 英国高考制度及对中国高考改革的借鉴意义 [J]. 辽宁教育行政学院学报, 2007 (3): 41-42.
[94] 王晞. 国际学生评价项目的测评目标、特点及其分析 [J]. 教育评论, 2003 (2): 99-101.
[95] 宋葆初. 单独—联合—统招: 忆新中国建国初期全国高校统招制度形成的过程 [J]. 高校招生, 2001 (5): 44.
[96] 李峻. 保送生政策变迁的多源流分析 [J]. 大学教育科学, 2011 (2): 47.
[97] 张亚萍, 谢家功. 建立高考标准分制度的思考 [J]. 上海高教研究, 1998 (3): 42-43.
[98] 舒云. 高考殇 [J]. 北京文学, 2005 (10): 31.
[99] 刘决生. 我国普通高中学业水平考试存在的问题与对策 [J]. 上海教

育科研，2010（3）：39-42.

[100] 崔允漷，柯政. 关于普通高中学生综合素质评价研究［J］. 全球教育展望，2010（9）：3.

[101] 赵宏，黄志成. 英国高考制度概览［J］. 湖北招生考试：理论版，2002（12）：66.

[102] 王立科. 英国"高校招生分数转换系统"及其借鉴意义［J］. 比较教育研究，2008（2）：73.

[103] 蓝欣，黄旭升. 日本大学入学选拔制度述评［J］. 考试研究，2005（3）：108.

[104] 周琴. 日本大学入学考试制度的历史沿革及现行模式评介［J］. 湖北招生考试，2006（6）：60.

四、英文文献

[1] GRONLUND N E, LINN R L. Measurement and Evaluation in Teaching [M]. 6th ed. New York: Macmillan Publishing Company, 1990.

[2] GUBA E G, LINCOLN Y S. Fourth Generation Evaluation [J]. Nemburg Park, CA: Sage, 1989 (3): 6-21.

[3] Principles of Educational and Psychological Measurement and Evaluation [M]. Wadsworth: Wadsworth Inc., 1980.

[4] RONALD K H, HARIHARAN S T. Item Response Theory: Principles and Applications [M]. Kluwer: Nijhoff Publishing, 1985.

[5] What It Really Takes to Get Into the Ivy League & Other Highly Selective Colleges [M]. New York: The McGraw-Hill Companies, 2003.

[6] HAWKINS D A. The State of College Admission: 2002-2003 [M]. Alexandria, VA: National Association for College Admission Counseling, 2003.

[7] WILLIAM G B, MARTIN A K, EUGENE M T. Equity and Excellence in American Higher Education [J]. University of Virginia Press, 2005 (2): 3-25.

[8] BLAINE R W, JAMES R S. Education Evaluation: Alternative Approaches and Practical Guidelines [M]. New York & London:

Longman Inc. , 1981.

[9] JOHN R W. A Theory of Justice [M]. London: Oxford University Press, 1971.

[10] DAVID R G. The College Admission Game [J]. The Journal of College Admission, 2004 (2): 18-22.

[11] EEKSTEIN H J. Examinations: Comparative and International Studies [M]. Creat Britain: Printed in Creat Britain by BPCC Wheatons Ltd. , 1992.

[12] College Research Group of Concord, Massachusetts. 200 Most Selective Colleges [M]. New York: Simon & Schuster Inc. , 1991.

[13] A History of the University in Europe: Volume 1, Universities in the Middle Ages [M]. Cambridge: Cambridge University Press, 2003.

[14] MORDECHAI F G. History of University [M]. London: Oxford University Press, 2005.

[15] A-level Overhaul to Halt Rampant Grade Inflation [EB/OL]. [2012-01-17]. http://www.telegraph.co.uk/education/secondar yeducation/9233517/A-level-overhaul-to-halt-rampant-grade-inflation.html.

[16] GCSE not Fit for Purpose [EB/OL]. [2012-09-21]. http://www.guardian.co.uk/education/2012/may/23/cbi-call-gcse-exams.

[17] Getting ready for the SAT and ACT [EB/OL]. [2010-6-16]. http://www.usnews.com/articles/education/best-colleges/2008/08/21/getting-ready-for-the-sat-and-act.html.

[18] Focusing on the Essentials for College and Career Readiness: Policy Implications of the ACT National Curriculum Survey Results 2009 [M]. Iowa City: ACT, 2009.

[19] College Readiness Standards for EXPLORE, PLAN, and the ACT [M]. Iowa City: ACT, 2010.

[20] American College Test [EB/OL]. [2012-11-19]. http://baike.baidu.com/view/95399.htm#sub5062935.

[21] Education Testing Service [EB/OL]. [2011-03-19]. http://www.ets.org/about/who.

后　　记

本书得以出版，要感谢我的导师、著名考试研究专家刘海峰教授。他在考试研究领域的深厚造诣和广泛影响为我提供了难得的学术研究平台，使我得以在高考研究领域有所作为。博士毕业已经三年有余，回顾求学生涯，2010 年 3 月，当厦门大学校园里的木棉花绽放之时，我怀揣求学深造的梦想从西北的黄土高原来到东南这所坐落于海上花园的名校赴考，荣幸登榜，并拜师科举学的开拓者、高考研究著名学者刘海峰教授门下，开始了我的博士学习生涯。从 17 年前参加高考到今天研究高考，对于通过高考而改变命运的我而言，对高考制度自然有着几分温情与敬意。没有它的存在，或许至今我仍为区区一田舍郎，面朝黄土背朝天，日出而作，日落而息。如今有机会从事高考制度研究，理当竭尽全力，促使其改革完善，帮助更多学子实现梦想。

在书稿完稿和修改期间，我曾往返于西北与东南之间，感受颇多，收获颇多。除却对西北苍凉粗犷与江南山清水秀的自然景观鲜明反差的感受之外，带给我更多的是思维的洗刷与视野的开阔，是浓郁的人文气息与活跃的学术氛围的熏陶。厦门大学是华侨捐资办学的典范，她深厚的校友文化使我深知感恩之心应常有。我就读的教育研究院是中国高等教育研究的开辟之地，是高考研究重镇。这里名师云集，氛围活跃，学术交流频繁，学术资源丰富，颇具特色的学术例会与学术沙龙文化使这里的每位学子受益匪浅，念念不忘。在如此的环境与氛围中学习和生活，对来自信息相对闭塞、学术资源稀缺的大西北的我而言，大有茅塞顿开、豁然开朗之感，获取良多。

“师者，所以传道授业解惑也。”我在厦门大学的学习得益于恩师刘海峰教授的精心教诲，悉心指导。刘老师为人温文尔雅，和蔼可亲；为学认真严谨，一丝不苟。老师的为人为学风范深深地感染着我，对于天资并不聪慧的我，老师的点拨常使我感激不已。选择高考评价研究这个课题，得益于老师

"量体裁衣"的培养理念，在他得知我有从事教育测量与评价的学习及教学经历之后，便决定以此为选题。老师还践行"理论与实践相结合"的培养理念，多次为我创造学习与实践的机会。老师广泛的学术影响力常使一些机构慕名而来，寻求指导与帮助。我入学不久，天津市教育招生考试院因课题研究之需咨询于老师，并希望能指派学生参与课题研究，老师欣然将这一机会给予了我。2011 年，国家教育体制改革领导小组办公室因高考改革总体方案研制之需，希望老师指派学生参与专题调研和方案起草，老师再次为我创造机遇，使我有机会全面、深入地学习了解高考制度，直面高考理论与实践前沿问题，并有机会同多位考试研究学者一同工作，就论文中的问题求教于他们。为了我的论文撰写，老师甚至特意赴海南参加教育部组织的"云海工程"调研活动，为我带回宝贵的资料。时光荏苒，三年求学时间实在太短。对于老师给予的一切，我将铭刻在心。

高考是我国影响最为深远的教育考试制度，近年来，高考制度处于不断的改革完善中，逐步建立科学、公正、有效的考试评价体系是高考制度改革的核心内容。本书的研究和出版正值高考评价改革的关键时期，书中研究的内容既是对高考评价改革实践的梳理和回应，也对高考评价改革具有一定引领作用。尽管本书使用了部分 2012 年的数据和案例，但这并不影响研究的结论和事实。

本书是我从事考试与评价研究的起始，书中较为全面地论述了高考评价中的核心问题。本书的出版也恰逢国家颁布新高考方案之际，针对高考评价实践领域不断涌现的新问题，我愿与国内同行一起探讨。感谢华中师范大学出版社沈东山老师为本书出版付出的辛劳！

李雄鹰
2016 年 11 月 28 日于兰州